财 / 会 / 与 / 税 / 务 / 实

高立法 赵桂娟 主编

U0677962

产品制造业分册

会计核算与税务处理实务(一)

——依据《小企业会计准则》编写

KUAIJI HESUAN
YU SHUIWU
CHULI SHIWU(1)

JI HESUAN

HUIWU

LI SHIWU

经济管理出版社
ECONOMY & MANAGEMENT PUBLISHING HOUSE

图书在版编目（CIP）数据

会计核算与税务处理实务（一）/高立法，赵桂娟主编 . —北京：经济管理出版社，2012.7
ISBN 978 - 7 - 5096 - 1970 - 4

Ⅰ.①会…　Ⅱ.①高…　②赵…　Ⅲ.①中小企业—会计制度—中国　②中小企业—企业管理—税收管理—中国　Ⅳ.①F279.243　②F812.423

中国版本图书馆 CIP 数据核字(2012)第 107946 号

组稿编辑：谭　伟
责任编辑：孙　宇　张巧梅
技术编辑：黄　铄
责任校对：蒋　方

出版发行：经济管理出版社（北京市海淀区北蜂窝 8 号中雅大厦 11 层 100038）
网　　址：www. E - mp. com. cn
电　　话：(010) 51915602
印　　刷：三河市延风印装厂
经　　销：新华书店
开　　本：720mm×1000mm/16
印　　张：25.5
字　　数：476 千字
版　　次：2012 年 8 月第 1 版　　2012 年 8 月第 1 次印刷
书　　号：ISBN 978 - 7 - 5096 - 1970 - 4
定　　价：48.00 元

编委会名单

主　编　高立法　赵桂娟

副主编　张建伟　刘燕子

撰稿人　高立法　赵桂娟　张建伟　刘燕子　潘高峰
　　　　　董士秀　胡志奇　杜偲瑶　刘　波　王晓楠
　　　　　徐云燕　康彤贤

序

　　为建立健全国家统一的会计制度，规范小企业的会计核算，更好地贯彻执行《中华人民共和国会计法》，财政部继《企业会计制度》颁布后于 2004 年 4 月 27 日又颁布了《小企业会计制度》。要求自 2005 年 1 月 1 日起在小企业范围内执行。该制度打破了行业及所有制界限，建立了国家统一的会计核算制度，充分体现了企业会计政策的可比性和谨慎性原则，基本实现了与国际会计惯例协调。《小企业会计制度》的贯彻执行不仅有利于企业真实地反映资产质量、财务状况和经营成果，促进企业会计信息质量的提高，而且有利于企业强化内部管理，提高市场竞争力。

　　《小企业会计制度》规范了企业经营活动的核算方法。对经营活动中的涉税问题应遵照税法规定处理。但就企业来说，会计核算与企业税务是融为一体、密不可分的，会计核算是企业纳税的基础，照章纳税是会计核算的重要内容，如何使二者有机结合，是财会人员面临的重要问题。为满足财会人员的需要，编者根据多年来的经验，注重理论与实践的结合，编著了《会计核算与税务处理实务》。本书特点是：

　　一、简明扼要。本书运用大量图表对会计核算与税务处理的基本理论、基础知识和基本方法进行了深入浅出的描述，从而概念明确、重点突出、程序清楚，使读者一目了然，融会贯通。

　　二、会税结合。会计法规定公司、企业必须按照国家统一会计制度的规定确认、计量和记录会计要素，而税法又规定纳税人在计算应纳税所得额时，其财务会计处理办法同税收规定相抵触的，应当依照税收规定计算纳税。如何使二者结合是会计的一大难点，本书一大特点是将会计核算与税法规定紧密结合，融为一体，有利于会计人员日常操作。

三、注重于实。本书突出于重、注重于实；对核算中的重点及疑难问题，特别是税务事项的会计处理，做了较为深刻的论述，并辅以大量实例予以说明，便于会计人员解决工作中的难点。

相信本书的出版对小企业全面贯彻《小企业会计制度》，正确执行税收法规，提高会计信息质量，促进经济效益增长会有一定的推动作用。故乐之为序。

注：孟焰系中央财经大学会计学院院长、博士生导师。

前　言

　　盼望已久的《小企业会计准则》已经发布了。与《小企业会计制度》相比，《小企业会计准则》内容精练、方法简便、与时俱进、与国际趋同，充分考虑到小企业特点，它的发布必将推动小企业会计核算水平的提高，促进党中央、国务院重视支持小企业发展政策的落实。同时与税收征管及银行信贷需求相结合，也考虑了如何有效地与《企业会计准则》衔接，对小企业很少发生的某些业务及事项，可参照《企业会计准则》规定执行，从而既实现了繁简结合也满足了特殊需要，根据小企业现状，将现金流量表由过去的"推荐编制"提升到"应当编制"，而且要求按月编报，更好地满足了企业内外部对会计信息的需求。

　　本书是在原《小企业会计核算与税务处理图解》的基础上，根据《小企业会计准则》的规定逐项进行了修改，特别对现金流量表的编制，从理论与实践结合上做了详尽论述。同时，也结合新修订"企业所得税法"、"增值税"等税收法规，对涉税部分也做了修改，补充了内容，充实了案例，并保留了原书"简明扼要、会税结合、注重于实"的特点。为适应小企业经营管理对会计信息的需求，根据行业特征，丛书分三册出版，以满足不同经营性质小企业核算的需求。

　　《产品制造业分册》在全面论述小企业会计核算基础上，重点突出了材料核算、产品成本、联产品成本的计算，出口退税账务处理、外币业务核算等，为产品制造型小企业的材料核算、产品成本的计算等提供了切实可行的核算方法。

　　《商品流通与服务业分册》在全面论述小企业会计核算基础上，重点突出了商贸企业的商品采购、库存商品、商品销售、商品代销以及附营业务的核算与税务处理。为商贸类型小企业会计核算，提供了切实可行的有效方法。

　　《建筑施工装修房地产业分册》在全面论述小企业会计核算的基础上，重点论述了施工材料、周转材料、工程施工、装饰装修项目的成本核算与税务处理、房地产开发成本计算、经营收入与税务核算等，以适应小企业核算需要。

　　本书适用于小企业会计人员、企业管理人员、税务工作者，以及高校财经专业学习参考。

　　由于笔者知识不足，对文件理解不够，不妥之处敬请指正。

编者

2012 年 5 月

目　录

第一章　小企业会计核算与税务处理概述

第一节　《小企业会计准则》的含义及特征

一、《小企业会计准则》的含义及适用范围

要明白什么是《小企业会计准则》，首先要明确什么是准则。准则是指言论、行动等所遵循的原则。如行为准则、会计准则等。

《小企业会计准则》，是小企业在实施会计核算过程中，应当遵循原则、确认基础、执行标准及选用方法等所作的规范。它为小企业会计指明了方向，明确了应该做什么、怎么做、不准怎么做等，从而为企业加强会计核算，正确反映企业生产经营活动，提供规范可靠的会计信息奠定了基础。

《小企业会计准则》与其他会计法规的关系如图1-1所示。

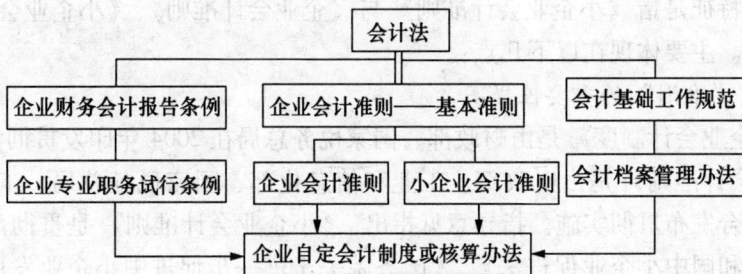

```
                              会计法
        ┌──────────────┬──────────────────┬──────────────┐
   企业财务会计报告条例   企业会计准则——基本准则   会计基础工作规范
   企业专业职务试行条例   企业会计准则  小企业会计准则   会计档案管理办法
        └──────────────┴──────────────────┴──────────────┘
                    企业自定会计制度或核算办法
```

图1-1　会计核算法规系统

（一）什么是小企业

小企业是指根据工业和信息化部、财政部等部委印发《中小企业划型标准规定》所确定的小型企业。就工业企业而言，"从业人员 20～300 人（不含），且营业收入 300 万～2000 万元（不含）的"为小型企业，"从业人员 20 人（不含）以下且营业收入 300 万元（不含）以下的"为微型企业。由于行业性质不同，划型标准也有区别。其他行业的划型标准见本章附件 1。

（二）所有的小企业都必须执行《小企业会计准则》吗

不是的，股票和债券在市场上公开交易的小企业、金融机构或其他具有金融性质的小企业以及集团内的母公司和子公司等小型企业不执行《小企业会计准则》。除此之外的小企业，可以执行《小企业会计准则》，也可以执行《企业会计准则》，微型企业可参照执行《小企业会计准则》。

（三）执行《小企业会计准则》应关注的特殊规定

1. 执行《小企业会计准则》的小企业，发生的交易或者事项《小企业会计准则》未作规范的，可以参照《企业会计准则》中的相关规定进行处理。

2. 执行《企业会计准则》的小企业，不得在执行《企业会计准则》的同时，选择执行《小企业会计准则》的相关规定。

3. 执行《小企业会计准则》的小企业公开发行股票或债券的，应当转为执行《企业会计准则》；因经营规模或企业性质变化导致不符合《小企业会计准则》规定而成为大中型企业或金融企业的，应当从次年 1 月 1 日起转为执行《企业会计准则》。

4. 已执行《企业会计准则》的上市公司、大中型企业和小企业，不得转为执行《小企业会计准则》。

5. 执行《小企业会计准则》的小企业转为执行《企业会计准则》时，应当按照《企业会计准则第 38 号——首次执行企业会计准则》等相关规定进行会计处理。

二、《小企业会计准则》有哪些特征

所谓特征是指《小企业会计准则》与《企业会计准则》、《小企业会计制度》等的区别。主要体现在以下几点：

（一）"准则"的重要性提高

《小企业会计制度》是由财政部、国家税务总局在 2004 年印发贯彻实施。而《小企业会计准则》是由财政部、工业和信息化部、国家税务总局、工商总局、银监会联合发布贯彻实施。指导意见指出：《小企业会计准则》是贯彻落实《中华人民共和国中小企业促进法》、《国务院关于进一步促进中小企业发展的若干意见》等有关法规政策的重要举措，有利于加强小企业内部管理，促进小企业又好又快发展；有利于加强小企业税收征管，促进小企业税负公平；有利于加强小企业贷款管理，防范小企业贷款风险。要求各地区有关部门要从维护市场经济秩序，促进小企业健康发展，构建和谐社会的高度，充分认识贯彻实施《小企业会计准则》的重大意义。

（二）方法简便易行

《小企业会计准则》与《企业会计准则》、《小企业会计制度》相比较，主要表现在：①资产不计提减值准备。②应收账款不计提坏账准备。③对外投资不采用权益法核算。④会计科目与《企业会计准则》类同，取消了三级科目的限制。⑤对会计与税法形成的暂时差异一律采用应付税款法处理。⑥资产负债表填列按账面余额，报表附注等也相对简化，而且减少了职业判断成分等。这些修改不仅有利于《小企业会计准则》的贯彻执行，也有利于会计信息质量的提高与使用效益的增强。

（三）与时俱进、重点突出

根据经济形势的发展变化，"现金为王"的风险意识逐步提高，为适应这一需要，《小企业会计准则》提高了现金流量表的地位，由过去企业选择编制提高为必须按月编报。现金流量表的具体内容也由过去的 56 项缩减为 22 项，不仅简化了编制，也为经营者和债权人提供了极为有用的会计信息；在会计科目方面，增加了"消耗性生物资产"和"生产性生物资产"等科目；在报表附注方面，根据形势需要突出了重点，改变了过去的常态，从而提高了会计信息的效用性。

（四）与税法规定更加统一

《小企业会计准则》制定的理念、框架结构、计量方法、核算原则等都充分考虑了税务机关和金融机构等外部会计信息使用者的需求，部分会计要素的确认与计量方法完全采用税法规定，例如税法规定的"实际发生制"原则，对所有资产不计提减值准备，而是在实际发生时确认资产损失；会计要素采用历史成本法作为记账基础，没有采用公允价值作为记账基础；固定资产、生产性生物资产的使用寿命、净残值、折旧方法等与税法更加统一。既有利于会计人员掌握和运用，也使审计查账、税法监管更加顺畅。

（五）给予小企业税收优惠

税法规定，只有符合条件的实行查账征收的小企业，才可以依法享受小型企业的税收优惠政策以及国家税法规定的其他各项企业所得税优惠政策。我国有大批小企业由于会计核算不健全，而只能采用核定征收这种带有惩罚性质的征收方式，核定征收税负一般要高于查账征收方式的实际税负。《小企业会计准则》发布与实施，有利于小企业建立健全财务会计核算制度和相关账簿，进行会计核算和编制财务报表，提高会计核算水平，变核定征收为查账征收。从而享受更多的税收优惠，降低税务成本。

三、怎样实施《小企业会计准则》

财政部、工业和信息化部、国家税务总局、工商总局、银监会关于贯彻实施

《小企业会计准则》，提出了以下意见：

1. 提高认识，深刻领会发布实施《小企业会计准则》的重要意义。
2. 把握机遇，全面提升小企业内部管理水平。
3. 精心部署，切实做好《小企业会计准则》实施配套工作。
4. 加强宣传，营造《小企业会计准则》实施的良好氛围。
5. 密切协作，共同服务于小企业的健康和持续发展。

除上述要求外，在企业中要贯彻实施好《小企业会计准则》最关键的有两点：一是领导重视；二是会计素质的提高。只有领导重视，明确了实施《小企业会计准则》的意义与好处，他才能积极贯彻并要求其他人也要贯彻执行；会计人员的素质提高了，能够建立起一套适合于企业的会计制度，及时正确地提供有效用的会计信息，促进企业经济效益的提高。才能充分发挥财会工作的作用，《小企业会计准则》才能得到很好贯彻，财会工作的地位才能提高。

第二节　小企业会计的职能、内容与对象

一、会计的含义与职能

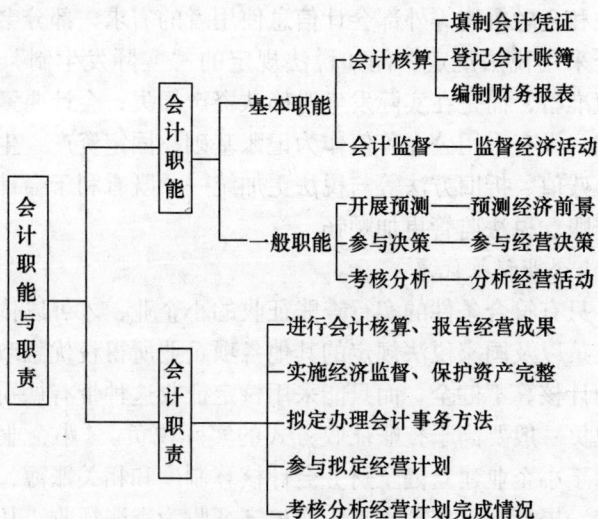

图 1-2　会计职能与职责

（一）会计的含义

会计是以货币为主要计量单位，对一定单位的经济业务活动进行确认、计量、记录、报告和分析，作出预测，参与决策，实行监督，为人们提供所需的经济信息；同时它本身也是现代经济组织实行现代化管理的重要组成部分。通过会计提供的经济信息，可使信息使用者作出决策、使从事的经济事业取得较好经济效益。

（二）会计职能与职责

会计职能是指会计本身所具有的功能，会计职责是指会计应完成的工作。会计核算具体内容见图1－3。

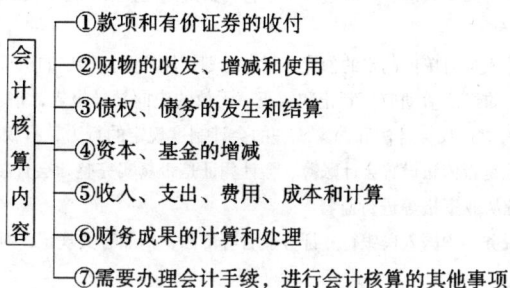

会计核算内容
①款项和有价证券的收付
②财物的收发、增减和使用
③债权、债务的发生和结算
④资本、基金的增减
⑤收入、支出、费用、成本和计算
⑥财务成果的计算和处理
⑦需要办理会计手续，进行会计核算的其他事项

图1－3　会计核算内容

二、会计核算与会计监督

（一）会计核算

各单位应当按照《中华人民共和国会计法》和国家统一会计制度的规定，建立会计账册，进行会计核算，及时提供合法、真实、准确、完整的会计信息。

（二）会计监督

各单位的会计机构、会计人员对本单位的经济活动进行会计监督。企业会计监督的具体内容见图1－4。

三、会计对象

会计对象是指会计核算和会计监督的具体内容。具体讲是企事业单位发生的能以货币表现的各项交易或事项，即资金运动。资金运动过程见图1－5、图1－6。

会计监督内容	①各单位应当建立、健全内部会计监督制度，接受有关部门监督检查
	②单位领导人应当保证会计机构、会计人员依法履行职责，不得授意、指使、强令会计人员违法办理会计事项
	③会计机构、会计人员对违反会计法和会计制度规定的会计事项，有权拒绝办理或者按照职权予以纠正
	④会计机构、会计人员发现账实不符的，按照制度规定有权自行处理的应及时处理；无权处理的，应立即向单位负责人报告，请求查明原因，作出处理
	⑤会计人员对不真实、不合法的原始凭证，不予受理；对弄虚作假、严重违法的原始凭证，在不受理同时应予扣留，并及时向领导汇报，请求查明原因，追究责任；对记载不完整、不准确的凭证，应退回，要求更正补充
	⑥会计人员对伪造、变造、故意毁灭会计账簿或账外设账行为，应当制止和纠正；无效的应当向上级主管单位报告，请求处理
	⑦会计人员对指使、强令编造、篡改财务报告行为，应当制止和纠正；无效的应当向上级主管单位报告，请求处理
	⑧会计机构、会计人员对单位制定的预算、财务计划、经济业务计划的执行情况进行监督，对违反内部会计管理制度的经济活动应当制止和纠正；无效的应向领导报告，请求处理
	⑨任何单位和个人对违反会计法和国家统一的会计制度规定的行为，有权检举
	⑩财政部对各单位是否依法设置会计账簿、会计凭证是否真实完整、会计核算是否符合制度规定、会计人员是否具备从业资格等进行监督
	⑪财政、审计、税务、中国人民银行、证券监管等部门，依照有关规定，对有关单位会计资料实施监督检查

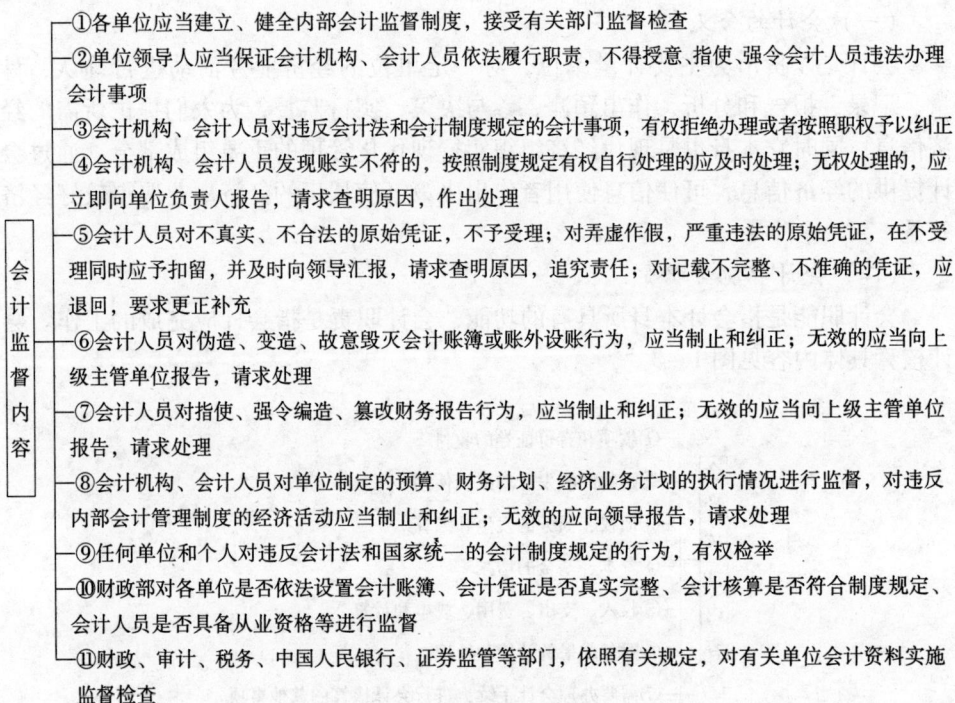

图1-4　会计监督内容

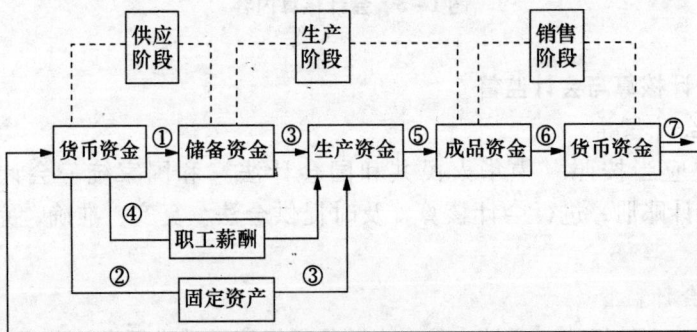

图1-5　产品制造业资金运动过程

图示说明：

①采购原材料等形成储备资金。

②购置厂房、机器设备等形成固定资产。

③以固定资产对原材料等进行生产加工形成生产资金。

④支付生产工人薪酬费用形成生产资金。

⑤产品完工入库形成成品资金。

⑥通过销售收回货币资金。

⑦资金分配与退出。

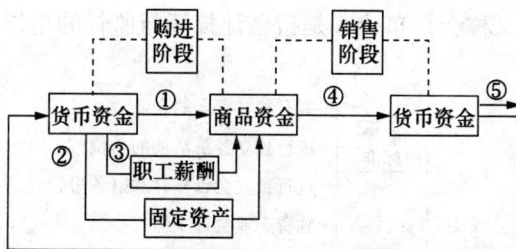

图1-6 商品流通企业资金运动过程

图示说明:
①购进各种商品,支付采购费用形成商品资金。
②购建营业场所、柜台簿形成固定资产。
③支付营业人员薪酬费用。
④销售商品收回货币资金。
⑤资金分配与退出。

第三节 小企业会计核算前提与原则

一、会计核算的基本前提

会计核算的基本前提又称会计假设。它是沟通会计环境与会计系统的桥梁,是会计人员对会计核算所处的变化不定的环境作出的合理判断,是会计核算的基础条件。具体内容包括:会计主体、持续经营、会计期间和货币计量(见图1-7)。

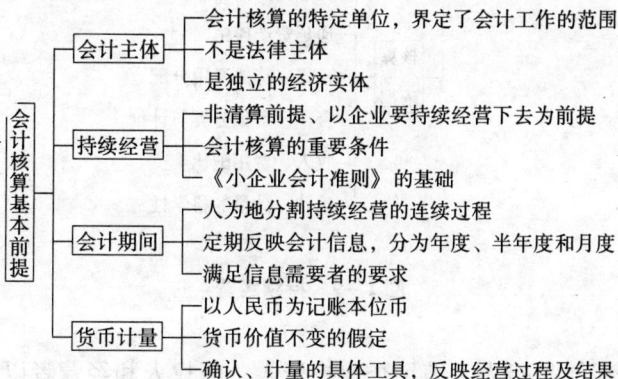

图1-7 会计核算基本前提

1. 会计主体，又称会计单位，是指会计核算与监督的单位（见图1-8）。

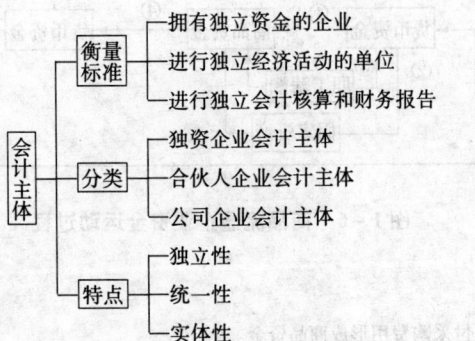

图1-8 会计主体

2. 持续经营，又称继续营业，是指假定会计主体的经济活动，不停止地继续下去，而不是将要破产清算的情况。它也是财务会计其他原则和会计程序得以顺利建立的前提条件（见图1-9）。

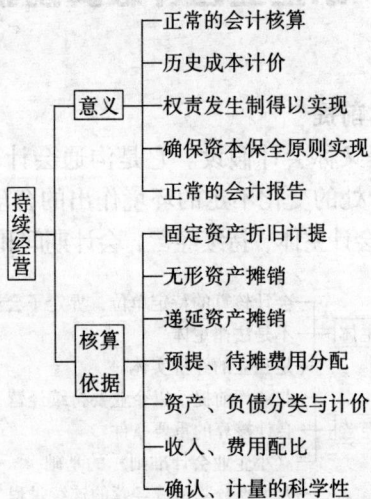

图1-9 持续经营

3. 会计分期，是指为了满足企业投资人、债权人和经营者以及有关部门对会计信息的需要，人为地将一个企业的全部经营活动期间划分为若干均等的会计计量阶段，如年、月等以定期反映企业的经营管理活动情况（见图 1-10）。

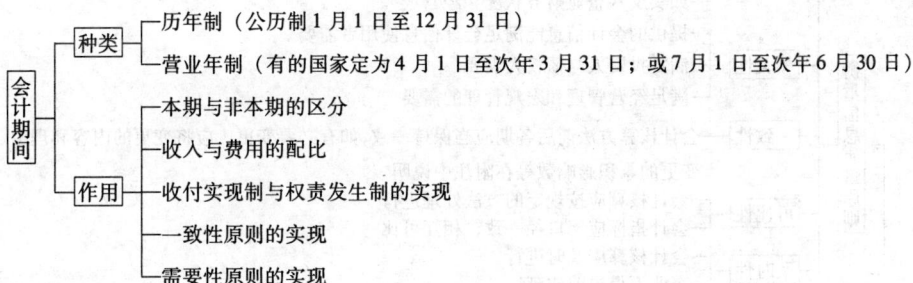

```
        ┌─种类─┬─历年制（公历制 1 月 1 日至 12 月 31 日）
        │      └─营业年制（有的国家定为 4 月 1 日至次年 3 月 31 日；或 7 月 1 日至次年 6 月 30 日）
会计     │      ┌─本期与非本期的区分
期间─────┤      ├─收入与费用的配比
        └─作用─┼─收付实现制与权责发生制的实现
               ├─一致性原则的实现
               └─需要性原则的实现
```

图 1-10　会计期间

4. 货币计量，又称货币计量单位，是指会计核算中假设以货币为"工具"，统一反映企业的生产经营活动及其结果的情况（见图 1-11）。

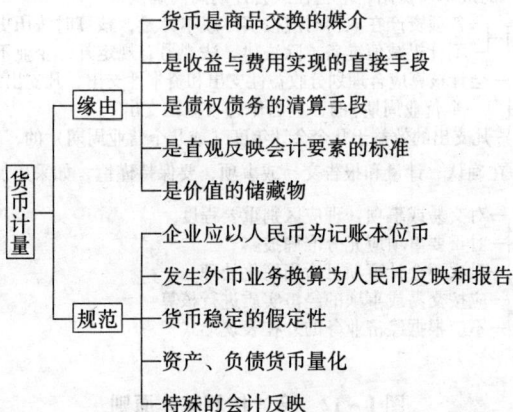

```
        ┌─缘由─┬─货币是商品交换的媒介
        │      ├─是收益与费用实现的直接手段
        │      ├─是债权债务的清算手段
货币     │      ├─是直观反映会计要素的标准
计量─────┤      └─是价值的储藏物
        │      ┌─企业应以人民币为记账本位币
        └─规范─┼─发生外币业务换算为人民币反映和报告
               ├─货币稳定的假定性
               ├─资产、负债货币量化
               └─特殊的会计反映
```

图 1-11　货币计量

二、会计核算基本原则

会计基本原则，又称会计原则。会计核算原则，是指在会计核算工作中具有普遍指导意义，并且必须遵循的规范和标准，也是衡量会计工作成败的标准。小企业会计核算的基本原则见图 1-12。

会计核算基本原则
├─ 衡量信息质量原则
│   ├─ 客观性
│   │   ├─ 以实际发生的经济业务或事项为依据
│   │   ├─ 凭证资料真实可靠
│   │   └─ 如实反映企业财务状况和经营成果
│   ├─ 相关性
│   │   ├─ 提供的会计信息能满足会计信息使用者需要
│   │   ├─ 满足投资人与债权人需要
│   │   └─ 满足经营管理和宏观管理的需要
│   ├─ 一致性──会计核算方法前后各期应当保持一致，如有必要变更，应将变更的内容和理由、变更的累积影响数等在附注中说明
│   ├─ 可比性
│   │   ├─ 会计核算应按规定的方法处理进行
│   │   └─ 会计指标应当口径一致，相互可比
│   ├─ 及时性
│   │   ├─ 会计核算应及时进行
│   │   └─ 企业不得提前或延后
│   └─ 明晰性──会计核算和编制的财务报表应清晰明了，便于报表使用者理解运用
├─ 确认和计量原则
│   ├─ 应计制
│   │   ├─ 会计核算应以权责发生制为基础
│   │   ├─ 凡本期已实现收入和已发生或应负担的费用，不论款项是否收付，都应作为当期的收入或费用
│   │   └─ 凡不属于当期的收入或费用，即使款项已在当期收付，也不应作为当期的收入和费用
│   ├─ 配比制──企业收入与其成本、费用应当相互配比，同一会计期间内的各项收入与其相关的成本、费用，应当在该会计期间内确认
│   ├─ 资产计价
│   │   ├─ 各项资产在取得时应按实际成本计量，核算时按历史成本计价值
│   │   └─ 不计提减值准备，除法律、法规另有规定外，企业不得自行调整账面价
│   └─ 区分两种支出
│   ├─ 会计核算应合理划分收益性支出和资本性支出，凡支出的收益仅及于本年度（或一个营业周期）的，应当作为收益性支出
│   └─ 凡支出的效益于几个会计年度（或几个营业周期）的，应当作为资本性支出
└─ 修正作用原则
    ├─ 谨慎性──在确认、计量和报告交易或事项，要保持谨慎，如采用加速折旧法
    ├─ 重要性
    │   ├─ 对交易或事项处理应区别重要程度
    │   ├─ 对重要事项应充分准确披露
    │   └─ 对次要会计事项可适当简化处理
    └─ 实质性
        ├─ 应按交易或事项的经济实质进行核算
        └─ 不应根据经济业务的外在表现形式核算

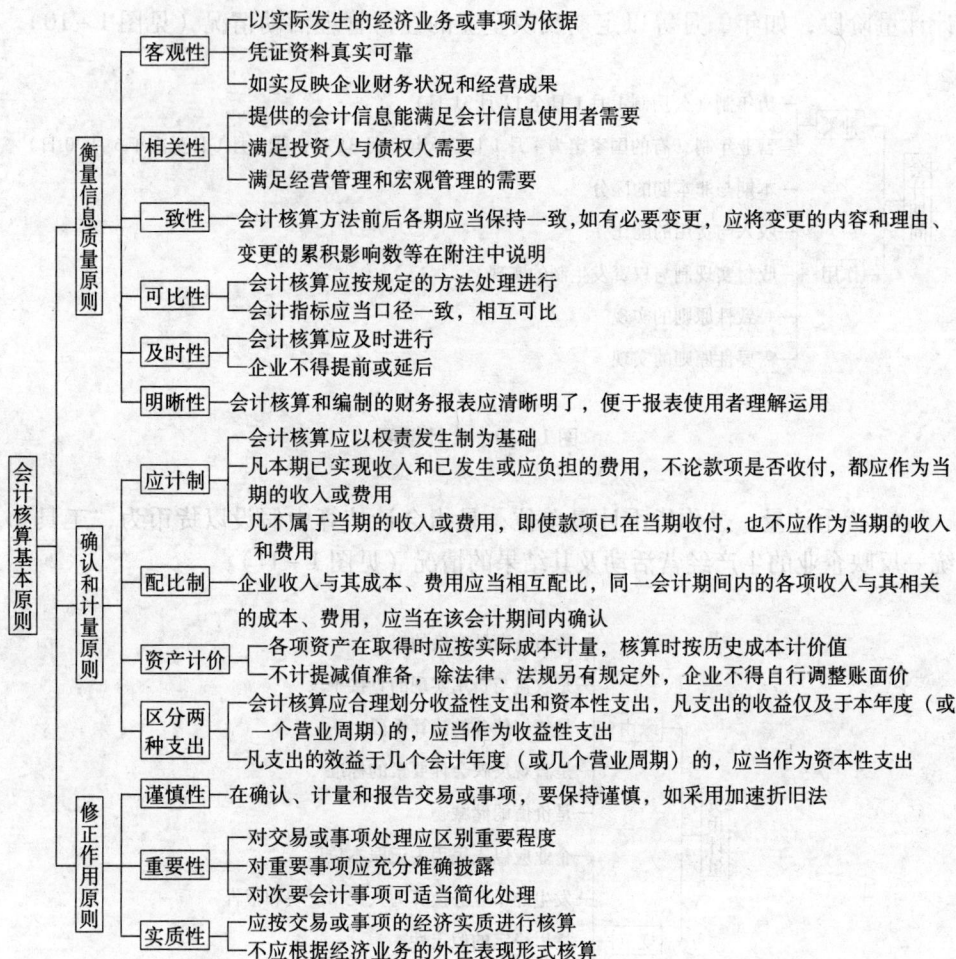

图 1 – 12　会计核算基本原则

第四节　小企业会计要素与会计科目

一、会计要素

会计要素也称财务报表要素，是会计对象的基本分类，也是会计报表的构成内容，更是会计确认和计量的依据。财政部制定的《小企业会计准则》分为六个要素：资产、负债、所有者权益、收入、费用和利润，其详细内容见图1 – 13。

资　产
- 指小企业过去的交易或者事项形成的，由小企业拥有或者控制的，预期会给小企业带来经济利益的资源
- 按流动性，可分为流动资产和非流动资产
- 小企业资产应当按照历史（实际）成本计量，不计提资产减值准备

负　债
- 指小企业过去的交易或者事项形成的，预期会导致经济利益流出小企业的现时义务
- 按流动性，可分为流动负债和非流动负债

所有者权益
- 指所有者在小企业中享有的扣除负债后的剩余权益
- 金额 = 资产 − 负债
- 内容：实收资本(或股本)、资本公积、盈余公积、未分配利润

收　入
- 指小企业在日常生产经营活动中形成的，会导致所有者权益增加、与所有者投入资本无关的经济利益的总流入。它与一定会计期间相关
- 内容：销售商品收入、提供劳务收入、让渡资产使用权收入

费　用
- 指小企业在日常生产经营活动中发生的、会导致所有者权益减少、与向所有者分配利润无关的经济利益的总流出，它与一定会计期间相关
- 内容：营业成本、营业税金及附加、销售费用、管理费用、财务费用等

利　润
- 指小企业在一定会计期间的经营成果
- 内容：经营利润、利润总额、净利润

会计要素

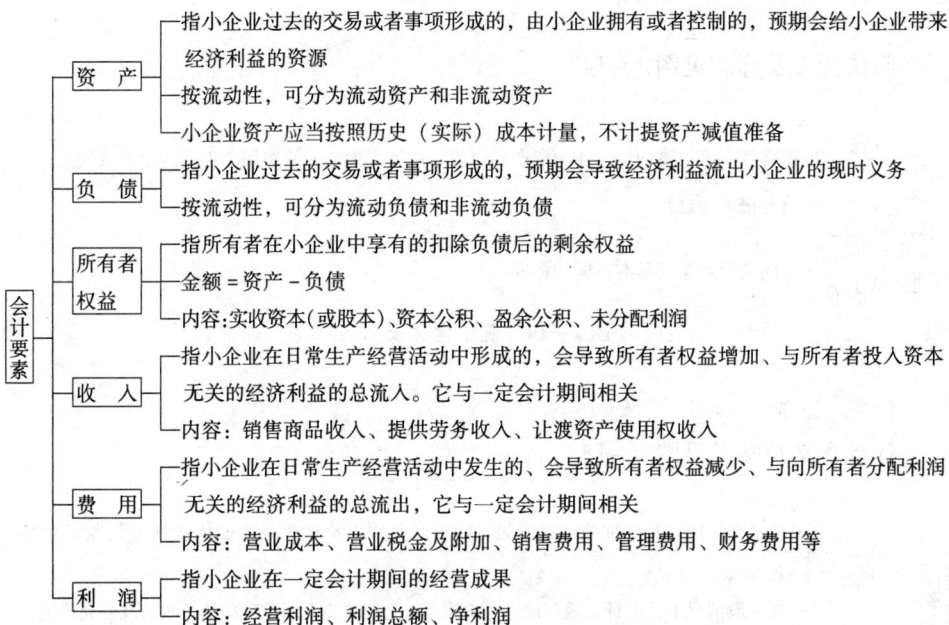

图 1 – 13　会计要素

二、会计科目

会计科目是对会计核算对象，依其经济内容所进行的科学分类。为了规范会计核算、保证会计信息质量，《小企业会计准则》对会计科目的设置及使用做出了具体的规定。在不影响会计核算要求和对外提供统一的财务会计报表的前提下，小企业可根据实际需要自行增减或合并某些会计科目。明细科目的设置除已有规定者外，企业可根据需要自行设定。对会计科目的编号，企业不应随意打乱重编。《小企业会计准则》规定的会计科目及编号见本章附件2。

第五节　小企业会计核算过程

一、会计核算的四个环节

会计最终目的是向会计信息使用者提供有助于进行决策的信息。从搜集信息、加工信息，到输出信息，需要通过确认、计量、记录和报告四个环节。

（一）确认

确认含义及标准见图 1 – 14。

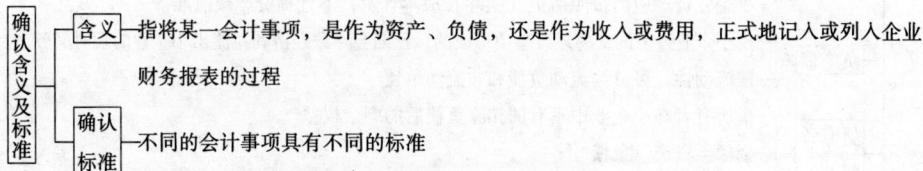

确认含义及标准
- 含义 —— 指将某一会计事项，是作为资产、负债，还是作为收入或费用，正式地记入或列入企业财务报表的过程
- 确认标准 —— 不同的会计事项具有不同的标准

图 1 – 14　确认含义及标准

（二）计量

计量含义及基础见图 1 – 15。

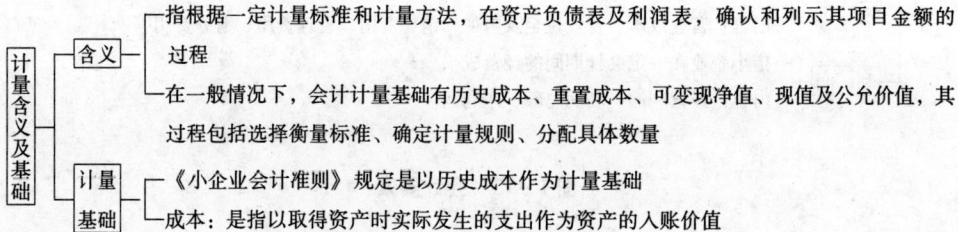

计量含义及基础
- 含义
  - 指根据一定计量标准和计量方法，在资产负债表及利润表，确认和列示其项目金额的过程
  - 在一般情况下，会计计量基础有历史成本、重置成本、可变现净值、现值及公允价值，其过程包括选择衡量标准、确定计量规则、分配具体数量
- 计量基础
  - 《小企业会计准则》规定是以历史成本作为计量基础
  - 成本：是指以取得资产时实际发生的支出作为资产的入账价值

图 1 – 15　计量含义及基础

（三）记录

记录含义及载体见图 1 – 16。

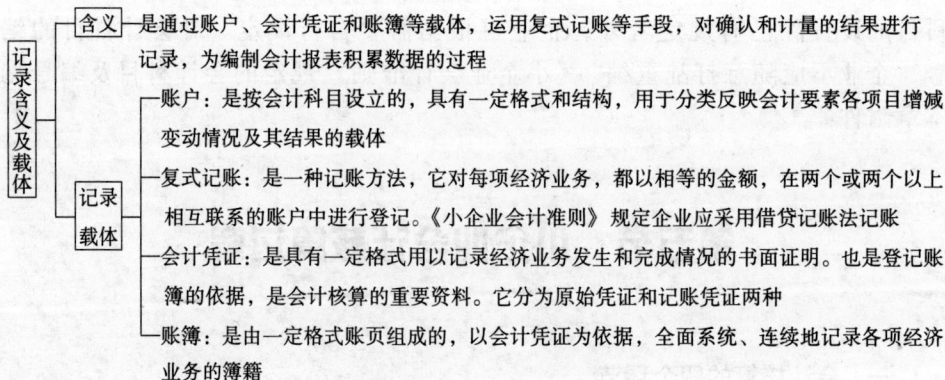

记录含义及载体
- 含义 —— 是通过账户、会计凭证和账簿等载体，运用复式记账等手段，对确认和计量的结果进行记录，为编制会计报表积累数据的过程
- 记录载体
  - 账户：是按会计科目设立的，具有一定格式和结构，用于分类反映会计要素各项目增减变动情况及其结果的载体
  - 复式记账：是一种记账方法，它对每项经济业务，都以相等的金额，在两个或两个以上相互联系的账户中进行登记。《小企业会计准则》规定企业应采用借贷记账法记账
  - 会计凭证：是具有一定格式用以记录经济业务发生和完成情况的书面证明。也是登记账簿的依据，是会计核算的重要资料。它分为原始凭证和记账凭证两种
  - 账簿：是由一定格式账页组成的，以会计凭证为依据，全面系统、连续地记录各项经济业务的簿籍

图 1 – 16　记录含义及载体

（四）报表

报表含义及组成见图1-17。

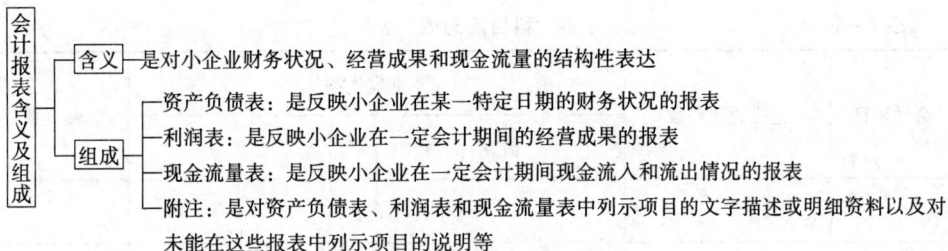

图1-17　会计报表含义及组成

二、账务处理程序

账务处理程序是指从取得原始凭证开始，到输出财务报表为止的过程。常用的有两种：

（一）记账凭证账务处理程序

一般步骤见图1-18。

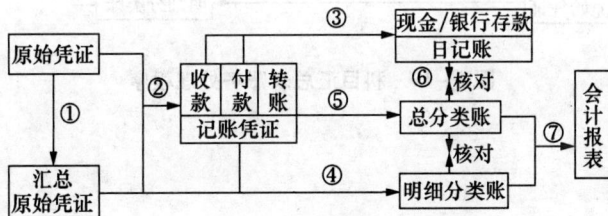

图1-18　记账凭证账务处理程序

图示说明：

①根据原始凭证编制汇总原始凭证。

②根据原始凭证或汇总原始凭证，编制记账凭证。

③根据收款凭证，付款凭证逐笔登记现金日记账和银行存款日记账。

④根据原始凭证，汇总原始凭证和记账凭证，登记各种明细分类账。

⑤根据记账凭证逐笔登记总分类账。

⑥期末，现金日记账、银行付款日记账和明细分类账的余额同有关总分类账的余数核对相符。

⑦期末，根据总分类账和明细分类账的记录，编制会计报表。

（二）科目汇总表账务处理程序

其一般步骤与记账凭证处理程序基本相同，只是增加一张科目汇总表（见

表1-1），定期（5天或10天）汇总后再记入总分类账，可以减少记账手续，见图1-19。

表1-1　　科目汇总表

会计科目	记账凭证号数	本期发生额		总账页数
		借方	贷方	
合计				

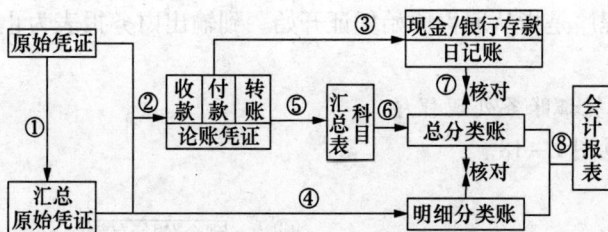

图1-19　科目汇总表账务处理程序

第六节　小企业会计循环

　　会计循环，是指会计单位依照会计程序，把会计期间内发生的经济业务，运用一定的会计方法，按照一定的会计步骤，进行计量、汇总、报告的过程，这种过程在长期的企业经济活动中，是周而复始的。一个会计期间表示一个会计循环。会计循环也是从一般的经济数据输入到会计信息输出的过程。

　　会计循环的步骤如图1-20所示。

会计事项分析
- 经济业务分析
- 原始凭证审阅
- 按会计准则确认计量会计事项

编制会计分录
- 按业务发生顺序
- 确定借贷方向、填制记账凭证
- 记录反映的金额和业务内容

登记账簿
- 记入总分类账户
- 登记日记账
- 登记明细账

调整前试算表
- 以总分类账户期末余额为依据
- 调整前编制
- 检验会计记录与过账有无差错

调整分录
- 期末对固定资产折旧、待摊、预提等账户进行调整
- 应收（付）、预收（付）账户分类调整
- 编制分录、登记账簿

调整后试算表
- 符合权责发生制要求
- 调整后编制
- 检验调整分录与过账有无差错

结账
- 临时性、损溢性等账户结算过账
- 会计期末
- 结转损溢、计算盈亏

第三次试算表
- 结账后试算表
- 全面试算
- 检验总分类账户余额的正确性

编制报表
- 资产负债表
- 利润表
- 现金流量表

财务报告
- 对外报表
- 附注
- 正确完整、及时报送

（会计循环）

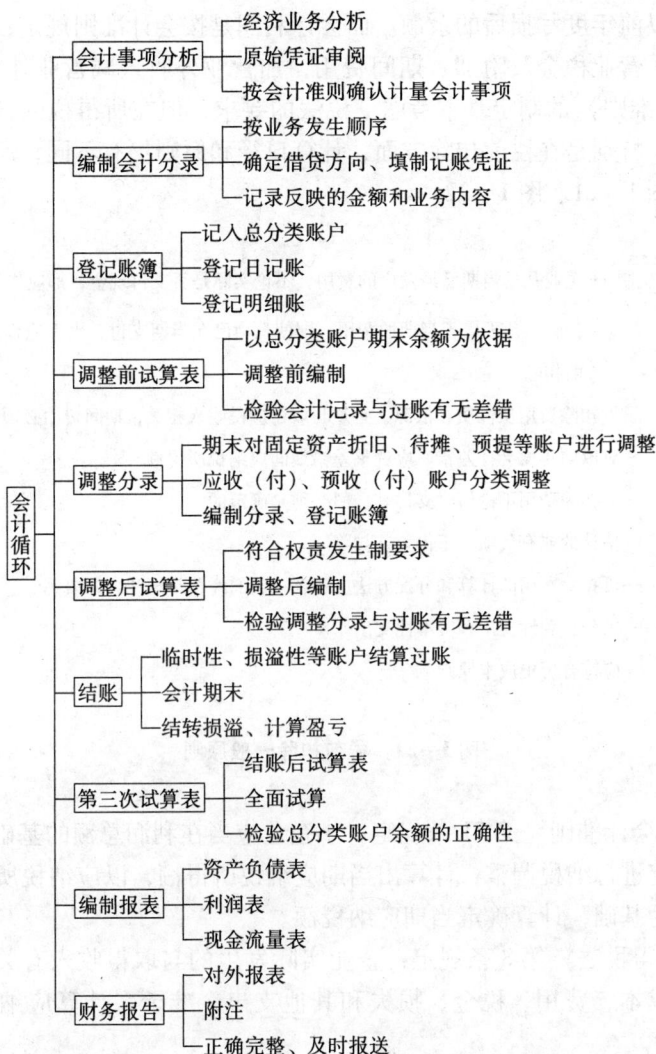

图 1-20 会计循环

第七节 企业所得税处理

应纳税所得额也称纳税利润，与会计利润是两个不同的概念。应纳税所得额是指企业每一纳税年度的收入总额，减除不征税收入、免税收入、各种扣除以及

允许弥补的以前年度亏损后的余额。而会计利润是按会计准则规定：营业收入减去营业成本、营业税金及附加、期间费用，加营业外收入减营业外支出的余额。《小企业会计准则》的制定基本考虑了税法的要求，但在所得税的计算方面仍存在一定差异。特别是在税前扣除方面，计算口径和原则仍有不同，所得税扣除原则及处理见图1-21、图1-22。

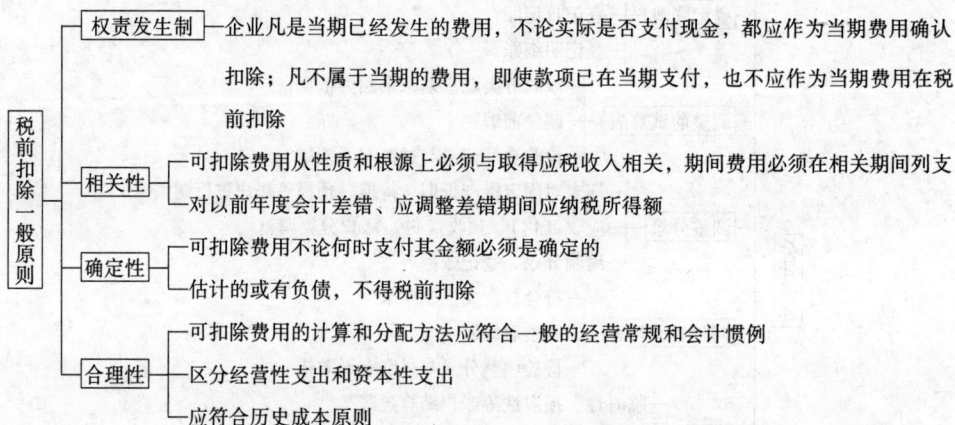

图 1-21　税前扣除一般原则

《小企业会计准则》第71条规定：小企业应当在利润总额的基础上，以企业所得税法规定进行纳税调整，计算出当期应纳税所得额，以应纳税所得额与适用所得税税率为基础，计算确定当期应纳税额。

《企业所得税法》第8条规定：企业实际发生的与取得收入有关的、合理的支出，包括成本、费用、税金、损失和其他支出，准予在计算应纳税所得额时扣除。

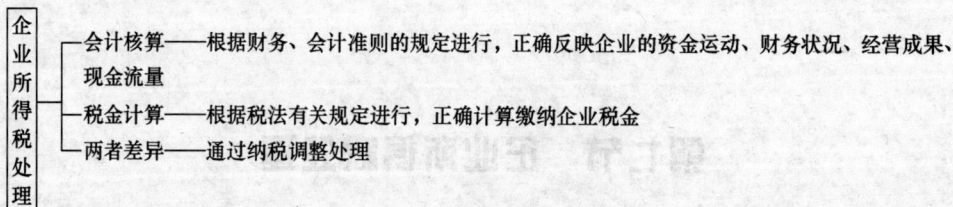

图 1-22　企业所得税处理

第八节　税务工作六要诀

企业自成立之日起，应遵照税法规定，照章登记申报纳税，否则要受到处罚。构成犯罪的，要依法追究刑事责任，为此，必须把握以下六点：

一、该登则登

税务登记是税务机关根据纳税人的申报，依法对纳税人有关纳税事宜进行登记记载，并发给纳税人税务登记证件的活动。税务登记包括：开业登记（包括税务登记和注册税务登记），变更登记，停业登记，复业登记，非正常户处理，注销登记，转户登记，换证、验证及丢失补证，税务登记违章处罚，税务登记统计查询。

生产、经营纳税人自领取营业执照之日起 30 日内申报办理登记；税务登记内容发生变化，自办理变更登记之日起 30 日内办理变更登记；生产、经营纳税人申请办理注销之前，持有关证件到税务机关申报办理注销登记。

生产、经营纳税人未按规定期限申报办理税务登记、变更或者注销登记的，可以处以 2000 元以下罚款，情节严重的处以 2000 元以上、10000 元以下罚款。

二、该提则提

在进行企业所得税汇算清缴申报前，纳税人应对照现行企业所得税法和有关财务会计规定，及时、准确地汇集、摊销或分配产品生产成本和经营费用，正确提取折旧等费用。如果人为地多提有关费用，将会承担偷税的法律责任。根据《财政部、国家税务总局关于企业所得税几个具体问题的通知》的规定，对因少提、不提应该提取的费用所增加的所得多交纳的企业所得税，不仅不可以减免，而且不得申请退还。

三、应扣则扣

企业必须根据《个人所得税法》和《个人所得税代扣代缴暂行办法》的规定，全面履行代扣代缴义务，扣全、缴足应代扣代缴的个人所得税。如果企业不能及时、正确履行代扣代缴个人所得税义务，税务机关将按照《税收征管法》的规定，由税务机关向纳税人追缴税款，对扣缴义务人处以应扣未扣、应收未收税款 50% 以上三倍以下的罚款。

四、该报则报

这包括两个方面的内容：

一是纳税人应交各种税金都应按期上报包括零申报，纳税年度内不论盈利、亏损或处于减免税优惠期，均应根据《企业所得税法》及其实施细则和有关规定，进行企业所得税汇算清缴，正确进行纳税项目调整，如实、准确填写企业所得税申报表及其附表，并对企业所得税申报表及其附送资料的真实性、准确性负法律责任。同时，在规定的期限内向主管税务机关报送年度企业所得税申报表及其附表、会计决算报表和税务机关要求报送的其他资料。

纳税人如果未按照规定的期限办理纳税申报和报送纳税资料的，税务机关将责令其限期改正，可处以 2000 元以下罚款；情节严重的，可处以 2000 元以上、10000 元以下的罚款。纳税人不进行纳税申报，不交或少交应纳税款的，税务机关将追缴其不交或少交的税款、滞纳金，并处不交或者少交税款 50% 以上五倍以下的罚款。纳税人经税务机关通知申报而拒不申报，不交或者少交税款的，税务机关将依法追交其不交或少交的税款、滞纳金，并处不交或者少交税款 50% 以上五倍以下的罚款；构成犯罪的，依法追究刑事责任。

二是所有应报批事项必须履行报批手续。纳税人的财产损失、亏损确认和弥补、坏账准备金的提取、国产设备投资抵免、减税、免税等事项，都必须事前在规定期限内履行有关报批手续后，方可作为税前扣除项目在税前予以扣除或抵免、减免。

五、应调则调

许多纳税人在进行企业所得税汇算清缴后，往往忽视账务调整工作。企业在汇算清缴后，如不按税法规定结合有关的财务会计制度进行账务调整，势必给下年度或以后年度带来不利因素和不良后果。例如，如果企业将不应记入成本费用的支出多记或少记，或用其他方式人为地虚列利润或者亏损等，就会增加下年度或以后年度利润或者亏损，而已作纳税处理的已税利润，在以后年度又极容易出现继续征税等情况，使企业增加不必要的负担。

六、应交则交

纳税人必须按税法规定及时足额地交纳税款。税款交纳不及时，税务机关不仅要依法加收滞纳金，而且可能在必要时采取强制执行措施。如果是采取伪造、变造、隐匿、擅自销毁账簿、记账凭证，或者在账簿上多列支出或者不列、少列收入，或者进行虚假纳税申报等手段，造成不交或者少交应纳税款的，是偷税。税务机关将依据《税收征管法》第 36 条的规定，追缴其不交或者少交的税款、滞纳金，并处不交和少交税款 50% 以上五倍以下的罚款；构成犯罪的，依法追究刑事责任。

附件 1

关于小型、微型企业的划型标准

2011 年 6 月 18 日，工信部联企业〔2011〕300 号

行业	小型企业	微型企业
1. 农、林、牧、渔业	营业收入 50 万～500 万元（不含）的	营业收入 50 万元（不含）以下的
2. 工业（包括采矿业、制造业、电力、热力、燃气及水生产和供应业）	从业人员 20～300 人（不含）且营业收入 300 万～2000 万元（不含）的	从业人员 20 人（不含）以下或营业收入 300 万元（不含）以下的
3. 建筑业	营业收入 300 万～6000 万元（不含），且资产总额 300 万～5000 万元（不含）的	营业收入 300 万元以下或资产总额 300 万元以下的
4. 批发业	从业人员 5～20 人（不含），且营业收入 1000 万～5000 万元（不含）的	从业人员 5 人以下或营业收入 1000 万元以下的
5. 零售业	从业人员 10～50 人（不含），且营业收入 100 万～500 万元（不含）的	从业人员 10 人以下或营业收入 100 万元以下的
6. 交通运输业（不含铁路运输业）	从业人员 20～300 人（不含），且营业收入 200 万～3000 万元（不含）的	从业人员 20 人以下或营业收入 200 万元以下的
7. 仓储业	从业人员 20～100 人（不含），且营业收入 100 万～1000 万元（不含）的	从业人员 20 人以下或营业收入 100 万元以下的
8. 邮政业	从业人员 20～300 人（不含），且营业收入 100 万～2000 万元（不含）的	从业人员 20 人以下或营业收入 100 万元以下的
9. 住宿业	从业人员 10～100 人（不含），且营业收入 100 万～2000 万元（不含）的	从业人员 10 人以下或营业收入 100 万元以下的
10. 餐饮业	从业人员 10～100 人（不含），且营业收入 100 万～2000 万元（不含）的	从业人员 10 人以下或营业收入 100 万元以下的
11. 信息传输业（包括电信、互联网和相关服务）	从业人员 10～100 人（不含），且营业收入 100 万～1000 万元（不含）的	从业人员 10 人以下或营业收入 100 万元以下的

续表

行业	小型企业	微型企业
12. 软件和信息技术服务业	从业人员 10～100 人（不含），且营业收入 50 万～1000 万元（不含）的	从业人员 10 人以下或营业收入 50 万元以下的
13. 房地产开发经营	营业收入 100 万～1000 万元（不含），且资产总额 2000 万～5000 万元（不含）的	营业收入 100 万元以下或资产总额 2000 万元以下的
14. 物业管理	从业人员 100～300 人（不含），且营业收入 500 万～1000 万元（不含）的	从业人员 100 人以下或营业收入 500 万元以下的
15. 租赁和商务服务业	从业人员 10～100 人（不含），且资产总额 100 万～8000 万元（不含）的	从业人员 10 人以下或资产总额 100 万元以下的
16. 其他未列明行业（包括科学研究和技术服务业，水利、环境和公共设施管理业，居民服务、修理和其他服务业，社会工作，文化、体育和娱乐业等）	从业人员 10～100 人（不含）的	从业人员 10 人以下的

企业超过小型标准即中型企业。

何谓小企业，世界各国标准不一，如欧洲对小型企业定义为：雇工不超过 50 人，年营业额不超过 500 万欧元或资产负债不超过 200 万欧元，其资本最多 25%，由不符合这一定义的另一家或多家企业所占有的企业为小型企业。

在美国，此项规定更具弹性。1966 年，美国小企业局便将美国汽车公司认定为小企业，曾震惊一时，因为当时该公司是全国第 63 位大制造公司，营业额超过 10 亿美元，员工有 3 万人，但美国小企业局从管理的角度，认为美国汽车公司市场占有率仅 3%，可能会退出市场竞争，而空有大制造企业外形。

附件 2

会计科目比较

《小企业会计准则》			《企业会计准则》			小企业会计制度			说明
序号	编号	会计科目名称	序号	编号	会计科目名称	序号	编号	会计科目名称	
		一、资产类			一、资产类			一、资产类	
1	1001	库存现金	1	1001	现金	1	1001	现金	
2	1002	银行存款	2	1002	银行存款	2	1002	银行存款	
			3	1003	存放中央银行款项				银行专用
			4	1011	存放同业				银行专用
3	1012	其他货币资金	5	1012	其他货币资金	3	1009	其他货币资金	
							100901	外埠存款	
							100902	银行本票存款	
							100903	银行汇票存款	
							100904	信用卡存款	
							100905	信用证保证金存款	
							100906	存出投资款	
			6	1021	结算备付金				证券专用
			7	1031	存出保证金				金融共用
			8	1101	交易性金融资产				
			9	1111	买入返售金融资产				金融共用
4	1101	短期投资				4	1101	短期投资	
							110101	股票	
							110102	债券	
							110103	基金	
							110110	其他	
						5	1102	短期投资跌价准备	
5	1121	应收票据	10	1121	应收票据	6	1111	应收票据	
6	1122	应收账款	11	1122	应收账款	8	1131	应收账款	
7	1123	预付账款	12	1123	预付账款				
8	1131	应收股利	13	1131	应收股利	7	1121	应收股息	
9	1132	应收利息	14	1132	应收利息				
			15	1201	应收代位追偿款				保险专用
			16	1211	应收分保账款				保险专用

续表

序号	编号	会计科目名称	序号	编号	会计科目名称	序号	编号	会计科目名称	说明
			17	1212	应收分保合同准备金				保险专用
10	1221	其他应收款	18	1221	其他应收款	9	1133	其他应收款	
			19	1231	坏账准备	10	1141	坏账准备	
			20	1301	贴现资产				银行专用
			21	1302	拆出资金				金融专用
			22	1303	贷款				银行专用
			23	1304	贷款损失准备				银行专用
			24	1311	代理兑付证券				银行和证券共用
			25	1321	代理业务资产				
11	1401	材料采购	26	1401	材料采购				
12	1402	在途物资	27	1402	在途物资	11	1201	在途物资	
13	1403	原材料	28	1403	原材料	12	1211	材料	
14	1404	材料成本差异	29	1404	材料成本差异				
15	1405	库存商品	30	1405	库存商品	14	1243	库存商品	
			31	1406	发出商品				
16	1407	商品进销差价	32	1407	商品进销差价	15	1244	商品进销差价	
17	1408	委托加工物资	33	1408	委托加工物资	16	1251	委托加工物资	
						17	1261	委托代销商品	
						13	1231	低值易耗品	
18	1411	周转材料	34	1411	周转材料				
19	1421	消耗性生物资产	35	1421	消耗性生物资产				农业专用
			36	1431	贵金属				金融共用
			37	1441	抵债资产				金融共用
			38	1451	损余物资				保险专用
			39	1461	融资租赁资产				租赁专用
			40	1471	存货跌价准备	18	1281	存货跌价准备	
						19	1301	待摊费用	
			41	1501	持有至到期投资				
			42	1502	持有至到期投资减值准备				
			43	1503	可供出售金融资产				

（表头说明）《小企业会计准则》 / 《企业会计准则》 / 小企业会计制度

续表

《小企业会计准则》			《企业会计准则》			小企业会计制度			说明
序号	编号	会计科目名称	序号	编号	会计科目名称	序号	编号	会计科目名称	
20	1501	长期债权投资				21	1402	长期债权投资	
							140201	债券投资	
							140202	其他债权投资	
21	1511	长期股权投资	44	1511	长期股权投资	20	1401	长期股权投资	
							140101	股票投资	
							140102	其他股权投资	
			45	1512	长期股权投资减值准备				
			46	1521	投资性房地产				
			47	1531	长期应收款				
			48	1532	未实现融资收益				
			49	1541	存出资本保证金				保险专用
22	1601	固定资产	50	1601	固定资产	22	1501	固定资产	
23	1602	累计折旧	51	1602	累计折旧	23	1502	累计折旧	
			52	1603	固定资产减值准备				
24	1604	在建工程	53	1604	在建工程	25	1603	在建工程	
							160301	建筑工程	
							160302	安装工程	
							160303	技术改造工程	
							160304	其他支出	
25	1605	工程物资	54	1605	工程物资	24	1601	工程物资	
26	1606	固定资产清理	55	1606	固定资产清理	26	1701	固定资产清理	
			56	1611	未担保余值				租赁专用
27	1621	生产性生物资产	57	1621	生产性生物资产				农业专用
28	1622	生产性生物资产累计折旧	58	1622	生产性生物资产累计折旧				农业专用
			59	1623	公益性生物资产				农业专用
			60	1631	油气资产				石油天然气开采专用
			61	1632	累计折耗				石油天然气开采专用
29	1701	无形资产	62	1701	无形资产	27	1801	无形资产	

续表

序号	编号	会计科目名称	序号	编号	会计科目名称	序号	编号	会计科目名称	说明
\[《小企业会计准则》\]			\[《企业会计准则》\]			\[小企业会计制度\]			
30	1702	累计摊销	63	1702	累计摊销				
			64	1703	无形资产减值准备				
			65	1711	商誉				
31	1801	长期待摊费用	66	1801	长期待摊费用	28	1901	长期待摊费用	
			67	1811	递延所得税资产				
			68	1821	独立账户资产				保险专用
32	1901	待处理财产损溢	69	1901	待处理财产损溢				
		二、负债券			二、负债类			二、负债类	
33	2001	短期贷款	70	2001	短期借款	29	2101	短期借款	
			71	2002	存入保证金				金融共用
			72	2003	拆入资金				金融共用
			73	2004	向中央银行借款				银行专用
			74	2011	吸收存款				银行专用
			75	2012	同业存放				银行专用
			76	2021	贴现负债				银行专用
		长期债权投资	77	2101	交易性金融负债				
			78	2111	卖出回购金融资产款				金融共用
34	2201	应付票据	79	2201	应付票据	30	2111	应付票据	
35	2202	应付账款	80	2202	应付账款	31	2121	应付账款	
36	2203	预收账款	81	2203	预收账款				
37	2211	应付职工薪酬	82	2211	应付职工薪酬	32	2151	应付工资	
						33	2153	应付福利费	
38	2221	应交税费	83	2221	应交税费	35	2171	应交税金	
							217101	应交增值税	
							21710101	进项税额	
							21710102	已交税金	
							21710103	减免税款	
							21710104	出口抵减内销产品应纳税额	
							21710105	转出未交增值税	
							21710106	销项税额	

续表

《小企业会计准则》			《企业会计准则》			小企业会计制度			说明
序号	编号	会计科目名称	序号	编号	会计科目名称	序号	编号	会计科目名称	
							21710107	出口退税	
							21710108	进项税额转出	
							21710109	转出多交增值税	
							217102	未交增值税	
							217103	应交营业税	
							217104	应交消费税	
							217105	应交资源税	
							217106	应交所得税	
							217107	应交土地增值税	
							217108		
							217109	应交房产税	
							217110	应交土地使用税	
							217111	应交车船使用税	
							217112	应交个人所得税	
39	2231	应付利息	84	2231	应付利息				
40	2232	应付利润	85	2232	应付股利	34	2161	应付利润	
						36	2176	其他应交款	
41	2241	其他应付款	86	2241	其他应付款	37	2181	其他应付款	
			87	2251	应付保单红利				保险专用
			88	2261	应付分保账款				保险专用
			89	2311	代理买卖证券款				证券专用
			90	2312	代理承销证券款				金融共用
			91	2313	代理兑付证券款				证券和银行共用
			92	2314	代理业务负债				
						38	2191	预提费用	
						39	2201	待转资产价值	
							220101	接受捐赠货币性资产价值	
							220102	接受捐赠非货币性资产价值	

续表

《小企业会计准则》			《企业会计准则》			小企业会计制度			说明
序号	编号	会计科目名称	序号	编号	会计科目名称	序号	编号	会计科目名称	
42	2401	递延收益	93	2401	递延收益				
43	2501	长期借款	94	2501	长期借款	40	2301	长期借款	
			95	2502	应付债券				
			96	2601	未到期责任准备				保险专用
			97	2602	保险责任准备金				保险专用
			98	2611	保户储金				保险专用
			99	2621	独立账户负债				保险专用
44	2701	长期应付款	100	2701	长期应付款	41	2321	长期应付款	
			101	2702	未确认融资费用				
			102	2711	专项应付款				
			103	2801	预计负债				
			104	2901	递延所得税负债				
					三、共同类				
			105	3001	清算资金往来				银行专用
			106	3002	货币兑换				金融共用
			107	3101	衍生工具				
			108	3201	套期工具				
			109	3202	被套期项目				
		三、所有者权益类			四、所有者权益类			三、所有者权益类	
45	3001	实收资本	110	4001	实收资本	42	3101	实收资本	
46	3002	资本公积	111	4002	资本公积	43	3111	资本公积	
							311101	资本溢价	
							311102	接受捐赠非现金资产准备	
							311106	外币资本折算差额	
							311107	其他资本公积	
47	3101	盈余公积	112	4101	盈余公积	44	3121	盈余公积	
							312101	法定盈余公积	
							312102	任意盈余公积	
							312103	法定公益金	

《小企业会计准则》			《企业会计准则》			小企业会计制度			说明
序号	编号	会计科目名称	序号	编号	会计科目名称	序号	编号	会计科目名称	
			113	4102	一般风险准备				金融共用
48	3103	本年利润	114	4103	本年利润	45	3131	本年利润	
49	3104	利润分配	115	4104	利润分配	46	3141	利润分配	
							314101	其他转入	
							314102	提取法定盈余公积	
							314103	提取法定公益金	
							314109	提取任意盈余公积	
							314110	应付利润	
							314111	转作资本的利润	
							314115	未分配利润	
			116	4201	库存股				
		四、成本类			五、成本类			四、成本类	
50	4001	生产成本	117	5001	生产成本	47	4101	生产成本	
							410101	基本生产成本	
							410102	辅助生产成本	
51	4101	制造费用	118	5101	制造费用	48	4105	制造费用	
			119	5201	劳务成本				
52	4301	研发支出	120	5301	研发支出				
53	4401	工程施工	121	5401	工程结算				建造承包商专用
			122	5402	工程结算				建造承包商专用
54	4403	机械作业	123	5403	机械作业				建造承包商专用
		五、损溢类			六、损溢类			五、损溢类	
55	5001	主营业务收入	124	6001	主营业务收入	49	5101	主营业务收入	
			125	6011	利息收入				金融共用
			126	6021	手续费及佣金收入				金融共用
			127	6031	保费收入				保险专用
			128	6041	租赁收入				租赁专用

续表

《小企业会计准则》			《企业会计准则》			小企业会计制度			说明
序号	编号	会计科目名称	序号	编号	会计科目名称	序号	编号	会计科目名称	
56	5051	其他业务收入	129	6051	其他业务收入	50	5102	其他业务收入	
			130	6061	汇兑损溢				金融共用
			130	6061	公允价值变动损溢				
57	5051	投资收益	132	6111	投资收益	51	5201	投资收益	
			133	6201	摊回保险责任准备金				保险专用
			134	6202	摊回赔付支出				保险专用
			135	6203	摊回分保费用				保险专用
58	5301	营业外收入	136	6301	营业外收入	52	5301	营业外收入	
59	5401	主营业务成本	137	6401	主营业务成本	53	5401	主营业务成本	
60	5402	其他业务成本	138	6402	其他业务支出	55	5405	其他业务支出	
61	5403	营业税金及附加	139	6043	营业税金及附加	54	5042	主营业务税金及附加	
			140	6411	利息支出				金融共用
			141	6421	手续费及佣金支出				金融共用
			142	6501	提取未到期责任准备金				保险专用
			143	6502	提取保险责任准备金				保险专用
			144	6511	赔付支出				保险专用
			145	6521	保单红利支出				保险专用
			146	6531	退保金				保险专用
			147	6541	分出保费				保险专用
			148	6542	分保费用				保险专用
62	5601	销售费用	149	6601	销售费用	56	5501	营业费用	
63	5602	管理费用	150	6602	管理费用	57	5502	管理费用	
64	5603	财务费用	151	6603	财务费用	58	5503	财务费用	
			152	6604	勘探费用				石油天然气开采专用
			153	6701	资产减值损失				
65	5711	营业外支出	154	6711	营业外支出	59	5601	营业外支出	

第二章 货币性资产核算与税务处理

第一节 资产的含义、核算目标及风险提示

一、资产定义及特征
（一）资产定义

> 《小企业会计准则》指出：资产，是指小企业过去的交易或者事项形成的、由小企业拥有或者控制的、预期会给小企业带来经济利益的资源。

（二）资产的特征

1. 资产是小企业拥有或者控制的资源。

资产作为小企业的一项资源，应该由小企业拥有或者控制。所谓拥有是指该项资源归小企业所有，小企业拥有该资源的所有权；所谓控制是指该项资源虽不归小企业所有，但小企业可以控制和利用该资源，且从资产中获得经济效益，如企业融资租入的固定资产，虽然没有所有权，但租赁期限较长，接近于该资产的使用寿命，且在使用中能带来经济利益；故小企业准则规定也应列入资产范畴。

2. 资产预期会给小企业带来经济效益。

因为企业是一个经济实体，它的一切经营活动及目的是创造效益，假如某项资源不能为小企业带来经济利益。如某商品已腐烂变质、某药品已过期失效，某部机械已不能继续使用等，这些资产已失去资产创造效益的本质特征。所以，也不再是企业的资产，而是一堆废弃物，处理它有时还需要支付费用。

3. 资产是由小企业过去的交易或者事项形成的。

这一特征是说明小企业的资产是怎样形成的。它是由过去的交易或者事项形成的，如购买原材料及生产设备，投资者投入资产或接受捐赠资产，或发明创造专有技术等事项形成资产。假如有购买设备的计划，而购买交易尚未发生，资产尚未形成，则设备就不能确认为是企业的资产。

（三）确认资产的条件

将一项资源确认为资产，除具有上述特征，还需要满足下列两项条件：

1. 与该项资产有关的经济利益很可能流入小企业。

资产能为小企业带来经济利益是资产的本质特征，所以不能为企业带来经济利益的资源就不能称为资产。但是现实生活瞬息万变，与资源有关的经济利益能否流入企业带有很大的不确定性。因此，只有很可能为企业带来经济利益的资源才能确认为资产，不能为小企业带来经济利益的资源，失去了资源的本质特征，因此就不能再确认为资产。

2. 该资源的成本或者价值能够可靠地计量。

作为小企业的一项资产，它的成本或者价值能够可靠地计量时，资产才能予以确认，如果一项资源尽管对企业非常重要，但若不能用价值计量，从会计核算角度讲，就不能称为是企业的资产。如企业的职工，尽管是企业最宝贵的资源，但是人不能作为企业的资产在资产负债表上列示，因为人的价值除了无法用货币计量外，他既不能被企业出售，也不能为企业拥有。

二、资产计量

资产计量是用货币量——金额，衡量资产价值大小的依据。资产计量属性有多种，《企业会计准则》规定"会计计量属性主要包括历史成本、重置成本、可变现净值和公允价值。"同时又明确规定"企业在对会计要素计量时，一般应当采用历史成本、重置成本、可变现净值、现值、公允价值，应当保证所确定的会计要素金额能够取得并可靠计量。"小企业如何计量资产的价值？

《小企业会计准则》规定："小企业的资产应当按照成本计量，不计提减值准备。"

《企业所得税法》第 56 条规定："企业的各项资产，包括固定资产、生物资产、无形资产、长期待摊费用、投资资产、存货等，以历史成本为计税基础。历史成本，是指企业取得该项资产时实际发生的支出。企业持有各项资产，期间资产增值或减值，除国务院财政、税务主管部门规定可以确认损溢外，不得调整该项资产的计税基础。"

可见，小企业在运用历史成本计量资产价值时，应从以下几方面把握：

1. 资产取得时，按实际发生的支出作为历史成本，而不考虑取得的形式。

2. 在持有期间，资产的增值与减值会计账面不进行调整，仍按历史成本核算。

3. 固定资产、无形资产和长期待摊等，计提折旧或摊销时仍按历史成本计算。

4. 资产实际发生损失时，在发生后应根据《小企业会计准则》相关的规定进行账务处理。

为弥补历史成本计量的缺点，《小企业会计准则》要求企业在对外提供年度财务报表时，对短期投资的市场价格、存货的市场价格、应收账款的账龄和固定资产的折旧情况，应当在附注中进行单独披露，说明该项资产的现时市场价值及其状况，从而弥补历史成本计量可能存在的不能真实反映资产价值和质量的情况。

三、资产分类

小企业的资产按其流动性可分为流动资产与非流动资产。流动资产又可分为货币性流动资产与非货币性流动资产，前者包括货币资金以及固定或可确定金额收回的资产，如库存现金、银行存款、其他货币资金、应收账款、其他应收款等。

（一）流动资产

> 《小企业会计准则》指出：小企业的流动资产，是指预计在 1 年内（含 1 年）或超过 1 年的 1 个正常营业周期内变现、出售或耗用的资产。
>
> 小企业的流动资产包括：货币资金、短期投资、应收及预付款项、存货等。

1. 什么是营业周期？

正常的营业周期是指企业从购买用于产品生产的原材料开始，通过加工制造，到产品完工后销售，最终转变为现金止的这一期间。由于各企业产品性质及特征不同，正常的营业周期有的短于 1 年，甚至 1 年内出现几个营业周期；有的可能长于 1 年甚至几年。如房地产商品房的开发、建造、销售直到收回货款，其周期往往长达几年。如建造一条远洋轮船，需要几年的时间，其耗用的材料、安装的设备等，仍作为流动资产列示。

会计年度通常是指从公历 1 月 1 日至 12 月 31 日；1 年或称 1 年期通常指从业务事项发生时日起，到次年相同月份的前 1 天为止。

2. 营业周期的作用。

营业周期是判断资产属性的一项重要标准。如果购买一辆汽车是为了运输货物，并在多个营业周期发挥作用，则应列为固定资产；如果购买汽车的目的不是使用而是为了卖，只在一个营业周期发挥作用，则应列为流动资产。

3. 什么是变现、出售和耗用。

（1）变现，通常是指将资产转变为现金。如收回应收账款、收回短期投资等。

（2）出售，通常是指将产品、材料或机械设备卖掉，收回货或索取贷款权利。

（3）耗用，通常是指存货从一种形态转变为另一种形态，如棉花纺成棉纱，棉纱织成棉布，棉布再制成服饰等。

（二）非流动资产

非流动资产是指流动资产以外的资产。包括长期债券投资、长期股权投资、固定资产、生产性生物资产、无形资产、长期待摊费用等。这些资产的含义与特征，分别在各自部分论述。

三、资产核算目标

1. 资产的确认，达到正确无误、合规合法。

2. 资产的计量，实现准确无误、科学合理。

3. 资产的记录，做到及时正确、真实可靠。

四、风险提示

1. 企业的资产是企业生存发展的基础和条件，核算不清、手续不严、账实不符、管理混乱、资产安全受到威胁，可能影响企业的生存与发展。

2. 企业资产的确认、计量、账务处理不合规、数量不清、手续不全，不能充分发挥资产的效能，可能导致企业资产流失且效益低下。

3. 企业资产的确认、计量、记录不合规，不仅影响企业效益正确性，而且可能导致重大税务风险。

第二节　现金的管理与核算

《小企业会计准则》要求：小企业应当设置"库存现金日记账"，由出纳人员根据收付款凭证，按照业务发生顺序逐笔登记。每日终了，应当计算当日的现金收入合计额、现金支出合计额和结余额，将结余额与实际库存核对，做到账款相符。

有外币现金的小企业，还应当分别按照人民币和外币进行明细核算。

一、现金管理内容

见图 2 - 1。

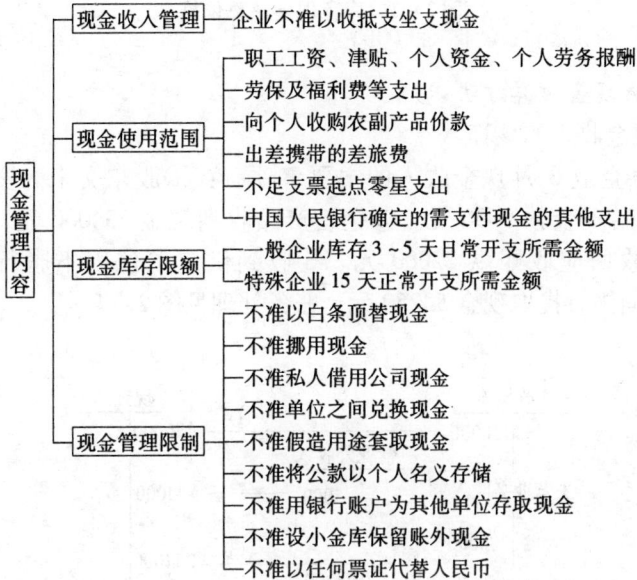

图 2 - 1　现金管理内容

二、库存现金的核算

（一）库存现金核算内容

见图 2 - 2。

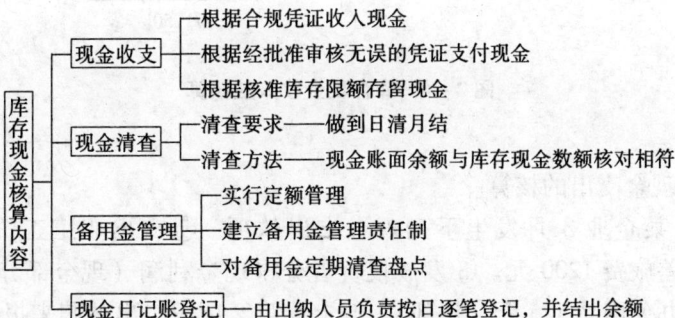

图 2 - 2　库存现金核算内容

（二）库存现金核算依据

见图 2 - 3。

```
          ┌── 现金收入凭证、发票附联及科目汇总表
库存现金 ──┼── 现金支出凭证、发票、收据及科目汇总表
核算依据   └── 设置现金日记账进行序时登记
```

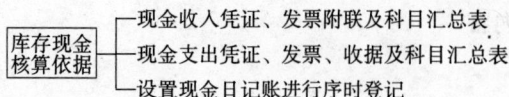

图 2－3　库存现金核算依据

（三）库存现金核算方法

1. 库存现金收入的核算。

【例1】某企业 3 月现金收入的主要事项有：①股东交来入资现款 120000 元。②收到捐赠现金款 5000 元。③销售产品收到现金 234000 元，其中增值税 34000 元。④收回应收账款 22000 元。⑤收到供应单位因不履行合同的赔款 37500 元。⑥向银行提取现金 53250 元。账务处理见图 2－4。

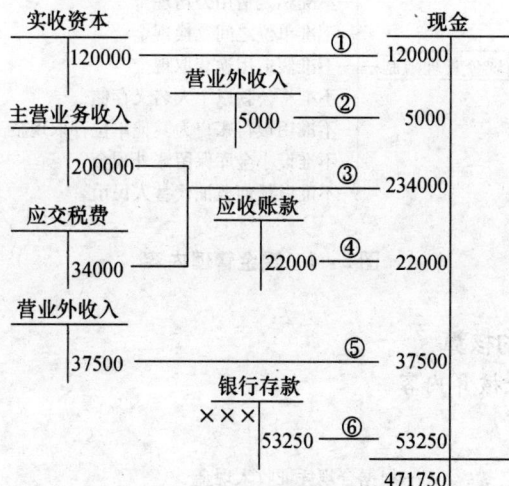

图 2－4　库存现金收入的核算

2. 库存现金支出的核算。

【例2】某企业 3 月发生下列现金支出款项：①支出职工工资 53250 元。②职工预借差旅费 1200 元。③发放投资者分得现金利润（现金部分）1370 元。④购置零星办公用品 525 元（厂部）。⑤上述第②项职工出差归来报销，实际发生费用 1352 元，又补给现金 152 元。账务处理见图 2－5。

```
      库存现金            应付职工薪酬
                            ×××
      53250    ①    53250

                        应付利润
                          ×××
      1370    ③    1370

                      其他应收款
      1200    ②    1200   1200

                        ⑤       管理费用
      152                      1352
      525             ④        525
```

图2-5 库存现金支出的核算

3. 现金短缺与溢余处理。现金收支要及时登记日记账，做到日清月结。同时要清点现金与账面结余额核对，当发现账实不符时，应将溢余或短缺的现金，记入"待处理财产损溢——待处理流动资产损溢"科目。待查明原因后再做处理。

【例3】某公司清查现金时发现现金短缺100元，分析由于出纳收款造成，决定由本人赔偿50元，其余由企业负担，账务处理见图2-6。月终清查现金发现多余200元，经核对是××人交回借款150元，其余50元未查明原因，见图2-7。

```
      库存现金              其他应收款——×××
      ×××  100          ①        50

                   待处理财产损溢——待处理流动资产损溢
                     ②        50
```

图2-6 现金短缺账务处理

图示说明：
①由个人负担50元。
②由企业承担损失50元。

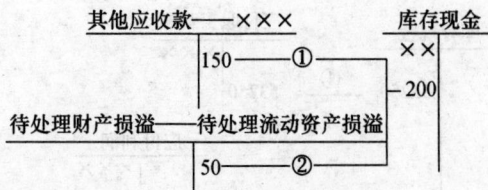

图 2 - 7　现金溢余账务处理

图示说明：

①×××交回现金 150 元借款。

②其余多余 50 元记入"待处理财产损溢——待处理流动资产损溢"。

第三节　银行存款的管理与核算

《小企业会计准则》要求：小企业应当按照开户银行和其他金融机构、存款种类等设置"银行存款日记账"，由出纳人员根据收付款凭证，按照业务的发生顺序逐笔登记。每日终了，应结出余额。

"银行存款日记账"应定期与"银行对账单"核对，至少每月核对一次。如有差额应编制"银行存款余额调节表"调节相符。

有外币存款的还应分别按照人民币和外币进行明细核算。

一、银行存款管理的内容

见图 2 - 8。

```
                              ┌ 基本存款账户─办理日常现金收支和转账结算
                              │
                              ├ 一般存款账户─办理转账结算和现金缴存，但不办理现金支付
                              │
            ┌ 银行存款开户的规定┼ 临时存款账户─办理转账结算和国家规定的现金收付
            │                 │
            │                 ├ 专用存款账户─因特定用途需要开立的账户
            │                 │
            │                 └ 开户规定┬ 一个企业不得在多家银行金融机构开立基本存款账户
  银行存款    │                         │
  管理的内容  ┤                         └ 不得在同一家银行的几个分支机构开立一般存款账户
            │
            │           ┌ 不准签发没有资金保证的票据或远期支票
            │           │
            └ 银行结算纪律┼ 不准签发、取得和转让没有真实交易的债权债务的票据
                        │
                        ├ 不准无理拒绝付款
                        │
                        └ 不准违反规定开立和使用账户
```

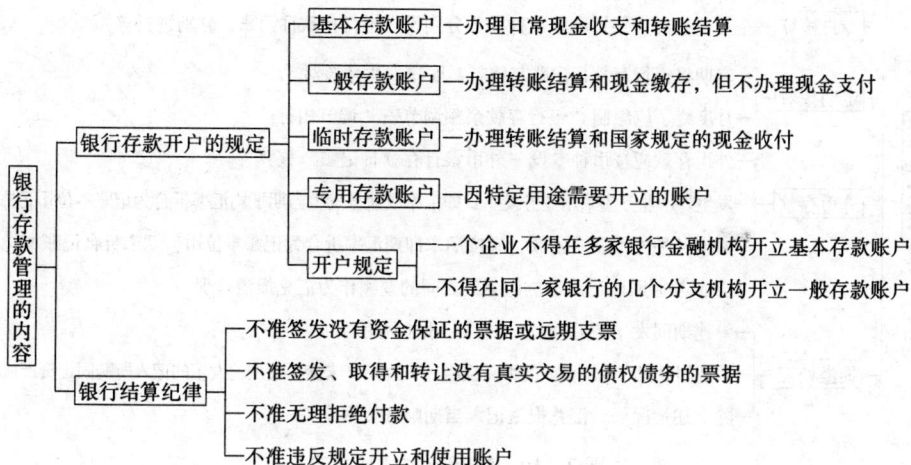

图 2-8　银行存款管理的内容

二、银行存款核算的内容及规定

（一）银行存款核算的内容

见图 2-9。

```
                       ┌ 账簿性质─序时账簿
                       │
                       ├ 账簿格式─三栏式
                       │
            ┌ 银行存款   ├ 登记特点─逐日逐笔
            │  日记账    │
            │           ├ 登记依据─收付款记账凭证┬ 进账单及其他凭证
  银行存款    │           │                      │
  核算的内容 ┤           │                      └ 支票存根及其他凭证
            │           └ 账簿记录─由出纳负责按日逐笔顺序登记
            │
            │           ┌ 清查时间─每月月终定期清查
            └ 银行存     │
               款清查    └ 清查方法─银行存款账面余额与银行对账单核对，编制"余额调节表"
```

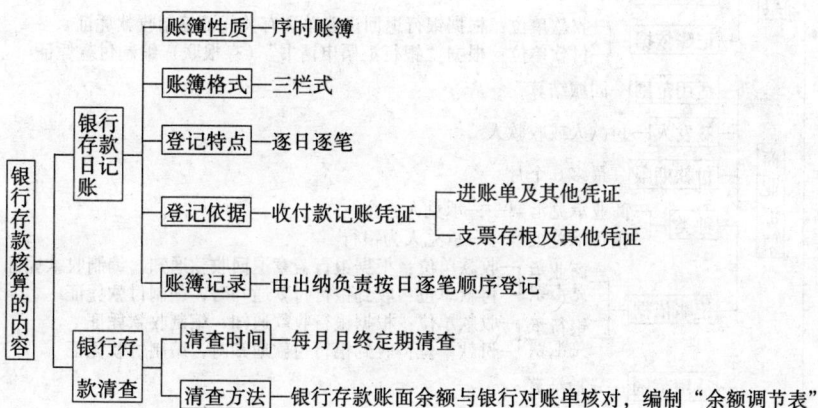

图 2-9　银行存款核算的内容

（二）银行存款核算规定

见图 2-10。

```
         ┌─专户核算──企业应按开户银行和存款种类等分别设立银行存款日记账，分别进行核算
         │
银        │          ┌─定期将银行存款日记账与银行对账单发生额核对
行        ├─定期核对─┤
存        │          └─月度终了应编制"银行存款余额调节表"调节相符
款        │
核        │          ┌─外币存款应按币种专设"外币银行存款日记账"核算
算        │          │
规        ├─外币存款─┼─发生外币业务应采用业务发生日即汇率或业务发生当期平均汇率折合为记账本位币记账
定        │          │
         │          └─期末各种外币账户余额，应按期末即期汇率折合为记账本位币，期末折合记账本位币
         │             金额与原账面记账本位币金额之间的差额作为汇兑损溢处理
         │
         │          ┌─筹建期间发生汇兑损溢──记入开办费用
         │          │
         └─损溢处理─┼─购置固定资产专门借款的汇兑损溢──在资产未交付使用前发生的记入所购固定资产成本
                    │
                    └─除上述情况外，汇兑损溢记入当期财务费用
```

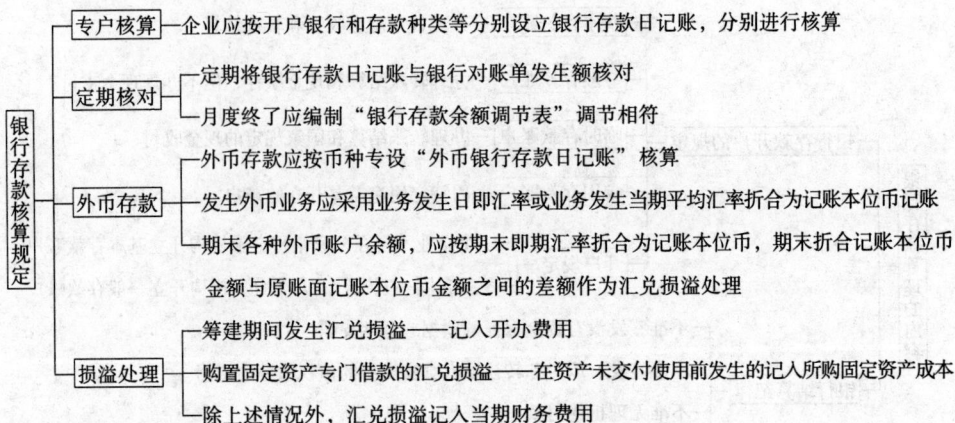

图 2 – 10　银行存款核算规定

三、银行存款结算方式

银行存款结算方式的种类及记账依据见图 2 – 11。

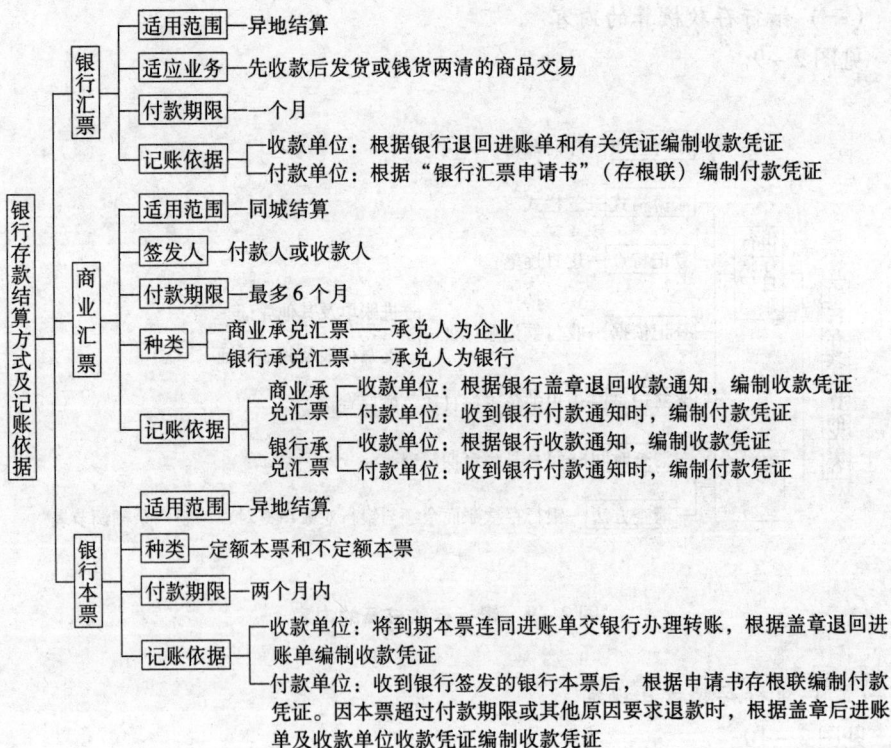

```
                      ┌─适用范围──异地结算
                      │
              银      ├─适应业务──先收款后发货或钱货两清的商品交易
              行      │
              汇      ├─付款期限──一个月
              票      │
                      │          ┌─收款单位：根据银行退回进账单和有关凭证编制收款凭证
                      └─记账依据─┤
                                 └─付款单位：根据"银行汇票申请书"（存根联）编制付款凭证

                      ┌─适用范围──同城结算
                      │
银                    ├─签发人──付款人或收款人
行                    │
存                    ├─付款期限──最多6个月
款                    │
结      商            ├─种类─┬─商业承兑汇票──承兑人为企业
算      业            │      └─银行承兑汇票──承兑人为银行
方      汇            │
式      票            │          ┌商业承┌─收款单位：根据银行盖章退回收款通知，编制收款凭证
及                    │          │兑汇票└─付款单位：收到银行付款通知时，编制付款凭证
记                    └─记账依据─┤
账                               └银行承┌─收款单位：根据银行收款通知，编制收款凭证
依                                兑汇票└─付款单位：收到银行付款通知时，编制付款凭证
据
                      ┌─适用范围──异地结算
                      │
              银      ├─种类──定额本票和不定额本票
              行      │
              本      ├─付款期限──两个月内
              票      │
                      │          ┌─收款单位：将到期本票连同进账单交银行办理转账，根据盖章退回进
                      │          │  账单编制收款凭证
                      └─记账依据─┤
                                 └─付款单位：收到银行签发的银行本票后，根据申请书存根联编制付款
                                    凭证。因本票超过付款期限或其他原因要求退款时，根据盖章后进账
                                    单及收款单位收款凭证编制收款凭证
```

```
                  ┌─适用范围──同城结算、异地结算
                  │            ┌─现金支票──只能支取现金或用于转账
          ┌─银行─┼─种类─────┼─转账支票──只能用于转账
          │  支票 │            └─普通支票──可用于支取现金或转账
          │      ├─有效期限──10 日
          │      └─记账依据──┬─收款单位：根据盖章退回进账单、收款凭证和有关原始凭证编制收款凭证
          │                   └─付款单位：根据签发支票存根和有关原始凭证编制付款凭证
          │      ┌─适用范围──异地结算
          │  汇兑 ├─种类─────信汇和电汇
          ├─结算─┤
          │      └─记账依据──┬─收款单位：在收到银行收款通知时，编制收款凭证
          │                   └─付款单位：在向银行办理汇款后，根据汇款回单及相关凭证编制付款凭证
          │      ┌─适用范围──同城或异地结算
  银行    │  委托 ├─种类─────邮寄或电报
  存款    ├─收款─┼─付款期限──3 日内
  结算    │      └─记账依据──┬─收款单位：根据银行的收款通知，编制收款凭证
  方式    │                   └─付款单位：根据委托收款凭证的付款通知和有关原始凭证编制付款凭证，如
  及                               拒绝付款，不作账务处理
  记账    │      ┌─适用范围──异地结算
  依据    │  托收 ├─种类─────邮寄或电报
          ├─承付─┼─特点─────购销双方必须签有购销合同
          │      ├─承付方式──验单付款和验货付款
          │      └─记账依据──┬─收款单位：根据收款通知和有关原始凭证编制收款凭证
          │                   └─付款单位：根据承付支款通知和有关发票账单等原始凭证编制付款凭证，拒
          │                               付不作账务处理
          │      ┌─存取现金──┬─存入现金──根据交款回单编制现金付款凭证
          └─其他─┤            └─提取现金──根据支票存根编制银行存款付款凭证
                  └─存款利息──┬─一般存款利息──根据银行利息通知，编制收款凭证，记入财务费用
                               └─专项存款利息──根据利息通知，编制收款凭证，属固定资产购置在未交付
                                                使用前记入"在建工程"
```

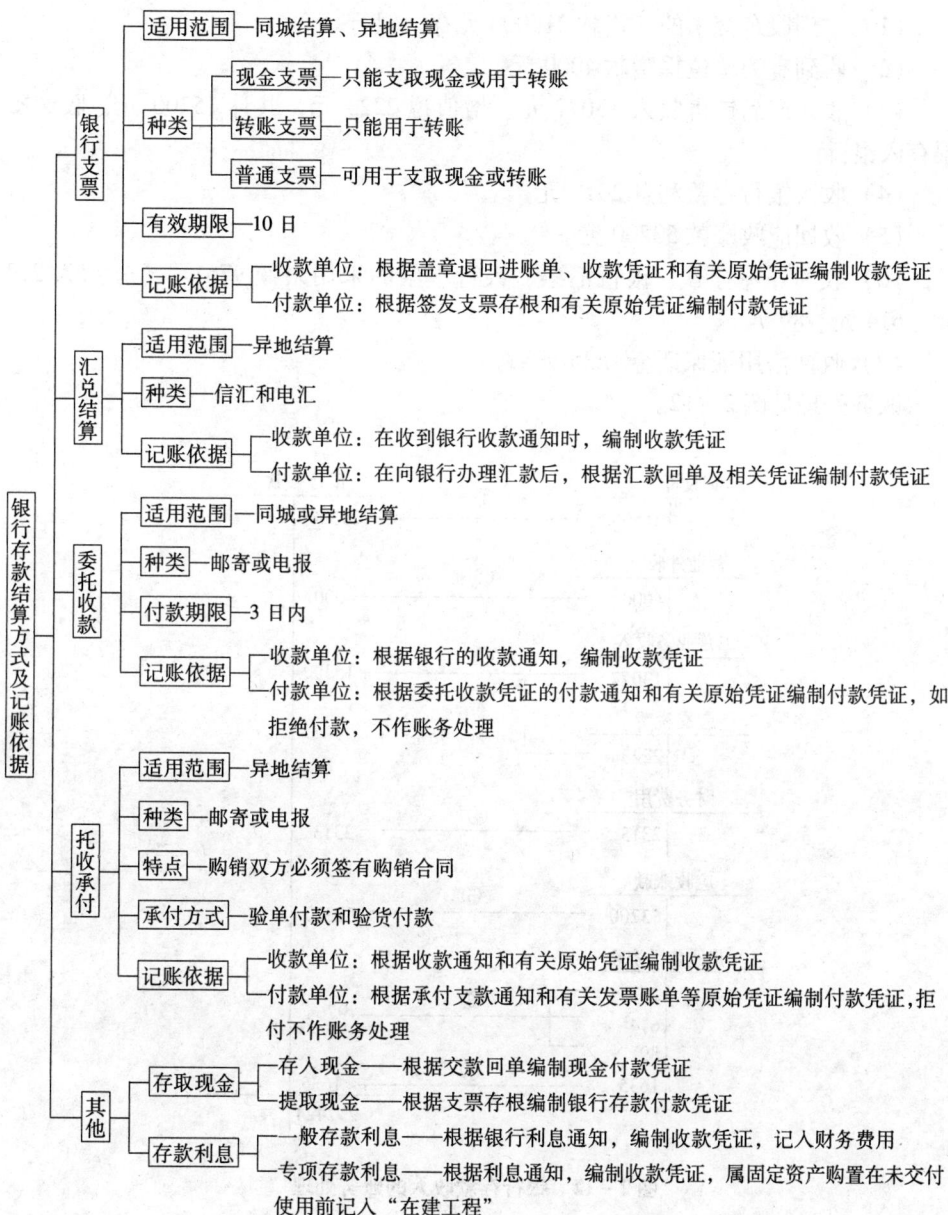

图 2 - 11　银行存款结算方式及记账依据

四、银行存款收支的核算

(一) 银行存款收入的核算

【例 4】某企业 3 月收入的银行存款主要事项有：

.(1) 收到股东交来的入资款 215000 元存入银行。

(2) 收到有关单位捐赠款 4000 元。

(3) 收入产品销售收入 13077 元、增值税 2223 元，共计 15300 元，收到支票存入银行。

(4) 收入银行存款利息 2313 元。

(5) 收回应收账款 53200 元。

(6) 收回外埠存款、银行汇票、银行本票的未用余额 976 元（分别为 273 元、614 元、89 元）。

(7) 收回信用证保证金 1635 元。

账务处理见图 2 - 12。

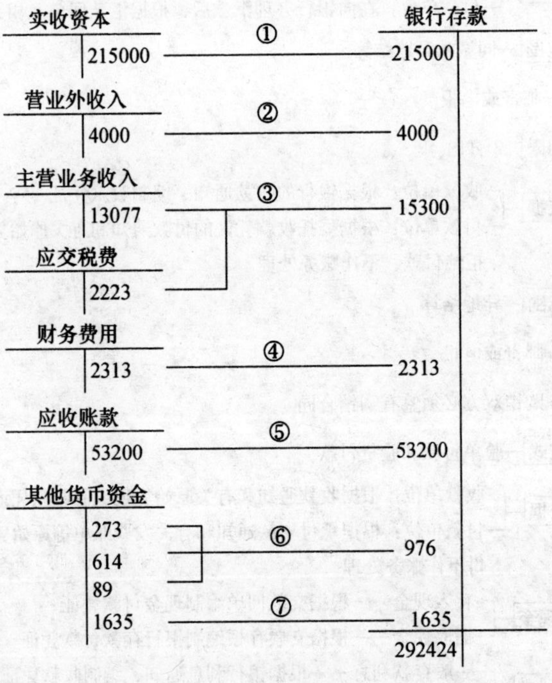

图 2 -12　银行存款收入的账务处理

（二）银行存款支出的核算

【例 5】某企业 3 月发生下列银行存款支出业务：

(1) 将银行存款 30000 元汇往采购地开立采购专户。

(2) 划给银行 50000 元以取得银行汇票。

(3) 支付水电费 6750 元。

（4）购入不需安装的固定资产 45000 元，增值税 7650 元。

（5）支付购入材料的买价和外地运杂费 2630 元，货未收到。

（6）支付委托外单位加工物资的加工费 850 元。

（7）交纳各种应交税金 25315 元。

（8）交纳其他应交城建税等款项 7036 元。

账务处理见图 2－13。

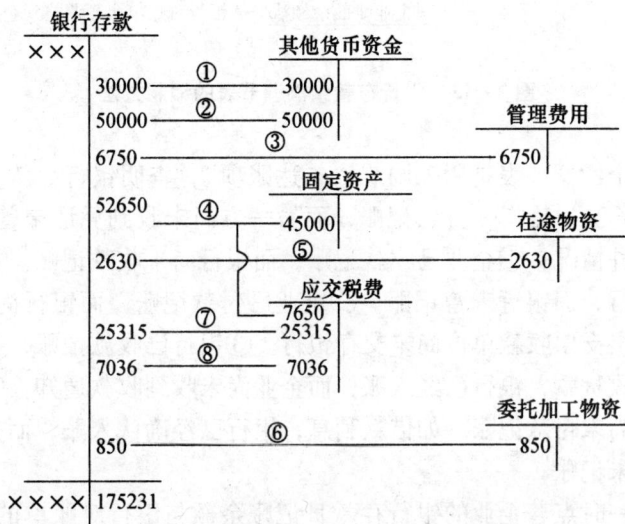

图 2－13 银行存款支出的账务处理

五、银行存款核对程序

（一）银行存款核对程序

见图 2－14。

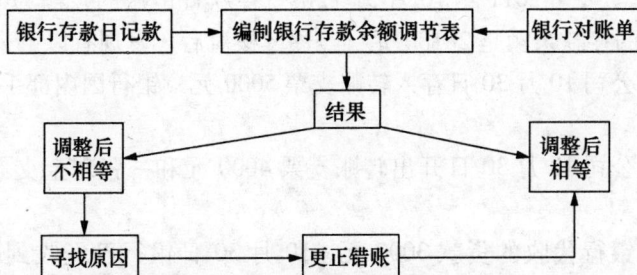

图 2－14 银行存款核对程序

（二）银行存款余额调节表的编制方法

见图2－15。

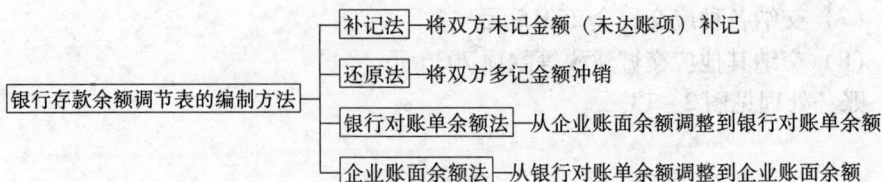

图 2－15　银行存款余额调节表的编制方法

　　银行存款余额调节表是用来调节"未达账项"，查明银行存款实有数的一种方法。"未达账项"是指一方已记账，而另一方尚未收到凭证未曾记账的款项。归纳起来有四种情况：①企业已收款记账，而银行尚未收款记账。如企业月末收到支票交存银行，而银行未曾记账。②企业已付款记账，而银行尚未付款记账，如企业月底开出支票收款单位尚未交存银行。③银行已收款记账，而企业尚未收款记账。如托收货款，银行已经入账，而企业尚未收到收款通知。④银行已付款记账，而企业尚未付款记账。如借款利息，银行已经确认入账，而企业尚未收到付款通知，尚未记账。

　　月末或某一时点若企业的银行存款日记账余额与银行对账单的余额不相等，企业首先应编制"银行存款余额调节表"，来排除未达账项造成两者余额不等的因素。银行存款余额调节表编制依据的公式为：

　　企业银行存款日记账余额＋银行已收账而企业尚未收账数－银行已付账而企业尚未付账数＝银行对账单余额＋企业已收账而银行尚未收账数－企业已付账而银行尚未付账数

（三）实例

【例6】华丰公司2011年10月31日银行存款日记账的余额为27000元，而银行对账单上的存款余额是28180元，经逐笔核对后，发现有以下未达账项：

（1）华丰公司10月30日存入转账支票5000元，银行因内部手续尚未办妥，还未入账。

（2）华丰公司10月30日开出转账支票4000元和一张现金支票280元，银行尚未记账。

（3）委托银行代收的货款3000元，10月30日银行已经收到并登记入账，由于收账通知尚未送达企业，企业尚未入账。

（4）电信局委托银行代收华丰公司电话费1100元，银行已从企业存款中支付，由于通知单尚未送达企业，故企业尚未记账。

根据上述材料，华丰公司 2011 年 10 月 31 日编制银行存款余额调节表，如表 2 - 1 所示。

表 2 - 1 　　　　　　华丰公司银行存款余额调节表——××银行

2011 年 10 月 31 日

项　目	金　额（元）	项　目	金　额（元）
企业银行存款账户余额	27000	银行对账单上存款余额	28180
加：银行已代收的货款	3000	加：企业已存入的支票	5000
减：银行已代付的电话费	1100	减：企业已开出的支票	4280
调节后余额	28900	调节后余额	28900

银行存款调节后的余额，就是当日的实际存款余额，双方必须相等，若经过调节后双方余额仍不相等，表明差错出在双方中的任何一方，应逐笔查明原因，进行调整。

第四节　其他货币资金的管理与核算

一、其他货币资金的种类

其他货币资金的种类包括小企业的银行汇票存款、银行本票存款、信用卡存款、信用证保证金存款、外埠存款、备用金等。应根据核算内容分别设立明细账户（见图 2 - 16）。

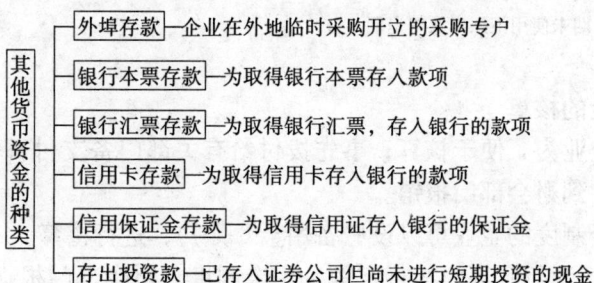

图 2 - 16　其他货币资金的种类

二、其他货币资金的管理

见图 2 - 17。

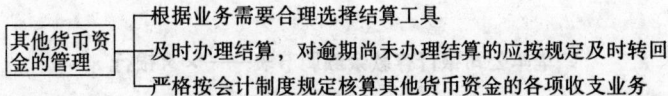

图 2 - 17　其他货币资金的管理

三、其他货币资金的账务处理

见图 2 - 18。

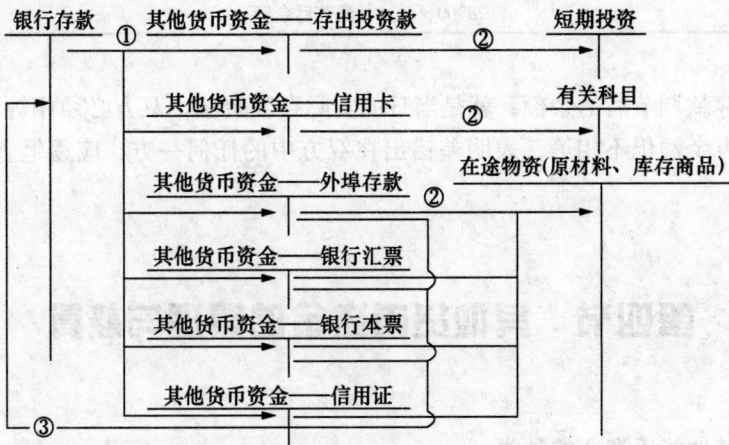

图 2 - 18　其他货币资金的账务处理

图示说明：

①取得其他货币资金——根据其不同性质分别开立账户。

②使用其他货币资金。

③余额退回或逾期未使用汇票本票等退回。

四、备用金的核算

备用金是企业为了便于核算，事先拨付给有关部门备支付日常费用的现金，费用发生后集中到财会部门报销。

实行备用金制度的企业可以设"备用金"账户，进行核算。

【例7】某企业行政部门实行定额备用金制度，财会部门根据核准备用金定额，拨付现金6000元，行政部门用上项备用金支付企业零星费用1500元，到财会部门报销，并付现金补足备用金定额，核算方法见图2-19。

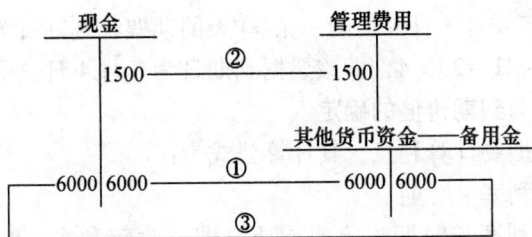

图 2-19　备用金的核算

图示说明：

①备用金拨付时。

②备用金使用后报销，并补足备用金。

③备用金收回时。

第五节　应收票据的管理与核算

《小企业会计准则》要求：小企业应当设置"应收票据备查簿"，逐笔登记商业汇票的种类、号数和出票日、票面金额、交易合同和付款人、承兑人、背书人的姓名或单位名称、到期日、背书转让日、贴现日、贴现率和贴现净额以及收款日期和收回金额、退票情况等资料。商业汇票到期结清票款或退票后，在备查簿中应予注销。

一、票据到期日的确定

票据到期日的确定分为两种情况，如图 2-20 所示。

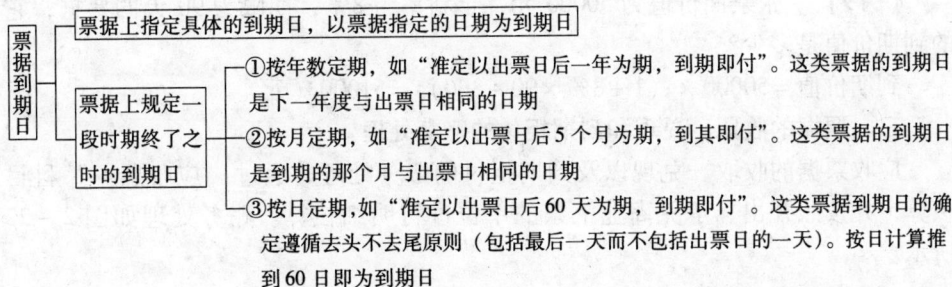

图 2-20　票据到期日

【例8】2012 年 4 月 5 日开出的一张 60 天的期票，到期日为（30 - 5）+ 31 + X = 60，则 X = 60 - 31 - 25 = 4，即该票据到期日为 6 月 4 日。

二、票据利息与到期价值的确定

带息的应收票据要计算利息，其计算公式为：

利息 = 本金 × 利率 × 时期

这里应指出，利率与时期一定要同质，即若为年利率，时期必须是年；若为月利率，时期必须是月；若为日利率，时期必须是日，表 2 - 2 演示了这一问题。

表 2 - 2 　　　　　　　　　　　　　利息计算

本　　金	年利率	月利率	日利率	时　　间	到期利息及计算过程
10000 元	12%			1 年	10000 × 12% × 1 = 1200（元）
10000 元		1%		12 个月	10000 × 1% × 12 = 1200（元）
10000 元			12% ÷ 360 = 0.00033…	360 天	10000 × （12% ÷ 360）× 360 = 1200（元）

注：在计算利息时，日利率是以 360 天为一年的标准期，而不是 365 天。

应收票据到期价值的确定分为两种情况，如图 2 - 21 所示。

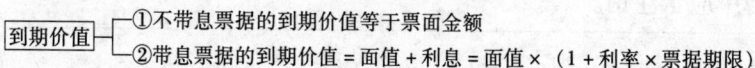

到期价值 ──┬── ①不带息票据的到期价值等于票面金额
　　　　　　└── ②带息票据的到期价值 = 面值 + 利息 = 面值 × （1 + 利率 × 票据期限）

图 2 - 21　票据到期价值

【例9】一张票面价值为 50000 元，年利率为 8%，期限为 90 天的票据，它的到期价值是多少？

到期价值 = 50000 × （1 + 8% × 90 ÷ 360）= 51000（元）

三、票据的收取、兑现和到期拒付的账务处理

应收票据的收取、兑现以及到期拒付的账务处理，通过"应收票据"科目核算，并按照开出、承兑商业汇票的单位进行明细核算。账务处理如图 2 - 22 所示。

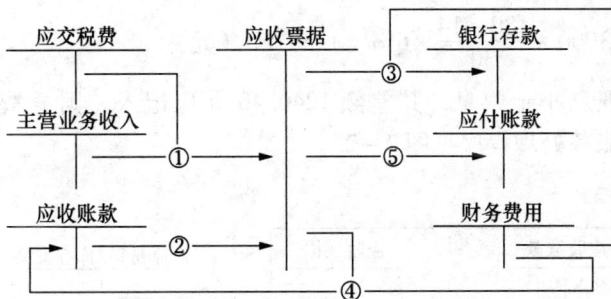

图 2 – 22　应收票据账务处理

图示说明：

①企业赊销产品等收到商业汇票按照商业汇票的票面金额。

②企业收到商业汇票用来抵偿所欠的应收账款。

③商业汇票到期兑现，如是带息票据，其利息收入记入"财务费用"。

④票据到期遭到拒付，如是带息票据，应收利息部分记入"财务费用"。

⑤将持有票据背书转让，偿还应付购货款。

四、应收票据贴现

如果企业想在应收票据到期之前获得所需要的货币资金，可以将未到期票据到银行申请贴现，即持票企业通过背书手续向银行收取相等于到期值并扣减贴现息后的金额。其贴现值计算公式如下：

企业贴现实得款 = 票据到期值 – 贴现息

　　　　　　　 = 票据到期值 – 票据到期值×贴现率×贴现期

票据到期值 = 票面值 + 票面值×票据期限×票面利率

票据贴现息 = 票据到期值×贴现率×贴现期

这里的贴现率是由银行确定的，贴现期等于从企业到银行贴现那天开始，到该票据到期日为止的这段时间。

【例10】某企业的应收账款50000元，改按商业汇票结算方式结算。3月4日收到从3月1日起承兑期为6个月的商业承兑汇票（票面利率为12%），4月15日，企业持上述票据向银行申请贴现（银行规定的月贴现率为6‰）。9月4日贴现的商业汇票到期，由于承兑人的银行存款不足支付，贴现银行退回已贴现票据，并将其转作逾期贷款处理。账务处理如下：

计算4月15日申请贴现时的利息：

票据到期日的利息 = 50000×12%÷2 = 3000（元）

票据到期日的本息和 = 50000 + 3000 = 53000（元）

贴现息 $= 53000 \times \dfrac{180-14}{30} \times 6\text{‰} = 1759.60$ （元）

本例中贴现息小于票息，其差额 1240.40 元应记入"财务费用——利息收入"的贷方，账务处理程序见图 2-23。

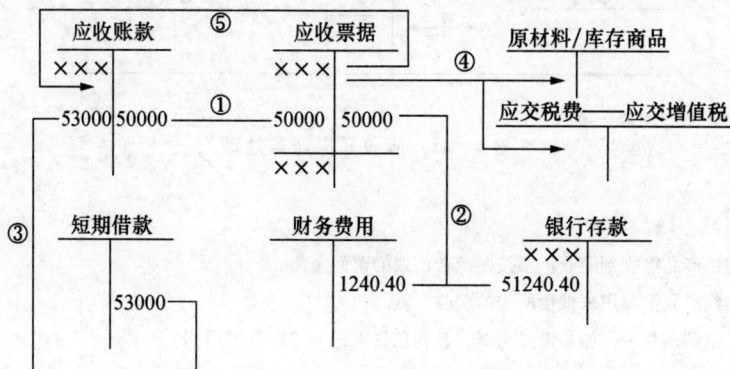

图 2-23　应收票据贴现账务处理

图示说明：
①应收账款转为商业汇票方式结算时。
②向银行办理贴现后，收到到期日取得票面金额及利息。
③因承兑人无力付款，收到贴现银行的退票通知作临时借款处理时。
④将持有的商业汇票背书转让取得所需材料或商品时。
⑤付款人到期无力支付票款，逾期不能收回应收票据，按照票据金额转入"应收账款"。
应收票据科目借方余额，反映企业持有的未到期商业汇票票面金额。

第六节　应收账款的管理与核算

应收账款是指企业因销售商品、产品、提供劳务等，应向购货单位或接受劳务单位收取的款项。"应收账款"科目应按照欠款单位（或个人）进行明细核算。应收账款期末借方余额，反映企业尚未收回的应收账款。

一、销售商品、提供劳务形成应收账款账务处理

见图 2-24。

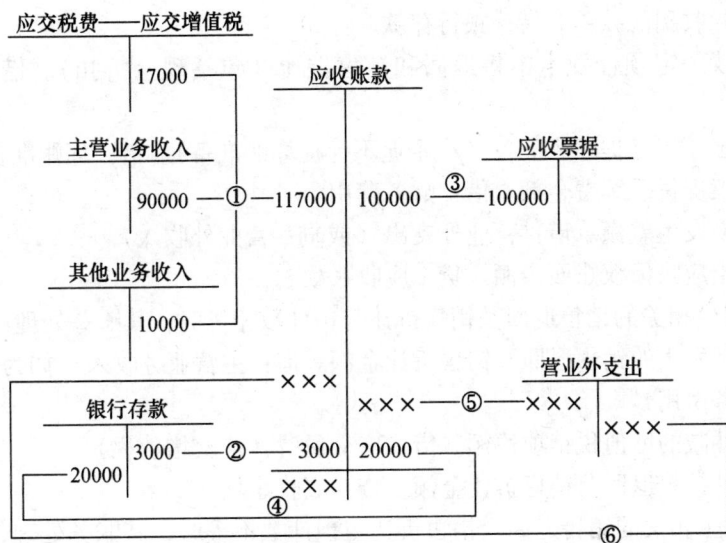

图2-24　应收账款账务处理程序

图示说明：

①企业因销售商品、提供劳务等日常经营活动而发生应收款项。

②代购货单位垫付的包装费、运杂费。

③收到承兑的商业汇票。

④收到贷款及代垫运费等。

⑤核销确认坏账损失。

⑥已确认又收回坏账损失。

二、企业以应收债权融资或出售应收债权处理

1. 以应收债权为质押取得银行借款。账务处理：

按实际收到的款项。借：银行存款

按实际支付手续费及利息。借：财务费用

按银行借款本金及时间长短。贷：短期借款（或长期借款）

应收账款科目不作账务处理。

2. 将应收账款出售给银行等金融机构。根据企业、债务人及银行之间协议分为：不附有追索权和附有追索权。所谓追索权是指在所售应收债权到期无法收回时，银行等金融机构有权向出售应收债权的企业进行追偿。

（1）不附有追索权。即所售应收债权的风险完全由银行等金融机构承担。处理方法应根据企业与银行达成协议。

1）业务发生时账务处理。

按实际收到的款项。借：银行存款

按协议约定预计发生销售退回和销售折让（包括现金折扣）。借：其他应收款

按售出债权已提坏账准备（小企业不计提坏账准备）。借：坏账准备

按协议支付手续费金额。借：财务费用

按交易发生差额。借：营业外支出（或贷：营业外收入）

按售出应收债权账面余额。贷：应收账款

2）发生相关的销售退回及销售折让与预计数相等时，其账务处理：

按实际发生的销售退回及销售折让金额。借：主营业务收入（如为现金折扣应借记财务费用）

按可冲减的增值税销项税额。借：应交税费（应交增值税）

按预计销售退回及销售折让金额。贷：应收账款

3）发生相关的销售退回及销售折让与预计数不等时，其账务处理，除按2）规定处理外，其差额处理如下：

如销售退回等金额大于协议预计金额：应贷记"其他应付款"或"银行存款"。

如销售退回等金额小于协议预计金额：应借记"其他应收款"或"银行存款"。

4）如上述销售退回等发生于资产负债表日后事项期间，其会计处理应比照本书关于资产负债表日后事项期间有关销售退回规定处理。

（2）附有追索权。即到期不能从债务人处收回债权时。按协议约定，企业有义务按照约定金额向银行等金融机构回购部分应收债权。其账务处理方法应按以应收债权为质押取得借款的会计处理原则进行。

第七节 预付账款的管理与核算

预付账款是指企业按照合同规定预付给供应单位的货款。包括预付购货款、租金、工程款等。预付款项情况不多的企业，也可以将预付的账款直接记入"应付账款"科目的借方。本科目应按对方单位（或个人）进行明细核算。"预付账款"主要会计分录见图2－25。

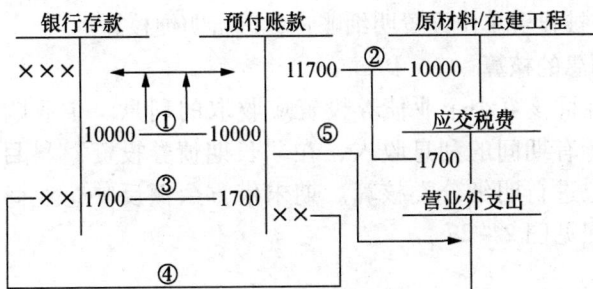

图 2 - 25 预付账款的账务处理

图示说明:

①预付货款或工程款时。

②收到所购材料物资时。

③补付货款时。

④退回多付货款时。

⑤预付账款确认的实际发生的坏账损失,记入"营业外支出"。

第八节 应收股利与应收利息的管理与核算

一、应收股利的核算

应收股利科目核算小企业应收取的现金股利或利润。期末借方余额,反映小企业尚未收到的现金或利润。账务处理见图 2 - 26。

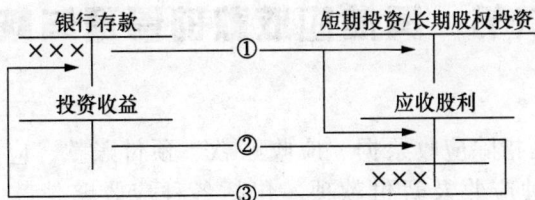

图 2 - 26 应收股利的账务处理

图示说明:

①小企业购入股票中含已宣告,但尚未领取的现金股利及利息。

②在短期投资或长期股权投资持有期间,被投资单位宣告分派股利或利润时,应分得的现金股利或利息。

③收到现金股利或利润。

本科目应按被投资单位设置明细账户，进行明细核算。

二、应收利息的核算

应收利息科目核算小企业债券投资应收取的利息。企业购入的一次还本利息债券投资持有期间的利息收入，在"长期债券投资"科目核算。本科目按照被投资单位进行明细分类核算。期末借方余额反映企业尚未收到的债券利息。账务处理见图 2 – 27。

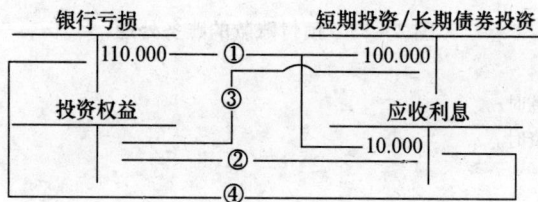

图 2 – 27　应收利息的账务处理

图示说明：

①小企业购入债券，实际价款中含有已到期未领取利息时。

②长期债券投资持有期间，在债务人应付利息日，按分期付息，一次还本债券投资的票面利息作利息收入时。

③不是分期付息的一次还本付息债券，按票面利息，作利息收入时，借记"长期债券投资——应计利息"科目。

④实际收到债券利息时。

第九节　其他应收款的管理与核算

其他应收款是指除应收票据、应收账款、预付账款、应收股利及应收利息以外的其他各种应收及暂付款项。包括各种应收赔偿款、应收包装物押金，应向职工收取的各种垫付款等，小企业出口产品或商品按税法规定应予退回增值税，也应通过"其他应收款"核算。期末借方余额反映小企业尚未收回的其他应收款项。账务处理见图 2 – 28。

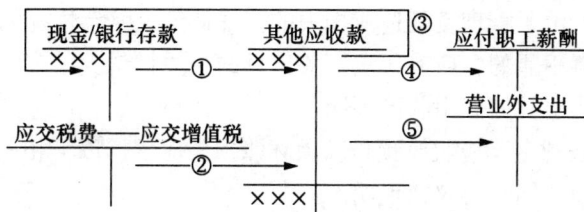

图 2 - 28　其他应收款的账务处理

图示说明：

①小企业发生其他应收款，如职工借出差费等。

②出口产品或商品按税法规定应退回的增值税发生时。

③收回各种其他应收款项时。

④从应付职工薪酬中扣回的借支及其他应收款时。

⑤其他应收款发生坏账损失经批准处理时。

第十节　货币性资产损失处理的有关规定

1. 《小企业会计准则》第 10 条规定：

小企业应收及预付款项符合下列条件之一的，减除可收回的金额后确认的无法收回的应收及预付款项，作为坏账损失：

（1）债务人依法宣告破产、关闭、解散、被撤销，或者依法注销、吊销营业执照，其清算财产不足清偿的。

（2）债务人死亡，或者依法被宣告失踪、死亡，其财产或者遗产不足清偿的。

（3）债务人逾期三年以上未清偿，且有确凿证据证明已无力清偿债务的。

（4）与债务人达成债务重组协议或法院批准破产重整计划后，无法追偿的。

（5）因自然灾害、战争等不可抗力导致无法收回的。

（6）国务院财政、税务主管部门规定的其他条件。

应收及付款项的坏账损失应当于实际发生时记入营业外支出，同时冲减应收及预付款项。

2. 《企业资产损失所得税税前扣除管理办法》第 20 条规定：

（1）现金损失应依据以下证据材料确认：

1）现金保管人确认的现金盘点表（包括倒退至基准日的记录）。

2）现金保管人对于短缺的说明及相关核准文件。

3）对责任人由于管理责任造成损失的责任认定及赔偿情况的说明。

4）涉及刑事犯罪的，应有司法机关出具的相关材料。

5）金融机构出具的假币收缴证明。

（2）第22条规定，应收及预付款项坏账损失应依据以下相关证据材料确认：

1）相关事项合同、协议或说明。

2）属于债务人破产清算的，应有人民法院的破产、清算公告。

3）属于诉讼案件的，应出具人民法院的判决书或裁决书或仲裁机构的仲裁书，或者被法院裁定终（中）止执行的法律文书。

4）属于债务人停止营业的，应有工商部门注销、吊销营业执照证明。

5）属于债务人死亡、失踪的，应有公安机关等有关部门对债务人个人的死亡、失踪证明。

6）属于债务重组的，应有债务重组协议及其债务人重组收益纳税情况说明。

7）属于自然灾害、战争等不可抗力而无法收回的，应有债务人受灾情况说明以及放弃债权申明。

（3）企业逾期三年以上的应收款项在会计上已作为损失处理，可以作为坏账损失，但应说明情况，并出具专项报告。

（4）企业逾期一年以上，单笔数额不超过5万元，或者不超过企业年度收入总额万分之一的应收款项，会计上已经作为损失处理的，可以作为坏账损失，但应说明情况，并出具专项报告。

3. 如果企业确定的坏账损失不符合税法规定条件的，在计算交纳企业所得税时，应作纳税调整，调增应纳税所得额。

［案例］ 北京一出纳挪用2629万元公款炒黄金期货

北京某贸易公司出纳谢某，为了炒黄金期货赚钱，竟然陆续将公司2000多万元资金挪用到个人账户上使用。

谢某因涉嫌挪用资金罪被带至西城区法院受审。

2010年10月～2011年3月，谢某在担任北京某贸易公司出纳期间，利用掌握公司账户网上银行交易密码的职务便利，多次将公司资金共计2629万元，挪用至个人账户用于买卖黄金期货，其间陆续归还部分公款。

2011年3月25日，谢某主动投案，截至案发时，仍有1759万元尚未退还。

9点30分，谢某被法警带进法庭，他看上去目光有些呆滞。据了解，谢某高中毕业后，于 2007 年被这家贸易公司聘为出纳员。

"要是现金我就不敢做了。"法庭上，对于检方指控，谢某说，之所以涉足炒黄金期货，是因为他曾接到电话推销，并受邀参加一个类似发布会的活动，就过去看了一眼，之后决定做黄金期货交易。

"第一笔是借了公司 300 万元，赚了 500 万元，当时就把公司资金还上了，之后就一直赔，最后就还不上了。"谢某说。

谢某为了方便炒期货，他还办理了一张农业银行的银行卡。由于公司来往账目比较大，公司也不经常查账，给谢某留下了作案的空隙。

谢某说，他先把农行卡绑定在网络炒股账户上，后用公司的账户进行电子转账。在做黄金期货时，其实他对"游戏"规则并不是很清楚，所有的交易都是通过互联网平台完成的。

直到自首时，谢某从公司账户转出 2629 万元到银行卡里。但农业银行卡里已经没有一分钱。谢某说，他在期货平台上还有 20 多万元资金，其间他还曾转账 50 万元给父亲。

对于给公司造成的巨大损失，谢某也很后悔："看到自己让公司赔了这么多钱，心里很难受。"

对于自首这一情节，谢某解释说，他知道还不上钱就要承担责任，他心理压力太大了，一位好朋友劝他去自首，他就听从了。

法院将择日对此案作出判决。

资料来源：《北京晚报》。

第三章 存货核算与税务处理

第一节 存货的含义、核算目标及计量规定

一、存货的含义及内容

存货是指小企业在日常生产经营过程中持有以备出售的产成品或商品、处在生产过程中的在产品、将在生产过程或提供劳务过程中耗用的材料和物料等，以及小企业（农、林、牧、渔业）为出售而持有的，或在将来收获为农产品的消耗性生物资产。

小企业的存货包括：原材料、在产品、半成品、产成品、商品、周转材料、委托加工物资、消耗性生物资产等。

二、存货核算目标

根据管理的规定与要求，正确地确认、计量、记录存货的动态状况与持有量，合理有效地控制与使用存货，提高存货使用效益，确保存货安全完整。

三、风险提示

1. 不同性质以及不同来源渠道的存货，确认的依据和计量方法不同，确认或计量有误，可能导致会计信息失真计价有误的风险。

2. 来源不同渠道的存货其成本构成有别，实际成本计量有误，可能导致存货价值计量有误，影响存货信息的真实性。

3. 对不同性质的存货，应在《小企业会计准则》规范的会计科目中核算，会计科目使用不当，可能导致信息失真，影响经营决策。

4. 发出存货的计价有多种方法，应结合存货的性质正确选用，发出商品计价方法不当，可能导致产品及销售成本不真实，进而影响利润的正确性。

5. 会计材料核算与仓库材料核算的口径应当一致，否则可能导致账账不符、

账实不符、影响材料及存货的成本。

6. 定期进行存货清查、财务与仓库账簿核对，防止出现账实不符，保证存货安全完整，防范存货丢失的风险。

四、存货计量规定

小企业的存货应当按照实际成本计量，但是不同渠道取得的存货其成本的构成内容不同，不同的计算方法其计量的结果也有区别，计量是否科学合理，直接影响到存货的价值和利润多少。为此《小企业会计准则》作出了明确规定：

（一）取得存货成本计量

《小企业会计准则》规定：小企业取得的存货，应当按照成本进行计量。

1. 外购存货的成本包括：购买价款、相关税费、运输费、装卸费、保险费以及在外购存货过程发生的其他直接费用，但不含按照税法规定可以抵扣的增值税进项税额。

2. 通过进一步加工取得存货的成本包括：直接材料、直接人工以及按照一定方法分配的制造费用。

经过1年期以上的制造才能达到预定可销售状态的存货发生的借款费用，也计入存货的成本。

前款所称借款费用，是指小企业因借款而发生的利息及其他相关成本。包括：借款利息、辅助费用以及因外币借款而发生的汇兑差额等。

3. 投资者投入存货的成本，应当按照评估价值确定。

4. 自行栽培、营造、繁殖或养殖的消耗性生物资产的成本，应当按照下列规定确定：

（1）自行栽培的大田作物和蔬菜的成本包括：在收获前耗用的种子、肥料、农药等材料费、人工费和应分摊的间接费用。

（2）自行营造的林木类消耗性生物资产的成本包括：郁闭前发生的造林费、抚育费、营林设施费、良种试验费、调查设计费和应分摊的间接费用。

（3）自行繁殖的育肥畜的成本包括：出售前发生的饲料费、人工费和应分摊的间接费用。

（4）水产养殖的动物和植物的成本包括：在出售或入库前耗用的苗种、饲料、肥料等材料费、人工费和应分摊的间接费用。

5. 盘盈存货的成本，应当按照同类或类似存货的市场价格或评估价值确定。

（二）发出存货成本计量及相关规定

《小企业会计准则》规定：小企业应当采用先进先出法、加权平均法或者个别计价法确定发出存货的实际成本。计价方法一经选用，不得随意变更。

1. 对于性质和用途相似的存货，应当采用相同的成本计算方法确定发出存货的成本。

2. 对于不能替代使用的存货、为特定项目专门购入或制造的存货以及提供的劳务，采用个别计价法确定发出存货的成本。

3. 对于周转材料，①采用一次转销法进行会计处理，在领用时按其成本计入生产成本或当期损益。②金额较大的周转材料，也可以采用分次摊销法进行会计处理。③出租或出借周转材料，不需要结转其成本，但应当进行备查登记。

4. 对于已售存货，应当将其成本结转为营业成本。

（三）存货发出实际成本的计算方法

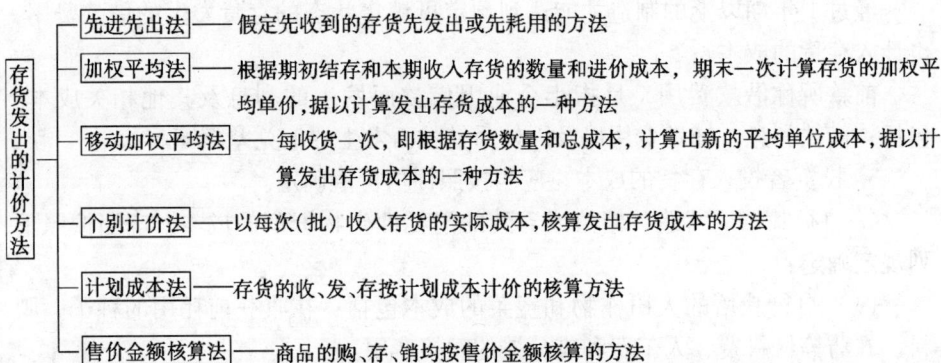

图 3-1　存货发出的计价方法

（四）存货发生毁损及其盈亏的处理

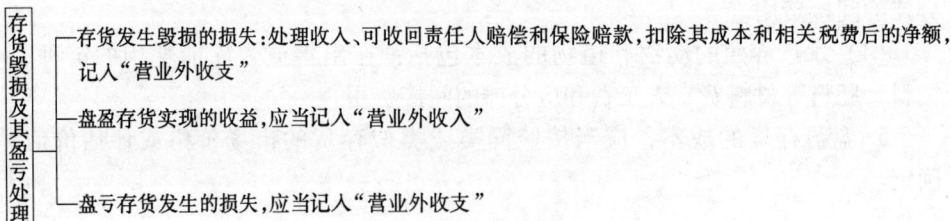

图 3-2　存货毁损及其盈亏的处理

（五）期末存货计价

按账面实际成本计价。

第二节　材料核算

一、材料分类、核算凭证及方法

（一）材料的分类

材料可分为：原料及主要材料、辅助材料、外购半成品、修理用备件、包装材料、燃料等。其具体内容可通过表 3 - 1 来说明。

表 3 - 1　　　　　　　　　　　　材料的类别及内容

分类	含　义	举　例
原料及主要材料	指经过加工可构成产品实体的各种原料和材料	纺织厂纺纱用的原棉
辅助材料	指直接用于产品生产、有助于产品形成，或为产品生产创造正常条件，但不构成产品主要实体的各种材料	如汽油、防锈剂等
外购半成品	指外部购入，经过加工和装配构成产品主要实体的半成品或配套件	如纺织厂外购的棉纱
修理用备件	指为修理本企业的机器设备和运输设备所专用的各种备件	如轴承、齿轮等
包装材料	指包装用的，除包装物之外的各种材料	如纸、绳等
燃料	指在生产过程中用来燃烧发热，或为创造正常劳动条件耗用的各种燃料	如煤、汽油、天然气

（二）材料的计价

材料的计价是指材料的价值由哪些内容构成。

1. 入库材料的计价，指购入材料价值的构成（见表 3 - 2）。

表 3 - 2　　　　　　　　　　　材料收入计价包括的内容

材料收入分类	计价内容
外购材料	（1）购买的价款 （2）附带成本（包装费、运杂费、保险费等） （3）税金（小规模纳税企业增值税及进口关税） （4）入库前挑选整理费用及其他直接费用

材料收入分类	计价内容
自制材料	(1) 直接材料费 (2) 直接人工费 (3) 其他直接费用和应分摊的制造费用
委托外单位加工材料	(1) 加工中耗用材料或半成品的实际成本 (2) 加工费用 (3) 往返的运杂费及应交纳税金
接受捐赠材料	(1) 按发票账单所列金额加企业负担运输费、保险费及应交纳的税金 (2) 无发票，按同类材料市场价格计价，或评估价格
投资者投入材料	按投资协议、合同确定的价值或评估确定价值计价
盘盈材料	(1) 同类材料实际成本 (2) 同类材料的市场价格

2. 材料发出的成本，指对发出的材料价值的确定（见表 3 - 3）。

表 3 - 3　　　　　　　　　　材料发出的计价方法

材料发出的计价方法	内　容
先进先出法	是假定先购入的材料先发出，并根据这一流转顺序对发出材料和期末材料进行计价的一种方法
加权平均法	也称全月一次加权平均法，是根据期初材料结存和本期收入材料的数量和进价成本，于月末一次计算材料的全月加权平均单价，作为计算本期发出材料成本和期末材料成本的单价，以求得本期发出材料和结存材料成本的一种方法
移动平均法	也称移动加权平均法，指本次收入材料的成本加原有库存成本，除以本次收进材料数量加原有材料数量，据以计算加权平均单价，并对发出材料进行计价的一种方法
个别计价法	是按照各种材料，逐一辨别各批发出材料和期末材料所属的购进批别或生产批别，分别按其购入或生产时所确定的单位成本，作为计算各批发出材料和期末材料计价的一种方法
计划成本法	指材料的收入、发出和结余均按预先制定的计划成本计价，月末计算出材料和结存材料应分摊的成本差异的一种方法。《小企业会计准则》未规定此法

3. 期末库存材料计价，按账面成本计价。

（三）材料收发凭证

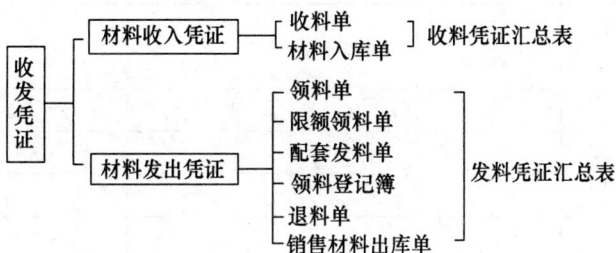

图3-3　材料收发凭证

1. 材料收入凭证（见表3-4、表3-5、表3-6）。材料收入主要来自采购，还有部分是自制的。

表3-4 收料单

收料单号：×××

供应单位：		发票号码：		××××年×月×日					收料仓库：×号库	
材料编号	材料名称	规格	单位	数量		实际成本			计划成本	
				应收	实收	发票金额（元）	运杂费（元）	合计	单价（元）	金额（元）
1208	圆钢	φ8mm	公斤	18000	18000	8640	360	9000	0.5	9000
1304	硫酸钾		公斤	30	30	3000	0	3000	100	3000

记账：　　　　　　收料：　　　　　　交料：　　　　　　制单：

材料收料单通常由供应部门填制一式三联，仓库验收后到财会部门报账。

表3-5 材料入库单

材料类别：　　　　　　　　　　　　　　　　　　　　编号：×××

交库单位：　　　　　　　　　××××年×月×日　　　　　　收料仓库：×号库

材料编号	材料名称	规格	单位	数量		实际成本		计划成本		备注
				交库	实收	单价（元）	金额（元）	单价（元）	金额（元）	
408	甲材料		个	50	50	51	2550	50	2500	

记账：　　　　　　收料：　　　　　　交料：　　　　　　制单：

表 3 - 6　　　　　　　　　　　　收料凭证汇总表

应借材料科目：原材料　　　　　　　×××年×月

日 　　 期 ＼ 材 料 类 别	原料及主要材料	辅助材料	外购半成品	修理用备件	合计
应付账款					
1～10 日					
11～20 日					
21～30 日					
小计					
生产成本					
合计					

注：月终与合计总分类核算核对。

2. 材料发出凭证。

（1）领料单。它是一种一次有效的发料凭证。它适用于没有消耗定额的材料。领料单可一料一单，或一单多科。但只能据此一次领料。领料单由领料部门填制（一式三联），需由领发料双方签章。领料单一般格式见表 3 - 7。

表 3 - 7　　　　　　　　　　　　　　领　料　单

领料部门：×车间　　　　　　　　　　　　　　　　　　　编号：×××

用途：订单×××号　　　　　×××年×月×日　　　　　　仓库：×号库

材料编号	材料名称		规格	计量单位	数量		成本	
					清领	实发	单价	金额
1206	圆钢	φ6mm 公斤	1800	1600	0.46	736		
备注								

记账：　　　　　发料：　　　　　领料单位负责人：　　　　　领料人：

（2）限额领料单。它是一种在规定的领用限额之内，多次使用的发料凭证。它适用于经常需用并规定有消耗定额的材料。限额领料单由生产计划部门，根据当月生产任务量和材料消耗定额，按品种或工作令号填制，通常一式两份。一份交车间据以领料，一份交仓库据以发料。可一单多料，在月份内多次领料。月终结出实发数量和金额，交财会部门记账。实行限额领料制度，可以随时反映和监督材料消耗定额的执行情况，促使企业合理节约地使用材料。同时，还可以节省凭证，简化核算手续。限额领料单一般格式见表 3 - 8。

表 3 - 8　　　　　　　　　　**限额领料单**

领料单位：×车间　　　　　　　　　　　　　　　　　　　　编号：

用途：甲产品　　　　　　　　　××××年×月　　　　　　计划产量：××

　　　　　　　　　　　　　　　　　　　　　　　　　　　　消耗定量：××

材料编号	材料名称	规格	计量单位	领用限额	实际领用			备注
					数量	单位成本（元）	金额（元）	
1208	圆钢	φ8mm	公斤	1300	1250	0.5	625	

日期	请领		实发			退回			限额结余
	数量	领导单位负责人章	数量	发料人签章	领料人签章	数量	收料人签章	退料人签章	
5	1000	××	1000	×××	×××	0			300
18	250	×××	250	×××	×××				50

生产部门负责人：　　　　　供应部门负责人：　　　　　仓库负责人：

（3）材料配套清单。也称齐套单，是限额领料的另一种形式。它是由生产部门根据该产品生产数量、消耗材料种类及消耗定额，填好配套单后交仓库。仓库根据单据所列材料配齐后，全部交付生产车间。生产过程中发生损坏及丢失，必须另开领料单，经有关领导批准，仓库才能发料，它对消耗控制非常有利。材料配套清单一般格式见表3-9。

表 3 - 9　　　　　　　　　　**材料配套清单**

DDY90（××）机电式预付费单相电能表材料配套清单　　　生产通知单×××××

领料单位：×车间　　　　　　　　　　　　　　　××××年×月××日

产品名称	领用套数	每套单价（元）	补充价	总金额（元）
DDY90 - T	1000	174.95	0	174950

计划完工日期：××××年×月××日　　　　实际完工日期：　　月　　日

序号	名称	单位	定额	数量	单价（元）	金额（元）
1	模块	块	1	1000	99.10	99100
2	卡芯	个	1	1000	9.20	9200
3	卡座板	个	1	1000	1.04	1040
4	彩排线 6P	个	1	1000	0.29	290
5	铝铭牌	个	1	1000	1.15	1150
6	下面板	个	1	1000	0.54	540
7	十字开槽自攻 3×5	个	6	6000	0.03	180

续表

序号	名称	单位	定额	数量	单价（元）	金额（元）
8	十字开槽自攻 3×10	个	2	2000	0.04	80
9	十字开槽自攻 3×16	个	1	1000	0.03	30
10	说明书	张	1	1000	0.36	360
11	合格证	个	1	1000	1.15	1150
12	大支架	个	1	1000	1.15	1150
13	基表	个	1	1000	61.68	61680
14						
15	合计					175950

（4）领料登记簿。生产中经常需要的某些零星材料（如螺丝、螺帽、垫圈等），领用次数多，金额又不大，可以在仓库设置领料登记簿。领料时在登记簿中登记领用数量，注明用途并签章，仓库据以发料。月终，由仓库按照领用部门品种和用途，汇总填写领料单，转交财会部门和领料部门。领料登记簿一般格式见表 3 - 10。

表 3 - 10 领料登记簿

编号：××

领料单位： 20××年×月×日 发料仓库：×号库

材料编号	材料名称	规格	计量单位	实发数量	单价	金额

日期	领用数量		用途	发料人	领料人	备注
	当日	累计				

（5）退料单。是用于已领未用的多余材料，或不再需用的材料，在退料时填制的。对于本月已领月末未用而下月继续使用的材料，一方面要填退料单，同时要填制下月的领料单。并将材料留存车间或部门。这种做法称为假退料。退料单格式见表 3 - 11。

表 3 – 11　　　　　　　　　　　　　退料单

材料编号	材料名称	规格	计量单位	数量		成本	
				退库	实收	单价	金额
备注							

记账：　　　　　发料人：　　　　　退料部门负责人：　　　　　退料人：

（6）销售材料出库单。企业对外销售材料，由销售部门填制材料出库单。销售材料出库单格式见表 3 – 12。

表 3 – 12　　　　　　　　　　　　销售材料出库单

购货单位：　　　　　　　　　　　　　　　　　　　　　　　　编号：

销售原因：　　　　　　　　20 × ×年×月×日　　　　　　　仓库：

材料编号	材料名称	规格	计量单位	数量	售价		成本	
					单价	金额	单价	金额
人民币（大写）								

记账：　　　　发料：　　　　财会主管人员：　　　　供销负责人：　　　　制单：

（四）材料核算方法

材料核算方法有实际成本法和计划成本法。其科目设置见图 3 – 4。

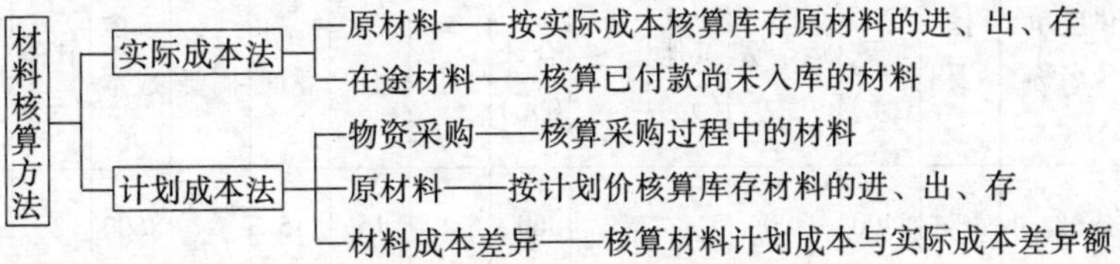

图 3 – 4　材料核算方法

二、材料按实际成本计价核算

材料按实际成本计价核算是指材料的收入、发出和结存均按实际成本计价。有关材料账户也按实际成本记录。

（一）材料按实际成本核算，使用会计科目

材料按实际成本核算，应设立"在途材料"和"原材料"科目。

1. 在途材料科目，是用于小企业进行材料、商品等物资的日常核算、尚未到达或尚未验收入库的各种物资的实际采购成本。账务处理如下：

（1）小企业外购材料、商品等物资，应当按照发票账单所列购买价款、运输费、装卸费、保险费以及在外购材料过程中发生的其他直接费用，借记"在途材料"，按税法规定可抵扣的增值税进项税额，借记"应交税费——应交增值税进项税额"科目。按照购买价款、相关税费及其他直接费用，贷记"库存现金"、"银行存款"、"应付账款"等科目。

（2）材料已经收到，但尚未办理结算手续的，可暂时不做会计分录；待办理结算手续后，再根据所付金额或发票账单的应付金额，借记"在途材料"科目，贷记"银行存款"等科目。

（3）应向供应单位、外部运输机构等收回的材料、商品短缺或其他，应冲减材料或商品原购买成本的赔偿款项，应根据有关的索赔凭证，借记"应付账款"或"其他应收款"科目，贷记"在途材料"科目。因自然灾害等发生的损失和尚待查明原因的途中损耗，先记入"待处理财产损溢"科目，查明原因后再作处理。

（4）月末根据仓库转来外购物资的收料凭证，对已收到发票账单的借记"原材料"、"库存商品"等科目，贷记"在途材料"科目。对于尚未收到发票账单的收料凭证，应分别按照估计金额暂估入账，借记"原材料"、"库存商品"等科目，贷记"应付账款——暂估应付账款"科目，下月初用红字做会计分录冲回。

（5）"在途材料"期末借方余额，反映小企业已收到发票账单，但材料或商品尚未到达或尚未验收入库的在途材料、商品等物资采购成本。

在途材料明细账格式见表3-13。

表3-13　　　　　　　　　　　在途材料明细账

××年		记账凭证	发票	供应单位名称	摘要	借　　方				贷　　方						核销
月	日					货款（元）	运杂费（元）	其他（元）	合计（元）	月	日	凭证	摘要	入库成本（元）	其他（元）	
6	5	5	6.18	物资公司	钢材	8400	200		8600	×	15	15	验收入库	8600		√
	25	20	716	上钢	角钢	18500	500		19000							√
	26	25	87	申明公司	商品	25000		200	25200		29	25	收到入库	25200	1000	√

注：其他为验收中发现短缺。

2. 原材料科目。是用来核算小企业库存的各种材料。包括：原料及主要材料、辅助材料、外购半成品（外购件）、修理用备件（备品备件）、包装材料、燃料等的实际成本或计划成本。

购入的工程用材料，在"工程物资"科目核算，不在本科目核算。

本科目应按照材料的保管地点（仓库）、材料的类别、品种和规格等进行明细核算。账务处理如下：

（1）小企业购入并已验收入库的材料，按照实际成本，借记本科目，贷记"在途物资"、"应付账款"等科目。涉及按照税法规定可抵扣的增值税进项税额，还应当借记"应交税费——应交增值税（进项税额）"科目。

（2）购入的材料已经到达并已验收入库，但在月末尚未办理结算手续的，可按照暂估价值入账，借记本科目、"周转材料"等科目，贷记"应付账款——暂估应付账款"科目；下月初用红字做同样的会计分录予以冲回，以便下月收到发票账单等结算凭证时，按照正常程序进行账务处理。

（3）自制并已验收入库的材料，按照实际成本，借记本科目，贷记"生产成本"科目。

（4）取得投资者投入的原材料，应当按照评估价值，借记本科目，贷记"实收资本"、"资本公积"科目。涉及增值税进项税额的，还应进行相应的账务处理。

（5）生产经营领用材料，按照实际成本，借记"生产成本"、"制造费用"、"销售费用"、"管理费用"等科目，贷记本科目。

出售材料结转成本，按照实际成本，借记"其他业务成本"科目，贷记本科目。

发给外单位加工的材料，按照实际成本，借记"委托加工物资"科目，贷记本科目。外单位加工完成并已验收入库的材料，按照加工收回材料的实际成本，借记本科目，贷记"委托加工物资"科目。

（6）清查盘点，发现盘盈、盘亏、毁损的原材料，按照实际成本（或估计价值），借记或贷记本科目，贷记或借记"待处理财产损溢——待处理流动资产损溢"科目。

（7）采用计划成本进行材料日常核算的小企业，日常领用、发出原材料均按照计划成本记账。

（8）按照发出各种原材料的计划成本计算应负担的成本差异，借记"生产成本"、"制造费用"、"销售费用"、"管理费用"、"委托加工物资"、"其他业务成本"等科目，贷记"材料成本差异"科目；实际成本小于计划成本的差异做相反的会计分录。

（9）本科目期末借方余额，反映小企业库存材料的实际成本或计划成本。

（二）材料总分类核算和增值税抵扣

1. 材料核算流程（见图3-5）。

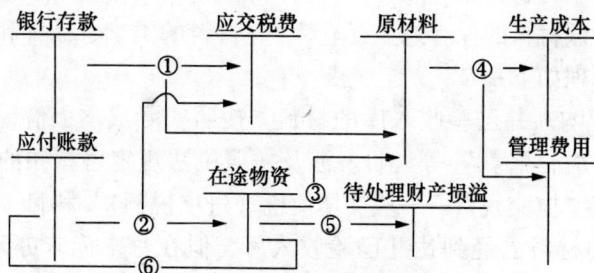

图3-5 材料按实际成本核算流程

图示说明：

①购进材料验收入库。

②购进材料款已付货未到。

③材料已到验收入库，月末汇总后记入原材料或库存商品等。

④生产及管理部门领用材料。

⑤发生尚未查明原因的途中损失。

⑥验收中发现材料短缺。

2. 材料物资进项税抵扣规定。增值税业务事项内容及抵扣依据、时间，见图3-6。

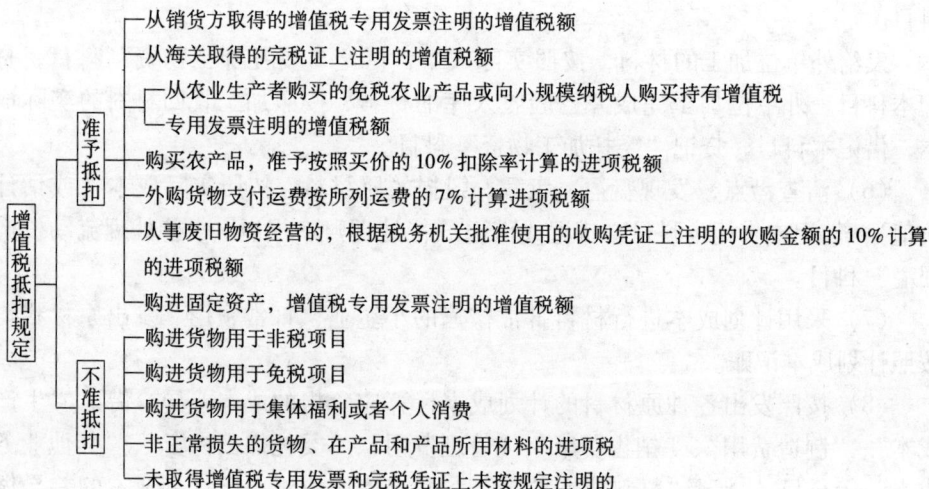

图3-6 材料物资进项税的抵扣内容及时间

3. 材料收入的总分类核算。

【例1】华丰公司为一般纳税人，增值税率17%，采用实际成本法核算材料，本期发生下列经济业务：

（1）货款两清。购进圆钢2吨计6000元，增值税1020元，以支票付清。

（2）货已到发票未到。接到铁路通知，华中铁厂发来钢材3吨已验收入库，合同规定价款7000元，发票未到。月末估价入账，下月初用红字冲回。

（3）款已承付货已到。收到发票价款7200元，增值税1224元。

（4）货已到款未付。收到华东钢厂发来钢材3吨计5200元，增值税884元，材料已验收入库，款未付。

（5）款已付货未到。从华建购进线材4吨计17400元，厂方代垫杂费600元，增值税2958元，款20958元已付清，货未到。

（6）货收到，数短缺。收到华建材料发现线材短缺一部分，价值2000元，材料已入库，差数与对方交涉。

（7）以银行汇款偿还了华东钢厂钢材款及税款6084元。

（8）自制材料验收入库，成本为1230元。

根据上述经济业务，核算过程见图3-7。

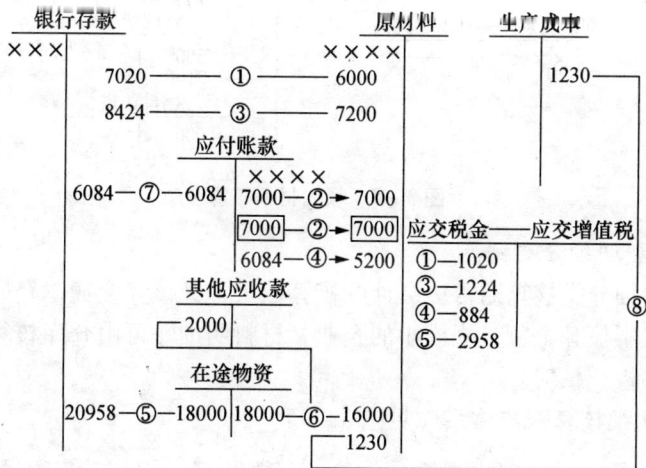

图3-7 入库原材料核算

4. 材料发出的总分类核算。

【例2】月终根据材料出库单编制发出材料汇总表，见表3-14。

根据发料凭证汇总表，账务处理见图3-8。

表3-14　　　　　　　　　　　发料凭证汇总表

20××年×月　　　　　　　　　　　　　　单位：元

应贷科目 / 应借科目		生产成本——甲产品	制造费用	管理费用	销售费用	合计
原材料	原材料及主要材料	186000	9500	2100	600	198200
	外购半成品	9800				9800
	辅助材料	14800				14800
	修理用备件		850			850
	小计	210600	10350	2100	600	223650
原材料——包装物		20000	4000			24000
周转材料——低值易耗品			1000	500		1500
合计		230600	15350	2600	600	249150

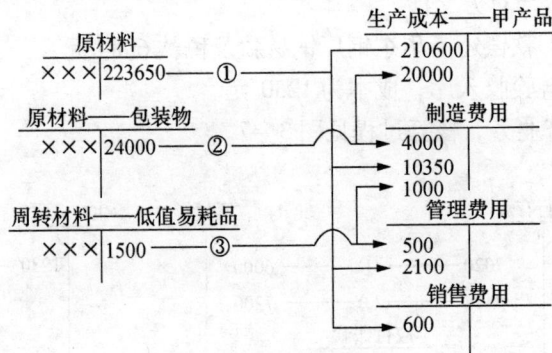

图3-8　领出材料核算

（三）材料明细分类核算

材料的明细分类核算通常由会计既核算数量，又核算金额，仓库实物负责人只核算数量，不核算金额。规模小的企业，材料明细账可由仓库核算其数量及金额，会计月终检查核对。

1. 材料明细核算账户体系（见图3-9）。

一级账（金额）	二级明细账（金额账）	三级明细账（金额数量账）	仓库数量账（数量账）
原材料	原料及主要材料	材料明细账	材料卡片：
	外购半成品	——甲材料	硫酸钾
	辅助材料	材料明细账	乙材料：
	修理用备件	——乙材料	材料卡片：

图3-9　材料明细核算账户体系

2. 材料二级明细分类核算。材料二级分类账，常用多栏式，按二级账户设专栏。通常是定期或月末，根据收发料凭证或收发料凭证汇总登记。材料二级分类账的一般格式，见表 3-15。

表 3-15　　　　　　　　　　材料二级分类明细账

材料科目：原材料　　　　　　　　　　　　　　　　　　　　　　　单位：元

20××年		凭证号码	摘要	原料及主要材料	外购半成品	辅助材料	修理用备件	合计
月	日							
×	1		月初结存	108000	10000	6600	3400	128000
	5		购入零件等		8000			8000
	15		购入油漆			5000		5000
	20		购入木材	35000				35000
	25		购入钢材	78000				78000
	30		购入备件				800	800
	30		收入合计	113000	8000	5000	800	126800
			领出合计	180800	9800	7200	400	198200
			月末结余	40200	8200	4400	3800	56600

3. 材料三级明细分类核算。会计部门材料明细分类核算通常用"九栏"或称"数量金额"式账页。

材料收入核算：它是根据"收料单"中所列的实际数量和实际成本，按时间发生顺序逐笔登记，随时结出材料结存额。

材料发出核算：它是根据领料凭证按时间发生顺序逐笔登记。为简化记账手续也可在月终根据"领料凭证汇总表"一次登记。

发出材料成本的计算：由于各批材料购入地点不同、时间不同，而且价格随供求状况也在变化。因此，库存同种材料可能出现几种价格。发出材料如何计价？

《小企业会计准则》规定企业可选用先进先出法、移动平均法、加权平均法、个别计价法等确定其成本。企业可根据材料的特点，选用不同的计价方法，同一种材料发出的计价方法一经确定，年度内不得随意变更。

（1）先进先出法。先进先出法是假定先收进的材料先发出，来计算发出原材料的实际成本。这就需要按进料的顺序分清每批进料的数量和单位成本，随时计算发料的实际成本和结存材料的实际成本。这种方法计算结果，期末结存的账面价值，通常接近于最后一批或近几批的进料实际成本。举例说明见表 3-16。

表3-16　　　　　　　　　　　　　材料明细账　　　　　　　　　　单位：元

20××年		凭证号	摘要	收入			发出			结存		
月	日			数量	单价	金额	数量	单价	金额	数量	单价	金额
×	1		期初结存							50	90	4500
	10		领用				40	90	3600	10	90	900
	15		购入	30	100	3000				10	90	900
										30	100	3000
×	20		领用				10	90	900			
							10	100	1000	20	100	2000
	25		领用				10	100	1000	10	100	1000
	30		购入	20	95	1900				10	100	1000
										20	95	1900
			本月合计	50		4900	70		6500	10	100	1000
										20	95	1900

（2）移动平均法。它是用以前结余原材料实际成本，加上本批收入原材料的实际成本，除以以前结存和本批购入数量，计算出材料的实际平均单价，作为发出材料的实际单位成本。采用此法，只要收料单价有变动，就要计算一次平均单位成本，因而叫移动平均法，计算公式如下：

$$材料实际平均单位成本 = \frac{变动前库存材料实际成本 + 本批收入材料实际成本}{变动前库存材料数量 + 本批收入材料数量}$$

发出材料的实际成本 = 材料实际平均单位成本 × 发料数量

仍以前例说明材料实际平均单价计算过程，见表3-17。

表3-17　　　　　　　　　　　　　材料明细账

类别：化工类

品名：硫酸钾　　　　　　　　　　　　　　　　　　　　　　计量单位：公斤

20××年		凭证号	摘要	收入			发出			结存		
月	日			数量	单价（元）	金额（元）	数量	单价（元）	金额（元）	数量	单价（元）	金额（元）
×	1		期初结存							50	90	4500
	10		领用				40	90	3600	10	90	900
	15		购入	30	100	3000				40	97.50	3900
	20		领用				20	97.50	1950	20	97.50	1950
	25		领用				10	97.50	975	10	97.50	975
	30		购入	20	95	1900				30	95.833	2875
			本月合计	50		4900	70		6525	30	95.833	2875

如 15 日购进材料一批，其库存材料单位实际平均成本为：

$$材料实际平均单价 = \frac{900 + 3000}{10 + 30} = 97.50（元）$$

采用移动平均法，平时可以取得材料的发出金额和结存金额，并且可以把材料的计价工作分散在平时进行。有助于加快月末结账。但计算工作量较大。如采用计算机核算，其平均单价可自动形成。

（3）加权平均法。它是以数量为权数量集中在月末一次计算材料的平均单价。计算公式如下：

$$材料实际平均单价 = \frac{月初结存材料实际成本 + 本月收入材料实际成本}{月初结存材料数量 + 本月收入材料数量}$$

仍以前例，材料实际平均单价计算过程，见表 3 – 18。

$$材料实际平均单价 = \frac{4500 + 4900}{50 + 50} = 94（元）$$

$$发出材料成本 = 70 \times 94 = 6580（元）$$

表 3 – 18　　　　　　　　　　　　材料明细账

类品：化工类　　　　　　　　　　　　　　　　　　　最高储备量：60
品名：硫酸钾　　　　　　　　　　　　　　　　　　　最低储备量：　5
　　　　　　　　　　　　　　　　　　　　　　　　　计量单位：公斤

| 2××年 | | 凭证号 | 摘要 | 收入 | | | 发出 | | | 结存 | | |
月	日			数量	单价（元）	金额（元）	数量	单价（元）	金额（元）	数量	单价（元）	金额（元）
×	1		期初结存							50	90	4500
	10		领用				40	94	3760	10		
	15		收入	30	100	3000				40		
	20		领用				20	94	1880	20		
	25		领用				10	94	940	10		
	30		购入	20	95	1900				30	94	2820
	30		本月合计	50		4900	70	94	6580	30	94	2820

从上例看出，采用此法必须月末才能计算出发出材料的平均单价。因此，在发出栏和结存栏平时只能登记数量，月末计算出平均单价后，再追记发出材料的单价和金额。采用此法，工作量过分集中于月末，影响成本计算的及时性。而且平时在材料明细账中看不出发出和结存材料的金额，因而给材料的日常管理带来不便。

（4）个别计价法。也称分批实际法。它是以分批进料为基础，按原批次购进的料发料，因而每批发料的实际成本就是该批材料购进的单位实际成本。采用这种方法，原材料的收入必须有较详细的记录，同时对每批进料也要有一定标记，以便领用时确认该材料的批次，从而确定该批材料的实际成本。

表 3 - 19   材料明细账

类品：化工   最高储备量：60

品名：硫酸钾   最低储备量：5

                                                     计量单位：公斤

20××年		凭证号	摘要	收入			发出			结存		
月	日			数量	单价（元）	金额（元）	数量	单价（元）	金额（元）	数量	单价（元）	金额（元）
×	1		期初结存							50	90	4500
	10	（略）	领用				40	90	3600	10	90	900
	15		收入	30	100	3000				40		3900
	20		领用				20	100	2000	20		1900
	25		领用				10	100	1000	10		900
	30		购入	20	95	1900				30		2820

材料的收、发和保存是由仓库负责，它们主要关心原材料的数量，因此，仓库必须设置材料卡片，核算每种材料的收、发、存的数量，以做到账实相符。其格式见表 3 - 20。

表 3 - 20   材料卡片

材料类别：化工类   卡片编号：1034

材料编号：0321   最高储备量：60

名称及规格：硫酸钾   最低储备量：5

存放地点：二号库   计量单位：公斤

20××年		记账凭证	摘要	收入	发出	结存
月	日					
4	1		承前页			50
	10	领54			40	10
4	15	收45		30		40
	20	领104			20	20
	25	领125			10	10

仓库设置材料卡片，应根据收、发材料原始凭证来登记其收、发和结存数量，及时反映实物的超储或不足情况，便于安排采购，也便于同实物核对，保证

财产安全完整。

财会部门所设的每种原材料明细分类账的名称及规格,应同仓库原材料卡片口径一致。它们登记的依据相同,因此,两者结存数量应该一致。

(四)"汇总账页"的设置及登记方法

在一般企业里,材料的种类很多,如果直接根据明细账与总分类账核对,必将造成对账工作的困难。为了便于对账和了解各类材料的收发动态,考核材料定额的执行情况,通常在每本(类别)材料明细账前面设置"汇总账页",并根据收发料凭证,汇总登记材料的收发结存金额。格式见表 3 – 21。

表 3 – 21　　　　　　　　　　　　汇总账页

材料科目:原材料

类别:原料及主要材料　　　　　　　　　　　　　　　资金定额:90000 元

2×××年		收入		发出		结存金额(元)
月	日	凭证张数	金额(元)	凭证张数	金额(元)	
×	1					89200
	1~10	(略)	60600			
	11~20	18	45000			
	21~30			15	146000	
	合计		105600		146000	48800

(五)材料总分类核算和明细分类核算的核对

为了做到账账相符,应按月将材料明细分类账与总分类账原材料科目核对。核对方法是通过"库存材料月报表"进行的。月终,各仓库将"库存材料月报表"连同全部收发料凭证,一并送财会部门进行核对。"库存材料月报表"格式见表 3 – 22。

表 3 – 22　　　　　　　　　　　库存材料月报表

仓库:×号库　　　　　　　　　×年　　×月　　　　　　　　　单位:元

材料类别	期初余额	本月购入	本月发出	期末结存	备注
有色金属	34500	76000	69000	41500	
××类	5400	98760	88750	64010	
合计	278090	317800	386700	209190	

现以图示表示材料核算中各种账、表、凭证之间关系,见图 3 – 10。

材料明细账

| 收入 | 发出 | 结存 |

收料凭证 —逐笔登记→ ←逐笔登记— 发料凭证

核对

定期登记 —→ 汇 总 账 页 ←— 定期登记

核对

收料凭证汇总表 ----核对---- 库存材料分类月报表 ----核对---- 发料凭证汇总表

核对

二级材料分类

| 借方 | 贷方 | 余额 |

记账凭证 —登记二级账→ ←— 记账凭证

核对

总分类账（材料）

| 借方 | 贷方 | 余额 |

登记总账 —→

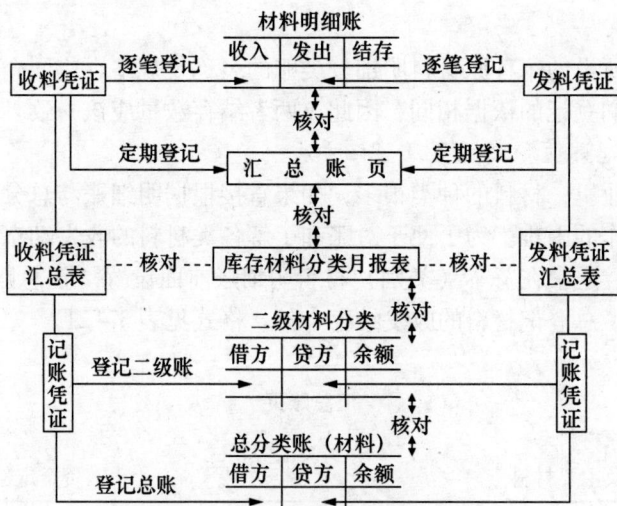

图 3－10　材料核算账、表、凭证核对

（六）包装物的核算

包装物是指为了包装本企业产品而储备的各种包装容器，如桶、箱、瓶、坛、袋等。包装物按实际成本法核算。

1. 包装物内容及核算科目（见图 3－11）。

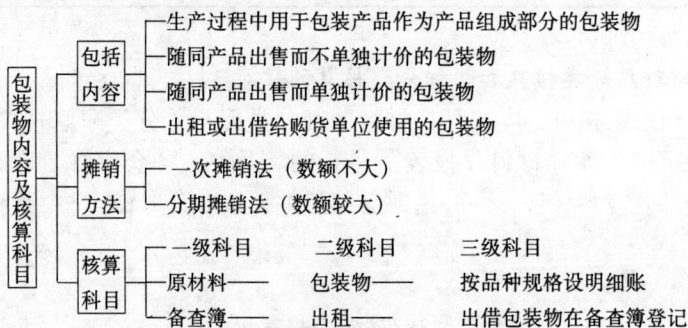

包装物内容及核算科目

包括内容
- 生产过程中用于包装产品作为产品组成部分的包装物
- 随同产品出售而不单独计价的包装物
- 随同产品出售而单独计价的包装物
- 出租或出借给购货单位使用的包装物

摊销方法
- 一次摊销法（数额不大）
- 分期摊销法（数额较大）

核算科目

一级科目	二级科目	三级科目
原材料——	包装物——	按品种规格设明细账
备查簿——	出租——	出借包装物在备查簿登记

图 3－11　包装物内容及核算科目

2. 包装物领用账务处理规定（见图 3－12）。

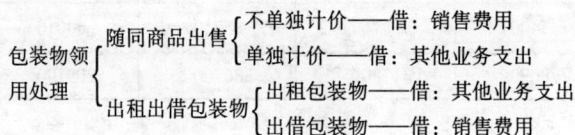

包装物领用处理

随同商品出售
- 不单独计价——借：销售费用
- 单独计价——借：其他业务支出

出租出借包装物
- 出租包装物——借：其他业务支出
- 出借包装物——借：销售费用

图 3－12　包装物领用账务处理

3. 包装物领用账务处理。根据不同用途采用不同处理方法。

（1）随同商品出售包装物账务处理（见图3-13）。

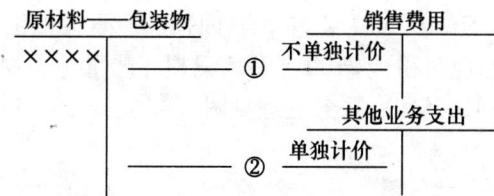

图3-13　随同商品出售包装物账务处理

（2）出租包装物账务处理（见图3-14）。

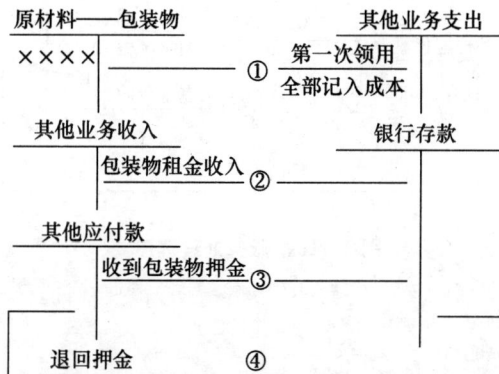

图3-14　出租包装物账务处理

（3）出借包装物账务处理（见图3-15）。

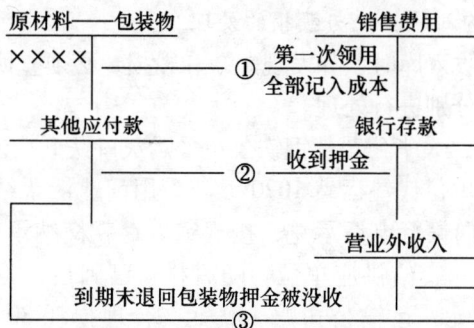

图3-15　出借包装物账务处理

【例3】向外单位出租包装容器100只（库存未用），每只单价60元。租期6个月，每月租金700元。收取押金5000元及对方一次性交纳的3个月的租金2100元已存入银行。

6个月后，对方归还100只，其中5只因损坏严重无法继续使用而拒收。退还押金2650元（扣除应付租金2100元和5只损坏严重包装物押金250元，假定出租包装物摊销期为10个月）账务处理见图3-16。

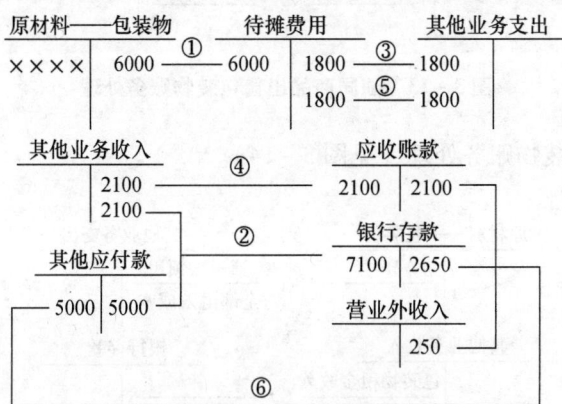

图3-16　账务处理程序

图示说明：
①出租包装物时6000元转入待摊费用。
②收取租金和押金时7100元。
③分次摊销待摊费用时1800（6000/10×3）元。
④按时计收租金时2100元。
⑤分次摊销费用时1800元。
⑥归还包装物时，退还押金2650元，收回应收租金2100元，没收押金250元。

（七）材料物资购入的短缺与毁损的处理

企业购入材料验收入库时，如发现短缺和毁损，必须查明原因，分清经济责任，区别不同情况，分别进行处理。

【例4】3月5日，大华公司从钢铁公司采购灰口铁1吨，买价12900元（增值税2193元），供应单位代垫运费1020元。采用商业汇票结算方式。签发银行承兑汇票16113元，向银行申请承兑，按规定以存款交纳承兑手续费50元，当日已将汇票和解讫通知交给供应单位。随后材料已到达，验收发现有损坏及丢失，保险公司赔200元，运输公司赔150元，合理损耗80元。账务处理见图3-17。

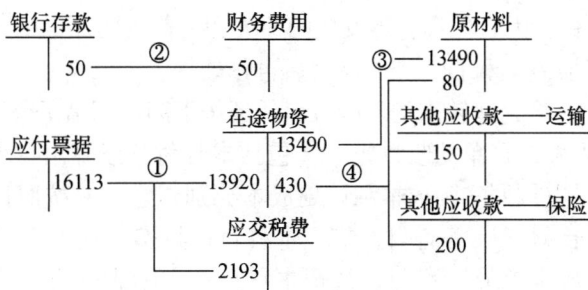

图 3－17　账务处理程序

图示说明：

①购买材料，签发票据时。

②支付承兑手续费时。

③材料验收入库时。

④材料短缺按规定进行处理时：运输公司赔偿150元，保险公司赔偿200元，其余80元为合理损耗加入材料成本。

三、材料按计划成本计价核算

材料按计划成本计价核算是指企业在日常核算中，材料的凭证都按计划成本填写（其中收料单还要填写实际成本）。

（一）材料按计划成本核算使用会计科目

材料按计划成本核算应设立"材料采购"、"原材料"、"材料成本差异"科目。

1. "材料采购"科目，是用来核算企业采用计划成本进行材料日常核算时购入材料的采购成本。采用实际成本计价及委托外单位加工材料、商品的加工成本，不在本科目核算。账务处理如下：

（1）小企业外购材料，应当按照发票账单所列购买价款、运输费、装卸费、保险费以及在外购材料过程发生的其他直接费用，借记本科目，按照税法规定可抵扣的增值税进项税额，借记"应交税费——应交增值税（进项税额）"科目，按照购买价款、相关税费、运输费、装卸费、保险费以及在外购材料过程发生的其他直接费用，贷记"库存现金"、"银行存款"、"其他货币资金"、"预付账款"、"应付账款"等科目。

（2）材料已经收到、但尚未办理结算手续的，可暂时不作会计处理；待办理结算手续后，再根据所付金额或发票账单的应付金额，借记本科目，贷记"银行存款"等科目。

（3）应向供应单位、运输机构等收回的材料短缺或其他应冲减材料采购成本的赔偿款项，应根据有关的索赔凭证，借记"应付账款"或"其他应收款"

科目，贷记本科目。因自然灾害等发生的损失和尚待查明原因的途中损耗，先记入"待处理财产损溢"科目，查明原因后再作处理。

（4）月末，应将仓库转来的外购收料凭证按下列不同情况分别进行处理：

1）对于收到发票账单的收料凭证（包括本月付款或开出、承兑商业汇票的上月收料凭证），应按照实际成本和计划成本分别汇总，并按照计划成本，借记"原材料"、"周转材料"等科目，贷记本科目；将实际成本大于计划成本的差异，借记"材料成本差异"科目，贷记本科目；实际成本小于计划成本的差异做相反的会计分录。

2）对于尚未收到发票账单的收料凭证，应按照计划成本暂估入账，借记"原材料"、"周转材料"等科目，贷记"应付账款——暂估应付账款"科目，下月初用红字做同样的会计分录予以冲回，以便下月收到发票账单等结算凭证时，按照正常程序进行账务处理。

（5）本科目期末借方余额，反映小企业已经收到发票账单、但材料尚未到达或尚未验收入库的在途材料的采购成本。

材料采购明细账格式见表3-23。

表3-23　　　　　　　　　　材料采购明细账

材料类别：钢材　　　　　　　19××年×月　　　　　　　　单位：元

××年		记账凭证号数	发票号	供货单位或采购人	摘要	借方				××年		记账凭证号码数	收料凭证号数	摘要	贷方			
月	日					货款	运杂费	其他	合计	月	日				计划成本	成本差异	其他	合计
×	6	20	618	物资公司	圆钢	6400	280		6680	×	18	60	28	验收入库	7000	-320		6680
	10	35	321	天钢一厂	槽钢	18000	560		18560		20	70	32	验收入库	18400	+160		18560
	28	38	931	上海线材厂	角钢	5000	300		5300									
				合计		29400	1140		30540						25400	-160*		25240
				月末在途材料					5300									

注：*"成本差异"栏数字，可于月终登记一笔总数。

2. "原材料"科目，本科目核算内容及账务处理方法，前文已介绍，从略。

3. "材料成本差异"科目。它是用来核算小企业采用计划成本进行日常核算的材料计划成本与实际成本的差额。账务处理如下：

（1）小企业验收入库材料发生的材料成本差异，实际成本大于计划成本的差异，借记本科目，贷记"材料采购"科目；实际成本小于计划成本的差异做相反的会计分录。

入库材料的计划成本应当尽可能接近实际成本。除特殊情况外，计划单价在年度内不得随意变更。

（2）结转发出材料应负担的材料成本差异，按照实际成本大于计划成本的差异，借记"生产成本"、"管理费用"、"销售费用"、"委托加工物资"、"其他业务成本"等科目，贷记本科目；实际成本小于计划成本的差异做相反的会计分录。

（3）发出材料应负担的成本差异应当按月分摊，不得在季末或年末一次计算。发出材料应负担的成本差异，除委托外部加工发出材料可按照月初成本差异率计算外，应使用本月的实际成本差异率；月初成本差异率与本月实际成本差异率相差不大的，也可按照月初成本差异率计算。计算方法一经确定，不得随意变更。

（4）本科目期末借方余额，反映小企业库存材料等的实际成本大于计划成本的差异；贷方余额反映小企业库存材料等的实际成本小于计划成本的差异。

（二）材料按计划成本核算的总分类核算

见图3-18。

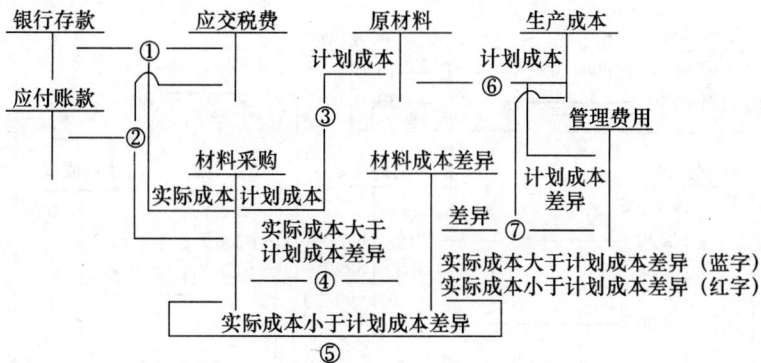

图3-18　材料按计划成本核算程序

图示说明：
①购进材料货款已付，并取得增值税专用发票，记入"材料采购"科目。
②购进材料货款未付，并取得增值税专用发票。
③材料已验收入库，按计划成本结转，记入"原材料"科目。
④月终结转材料成本差异，实际成本大于计划价部分，记入"材料成本差异"借方。
⑤月终结转材料成本差异，实际成本小于计划价部分，记入"材料成本差异"贷方。
⑥月终结转本月耗用材料（计划价）。
⑦月终结转材料成本差异：实际成本大于计划成本差异用蓝字，实际成本小于计划成本差异用红字。

月终原材料实际成本＝原材料借方余额±材料成本差异额

1. 材料收入的总分类核算。

【例5】华丰公司为一般纳税人，增值税率17%，采用计划成本法核算原材料，本期发生下列业务：

（1）货款已付，材料已验收入库。12月2日从光华钢厂购钢材2吨6000元，增值税1020元。以支票付清，材料已入库，每吨钢材计划成本3100元。

（2）材料已到，发票未到。12月26日收到江南钢厂发来钢板2吨，货已验收入库，发票未到，估价入账。每吨计划成本2000元。

（3）材料已收，发票已到，款未付。12月10日接到运输部门通知，华南铁厂发来钢材2吨，价款7000元，增值税1190元。垫运费200元，其中增值税14元，款未付。每吨计划成本3400元。收料时发现缺少0.2吨，正在与对方交涉查找原因。

（4）货款已付，材料未到。12月26日从华中材料厂购进线材2吨，货款8000元，增值税1360元，款已付清，月终增值税发票已收到，材料未到。每吨计划价4000元。

（5）本月自制辅助材料一批，计划成本5000元，实际成本5500元。已验收入库。

（6）月终结转本月购进材料并已验收入库部分的成本差异计666元。上述经济业务核算过程见图3-19。

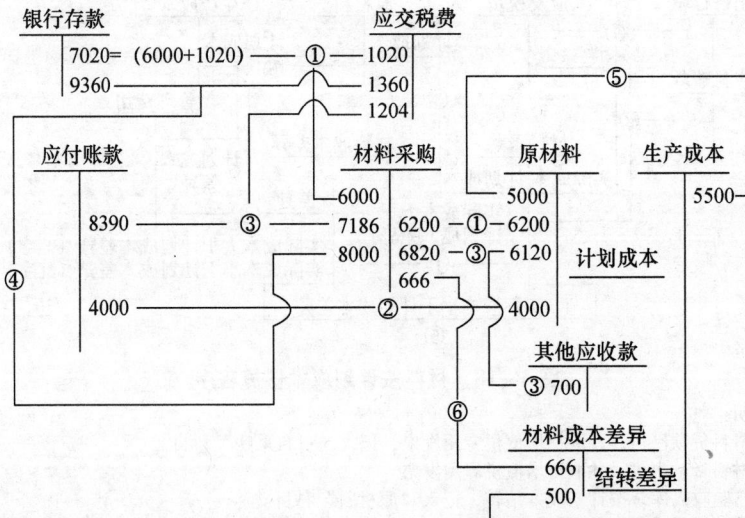

图3-19 材料购入核算程序

注：材料采购期末余额8000元为在途材料。

为了简化核算手续和计算材料成本差异，收入材料一般通过编制"收料凭证汇总表"，于月终进行总分类核算。收料凭证汇总表的格式见表 3－24。

表 3－24　　　　　　　　　　收料凭证汇总表

应借科目：材料　　　　　　　　　2×××年×月　　　　　　　　　单位：元

项目＼材料分类	原料及主要材料		辅助材料		修理用备件		外购半成本		合　计		
	实际成本	计划成本	实际成本	计划成本	实际成本	计划成本	实际成本	计划成本	实际成本	计划成本	差异
银行存款	6000	6200							6000	4200	-200
应付账款	4000	4000							4000	4000	0
应付账款	6486	6120							6486	6120	+366
生产成本			5500	5000					5500	5000	+500
合计	16486	16320	5500	5000					21986	21320	+666

注：实际成本大于计划成本的差额为超支，以"＋"表示；实际成本小于计划成本的差额为节约，以"－"表示。

2. 材料发出总分类核算。企业采用计划成本核算原材料，领料凭证上的单价及金额都按计划成本填写。月终按领退料凭证编制汇总表。

（1）发出材料汇总表编制。材料的领发业务比较频繁，一般平时只登记明细分类账，月终根据领料凭证、退料凭证，按照发出材料的类别、用途及应分摊成本差异，编制"发出材料汇总表"，据以进行发出材料的总分类核算。"发出材料汇总表"格式见表 3－25。

（2）发出材料应摊成本差异的核算。发出材料的计划成本要调整为实际成本，首先计算材料成本差异率。计算公式如下：

$$材料成本差异率 = \frac{月初结存材料成本差异额 + 本月收入库材料成本差异额}{月初结存材料计划成本 + 本月验收入库材料计划成本} \times 100\%$$

其次，根据材料成本差异率，计算发出材料的成本差异额。计算公式为：

发出材料应分摊成本差异额 = 发出材料计划成本 × 材料成本差异率

最后，将发出材料的计划成本，加或减成本差异额，即发出材料的实际成本。

表3-25　　　　　　　　　发出材料汇总表

2×××年×月　　　　　　　　单位：元

领用材料部门	原料及主要材料		辅助材料		修理用备件		合计	
	计划成本	成本差异	计划成本	成本差异	计划成本	成本差异	计划成本	成本差异
生产成本——甲产品	100000	+500	14000	-140			114000	+360
生产成本——乙产品	90000	+450	10000	-100			100000	+350
小计	190000	+950	24000	-240			214000	+710
生产成本——机修车间	9000	+45			800	+8	9800	+53
小计	9000	+45			800	+8	9800	+53
制造费用——一车间	2000	+10					2000	+10
制造费用——二车间	1000	+5					1000	+5
小计	3000	+15					3000	+15
管理费用	600	+3					600	+3
销售费用	800	+4					800	+4
合计	203400	+1017	24000	-240	800	+8	228200	+785

注：成本差异率：材料为+0.5%，辅助材料为-1%，修理备件为+1%。根据差异率算出应分摊差异额。

材料成本差异率的计算，应按材料的类别，分别计算成本差异率。分类的多少应根据企业的具体情况而定。

【例6】材料成本差异率的计算。

华丰公司×月，"材料成本差异明细账"月初结存材料的计划成本145000元，本月收入材料的计划成本125400元。月初结存材料的成本差异为超支1512元，本月收入材料的成本差异为节约160元。本月发出材料的计划成本203400元。求材料成本差异率及发出材料成本差异额：

$$材料成本差异率 = \frac{1512 + (-160)}{145000 + 125400} \times 100\% = 0.5\%$$

发出材料应分摊成本差异额 = 203400 × 0.5% = 1017（元）

有些企业为了简化计算，当月初材料成本差异率与本月实际成本差异率相差不大时也可采用上月底结存材料的成本差异率，作为本月发出材料的成本差异率，调整发出材料的成本。计算公式如下：

$$材料成本差异率 = \frac{月初结存材料成本差异额}{月初结存材料计划成本} \times 100\%$$

（3）发出材料的账务处理。根据发出材料汇总表（见表 3 - 25）账务处理如下：

结转材料计划成本：

借：生产成本——基本生产成本——甲		114000
——乙		100000
生产成本——辅助生产成本——机修		9800
制造费用——一车间		2000
——二车间		1000
管理费用		600
销售费用		800
贷：原材料——原料及主要材料		203400
——辅助材料		24000
——修理用备件		800

结转耗用材料应分摊的材料成本差异：

借：生产成本——基本生产成本——甲		360
——乙		350
生产成本——辅助生产成本——机修		53
制造费用——一车间		10
制造费用——二车间		5
管理费用		3
销售费用		4
贷：材料成本差异——原料及主要材料		1017
——辅助材料成本差异		240
——修理用备件成本差异		8

（三）材料按计划成本核算的明细分类核算

在采用计划成本情况下，材料明细分类核算内容有：

1. 材料采购明细分类核算。为了反映材料计划成本的执行情况，计算材料成本差异，应设置"材料采购明细账"，进行材料采购的明细分类核算。见表 3 - 26。

2. 材料成本差异明细分类核算。为了反映各类材料的成本差异和计算差异率，应设置"材料成本差异明细账"，进行材料成本差异的明细分类核算。材料成本差异明细账，应根据转账凭证记录而来。见表 3 - 27。

表 3－26　　　　　　　　　　材料采购明细账

材料类别：钢材类　　　　　　　2×××年×月　　　　　　　　　单位：元

××年		记账凭证号数	发票号	供货单位或采购人	摘要	借方				×年		记账凭证号码数	收料凭证号数	摘要	贷方			
月	日					货款	运杂费	其他	合计	月	日				计划成本	成本差异	其他	合计
×	6	20	618	物资公司	圆钢	106400	280		106680	×	18	60	28	验反入库	107000	-320		106680
	10	35	321	天钢一厂	槽钢	18000	560		18560		20	70	32	验反入库	18400	+160		18560
	28	38	931	上海线材厂	角钢	5000	300		5300									
					合计	129400	1140		130540						125400	-160		125240
					月末在途材料				5300									

注："材料采购明细账"设置应与"材料成本差异明细账"设置口径一致，每一凭证登记一行，月终结出合计。

表 3－27　　　　　　　　　　材料成本差异明细账

材料类别：钢材类　　　　　　　　　　　　　　　　　　　　　　　单位：元

××年		凭证号数	摘要	收入			差异分配率	发出			结存		
月	日			计划成本	借差（超节）	贷差（节约）		计划成本	借差（超节）	贷差（节约）	计划成本	借差（超支）	贷差（节约）
×	1		月初余额								145000	1512	
×	30		购入	125400		(160)					270400	1352	
	30						+0.5%	203400	1017		67000	335	

　　3. 材料二级明细分类核算（为简化手续可不设二级明细账）。其核算方法与实际成本核算相同，但金额按计划成本计算。

　　4. 材料三级明细分类核算。按计划成本计价的材料明细分类核算，与按实际成本计价的明细分类核算基本相同。但由于计价方法不同，格式也有所差异。见表 3－28。

表 3 - 28　　　　　　　　　　　　　材料明细账

最高储备量：50

材料类别：黑色金属　　　　　　　　　　　　　　　　　　　　最低储备量：5

品名：普通圆钢　　　规格：φ25mm　　　计量单位：吨　　　计划单位成本：600 元

| ××年 | | 凭证号数 | 摘要 | 收入数量 | 发出数量 | 结存 | | 稽核 |
月	日					数量	金额(元)	
×	1		期初结存			20	12000	
	5	收 2	购入	25		45		××
	10	领 5	发出		35	10		××
	15	领 10	发出		5	5		××
	16	收 16	购入	40		45		××
×	30	领 40	发出		30	15	9000	××
			本月合计	65	70	15	9000	

由于材料的计划成本确定后，年内一般是不予改变的。因此，只要控制了数量，也就控制了金额。月终为了汇总账项的核对，仍应按计划单位成本和结存数量，计算结存金额。

（四）材料总分类核算与明细分类核算之间的核对

在按计划成本进行材料核算的情况下，各材料科目与材料的明细账之间的核对方法与实际成本核算方法相同，不再重述。

第三节　周转材料和委托加工物资核算

一、周转材料核算

周转材料是指小企业能够多次使用、逐渐转移其价值但仍保持原有形态且不确认为固定资产的材料。包括包装物、低值易耗品、小建筑业的钢模板、木模板、脚手架等。

各种包装材料，如纸、绳、铁丝等，应在"原材料"科目内核算；用于储存和保管产品、材料而不对外出租的包装物，应按照价值的大小和使用年限长短，分别在"固定资产"或"周转材料"核算。小企业的包装物和低值易耗品也可单独设置"1412 包装物"、"1413 低值易耗品"科目。现以低值易耗品为例，核算方法如下：

低值易耗品是指不作为固定资产核算的各种用具物品，如工具、管理用具、玻璃器皿，以及在经营过程中周转使用的包装容器等。

（一）低值易耗品特点及核算要求

见图 3 - 20。

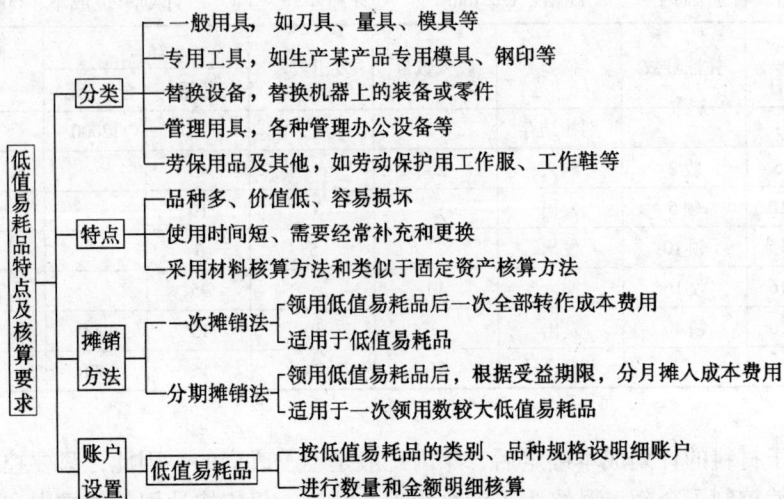

图 3 - 20　低值易耗品特点及核算要求

（二）低值易耗品核算（实际成本法）

见图 3 - 21。

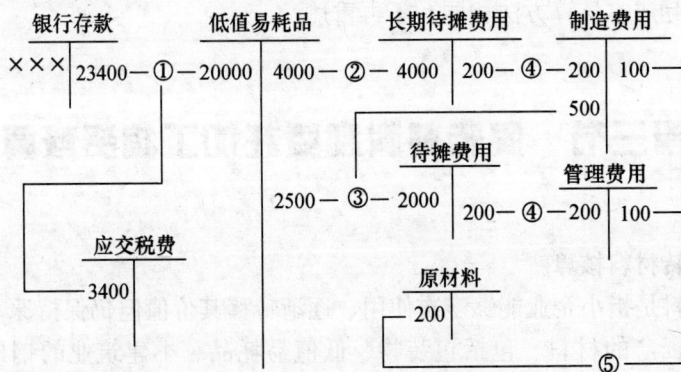

图 3 - 21　低值易耗品账务处理

图示说明：

①购入低值易耗品 20000 元，增值税 3400 元。

②车间领用 4000 元工具分 20 个月摊销。

③管理部门领用 2000 元，分 10 个月摊销；车间领用 500 元，一次摊销。

④管理部门摊销在用低值易耗品 200 元。

⑤报废时，残值 200 元入材料库。

（三）低值易耗品核算（计划成本法）

见图 3－22。

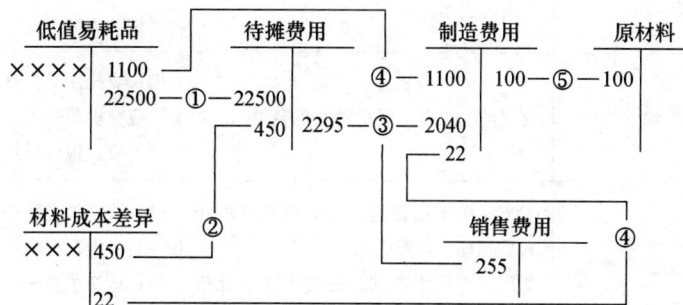

图 3－22　低值易耗品核算

图示说明：

①生产车间领用 20000 元，销售部门领用 2500 元，分 10 个月摊完。

②应分摊成本差异，成本差异率 2%，计 450 元。

③每月分摊的摊销费：生产车间 2040（20400÷10）元，销售部门 255（2550÷10）元。

④车间一次领劳保用品 1100 元，一次摊销，分摊差异 22 元。

⑤车间报废低值易耗品残值 100 元入材料库。

（四）低值易耗品明细账设置

在库低值易耗品视同在库材料核算。其明细账与材料明细账相同。

在用低值易耗品，应参照下列格式核算，见表 3－29。也可按品种设立"低值易耗品卡片"，进行登记管理。

表 3－29　　　　　　　　　在用低值易耗品明细账

使用部门：财务处

| ××年 | | 凭证 | 摘要 | 在用成本 | | | 报废金额 | | | 备注 |
月	日			日期	数量	借方余额（元）	日期	数量	金额（元）	
5	10		打印机	5/30	1	800				

二、委托加工物资核算

委托加工物资是企业委托外单位加工各种物资。其核算规定及账务处理见表 3－30。

表 3 - 30   委托加工物资核算

经济事项	核算规定	账务处理
发出委托加工物资	按实际成本计价	借：委托加工物资 　贷：原材料或库存商品
支付各种费用	支付的加工费、运杂费及税金等	借：委托加工物资 　应交税费——应交增值税 　贷：银行存款或应付账款
委托加工物资交纳消费税	①直接用于销售的，应交纳消费税计入委托加工物资成本 ②用于连续生产的，按规定准予抵扣的，将交纳消费记入应交税金借方	借：委托加工物资 　贷：银行存款或应付账款 借：应交税费——应交消费税 　贷：银行存款或应付账款
加工完成验收入库的物资	按收回物资的实际成本和剩余物资实际成本计价	借：原材料或库存商品 　贷：委托加工物资
账户设置	按加工合同、委托加工单位设明细账进行核算	

【例 7】 发往某单位原材料一批，委托加工包装物。该材料计划成本为 5000 元，应负担的材料成本超支差异 100 元，支付加工费及运杂费 1050 元，增值税 170 元。加工完成验收入库，按加工后包装物的计划成本为 6000 元转账，同时结转材料成本差异 500 元。核算程序见图 3 - 23。

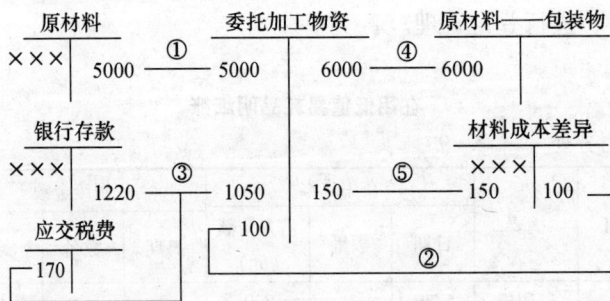

图 3 - 23 委托加工账务处理

图示说明：
①结转委托加工材料的计划成本。
②结转委托加工物资成本超支差异时。
③支付加工费及运杂费 1220 元，其中增值税进项税 170 元。
④加工成包装物并验收入库时计划成本为 6000 元。
⑤结转包装物成本差异 150（6150 - 6000）元。

第四节　库存商品核算

一、库存商品核算科目

（一）库存商品科目

本科目核算企业库存的各种商品的实际成本或售价。包括库存产成品、外购商品、存放在门市部准备出售的商品以及寄存在外的代销商品等。

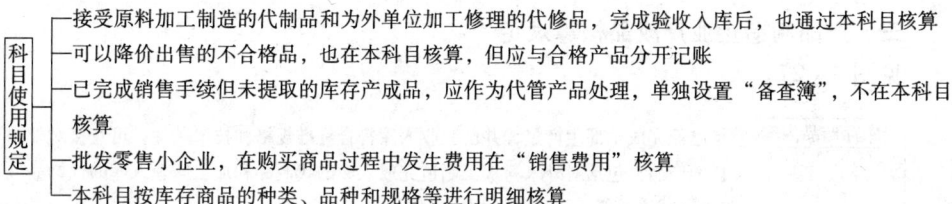

科目使用规定
- 接受原料加工制造的代制品和为外单位加工修理的代修品，完成验收入库后，也通过本科目核算
- 可以降价出售的不合格品，也在本科目核算，但应与合格产品分开记账
- 已完成销售手续但未提取的库存产成品，应作为代管产品处理，单独设置"备查簿"，不在本科目核算
- 批发零售小企业，在购买商品过程中发生费用在"销售费用"核算
- 本科目按库存商品的种类、品种和规格等进行明细核算

图 3 –24　科目使用规定

（二）商品进销差价科目

本科目核算小企业采用售价进行日常核算的商品售价与进价之间的差额。本科目应按库存商品种类、品种和规格等进行明细核算。

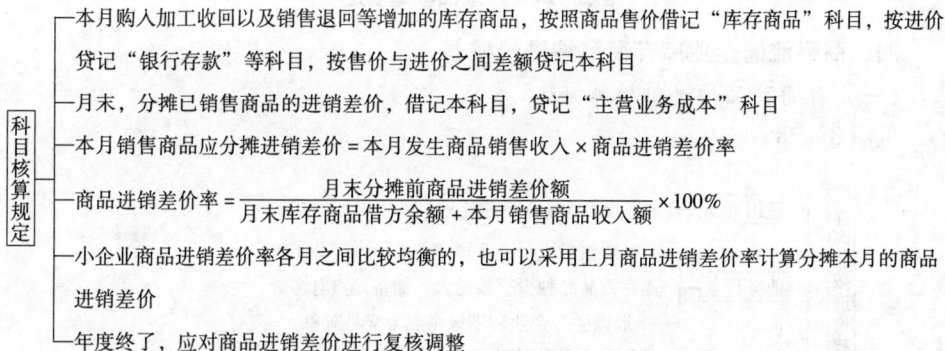

科目核算规定
- 本月购入加工收回以及销售退回等增加的库存商品，按照商品售价借记"库存商品"科目，按进价贷记"银行存款"等科目，按售价与进价之间差额贷记本科目
- 月末，分摊已销售商品的进销差价，借记本科目，贷记"主营业务成本"科目
- 本月销售商品应分摊进销差价 = 本月发生商品销售收入 × 商品进销差价率
- 商品进销差价率 = $\dfrac{\text{月末分摊前商品进销差价额}}{\text{月末库存商品借方余额 + 本月销售商品收入额}} \times 100\%$
- 小企业商品进销差价率各月之间比较均衡的，也可采用上月商品进销差价率计算分摊本月的商品进销差价
- 年度终了，应对商品进销差价进行复核调整

图 3 –25　科目核算规定

二、库存商品核算内容与方法

见图 3 - 26。

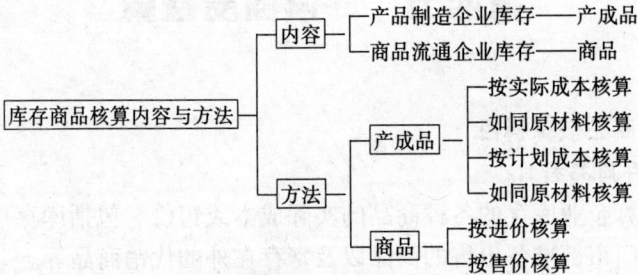

图 3 - 26 库存商品核算内容与方法

三、产品制造企业产成品核算规定

见图 3 - 27。

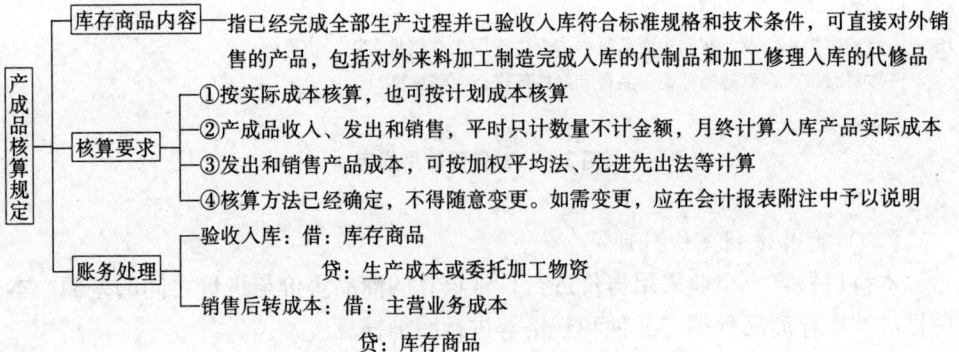

图 3 - 27 产成品核算规定

四、商品流通企业库存商品按进价核算

（一） 库存商品按进价核算概述

见图 3 - 28。

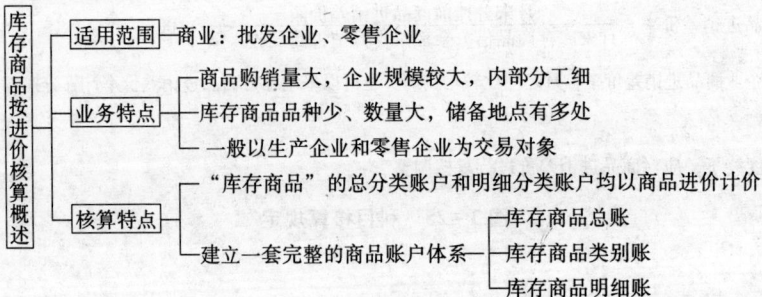

图 3 - 28 库存商品按进价核算概述

（二）库存商品按进价核算的账务处理

见图 3 - 29。

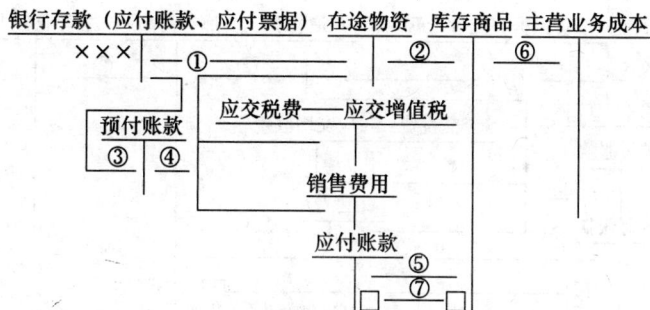

图 3 - 29 库存商品按进价核算的账务处理

图示说明：

①结算采购商品货款，如果直接入库，可不通过"物资采购"账户。

②采购商品验收入库。

③预付商品货款。

④收到预付款的货物。

⑤月末库存商品暂估入库。

⑥出售商品，结转库存商品成本。

⑦下月初暂估入库商品转回。

五、商品流通企业库存商品按售价核算

（一）库存商品按售价核算概述

见图 3 - 30。

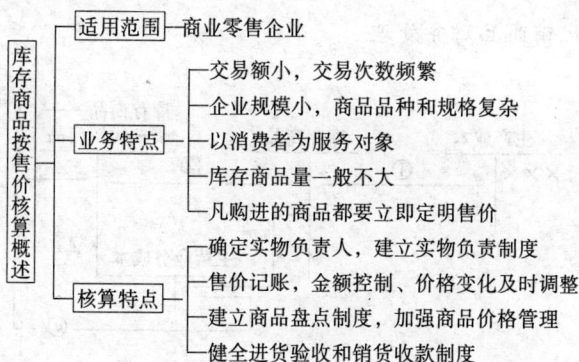

图 3 - 30 库存商品按售价核算概述

库存商品按售价计量核算，售价与进价差额通过"商品进销差价"科目核算，月终计算出进销差价率，根据差价率计算本月应分摊的进销差价额。调整结转主营业务成本。

（二）库存商品按售价核算的账务处理

见图3－31。

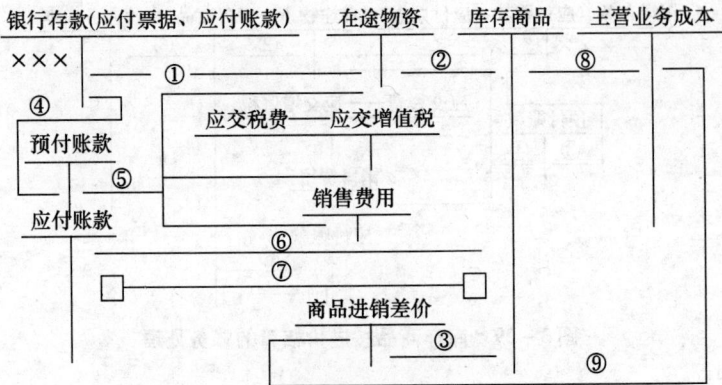

图3－31　库存商品按售价核算的账务处理

图示说明：

①结算采购商品货款（含价款、进项税、采购发生运杂费用）。

②采购商品验收入库。

③结转入库商品进销差价。

④预付商品货款。

⑤收到预付款的货物（含商品价款、进项税、运杂费等）。

⑥月末库存商品暂估入库（已验收入库，但发票账单未到）。

⑦下月初将暂估入库额转回。

⑧出售商品，结转已销库存商品成本。

⑨结转已销售商品应分摊的进销差价。

（三）委托代销商品财务处理

见图3－32。

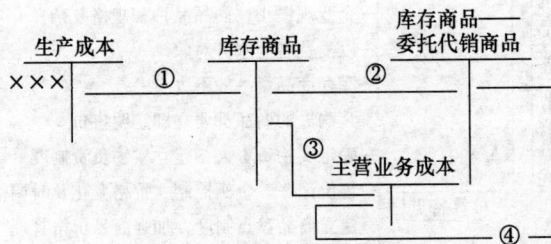

图3－32　委托代销商品账务处理

图示说明：

①生产完工并验收入库。

②分期收款销售方式发出商品。

③其他销售方式发出销售产成品成本的结转。

④委托代销商品收回货款时结转销售成本。

第五节　存货清查及账务处理

一、存货清查概述

见图3-33。

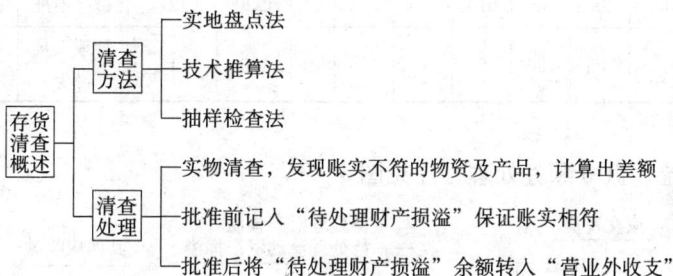

图3-33　存货清查概述

二、存货盈、亏及毁损的账务处理

见图3-34。

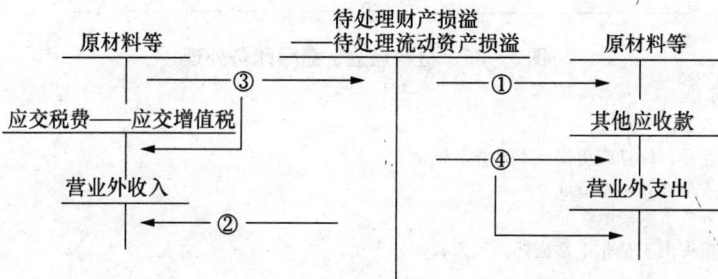

图3-34　存货盈、亏及毁损的账务处理

图示说明：

①盘盈原材料、商品等存货。

②经查明原因，经批准后记入"营业外收入"。

③清查发现原材料等存货盘亏或毁损，损失存货的进项税应转出。

④经查明原因，经批准后，应由责任者或保险公司赔偿部分记入"其他应收款"，其余记入"营业外支出"。

三、材料盘盈、盘亏账务处理实例

材料的盘盈、盘亏，应分情况进行账务处理。在未经批准前可增设"待处理财产损溢"，但在编制企业财务会计报告时必须处理完毕。

【例8】某企业"材料盘盈、盘亏报告表"见表3-31。

表3-31　　　　　　　　　　　材料盘盈、盘亏报告表

材料编号	材料名称和规格	计量单位	数量		计划单位成本	盈余		亏损			盈亏原因	审批意见
			账存	实存		数量	金额	数量	计划成本	材料成本差异		
	灰口铁	吨	140	142	160	2	320			0	过磅不准	按管理不善处理
	圆钢	吨	38	36	610			2	1220	122	过磅不准	按管理不善处理
	油漆	公斤	200	180	5			20	100	1	管理人员过失	按责任事故由过失人赔偿

材料盘盈、盘亏账务处理程序见图3-35。

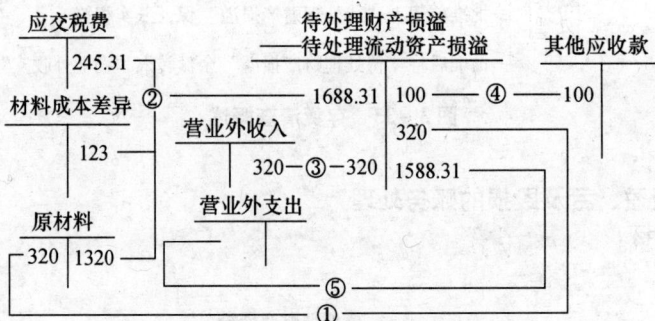

图3-35　材料盘盈、盘亏账务处理

图示说明：
①原材料盘盈。
②原材料盘亏，计算应负担成本差异及税金。
③查明盘盈是计算误差造成。
④由责任者负责赔偿100元。
⑤企业报损失由于是非正常损耗，列入营业外支出。

第六节　存货损失的税务处理

根据国家税务总局发布《企业资产损失所得税税前扣除管理办法》（国家税务总局公告2011年第25号）规定。存货损失的税务处理如图3-36所示，其财产损失申报程序如图3-37所示。

存货损失的税务处理
- 存货盘亏损失
  - 损失额——为盘亏金额扣除责任人赔偿后的余额
  - 确认依据资料
    - 存货计税成本确定依据；企业内部有关责任认定、责任人赔偿说明和内部核批文件
    - 存货盘点表；存货保管人对于盘亏的情况说明
- 报废、毁损或变质损失
  - 损失额——为计税成本扣除残值及责任人赔偿后的余额
  - 确认依据资料
    - 存货计税成本的确认依据；企业内部关于存货报废、毁损、变质、残值情况说明及核销资料；涉及责任人赔偿的，应当有赔偿情况说明
    - 该项损失额较大的（指小企业该类资产计税成本10%以上，或减少当年应纳税所得、增加亏损10%以上。下同）应有专业技术鉴定意见或法定资质中介机构出的专项报告等
- 存货被盗损失
  - 损失额——为计税成本扣除保险理赔以及责任人赔偿后的余额
  - 确认依据资料
    - 存货计税成本的确定依据，向公安机关报案记录
    - 涉及责任人和保险公司赔偿的，应有赔偿情况说明等

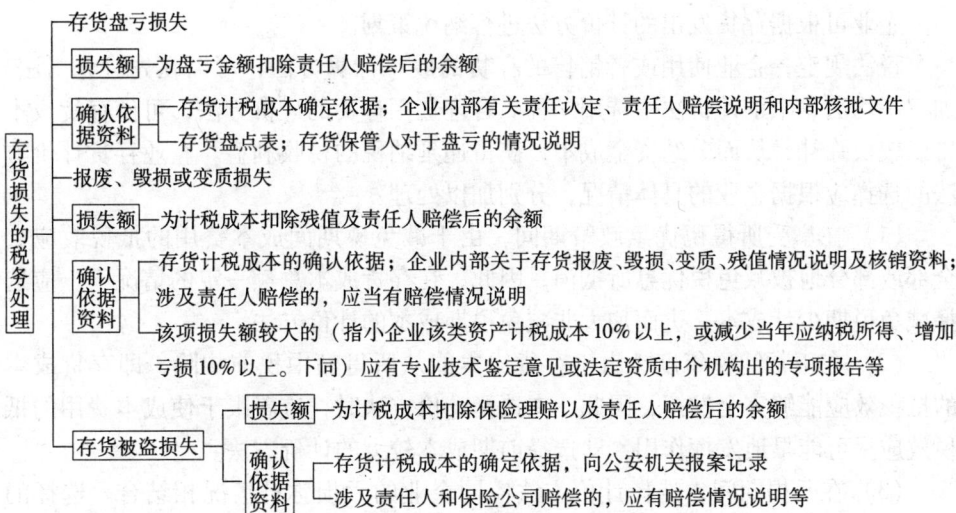

图 3 – 36　存货损失的税务处理

注：存货毁损的进项税不得抵扣，故存货发生损失后，其进项税应转出。

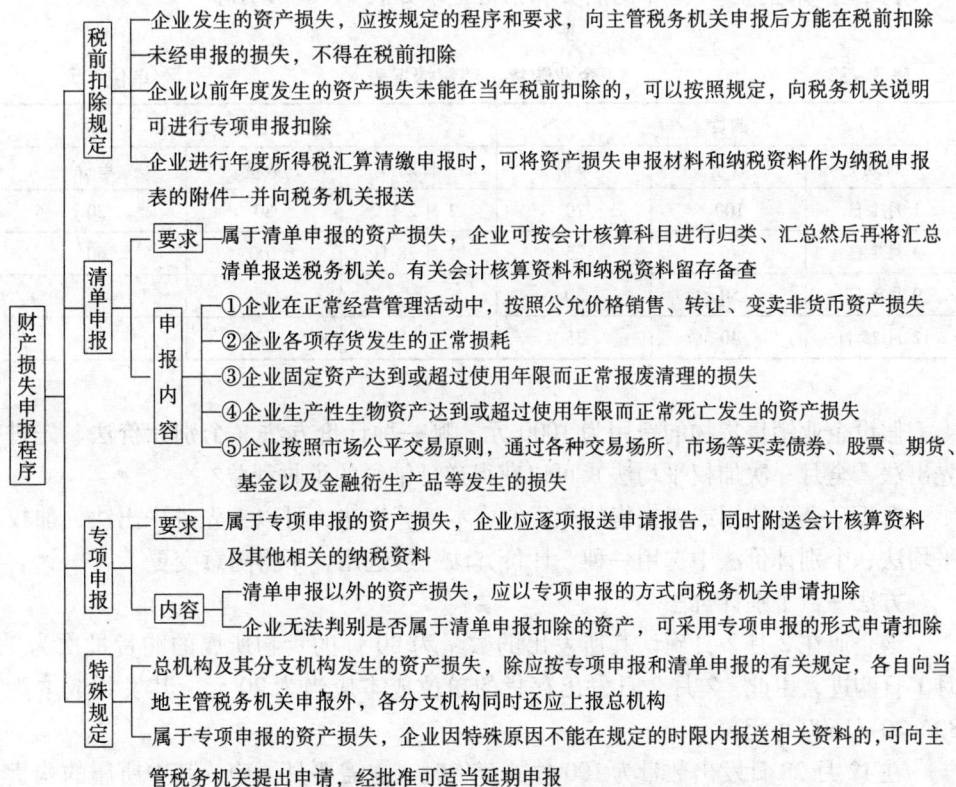

财产损失申报程序
- 税前扣除规定
  - 企业发生的资产损失，应按规定的程序和要求，向主管税务机关申报后方能在税前扣除
  - 未经申报的损失，不得在税前扣除
  - 企业以前年度发生的资产损失未能在当年税前扣除的，可以按照规定，向税务机关说明可进行专项申报扣除
  - 企业进行年度所得税汇算清缴申报时，可将资产损失申报材料和纳税资料作为纳税申报表的附件一并向税务机关报送
- 清单申报
  - 要求——属于清单申报的资产损失，企业可按会计核算科目进行归类、汇总然后再将汇总清单报送税务机关。有关会计核算资料和纳税资料留存备查
  - 申报内容
    - ①企业在正常经营管理活动中，按照公允价格销售、转让、变卖非货币资产损失
    - ②企业各项存货发生的正常损耗
    - ③企业固定资产达到或超过使用年限而正常报废清理的损失
    - ④企业生产性生物资产达到或超过使用年限而正常死亡发生的资产损失
    - ⑤企业按照市场公平交易原则，通过各种交易场所、市场等买卖债券、股票、期货、基金以及金融衍生产品等发生的损失
- 专项申报
  - 要求——属于专项申报的资产损失，企业应逐项报送申请报告，同时附送会计核算资料及其他相关的纳税资料
  - 内容
    - 清单申报以外的资产损失，应以专项申报的方式向税务机关申请扣除
    - 企业无法判别是否属于清单申报扣除的资产，可采用专项申报的形式申请扣除
- 特殊规定
  - 总机构及其分支机构发生的资产损失，除应按专项申报和清单申报的有关规定，各自向当地主管税务机关申报外，各分支机构同时还应上报总机构
  - 属于专项申报的资产损失，企业因特殊原因不能在规定的时限内报送相关资料的，可向主管税务机关提出申请，经批准可适当延期申报

图 3 – 37　财产损失申报程序

企业可根据存货发出的计价方法进行纳税策划。

税法规定，企业使用或者销售的存货的成本计算方法，可以在先进先出法、加权平均法、个别计价法中选用一种。合理选用存货的计价方法，可使存货成本得以较快弥补，从而节约资金成本，获得递延纳税的税收利益。企业存货计价方法的选择应根据企业的具体情况，分别加以处理：

（1）在享受所得税优惠政策期间，由于减免税期间成本费用的抵税效应会全部或部分地被减免税优惠所抵消，因此，在存货成本总额一定的情况下，应选择减免税期少计成本，进而加大非减免税期成本的计价方法。

（2）在正常纳税年度，由于存货成本能从所得额中税前扣除，即存货成本的抵税效应能够完全发挥，因此，在选择计价方法时，应着眼于使成本费用的抵税效应尽可能早地发挥作用，即选择前期成本较大的计价方法。

（3）在亏损期间，选择计价方法应同企业的亏损弥补情况相结合。选择的计价方法，必须使不能得到或不能完全得到税前弥补的亏损年度的成本费用降低。

【例9】某企业2010年的购货和销售记录如表3－32所示。

表3－32　　　　　　　　　　企业购货、销售情况表　　　　　　　单位：元

购货			销货		
日期	数量	单价	日期	数量	单价
1月1日	100	20	2月2日	80	20
3月1日	40	25	12月28日	100	60
9月1日	50	30			
12月25日	40	35			

假设企业销售货物的费用为1000元，哪一种计价方法（个别计价法、先进先出法、全月一次加权平均法）可以获得递延纳税的税收利益？

解析：企业使用或者销售的存货的成本计算方法，可以在先进先出法、加权平均法、个别计价法中选用一种。计价方法一经选用，不得随意变更。

方法一：个别计价法

该企业在2月2日确认其所发出的数量为80件的货物所属的购货批次为1月1日购进，由此，2月2日发出存货的单位成本应当为20元。其发货成本为 $80 \times 20 = 1600$（元）。

在12月28日发出数量为100件的存货时，也需要具体确认其中所属的购货批次，假设其中有10件是1月1日购进的、有20件是3月1日购进的、有40件

是 9 月 1 日购进的、有 30 件是 12 月 25 日购进的，那么，12 月 28 日发出货物的成本应当等于 $10 \times 20 + 20 \times 25 + 40 \times 30 + 30 \times 35 = 2950$（元）。

销售收入：$80 \times 20 + 100 \times 60 = 7600$（元）

销售成本：$1600 + 2950 = 4550$（元）

销售毛利：$7600 - 4550 = 3050$（元）

期末存货成本：$(100 \times 20 + 40 \times 25 + 50 \times 30 + 40 \times 35) - (1600 + 2950) = 1350$（元）

企业销售货物费用为 1000 元。

企业销售收入应纳所得税额为：$(3050 - 1000) \times 25\% = 512.5$（元）

（注：个别计价法适用于一般不能替代使用的存货以及为特定项目专门购入或制造的存货，如珠宝、名画等贵重物品。）

方法二：先进先出法

采用先进先出法计价，货物的流转情况如表 3 - 33 所示。

表 3 - 33　　　　　　先进先出法下的存货成本计算表　　　　单位：元

日期	购货			销货			存货		
	数量	单价	金额	数量	单价	金额	数量	单价	金额
1 月 1 日	100	20	2000				100	20	2000
2 月 2 日				80	20	1600	20	20	400
3 月 1 日	40	25	1000				20	20	400
							40	25	1000
9 月 1 日	50	30	1500				20	20	400
							40	25	1000
							50	35	1500
12 月 25 日	40	35	1400				20	20	400
							40	25	1000
							50	30	1500
							40	35	1400
12 月 28 日				20	20	400	10	30	300
				40	25	1000	40	35	1400
				40	30	1200			

销售收入：$80 \times 20 + 100 \times 60 = 7600$（元）

销售成本：1600 + 400 + 1000 + 1200 = 4200（元）

销售毛利：7600 - 4200 = 3400（元）

期末存货成本：300 + 1400 = 1700（元）

企业销售货物费用为1000元。

企业销售收入应纳所得税额为：（3400 - 1000）× 25% = 600（元）

（注：采用先进先出法，存货成本按照最近购货确定，期末存货价值比较接近现行市场价值，优点是使企业不能随意挑选存货计价以调整当期利润，缺点是工作量比较烦琐，特别对于存货进出频繁的企业尤其如此。而且，当物价上涨时，会高估企业当期利润和库存存货价值；反之，会低估企业存货价值和当期利润。）

方法三：全月一次加权平均法

加权平均单价：（2000 + 3900）÷（100 + 130）= 25.65（元）

销售收入：80 × 20 + 100 × 60 = 7600（元）

销售成本：（80 + 100）× 25.65 = 4617（元）

销售毛利：7600 - 4617 = 2983（元）

存货成本：50 × 25.65 = 1282.5（元）

企业销售货物的费用为1000元。

企业销售收入应纳所得税额为：（2983 - 1000）× 25% = 495.75（元）

（注：采用加权平均法，只在月末计算一次加权平均单价，比较简单，而且市场价格上涨或者下跌时所计算出来的单位成本平均化，对存货成本的分摊较为折中。但是，这种方法平时无法从账面上提供发出和结存存货的单价和金额，不利于加强对存货的管理。）

三种计价方法下应纳税额比较如表3 - 34所示。

表3 - 34　　　　　　　　　　应纳税额比较表　　　　　　　　　单位：元

项目	个别计价法	先进先出法	加权平均法
应纳所得税税额	512.5	600	495.75

从表3 - 34可知，企业采用加权平均法在2010年度应纳所得税税额最小。

第四章 投资核算与税务处理

第一节 投资的含义、核算目标及风险提示

一、投资含义及分类

投资是指小企业将资金投放于一定对象，期望在未来能获取收益（或报酬）的经济行为。根据不同标准，投资可分为不同种类。见图 4 – 1。

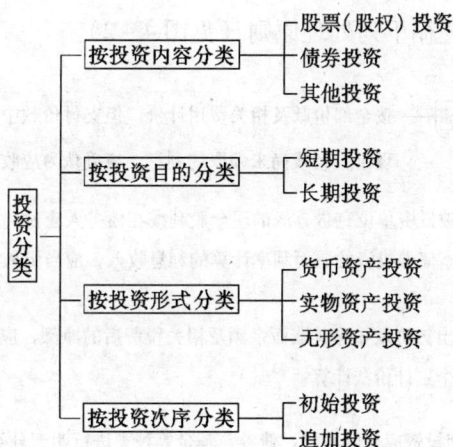

图 4 – 1 投资的分类

二、投资核算目标

及时正确地确认、计量、记录投资动态、正确反映投资效益，确保投资安全完整，为经营决策提供有效信息。

三、投资风险提示

1. 投资凭证手续不完善、内容不清晰、会计审核监管不严等，可能导致投资计税基础不真实，影响投资效果。

2. 投资日常核算未能按准则规定及时正确地处理，错误使用会计科目，可能导致数据错误，影响投资收益的正确性。

3. 被投资单位不能及时正确地计算经营成果，不能按准则规定分配利润，可能导致投资单位利益受损。

4. 由于长期投资只准用成本法核算，不能正确反映被投资单位盈亏状况，可能影响投资单位财务状况的真实性。

第二节　短期投资核算

短期投资是指小企业购入的能够随时变现并且持有时间不准备超过 1 年（含 1 年）的投资。如以赚取差价为目的，从二级市场购入的股票、债券、基金等。

一、短期投资核算原则

短期投资核算应遵循下列处理原则（见图 4 - 2）。

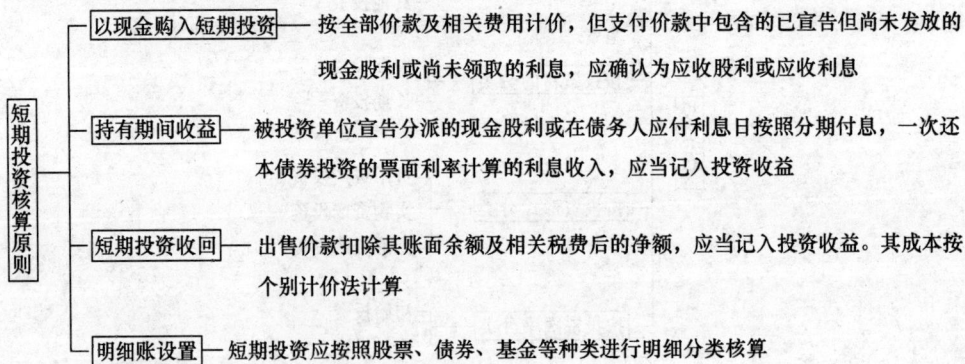

图 4 - 2　短期投资核算原则

二、短期投资账务处理

见图 4 - 3。

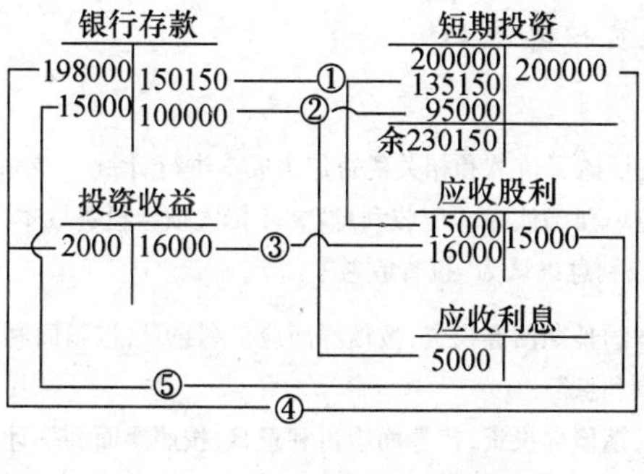

图 4 – 3　短期投资账务处理

图示说明：

①以支票购入股票 150000 元，税费 150 元，其中含已宣告但尚未收到的现金股利 15000 元。

②以支票购买债券 100000 元，其中含已到付息日但尚未领取的债券利息 5000 元。

③上年购入乙公司股票 200000 元，乙公司宣告分派现金股利 16000 元。

④出售乙公司股票取得净现款 198000 元，存入银行。

⑤收到购入股票中含现金股利 15000 元，存入银行。

短期投资科目期末借方余额即为企业持有短期投资成本。

第三节　长期债券投资核算

长期债券投资，是指小企业准备长期（在 1 年以上，下同）持有债券投资。长期债券投资通过"长期债券投资"科目核算，并按债券种类和被投资单位，分别以"面值"、"溢（折）价"、"应计利息"进行明细核算。

一、长期债券投资分类及核算原则

（一）长期债券投资分类

见图 4 – 4。

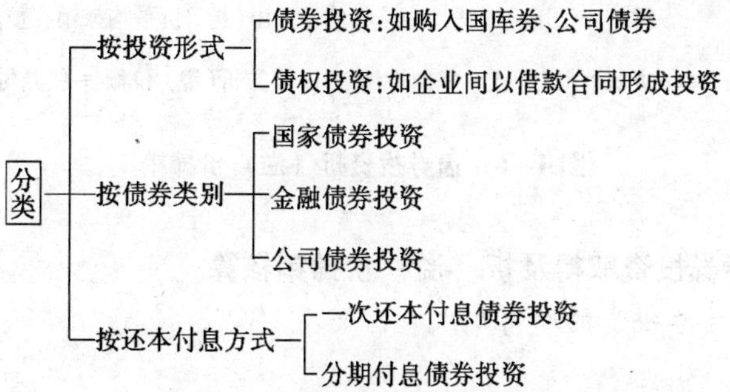

图 4 – 4　长期债券投资分类

（二）长期债券投资核算原则

见图4-5。

```
购买 ┬─ 以现金购买的应当按照购买价款和相关税费作为成本进行计量，支付价款中含有已到付息期但尚
     └─ 未领取的债券利息应单独确认为"应收利息"，不记入债券投资成本

存续 ┬─ 持有期间发生的应收利息确认为"投资收益"
期间 ├─ 分期付息一次还本的长期债券投资，按债券面应付利息日，按票面利率计算的应收未收的利息收
     │   入，应确认为"应收利息"
     ├─ 一次还本付息的长期债券投资，按债券面应付利息日，按照票面利率计算的应收未收利息收入，应
     │   增加"长期债券投资"的账面余额
     └─ 债券折价或者溢价在债券存续期间内，于确认相关债券利息收入时采用直线法进行摊销

到期 ┬─ 企业收回长期债券投资，应当冲减其账面余额
后   └─ 处理价款扣除其账面余额、相关税费后的净额应当记入投资收益

投资 ┬─ 长期债券投资符合坏账损失条件的（见本书第二章货币资产损失有关规定），减除可收回金额后确
损失 └─ 认的、无法收回的长期债券投资，作业投资损失，记入"营业外支出"

期末计价 ── 长期债券投资，期末按账面余额计价，小企业不计提跌价准备
```

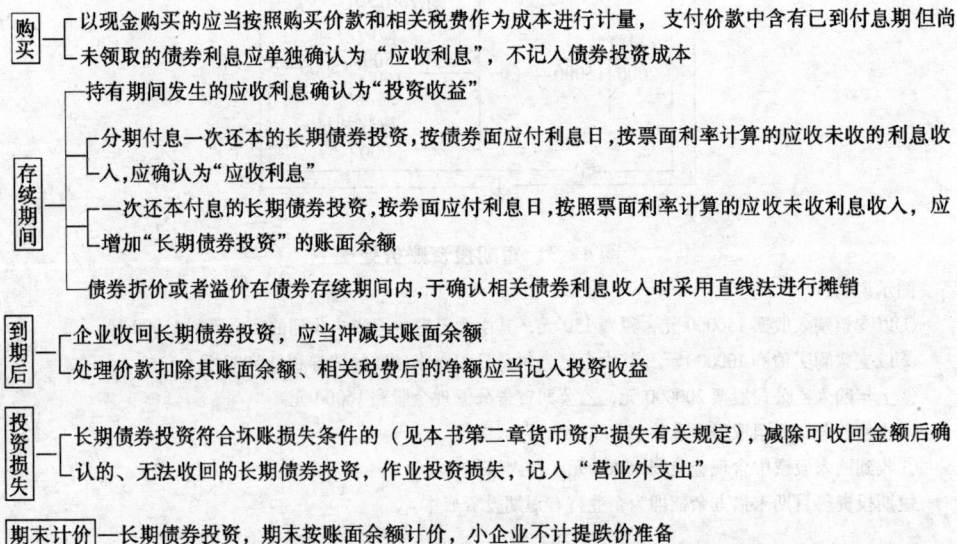

图4-5　长期债券投资核算原则

（三）债券投资折（溢）价确认与推销方法

长期债券投资折（溢）价均必利息性质，应分摊于债券存续期内，以便正确反映债券投资利息收入（见图4-6）。摊销方法为直线摊销法。

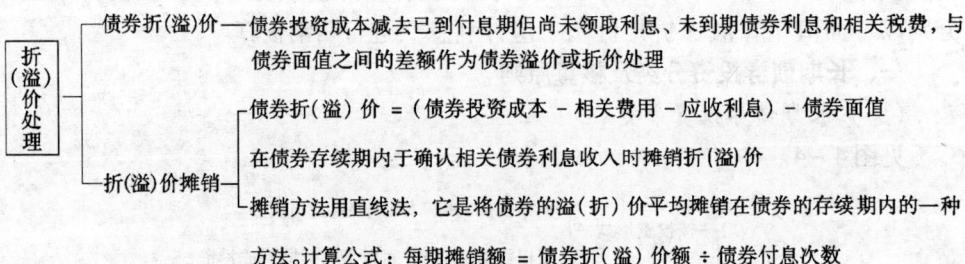

```
折(溢) ┬ 债券折(溢)价 ── 债券投资成本减去已到付息期但尚未领取利息、未到期债券利息和相关税费，与
价处理 │                  债券面值之间的差额作为债券溢价或折价处理
       ├ 债券折(溢)价 =（债券投资成本 - 相关费用 - 应收利息）- 债券面值
       ├ 在债券存续期内于确认相关债券利息收入时摊销折(溢)价
       └ 折(溢)价摊销 ── 摊销方法用直线法，它是将债券的溢(折)价平均摊销在债券的存续期内的一种
                        方法。计算公式：每期摊销额 = 债券折(溢)价额 ÷ 债券付息次数
```

图4-6　债券投资折（溢）价摊销

二、长期债券投资取得及折（溢）价摊销核算

（一）长期债券投资的取得形式

见图4-7。

现金购入

分类 —— 投资者投入

债务重组取得

非货币交易换入

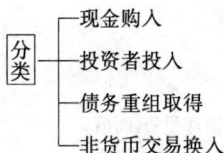

图4-7　长期债券取得形式

（二）长期债券取得与折价摊销核算

1. 支付价款中不包含应收利息时（见图4-8）：

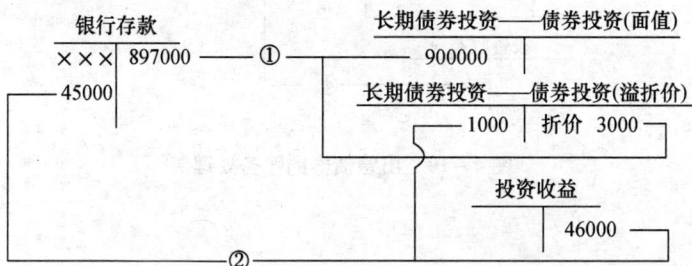

银行存款		长期债券投资——债券投资(面值)
×××	897000 ——①	900000
	45000	长期债券投资——债券投资(溢折价)
		1000 ｜ 折价 3000
		投资收益
		46000
	②	

图4-8　购入债券的账务处理（不含利息）

图示说明：

①购入三年期按年付息的债券的面值900000元，实际支付款897000元（含手续费500元）。

②第一年付息日，取得利息45000元存入银行，本次应摊销债券折价1000（3000÷3）元。

2. 支付价款中含应收利息时（见图4-9）：

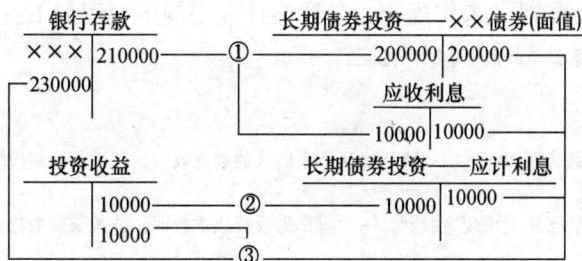

银行存款		长期债券投资——××债券(面值)
×××	210000 ——①	200000 ｜ 200000
	230000	应收利息
		10000 ｜ 10000
投资收益		长期债券投资——应计利息
	10000 ——②	10000 ｜ 10000
	10000	
	③	

图4-9　应收债券利息核算

图示说明：

①购入一次还本付息债券210000元，内含已到尚未收到利息10000元。

②根据券面利率5%，本年应计利息10000元，转账处理。

③债券到期，本息全部收回总计230000元。

三、长期债券投资收回核算

见图 4 - 10。

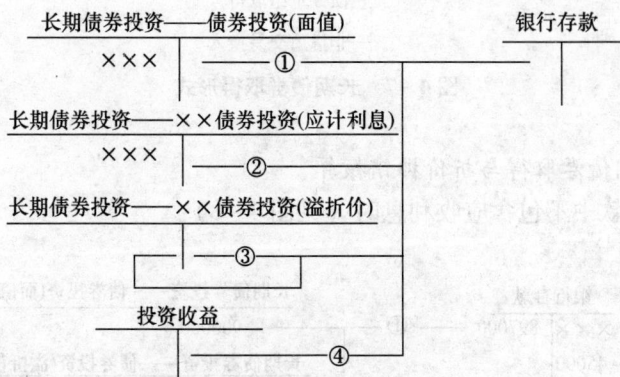

图 4 - 10   出售债券的账务处理

图示说明：

①债券面值。

②债券已提应计利息。

③未摊销的债券溢价（折价相反）。

④债券投资利息收益（会计处理见图 4 - 9③）。

四、可转换公司债券核算

可转换公司债券是指企业购入的可在一定时期以后转换为股份的债券。它属于混合性质，对发行企业而言，既有负债性质，又有所有者权益性质；对持有企业而言，既有债权性质，又有股权性质。

《小企业会计准则》未作规定，参照会计准则规定处理如下：

（一）可转换公司债券核算规定

见图 4 - 11。

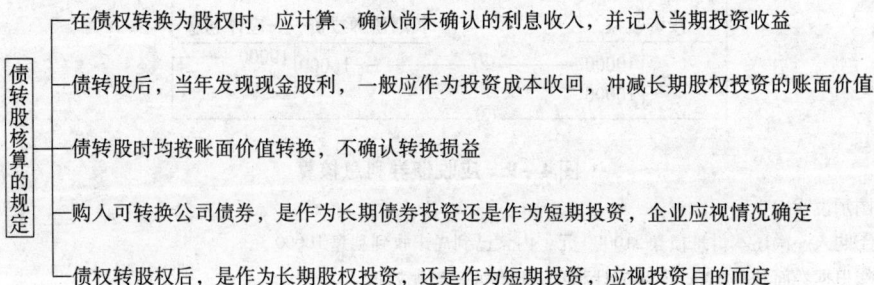

债转股核算的规定
— 在债权转换为股权时，应计算、确认尚未确认的利息收入，并记入当期投资收益
— 债转股后，当年发现现金股利，一般应作为投资成本收回，冲减长期股权投资的账面价值
— 债转股时均按账面价值转换，不确认转换损益
— 购入可转换公司债券，是作为长期债券投资还是作为短期投资，企业应视情况确定
— 债权转股权后，是作为长期股权投资，还是作为短期投资，应视投资目的而定

图 4 - 11   债转股核算的规定

（二）可转换债券账务处理

【例1】经批准，A公司2010年1月1日发行2年期可转换公司债券2000000元，债面年利率6%，发行价为2200000元（不考虑发行费用）。B公司以银行存款1100000元购买50%。债券发行1年后可转换为股份，每百元转换为普通股4股，股票面值2元，假如转换日为2011年4月1日，B公司可转换债券账面价值为1060000元（含利息60000元），2011年1月1日至3月31日尚未计提利息，如果B公司将持有债券全部转换为股份，溢价按直线法摊销，则B公司会计处理如下：

尚未计提利息 = 1000000 × 6% × 3/12 = 15000（元）

应摊销溢价 = 50000 × 3/12 = 12500（元）

账务处理如图4-12。

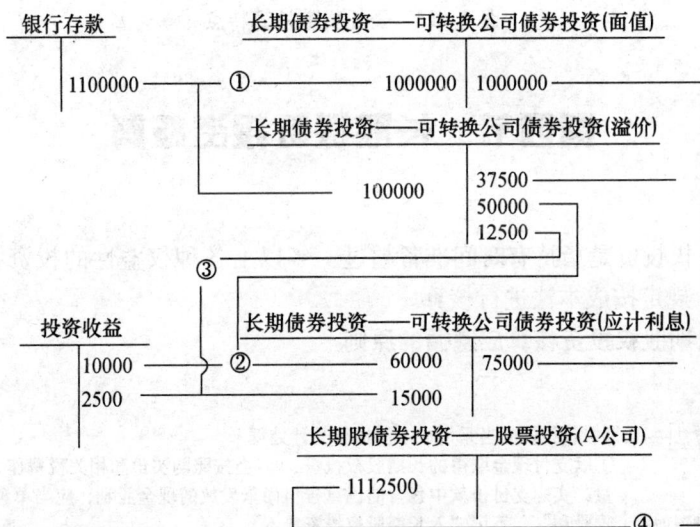

图4-12　账务处理

图示说明：

①购入溢价发行公司债券。

②按年结转应计算利息60000元及摊销溢价50000元。

③转换股份时应计算利息15000（60000÷4）元及应摊销溢价12500（50000÷4）元。

④债权转换为股权。

五、委托贷款核算

制度规定委托贷款为投资，但在具体核算上有以下特点，如图4-13所示。

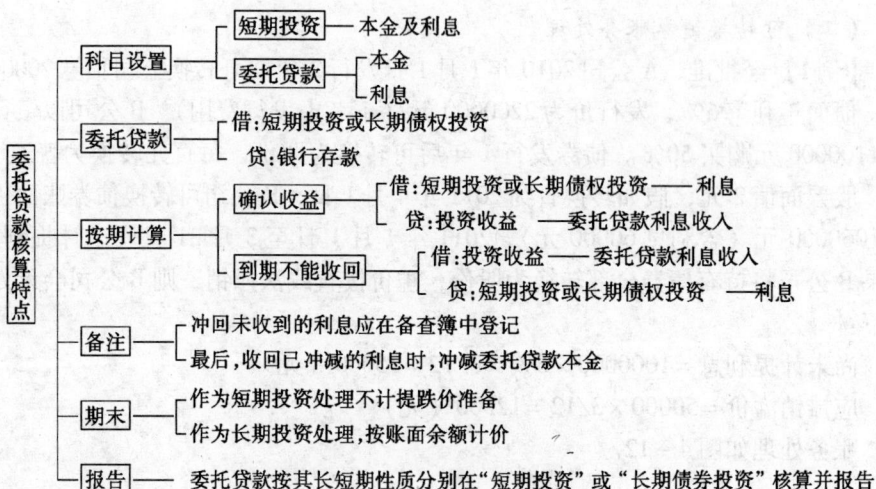

图 4 – 13　委托贷款核算特点

第四节　长期股权投资核算

长期股权投资是指持有时间准备超过一年以上各种权益性的投资。《小企业会计准则》规定按成本法进行核算。

一、长期股权投资核算应遵循的原则

见图 4 – 14。

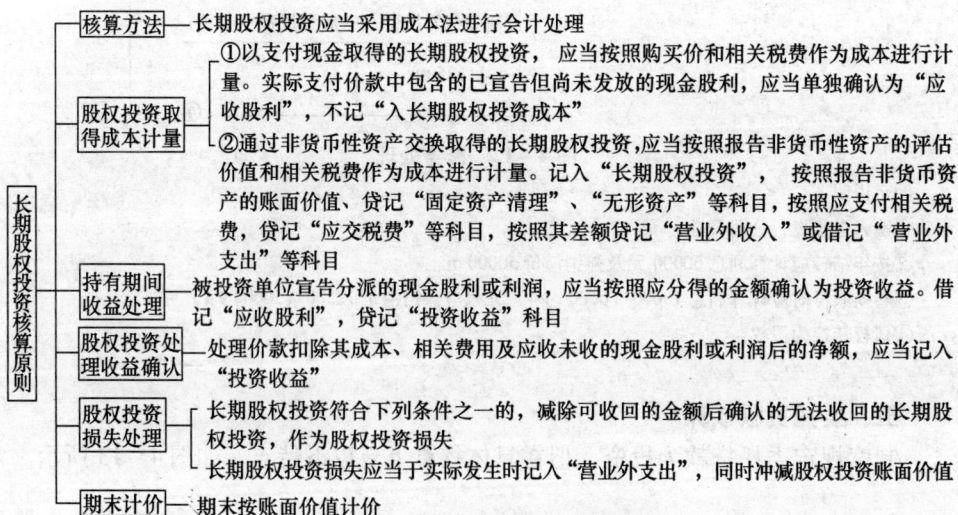

图 4 – 14　长期股权投资核算原则

二、长期股权投资损失的条件

1. 被投资单位依法宣告破产、关闭、解散、被撤销，或者被依法注销、吊销营业执照的。

2. 被投资单位财务状况严重恶化，累计发生巨额亏损，已连续停止经营 3 年以上，且无重新恢复经营改组计划的。

3. 对被投资单位不具有控制权，投资期限届满或者投资期限已超过 10 年，并且被投资单位因连续 3 年经营亏损导致资不抵债的。

4. 被投资单位财务状况严重恶化，累计发生巨额亏损，已完成清算或清算期超过 3 年以上的。

5. 国务院财政、税务主管部门规定的其他条件。

三、长期股权投资账务处理

（一）长期股权投资核算科目及方法

小企业长期股权投资通过"长期股权投资"科目核算，该科目按被投资单位进行明细分类核算，核算方法采用"成本法"。

所谓成本法是指长期股权投资按投资成本入账。除追加或收回投资等情形外，长期股权投资的成本始终保持不变。被投资单位经营中发生的盈亏及所有者权益（实收资本除外）变动，投资单位不作账务处理，投资单位所获的投资收益仅限于投资后，被投资单位产生的税后净利润的分配额，如分配额超过留存收益，其超过部分应作为投资成本的收回。

（二）长期股权投资核算实例

【例2】

（1）2009 年 3 月 1 日大华公司支付现金 50 万元，购入乙公司 18% 的股权，假如没有发生其他税费。则大华公司账务处理如下：

借：长期股权投资——乙公司　　　　　　　　　　　　　　500000
　　贷：银行存款　　　　　　　　　　　　　　　　　　　500000

2. 2009 年 3 月 20 日乙公司宣告分派 2008 年实现净利润，其中分配现金股利 75000 元，大华公司于 3 月 30 日收到现金股利 13500（75000×18%）。由于 2008 年大华公司未持有乙公司股权，故应冲减投资成本。账务处理如下：

借：应收股利　　　　　　　　　　　　　　　　　　　　　13500
　　贷：长期股权投资——乙公司　　　　　　　　　　　　　13500
借：银行存款　　　　　　　　　　　　　　　　　　　　　13500
　　贷：应收股利　　　　　　　　　　　　　　　　　　　　13500

3. 2009 年度乙公司实现净利润 20 万元，当年来分配，大华公司不作账务处理。

4. 2010 年 3 月 11 日公司宣告分配 2009 年实现净利润，分派现金股利 5 万元，大华公司账务处理为：

　　应享有投资收益金额 = 50000 × 18% × 10/12 = 7500（元）

　　应冲减投资成本金额 = 被投资单位分派现金股利 × 投资单位持股比例 – 投资企业投资年度应享有的投资收益

　　应冲减投资成本 = 50000 × 18% – 7500 = 1500（元）

　　借：应收股利 9000
　　　贷：长期股权投资——乙公司 1500
　　　　　投资收益 7500

5. 2010 年乙公司经营不善，年终计算发生亏损 2 万元。大华公司账务不作账务处理。

6. 2011 年乙公司全年实现利润 3.5 万元。除弥补上年度亏损 2 万元，剩余 1.5 万元，扣除 20% 所得税后，未作利润分配，大华公司不作账务处理。

7. 2012 年 2 月 1 日大华公司以 45 万元价格，将长期股权投资转让给甲公司，收回现款存入银行，支付税费 2000 元。尚有 9000 元应收股利未收回。账务处理如下：

　　借：投资收益 2000
　　　贷：银行存款 2000
　　借：银行存款 450000
　　　投资收益 44000
　　　贷：长期股权投资——乙公司 485000
　　　　　应收股利 9000

【例 3】2011 年 2 月 1 日华清公司以无形资产——专有技术 10 万元，评估值 12 万元，设备 3 台原值 180 万元，已计提折旧 90 万元，评估值 105 万元，向甲公司投资，取得甲公司股份 30%，支付税费 5000 元，华清公司账务处理如图 4 – 15 所示。

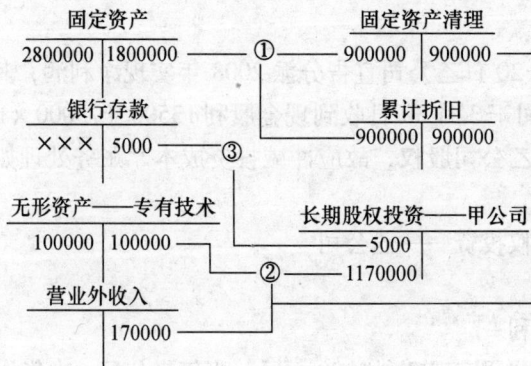

图 4 – 15　以非货币资产投资账务处理

图示说明：

①换出固定资产应进行清理，转入固定资产清理。

②换出固定资产及无形资产按评估值，借记"长期股权投资"，按其账面值贷记"固定资产清理"、"无形资产"，其差额记入"营业外收入"或"营业外支出"。

③支付税费记入"长期股权投资"成本。

第五节　投资损失税务规定

根据《企业资产损失所得税税后扣除管理办法》第六章规定：

一、债权性投资损失的处理

企业债权性投资损失应依据投资的原始凭证、合同或协议、会计核算资料等相关证据材料确认。因下列情况导致债权投资损失的，还应出具相关证据材料，如图 4－16 所示。

债权投资损失证明

①债务人或担保人依法宣告破产、关闭、被解散或撤销、被吊销营业执照、失踪或者死亡等，应出示资产清偿证明或者遗产清偿证明。无法出示上述证明且上述事项超过三年以上的，或债权投资（包括信用卡透支）余额在300万元以下的，应出示对应的债务人和担保人破产、关闭、解散证明、撤销文件、工商行政管理部门注销证明或查询证明以及追索记录等（包括司法追索、电话追索、信件追索和上门追索等原始记录）

②债务人遭受重大自然灾害或意外事故，企业对其资产进行清偿和对担保人进行追偿后，未能收回的债权，应出具债务人遭受重大自然灾害或意外事故证明、保险赔偿证明、资产清偿证明等

③债务人因承担法律责任，其资产不足归还的借款债务，又无其他债务承担者的，应出具法院裁定证明和资产清偿证明

④债务人和担保人不能偿还到期债务，企业提出诉讼或仲裁的，经人民法院对债务人和担保人强制执行，债务和担保人均无资产可执行，人民法院裁定终结或终止（中止）执行的，应出示人民法院裁定文书

⑤债务人和担保人不能偿还到期债务，企业提出诉讼后被驳回起诉的，人民法院不予受理或不予支持的，或经仲裁机构裁决免除（或部分免除）债务人责任，经追偿后无法收回的债权，应提交法院驳回起诉的证明，或法院不予受理或不予支持的证明，或仲裁机构裁决免除债务人责任的文书

⑥经国务院专案批准核销的债权，应提供国务院批准文件

图 4－16　债权投资损失证明

二、股权性投资损失的确认

1. 企业股权投资损失应依据下列相关证据材料确认，如图 4－17 所示。

①股权投资计税基础证明材料。如投资时投资成本的构成

②被投资企业破产公告、破产清偿文件

③工商行政管理部门注销、吊销被投资单位营业执照文件

④政府有关部门对投资单位的行政处理决定文件

⑤被投资企业终止经营、停止交易的法律或其他证明文件

⑥被投资企业资产处置方案、成交及入账材料

⑦企业法定代表人、主要负责人和财务人签章证实有关投资（权益）性损失的书面申明

⑧会计核算资料等其他相关证据材料

投资损失证据

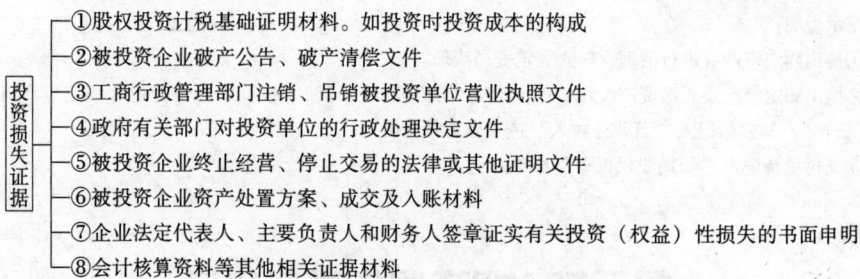

图4-17 投资损失的证据资料

2. 被投资企业依法宣告破产、关闭、解散或撤销、吊销营业执照、停止生产经营活动、失踪等，应出示资产清偿证明或者遗产清偿证明。

3. 上述事项超过三年以上且未能完成清算的，应出示被投资企业、破产、关闭、解散或撤销、吊销等的证明以及不能清算的原因说明。

4. 企业委托金融机构向其他单位贷款，或委托其他经营机构进行理财，到期不能收回贷款或理财款项，按照本办法有关规定办理。

三、不得作为损失在税前扣除的债权和股权

见图4-18。

①债务人或者担保人有经济偿还能力、未按期偿还的企业债权

②违反法律、法规的规定，以各种形式，借口逃废或悬空的企业债权

③行政干预逃废或悬空的企业债权

④企业未向债务人和担保人追偿的债权

⑤企业发生非经营活动的债权

⑥其他不应当核销的企业债权和股权

不得扣除损失

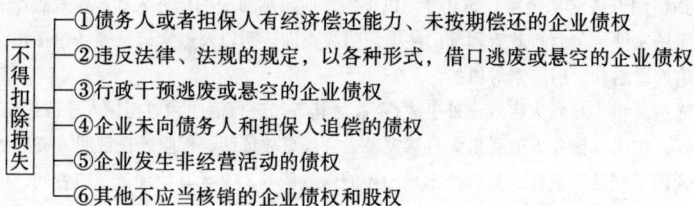

图4-18 不准税前扣除的债权和股权投资

［案例］ 向何处投资

1. 在美国的资本市场上流传着一个经典故事：50年前，有两家餐厅同时开始筹集资金，准备拓宽业务。当时A餐厅投资300万美元，它有优秀的厨师，菜品水平也比较高，所以上座率很高。财务结果很出色，每年净现金流（利润中间现金部分）有150万美元，投资回报率高达50%。

相比之下，B餐厅规模小得多，人员素质不如A餐厅，菜品很一般。所以其

利润也小得多，每年净现金流只有 15 万美元左右，投资回报率只有 15%。

现在假设您手头有 50 万美元。上述两家餐厅都找您投资，您会把钱投到哪家？

这个事例之所以广为流传，就是因为这两家餐厅不论从哪个方面考虑，A 餐厅是投资的好对象。恰巧，确实有两位投资者分别投资了 A、B 两餐厅，其结果却让人大跌眼镜。

50 年后，当初投入 A 餐厅的 50 万美元收回来 250 万美元，投入 B 餐厅的 50 万美元收回来却高达 5000 万美元。

差异为什么这么大？

2. 吕不韦恭敬地向父亲问道：投资农业，耕种收获，一年会获得几倍收益？

父亲答道："10 倍。"吕不韦又问：投资经商，买卖珠宝，最多能获得几倍好处？父亲答道："100 倍。"吕不韦再问道："经营政治，拥立国君，又能获得几倍利益？"吕不韦的父亲又是如何回答？只有两个字"无数"。吕不韦于是将资金投向政治，后来收益又是如何？

第五章 固定性资产核算与税务处理

第一节 固定性资产的含义、核算目标及风险提示

一、固定性资产的含义及内容

固定性资产是指小企业为生产产品、提供劳务、出租和经营管理而持有的，价值较高、使用寿命超过一年的资产。包括固定资产、在建工程、无形资产、生产性生物资产及长期待摊费用等。

二、固定性资产核算的目标

根据相关规定，固定性资产的核算目标是：及时正确地核算资产的价值、合理计提资产的损耗，提高资产的使用效率及效果、确保资产的安全完整，为经营决策提供有效的财务信息等。

三、风险提示

1. 固定性资产是产品制造业的重要资源，占用资金多，确认不当、计量不准、记录不全，有可能导致资产不清、账实不符，影响企业的经营效果。

2. 固定性资产更新期长，在科技迅速发展的时代，购建时必须做好可行性研究、充分论证技术上的先进性及经济上的效益性，防范可能导致的先天性不足，给企业造成的经济损失。

3. 固定资产分布范围广，必须建立严格手续、保管责任制及会计核算体系，资产管理不善、手续不清、核算不准确，可能导致资产的丢失和损坏。

4. 正确地计量固定性资产的价值、合理评估有效的使用年限，并选择适合资产特性的折旧摊销方法，正确地反映资产的价值、监督资产的安全完整，有效使用资产。

第二节　固定资产的核算及税务处理

一、固定资产的标准及核算要求

《小企业会计准则》指出：固定资产，是指小企业为生产产品、提供劳务、出租或经营管理而持有的，使用寿命超过一年的有形资产。

小企业的固定资产包括：房屋、建筑物、机器、机械、运输工具、设备、器具、工具等。

为了便于组织固定资产核算，通常是根据企业情况将列入固定资产的单位价值确定一个最低标准，如小企业可以将单位价值在 2000 元及以上的作为固定资产标准，标准以下的可列为低值易耗品，视同流动资产管理。

固定资产通常在满足以下条件时确认：①该项资产能够投入生产经营使用，为企业带来经济效益。②该项资产的成本能够可靠地计量。

小企业应当根据固定资产定义，结合本企业的具体情况，制定适合于本企业的固定资产标准，再结合本企业的具体情况制定固定资产目录。明确分类方法、每类或每项固定资产的折旧年限、折旧方法和预计净残值，作为固定资产核算的依据。

小企业应当设立"固定资产"和"累计折旧"科目，对固定资产进行日常核算。前者按照固定资产的原值记录固定资产的增加及减少，后者是根据计算的固定资产损耗——折旧，记录固定资产折旧的增减变动。同时还要设置"固定资产登记簿"和"固定资产卡片"，按固定资产类别、使用部门和每项固定资产进行明细核算。

二、固定资产的分类与计算

（一）固定资产分类

固定资产的分类如图 5 - 1 所示。

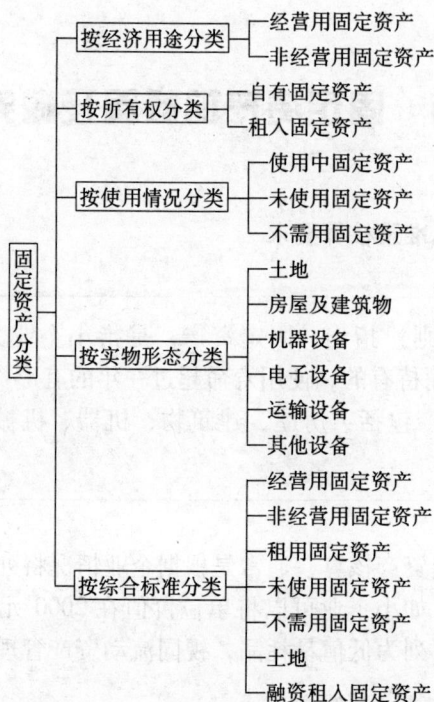

图 5-1 固定资产分类

```
                          ┌─ 经营用固定资产
          按经济用途分类 ──┤
                          └─ 非经营用固定资产
                          ┌─ 自有固定资产
          按所有权分类 ────┤
                          └─ 租入固定资产
                          ┌─ 使用中固定资产
          按使用情况分类 ──┼─ 未使用固定资产
                          └─ 不需用固定资产
固定                      ┌─ 土地
资产                      ├─ 房屋及建筑物
分类                      ├─ 机器设备
          按实物形态分类 ──┼─ 电子设备
                          ├─ 运输设备
                          └─ 其他设备
                          ┌─ 经营用固定资产
                          ├─ 非经营用固定资产
                          ├─ 租用固定资产
          按综合标准分类 ──┼─ 未使用固定资产
                          ├─ 不需用固定资产
                          ├─ 土地
                          └─ 融资租入固定资产
```

图 5-1　固定资产分类

（二）固定资产的计价

《小企业会计准则》规定：固定资产应当按照成本进行计量。

1. 外购固定资产的成本包括：购买价款、相关税费、运输费、装卸费、保险费、安装费等，但不含按照税法规定可以抵扣的增值税进项税额。

以一笔款项购入多项没有单独标价的固定资产，应当按照各项固定资产或类似资产的市场价格或评估价值比例对总成本进行分配，分别确定各项固定资产的成本。

2. 自行建造固定资产的成本，由建造该项资产在竣工决算前发生的支出（含相关的借款费用）构成。

小企业在建工程在试运转过程中形成的产品、副产品或试车收入冲减在建工程成本。

3. 投资者投入固定资产的成本，应当按照评估价值和相关税费确定。

4. 融资租入的固定资产的成本，应当按照租赁合同约定的付款总额和在签订租赁合同过程中发生的相关税费等确定。

5. 盘盈固定资产的成本，应当按照同类或者类似固定资产的市场价格或评估价值，扣除按照该项固定资产新旧程度估计的折旧后的余额确定。

（三）固定资产入账价值的变更

固定资产原始价值（也称原价）一经确认入账，除发生下列情况，已入账的原价不得变更：

1. 根据国家统一规定对固定资产的价值重新评估。
2. 增加补充设备或改良装置。
3. 将固定资产的一部分拆除。
4. 根据实际价值调整原来的暂估价值。
5. 发现原登记固定资产账面价值有误。

三、固定资产增加的核算

根据固定资产的取得方式，账务处理如图 5-2 所示。

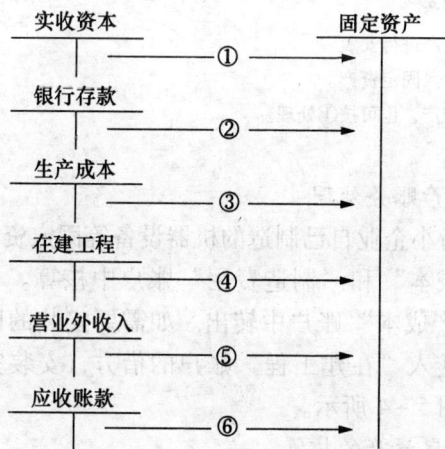

图 5-2 固定资产取得的账务处理

图示说明：

①投资者投入固定资产。

②购入不需安装的固定资产。

③自制固定资产。

④自建或需安装固定资产交付使用后。

⑤接受捐赠的固定资产。

⑥以债务重组取得的固定资产。

（一）购入固定资产账务处理

购入固定资产有三种情况：一是购入不需安装的固定资产；二是购入需安装的固定资产；三是购入已使用过的固定资产。其账务处理如图 5 - 3 所示。

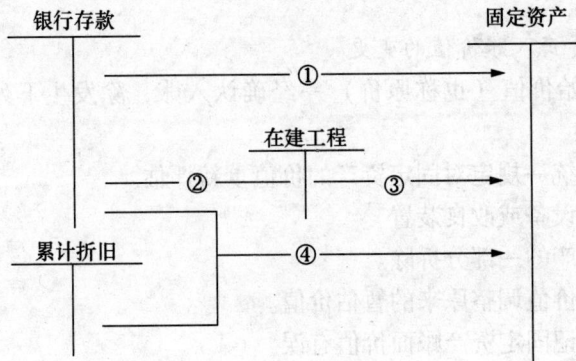

图 5 - 3　购入固定资产账务处理

图示说明：
①购入不需安装的固定资产。
②购入需要安装的固定资产进行安装。
③安装完毕交付使用，转入固定资产。
④购入已使用过的固定资产，也可按①处理。

（二）自制固定资产账务处理

自制固定资产是指小企业自己制造的机器设备等固定资产，自制过程中发生的各种支出在"生产成本"和"制造费用"账户中核算。自制完工后，将其发生的实际成本从"生产成本"账户中转出。如需要安装的固定资产，则从"生产成本"账户的贷方转入"在建工程"账户的借方，安装完毕后再转入固定资产，这一核算过程如图 5 - 4 所示。

（三）融资租入固定资产的核算

融资租入固定资产是指企业向经国家有关部门批准经营融资租赁业务的公司租入的固定资产，其账务处理如图 5 - 5 所示。

融资租入固定资产的租赁期限较长，租赁费用包括了设备的价款、租赁费、借款利息等，而且在租赁期满后，设备产权一般要转给承租方。因此，融资租赁实际上是一种变相的分期付款购买固定资产的一种形式。

会计核算时，企业应在"固定资产"账户下单设"融资租入固定资产"明细账户，核算融资租入的固定资产。企业租入固定资产时，按租赁协议或合同确定租赁费，加上运输费、保险费、安装调试费以及达到预定可使用状态前发生的

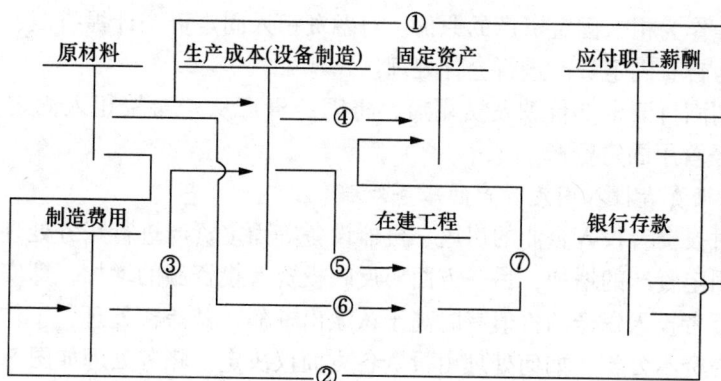

图 5 - 4　自制固定资产账务处理

图示说明：

①自制过程中发生的直接费用，包括材料、人工费及其他费用。

②自制过程中发生的间接费用。

③间接费用分配记入"生产成本（设备制造）"账户。

④完工结转不需安装的固定资产成本。

⑤完工结转需安装的固定资产成本。

⑥安装过程需用材料。

⑦安装完毕，转入固定资产结转成本。

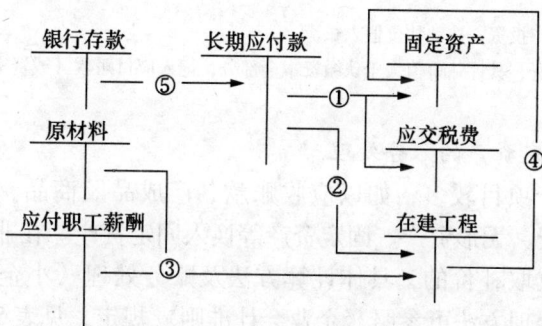

图 5 - 5　融资租入固定资产核算流程

图示说明：

①租入不需要安装机器设置。

②租入需要安装机器设备等。

③安装过程中耗用材料及人工费。

④安装完毕交付使用，结转成本。

⑤按期偿付设备租赁费。

借款费用等作为租入固定资产的原价。对融资租入固定资产计提折旧、修理等核算，应视为自有固定资产进行会计处理。

租赁期满付清全部价款及费用后，将固定资产从"融资租入固定资产"转入"生产经营用固定资产"。

（四）投资者投入固定资产的账务处理

企业对投资者投入企业的房屋、机器设备等固定资产进行账务处理时，一方面要反映固定资产的增加，另一方面要反映投资者投资额的增加，即实收资本的增加。投资者投入资产的价值有时高于认缴出资额，其差额处理：①作为企业负债。②作为资本公积。如何处理由投资各方商议决定。账务处理如图5-6所示。

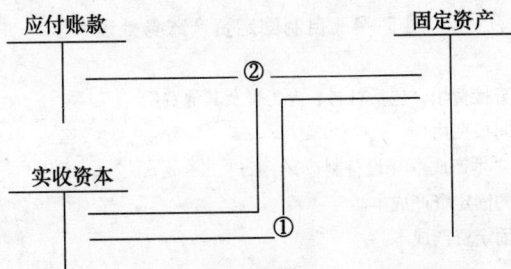

图5-6　投资者投入固定资产账务处理

图示说明：
①接受一项固定资产投资，按评估价值入账。
②接受固定资产投资，其评估价值大于认缴资本金部分，记入应付账款（或资本公积）。

（五）换入固定资产的账务处理

换入固定资产项目较多，如以应收账款、产成品及商品、原材料、短期投资、长期股权投资、无形资产、固定资产等换入固定资产。在非货币资产交易中涉及支付补价和收取补价的，具体计算方法及账务处理《小企业会计准则》未明确规定，具体处理方法可参照《企业会计准则》规定，见表5-1。

表5-1　　　　　非货币性资产交易取得的固定资产账务处理

交易事项	账 务 处 理	
①以应收账款换入固定资产 【例1】A公司以应收账款20万元换入宝马车一辆，已计提坏账准备2万元，支付过户手续费5000元。	借：固定资产 　　坏账准备 贷：应收账款 　　银行存款 注：如收到补价借银行存款	185000 20000 200000 5000

续表

交易事项	账　务　处　理
②以短期投资换入固定资产 【例2】A公司以短期债券投资10万元换入设备一套。设备已投入使用。	借：固定资产　　　　　　　　　　　　100000 　　贷：短期投资　　　　　　　　　　　100000 注：支付补价的贷银行存款
③以存货换入固定资产 【例3】A公司以库存商品28万元（售价30万元），应交增值税5.1万元，换入机器设备3台。设备已投入使用。	借：固定资产　　　　　　　　　　　　280000 　　应交税费——应交增值税　　　　　　51000 　　贷：库存商品　　　　　　　　　　　280000 　　　　应交税费——应交增值税　　　　51000 注：视同销售按售价计税
④以无形资产换入固定资产 【例4】A公司以土地使用权（账面价值80万元，公允价值100万元）换入楼房一幢，并收到补价10万元，需支付过户手续费、印花税等5万元。	应确认收益 = 补价 × [1 - （换出资产账面价值 + 应交税费及教育费附加）÷换出资产公允价值] 　　　　　　= 10 × [1 - （80 + 5）÷100] 　　　　　　= 1.5（万元） 换入资产入账价值 = 换出资产账面价值 - （补价÷换出资产公允价值）× 换出资产账面价值 - （补价÷换出资产公允价值）× 应交的税金及附加 + 支付的相关税费 　　　　　　= 80 - （10÷100）× 80 - （10÷100）× 5 + 5 　　　　　　= 80 - 8 - 0.5 + 5 　　　　　　= 76.5（万元） 借：固定资产——房屋　　　　　　　　765000 　　银行存款　　　　　　　　　　　　100000 　　贷：无形资产——土地使用权　　　　800000 　　　　银行存款　　　　　　　　　　　50000 　　　　营业外收入　　　　　　　　　　15000
⑤以长期股权投资换入固定资产 【例5】A公司以长期股权投资100万元换入厂房一幢，并支付手续费等2万元。	借：固定资产　　　　　　　　　　　1020000 　　贷：长期股权投资　　　　　　　　1000000 　　　　银行存款　　　　　　　　　　　20000
⑥以固定资产换入固定资产 【例6】A公司以办公楼80万元换入印刷机一套，办公楼已计提折旧30万元，支付补价4万元，办公楼应交土地增值税9万元。 换入印刷机价值 = 80 - 30 ÷ 4 + 9 = 63（万元）	①借：固定资产清理　　　　　　　　　500000 　　　累计折旧　　　　　　　　　　　300000 　　　贷：固定资产　　　　　　　　　800000 ②借：固定资产清理　　　　　　　　　130000 　　　贷：银行存款　　　　　　　　　　40000 　　　　　应交税费　　　　　　　　　　90000 ③借：固定资产　　　　　　　　　　　630000 　　　贷：固定资产清理　　　　　　　630000

（六）企业研究开发新产品、新技术、新工艺购置固定资产

为研制开发新产品、新技术、购置设备，单位价值在 10 万元以下的，可一次或分次记入管理费用。

发生后，借记：固定资产，贷记：银行存款；同时，借记：研发支出，贷记：累计折旧。

四、固定资产折旧核算

折旧是固定资产在使用过程中，由于损耗而转移到产品成本或期间费用中的价值。折旧核算是一个成本分配过程，其目的在于将固定资产的取得成本按系统合理的方式，在估计的有效使用期内进行摊销。

（一）固定资产折旧有关规定

《小企业会计准则》规定：小企业应当对所有固定资产计提折旧，但已提足折旧仍继续使用的固定资产和单独计价入账的土地不得计提折旧。

固定资产的折旧费应当根据固定资产的受益对象记入相关资产成本或者当期损益。

前款所称折旧，是指在固定资产使用寿命内，按照确定的方法对应计折旧额进行系统分摊。应计折旧额，是指应当计提折旧的固定资产的原价（成本）扣除其预计净残值后的金额。预计净残值，是指固定资产预计使用寿命已满，小企业从该项固定资产处置中获得的扣除预计处置费用后的净额。已提足折旧，是指已经提足该项固定资产的应计折旧额。

为进行固定资产折旧核算，企业应设置"累计折旧"科目，准则要求该科目可以进行总分类核算，也可以进行明细核算，需要查明某项固定资产已提折旧，可根据固定资产卡片上所记载该项资产的原价、折旧率和实际使用年限等资料进行计算。

（二）固定资产折旧计提范围

除下列情况外，小企业应对所有固定资产计提折旧：

1. 已提足折旧仍继续使用的固定资产。

2. 按规定单独估价作为固定资产入账的土地。

已达到预提可使用状态的固定资产，如尚未办理竣工决算的，应按估计价值暂估入账，并计提折旧；待办理了竣工决算手续后，再按实际成本调整原来的暂估价，但不需要调整原已计提的折旧额。

固定资产进行改良后，应根据调整后的固定资产成本及本企业使用情况，合理估计折旧年限和净残值，提取折旧。

《企业所得税法》规定，下列固定资产不得计算折旧扣除：

1. 房屋建筑物以外未投入使用的固定资产。

2. 以经营租赁方式租入的固定资产。

3. 以融资租赁方式租出的固定资产。

4. 已足额提取折旧仍继续使用的固定资产。

5. 与经营活动无关的固定资产，自创商誉。

6. 单独估价作为固定资产入账的土地。

7. 其他不得计算折旧扣除的固定资产，如用专项拨款购置固定资产。

会计制度及税法规定：企业应当自固定资产投入使用的次月起计算折旧，停止使用的固定资产，应当从停止使用的次月起停止计算折旧。固定资产提前报废的，也不再补提折旧。超龄使用的固定资产不再计提折旧。

（三）计提折旧方法

企业应根据固定资产有关的经济利益的预期实现方式，合理选择折旧方法。固定资产的折旧方法如图5-7所示。

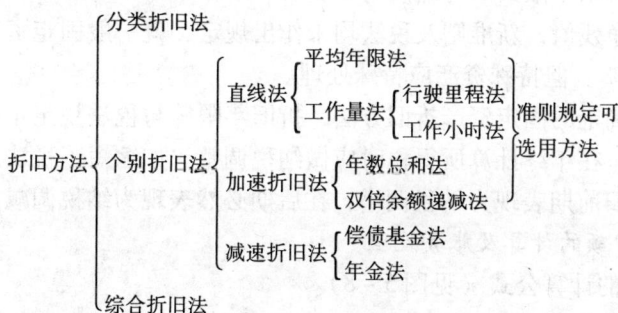

图5-7 折旧方法

《小企业会计准则》规定：小企业应当按照年限平均法（直线法，下同）计提折旧。小企业的固定资产由于技术进步等原因，确需加速折旧的，可以采用双倍余额递减法和年数总和法。

（四）固定资产折旧年限及计提的规定

《小企业会计准则》规定：小企业应当根据固定资产的性质和使用情况，并考虑税法的规定，合理确定固定资产的使用寿命和预计净残值。

固定资产的折旧方法、使用寿命、预计净残值一经确定，不得随意变更。

固定资产折旧年限的长、短直接影响各期的应提折旧额，在确定固定资产使用年限时，不仅要考虑固定资产的使用年限、预计生产能力或实物量以及该资产的有形损耗，还要考虑固定资产的无形损耗及相关的法规限制。由于固定资产的生产能力、有形损耗与无形损耗很难正确估计，因此只能预计，所以具有主观随意性。会计制度规定企业应当按照固定资产性质和消耗方式，合理地确定固定资产的预计使用年限、预计净残值和折旧方法。按照管理权限，经批准作为计提折旧的依据。

《企业所得税法》规定：除国务院财政、税务主管部门另有规定外，固定资产计算折旧的最低年限如下：

1. 房屋、建筑物，为 20 年。

2. 飞机、火车、轮船、机器、机械和其他生产设备，为 10 年。

3. 与生产经营活动有关的机器、工具、家具等，为 5 年。

4. 飞机、火车、轮船以外的运输工具，为 4 年。

5. 电子设备，为 3 年。

另外，企事业单位购置的软件达到固定资产标准或构成无形资产的，经批准，其折旧或摊销年限最短可缩短为 2 年。

关于预计净残值，新准则及税法均未作出规定，就一般固定资产而言，通常控制在 3% ~ 5%。但特殊资产应特殊处理。

如果企业确定的固定资产折旧方法、折旧年限等与税法规定不一致，其差额属时间性差异，在年终计算所得税时应做纳税调整。如缩短了税法规定的最低折旧年限，在折旧前期表现为纳税调增；在后期必然表现为纳税调减。

（五）折旧额的计算及账务处理

1. 折旧额的计算公式（见图 5-8）。

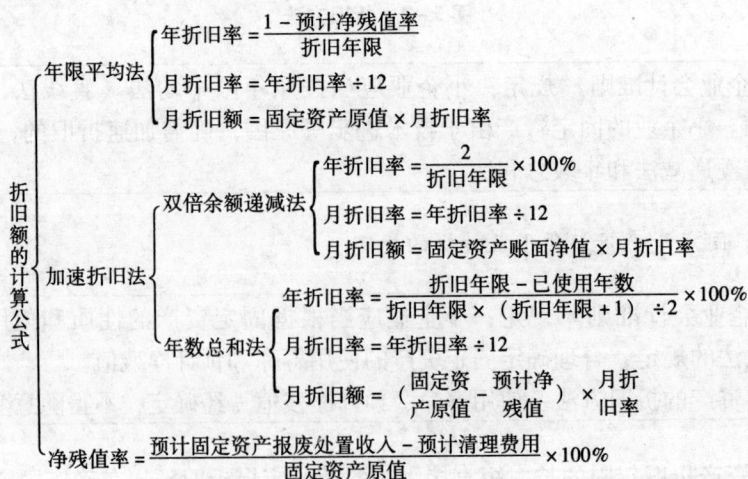

$$\text{年限平均法} \begin{cases} \text{年折旧率} = \dfrac{1-\text{预计净残值率}}{\text{折旧年限}} \\ \text{月折旧率} = \text{年折旧率} \div 12 \\ \text{月折旧额} = \text{固定资产原值} \times \text{月折旧率} \end{cases}$$

$$\text{双倍余额递减法} \begin{cases} \text{年折旧率} = \dfrac{2}{\text{折旧年限}} \times 100\% \\ \text{月折旧率} = \text{年折旧率} \div 12 \\ \text{月折旧额} = \text{固定资产账面净值} \times \text{月折旧率} \end{cases}$$

$$\text{年数总和法} \begin{cases} \text{年折旧率} = \dfrac{\text{折旧年限} - \text{已使用年数}}{\text{折旧年限} \times (\text{折旧年限} + 1) \div 2} \times 100\% \\ \text{月折旧率} = \text{年折旧率} \div 12 \\ \text{月折旧额} = \left(\text{固定资产原值} - \text{预计净残值}\right) \times \text{月折旧率} \end{cases}$$

$$\text{净残值率} = \dfrac{\text{预计固定资产报废处置收入} - \text{预计清理费用}}{\text{固定资产原值}} \times 100\%$$

图 5-8 折旧额的计算公式

2. 固定资产折旧额的计算。采用不同折旧方法各期计提折旧额是不同的，现举例说明。

【例7】某公司购入自控设备一台，原价32000元，预计净残值1000元，预计使用5年。采用不同折旧方法，其折旧额计算如下：

（1）年限平均法。它是将固定资产的折旧额均衡地分摊于其使用年限内的一种方法。

$$年折旧额 = \frac{32000 - 1000}{5} = 6200（元）$$

$$月折旧额 = 6200 \div 12 = 516.67（元）$$

年限平均法的优点是易于理解，便于计算。缺点是未充分考虑固定资产使用过程中的其他支出。固定资产的使用效能一般随时间的增加而递减，但其他支出却是随时间的增长而增加，这样在各期折旧费用相同的情况下，费用总额呈逐年上升趋势，故不符合配比原则。

（2）双倍余额递减法。它是用平均年限法下折旧率的两倍作为固定的折旧率，按固定资产的账面净值计算折旧的一种加速折旧方法。

采用双倍余额递减法时，应当在固定资产折旧年限到期前两年内，将固定资产净值平均摊销。

仍以上例，该资产的年折旧率及折旧额计算如下（见表5-2）。

$$年折旧率 = \frac{2}{5} \times 100\% = 40\%$$

表5-2

年序	每年折旧额	累计折旧	年末净值
第1年	32000×40%=12800	12800	19200
第2年	19200×40%=7680	20480	11520
第3年	11520×40%=4608	25088	6912
第4年	$\frac{6912-1000}{2}=2956$	28044	3956
第5年	2956	31000	1000
合计	31000	—	—

（3）年数总和法。它是以固定资产规定的折旧年限各年数字之和为分母，以年数各个数字的相反顺序为分子，形成变动的各年折旧率。仍以上例，其年数

总和为 15（1+2+3+4+5），则各年折旧率分别为 $\frac{5}{15}$、$\frac{4}{15}$、$\frac{3}{15}$、$\frac{2}{15}$、$\frac{1}{15}$。按年数总和法计算各年折旧额，如表 5-3 所示。

表 5-3

年序	折旧率	每年折旧额	累计折旧
第1年	$\frac{5-0}{5\times(5+1)\div2}=\frac{5}{15}$	$(32000-1000)\times\frac{5}{15}=10333$	10333
第2年	$\frac{5-1}{5\times(5+1)\div2}=\frac{4}{15}$	$31000\times\frac{4}{15}=8267$	18600
第3年	$\frac{5-2}{5\times(5+1)\div2}=\frac{3}{15}$	$31000\times\frac{3}{15}=6200$	24800
第4年	$\frac{5-3}{5\times(5+1)\div2}=\frac{2}{15}$	$31000\times\frac{2}{15}=4133$	28933
第5年	$\frac{5-4}{5\times(5+1)\div2}=\frac{1}{15}$	$31000\times\frac{1}{15}=2067$	31000

加速折旧法的优点是，符合固定资产使用过程中的效用递减模式以及资本回收过程中的时间价值。但这种方法会使固定资产使用的早期应税收益减少而影响国家的税收。故税法规定只限于某些行业使用。

3. 计提折旧的账务处理。按《小企业会计准则》规定，公司固定资产应当按月计提折旧。

【例8】某公司9月份固定资产应提折旧额计算，如表5-4所示。

表 5-4 固定资产折旧额计算表

部门	上月初固定资产应提折旧额	上月增加固定资产应提折旧额	上月减少固定资产应提折旧额	本月应计提的固定资产折旧额
生产部门	65600	4000	5000	64600
管理部门	20000	1000	2000	19000
出租资产	15000	0	0	15000
合计	100600	5000	7000	98600

根据表5-4作会计分录，如图5-9所示。

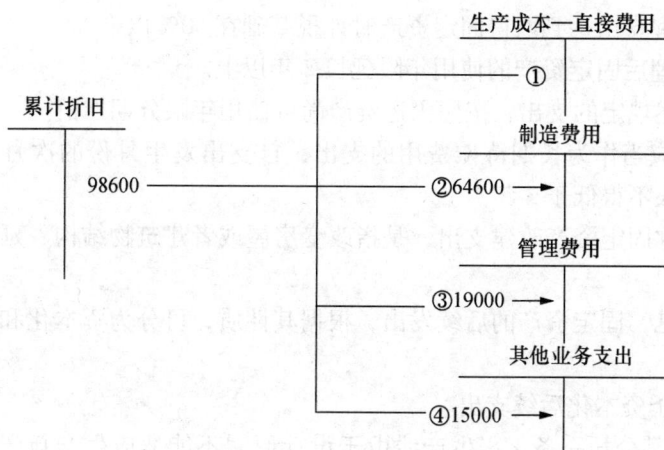

图5-9　计提折旧账务处理

图示说明：

①生产某种产品的专用设备计提折旧额记入"生产成本"。

②普通设备及车间房屋建筑物计提的折旧额记入"制造费用"。

③公司管理部门用固定资产计提折旧额记入"管理费用"。

④出租固定资产计提的折旧额记入"其他业务支出"。

五、固定资产的后续支出的核算及税法规定

固定资产投入使用后，为适应新技术发展的需要，或者维护或提高固定资产的使用效能，往往需要对现有固定资产进行维护、改建、扩建或改良。

《小企业会计准则》规定：固定资产的日常修理费，应当在发生时根据固定资产的受益对象记入相关资产成本或者当期损益。

固定资产的改建支出，应当记入固定资产的成本，但已提足折旧的固定资产和经营租入的固定资产发生的改建支出应当记入长期待摊费用。

前款所称固定资产的改建支出，是指改变房屋或者建筑结构、延长使用年限等发生的支出。

《企业所得税法》规定：在计算应纳税所得额时，企业发生的下列支出作为长期待摊费用，按照规定摊销的，准予扣除。

1. 已足额提取折旧的固定资产的改良支出，按照固定资产预计尚可使用年限分期摊销。

2. 租入固定资产的改建支出，按照合同约定的剩余租赁期限分期摊销。

3. 固定资产的大修理支出，是指同时符合下列条件的支出。

（1）修理支出达到取得固定资产时计税基础在50%以上。

（2）修理后固定资产的使用年限延长2年以上。

符合上述规定的支出，按照固定资产尚可使用年限分期摊销。

4. 其他应当作为长期待摊费用的支出，自支出发生月份的次月起，分期摊销，摊销年限不得低于3年。

以上所称固定资产改建支出，是指改变房屋或者建筑物结构、延长使用年限等发生的支出。

由此可见，固定资产的后续发出，根据其性质，可分为资本化和费用化两种后续支出。

（1）应予资本化后续支出。

【例9】某公司一条××生产线由于设计原因不能适应生产新产品需要，决定进行技术改造。该生产线原值100万元，预计净残值4万元，预计使用10年，已使用5年，累计折旧已计提48万元，技术改造实际支出70万元，预计改造完成后增加收益180万元。该项目已完工交付生产使用，尚可使用8年，净残值率为4%。现作出账务处理。

从上述资料说明，该技术改造项目支出符合税法规定应作为资本化处理。账务处理见图5-10。

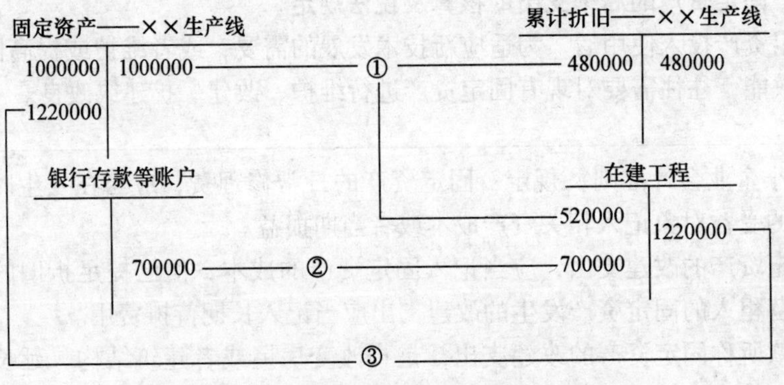

图5-10 固定资产后续支出资本化账务处理

图示说明：

①将固定资产××生产线账面原值及已提折旧转入在建工程。

②支付技术改造过程中费用（含耗用材料、人工费等）700000元。

③将改造后××生产线转回固定资产1220000元。

注：原生产线年折旧额 $= \dfrac{1000000 - 40000}{10} = 96000$（元）。

改造后生产线年折旧额 $= \dfrac{1220000 \times (1 - 4\%)}{8} = 146400$（元）。

（2）应予费用化后续支出。

一般情况下固定资产投入使用后，由于磨损及各组成部分的耐用程度不同，可能导致固定资产的局部损坏。为了使固定资产正常运转和使用，企业将对固定资产进行必要的修理与维护。但这些维护修理支出，只是确保固定资产的正常工作状况，不导致固定资产性能改变或未来经济利益的增加。因此，应在费用发生时一次性记入"当期损益"。不再通过预提或待摊进行核算。

根据以上原则，固定资产的大修理及中小修理，在发生支出时，借记"制造费用"、"管理费用"等科目，贷记"银行存款"、"原材料"、"应付职工薪酬"等科目。数额较大时可以分数月摊销。

六、固定资产处置的核算

固定资产处置包括固定资产出售、报废、毁损以及对外投资、对外捐赠、以非货币性交易转出固定资产、无偿调出固定资产等。

《小企业会计准则》指出：处置固定资产，处置收入扣除其账面价值、相关税费和清理费用后的净额，应当记入营业外收入或营业外支出。

前款所称固定资产的账面价值，是指固定资产原价（成本）扣减累计折旧后的金额。

---

1. 固定资产的出售、报废、毁损的核算。《小企业会计准则》规定，企业因变卖、报废、毁损等原因减少的固定资产要通过"固定资产清理"账户核算。该账户属于对比账户，其借方反映转入清理的固定资产净值以及发生的清理费用；贷方反映清理固定资产的变价收入和应由保险公司或过失个人承担的损失等。清理完毕后，对比该账户借贷发生额，若借方发生额合计大于贷方发生额合计，其差额为清理损失，转入"营业外支出"；若贷方发生额合计大于借方发生额合计，其差额为清理收益，转入"营业外收入"。出售、报废、毁损和对外捐赠固定资产的核算步骤和账务处理如图5-11所示。

2. 固定资产对外投资的核算。企业以固定资产对外投资，按固定资产账面价值加上应支付税费，作如下账务处理（见图5-12）。

3. 以固定资产抵偿债务的核算（见图5-13）。

4. 以非货币性交易换出固定资产，应通过"固定资产清理"，账务处理同上。

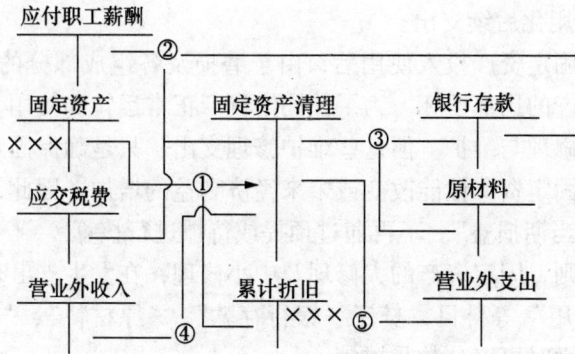

图 5 – 11　固定资产清理账务处理

图示说明：

①出售、报废、毁损固定资产的原值、折旧、净值的结转。

②发生的清理费用及应交税费，应付职工薪酬。

③收到变卖固定资产的价款、毁损固定资产所收取的保险赔偿以及毁损、报废固定资产的残料收入。

④对出售、报废固定资产的清理收益转入"营业外收入——处理固定资产净收益"。

⑤对出售、报废固定资产的清理净损失转入"营业外支出——处理固定资产净损失"，毁损固定资产的清理损失转入"营业外支出——非常损失"，对外捐赠净损失转入"营业外支出——捐赠支出"。

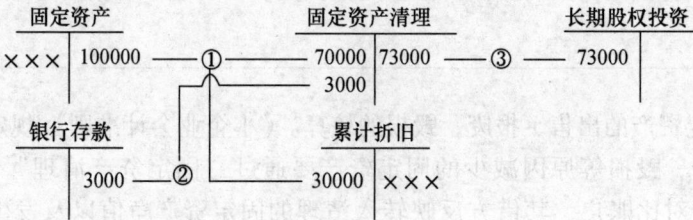

图 5 – 12　固定资产对外投资账务处理

图示说明：

①投资固定资产原值从固定资产转出，同时转出该项固定资产已提折旧。

②支付发生费用 3000 元。

③将固定资产清理余额转入长期投资。

七、固定资产盘盈、盘亏处理

为了确保账实相符，应定期清查盘点固定资产，对于盘盈盘亏的固定资产，通过"待处理财产损溢——待处理固定资产损溢"账户核算，盘盈的固定资产，按其市价或同类、类似固定资产的市场价格、减去按该项资产的新旧程度估计的折旧后的余额，借记"固定资产"，贷记"待处理财产损溢——待处理非流动资产损溢"；盘亏的固定资产，则按其账面净值，借记"待处理财产损溢——待处理非流动资产损溢"，按已提折旧，借记"累计折旧"，按固定资产的原价，贷记"固定资产"。

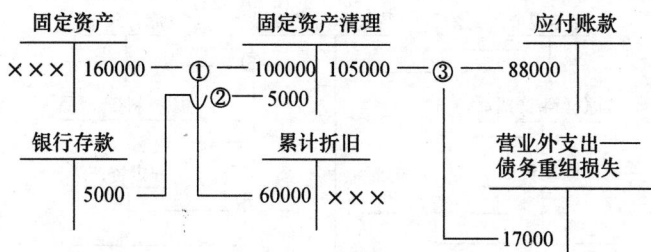

图 5-13　以固定资产抵偿债务账务处理

图示说明：
①将固定资产原价及已提折旧结转入固定资产清理。
②支付手续费及其他费用。
③清偿应付款项及债务重组损失。

盘亏、毁损、损废的各项资产，按照管理权限经批准后处理时，按照残料价值，借记"原材料"等科目，按照可收回的保险赔偿或过失人赔偿，借记"其他应收款"科目，按照其余额贷记"待处理财产损溢——待处理非流动资产损溢"，按照其借方差额，借记"营业外支出"。

盘盈的各种材料、产成品、商品、固定资产、现金等，按照管理权限经批准后处理时，按照"待处理财产损溢"余额，借记"待处理财产损溢——待处理流动资产损溢"或"待处理非流动资产损溢"。

小企业的财产损溢，应当查明原因，在年末结账前处理完毕，处理后年终无余额。

账务处理见图 5-14。

八、固定资产销售及损失处理税务规定

（一）销售已使用过的固定资产的征税

《关于一般纳税人销售自己使用过的固定资产增值税有关问题的公告》（以下简称《公告》）（国家税务局公告 2012 年第 1 号）指出，增值税一般纳税人销售自己使用过的固定资产，属于以下两种情形的，可按简易办法依 4% 征收率减半征收增值税，同时不得开具增值税专用发票：①纳税人购进或者自制固定资产时为小规模纳税人，认定为一般纳税人后销售该固定资产。②增值税一般纳税人发生按简易办法征收增值税应税行为，销售其按照规定不得抵扣且未抵扣进项税额的固定资产。

《公告》自 2012 年 2 月 1 日起施行。此前已发生并已经征税的事项，不再调整；此前已发生但未处理的，按本公告规定执行。

（二）《企业资产损失所得税前扣除管理办法》中关于固定资产损失的处理规定

1. 固定资产盘亏、丢失及损失，为其账面净值扣除责任人赔偿后的余额，应依据以下证据材料确认。

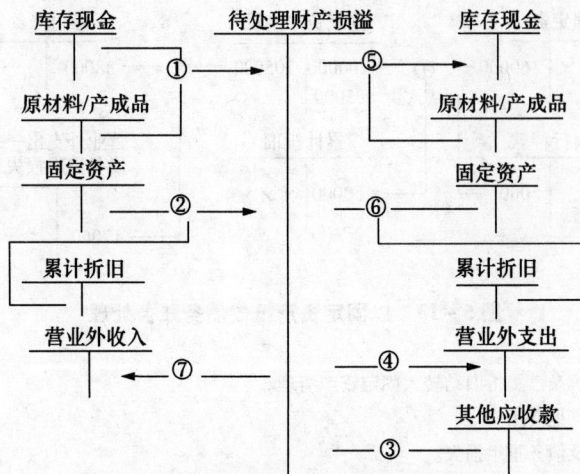

图 5－14　待处理财产损溢账务处理

图示说明：

①流动资产盘亏及毁损等。

②非流动资产盘亏及毁损等。

③责任者应负责赔偿金。

④损失批准后，转入"营业外支出"。

⑤流动资产盘盈。

⑥非流动资产盘盈。

⑦经批准后转入"营业外收入"。

（1）企业内部有关责任认定和核销资料。

（2）固定资产盘点表。

（3）固定资产的计税基础相关资料。

（4）固定资产盘亏、丢失情况说明。

（5）损失金额较大的，应有专业技术鉴定报告或法定资质中介机构出具的专项报告等。

2. 固定资产报废、毁损的损失，为其账面净值扣除残值和责任人赔偿后的余额，应依据以下证据材料确认。

（1）固定资产的计税基础相关资料。

（2）企业内部有关责任认定和核销资料。

（3）企业内部有关部门出具的鉴定材料。

（4）涉及责任赔偿的，应当有赔偿情况的说明。

（5）丢失金额较大的或自然灾害等不可抗力原因造成固定资产毁损、报废的，应有专业技术鉴定意见或法定资质中介机构出具的专项报告等。

3. 固定资产被盗损失，为其账面净值扣除责任人赔偿后的余额，应依据以下证据材料确认。

（1）固定资产计税基础相关资料。

（2）公安机关的报案记录，公安机关立案、破案和结案的证明材料。

（3）涉及责任赔偿的，应有赔偿责任的认定已赔偿情况的说明等。

4. 在建工程停建、报废损失，为其工程项目投资账面价值和扣除残值后的余额，应依据以下证据材料确认。

（1）工程项目投资账面价值确定依据。

（2）工程项目停建原因说明及相关材料。

（3）因质量原因停建、报废的工程项目和因自然灾害与意外事故停建、报废的工程项目，应出具专业技术鉴定意见和责任认定、赔偿情况的说明等。

第三节　在建工程的核算

在建工程核算小企业自行建造准备在生产经营中使用的固定资产，如新建固定资产、改造固定资产等。小企业已提足折旧的固定资产改建支出和经营租入固定资产改建支出，在"长期待摊费用"科目核算。在建工程核算的有关规定如下：

1. 明细科目设置：按工程项目分别设置，如建筑工程、安装工程、技术改造工程，大修理工程、其他支出等。

2. 工程发生的工程管理费、征地费、可行性研究费、临时设施费、公证费、监理费等，借记"在建工程——其他支出"，贷记"银行存款"等。

企业自营基建工程领用工程材料、生产用材料、库存商品以及应负担工资费用等按实际成本计价。

3. 在建工程由于自然灾害等原因造成的单项工程报废或毁损，减去残料值或保险公司和过失人赔款后的净损失，报经批准后，记入继续施工的工程成本。如为部分正常原因造成报废或毁损，或在建工程项目全部报废或毁损，其净损失直接记入当期营业外支出。工程物资的盘盈、盘亏、报废及毁损，减去保险公司、过失人的赔偿部分，工程尚未完工的，记入或冲减所建工程项目的成本；工程已完工的，记入营业外支出。

4. 在建工程达到预定可使用状态前进行试点测试等发生费用记入在建工程成本，获得试点收入或入库产成品，冲减在建工程成本（税法规定作营业收入处理）。

5. 在建工程完工后应当进行清理，将剩余材料物资办退库处理。

6. 在建工程完工交付使用时，应计算各项交付使用固定资产的成本，编制交付使用固定资产明细表。

7. 企业应设置"在建工程其他支出备查簿"专门登记基建项目发生的构成项目核算内容，但不通过"在建工程"核算的其他支出，如购置不需要安装固定资产。在建工程核算程序如图 5 – 15 所示。

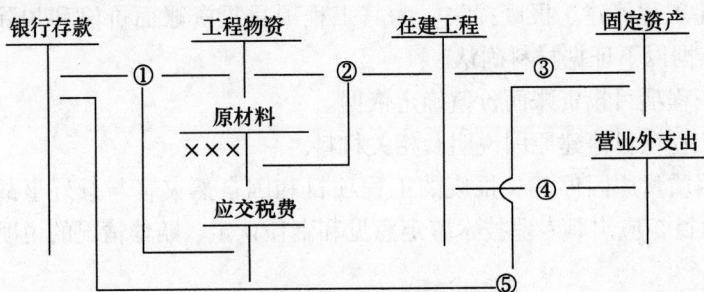

图 5 – 15　在建工程核算程序

图示说明：

①购入在建工程用材料物资以及待安装设备，验收后入物资库，按照税法规定可抵扣的增值税进项税。

②领用工程物资设备及生产用材料进行基建。

③完工后交付使用。

④整个工程报废。

⑤购入不需要安装的固定资产。

8. 固定资产改扩建工程核算（见图 5 – 16）。

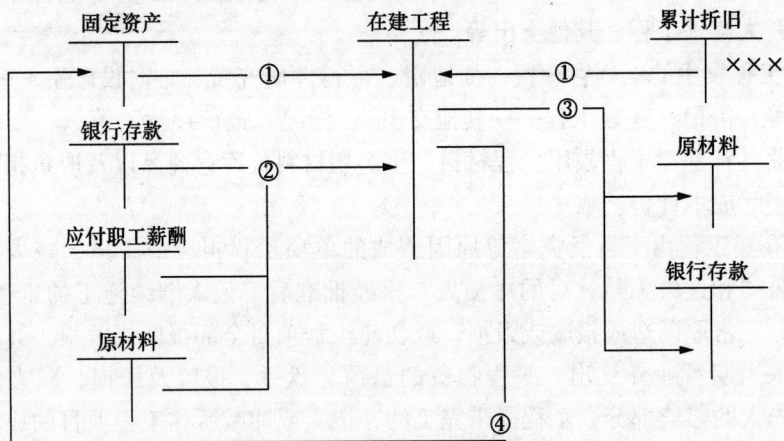

图 5 – 16　改扩建工程核算程序

图示说明：

①将改扩建资产原值及已提折旧转入在建工程。

②改扩建工程应负担人工费、材料费和其他费用。

③改扩建工程拆除可利用材料验收入库及变价收入。

④改扩建工程完工交付使用。

第四节　生产性生物资产的核算

一、生产性生物资产的含义及内容

生产性生物资产，是指小企业（农、林、牧、渔业）为生产农产品、提供劳务或出租等目的而持有的生产资产。包括经济林、薪炭林、产畜和役畜等。

二、生产性生物资产的计量

生产性生物资产应当按照成本进行计量。

1. 外购的生产性生物资产的成本，应当按照购买价款和相关税费确定。

2. 自行营造或繁殖的生产性生物资产的成本，应当按照下列规定确定：

（1）自行营造的林木类生产性生物资产的成本包括达到预定生产经营目的前发生的造林费、抚育费、营林设施费、良种试验费、调查设计费和应分摊的间接费用等必要支出。

（2）自行繁殖的产畜和役畜的成本包括达到预定生产经营目的前发生的饲料费、人工费和应分摊的间接费用等必要支出。

前款所称达到预定生产经营目的，是指生产性生物资产进入正常生产期，可以多年连续稳定产出农产品、提供劳务或出租。

三、生产性生物资产折旧

生产性生物资产应当按照年限平均法计提折旧。

1. 小企业（农、林、牧、渔业）应当根据生产性生物资产的性质和使用情况，并考虑税法的规定，合理确定生产性生物资产的使用寿命和预计净残值。

2. 生产性生物资产的折旧方法、使用寿命、预计净残值一经确定，不得随意变更。

3. 小企业（农、林、牧、渔业）应当自生产性生物资产投入使用月份的下月起按月计提折旧，停止使用的生产性生物资产，应当自停止使用月份的下月起停止计提折旧。

四、生产性生物资产的账务处理

通过"生产性生物资产"及"生产性生物资产累计折旧"进行核算。该两类科目，应按照"未成熟生产性生物资产"和"成熟性生物资产"，分别按照生物资产的种类、群别等进行明细分类核算。其账务处理见图 5-17。

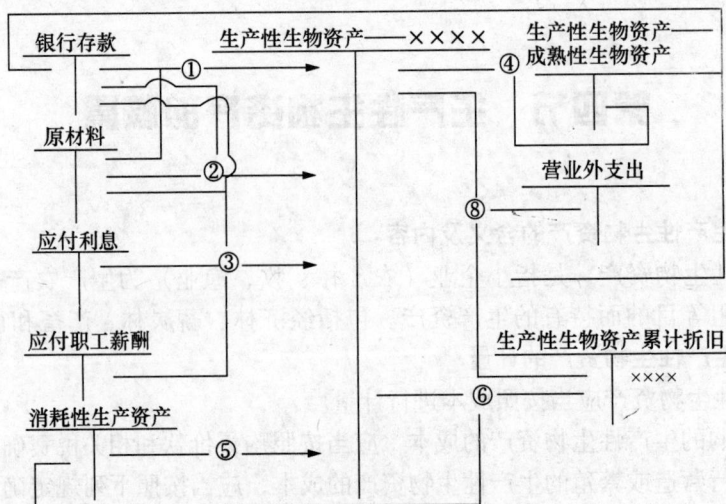

图 5 – 17　生产性生物资产账务处理

图示说明：

①小企业外购生产性生物资产、按买价及相关税费，有可抵扣增值税，应记入"应交税费"科目。

②自行营造的林木类生产性生物资产，达到预定生产经营目的前发生的造林费、抚育费、营林设施费、良种试验费、调查设计费和应摊销的间接费用等必要的支出。

③自行繁殖的产畜和役畜，达到预定生产经营目的前发生的饲料费、人工费和应分摊的间接费用等必要支出。

④未成熟生产性生物资产达到预定生产经营目的时，按照账面余额借记本科目（成熟生产性生物资产），贷记本科目（未成熟生产性生物资产）。

⑤育肥畜转为产畜或役畜，应按其账面余额借记本科目，贷记"消耗性生物资产"科目。

⑥产畜或役畜淘汰转为育肥畜，应按结转时账面价值转入"消耗性生物资产"。

⑦择伐、间伐或抚育更新等生产性采伐而补植林木类生产性生物资产发生的后续支出，同①的会计分录。

⑧因出售、报废、毁损、对外投资等原因处置生产性生物资产，应按变价收入等记入有关科目。将计提折旧借记"生物性资产"累计折旧，按照原价贷记"生物性生物资产"等科目，差额记入"营业外支出"或"营业外收入"。

⑨生产性生物资产发生的管护、饲养费用等后续支出，记入"管理费用"。

第五节　无形资产的核算及税务处理

一、无形资产含义及分类

无形资产，是指小企业为生产产品、提供劳务、出租或经营管理而持有的、没有实物形态的可辨认非货币性资产。

小企业的无形资产包括土地使用权、专利权、商标权、著作权、非专利技术等。

自行开发建造厂房等建筑物，相关的土地使用权与建筑物应当分别进行处理。外购土地及建筑物支付的价款应当在建筑物与土地使用权之间按照合理的方法进行分配，难以合理分配的，应当全部作为固定资产。

其无形资产分类如图 5-18 所示。

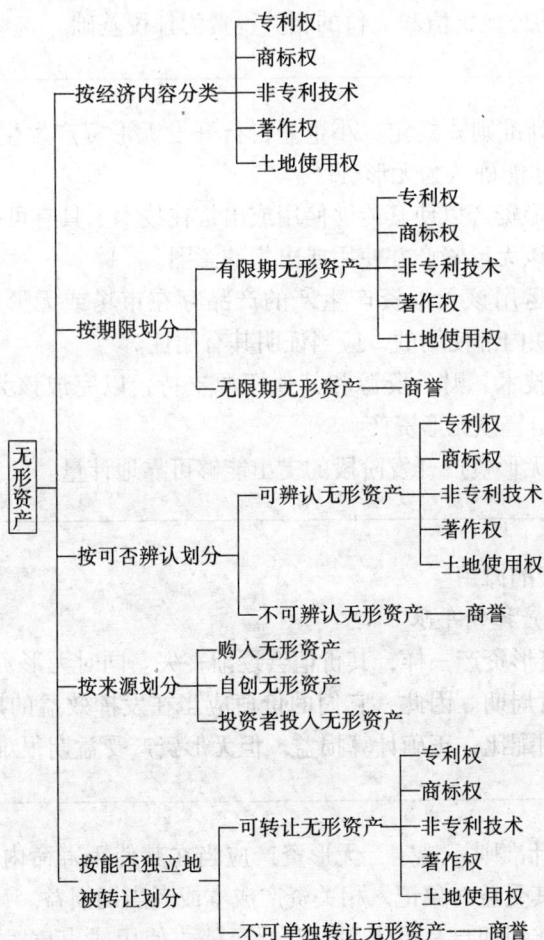

图 5-18　无形资产分类

二、无形资产的计价

无形资产应当按实际成本计量，取得时实际成本按下列原则确定。

1. 外购无形资产。外购无形资产的成本包括：购买价款、相关税费和相关的其他支出（含相关的借款费用）。

2. 投资者投入无形资产，投资者投入的无形资产的成本，应按照评估价值和相关税费确定。

3. 自行研发无形资产，自行研发的无形资产的成本，由符合资本化条件后至达到预定用途前发生的支出（含相关的借款费用）购成。

4. 非专利技术，经法定评估机构评估确认的价值为实际成本。

5. 其他取得，如通过捐赠、非货币资产交换、债务重组等方式取得的无形资产，以该资产的公允价值和支付的相关税费为计税基础。

《小企业会计准则》规定：小企业自行开发无形资产发生的支出，同时满足下列条件的，才能确认为无形资产。

1. 完成该无形资产以使其能够使用或出售在技术上具有可行性。

2. 具有完成该无形资产并使用或出售的意图。

3. 能够证明运用该无形资产生产的产品存在市场或无形资产自身存在市场，无形资产将在内部使用的，应当证明其有用性。

4. 有足够的技术、财务资源和其他资源支持，以完成该无形资产的开发，并有能力使用或出售该无形资产。

5. 归属于该无形资产开发阶段的支出能够可靠地计量。

三、无形资产的摊销

（一）无形资产摊销年限

无形资产与有形资产一样，其价值会逐渐丧失。同时无形资产所带来的经济效益涉及多个经营周期。因此，它们的价值应当在发挥效益的期间内进行分摊，以便使收入与费用配比，正确计算损益。但无形资产受益期很难确定。

《小企业会计准则》规定：无形资产应当在其使用寿命内采用年限平均法进行摊销，根据其受益对象记入相关资产成本或者当期损益。

无形资产的摊销期自其可供用时开始至停止使用或出售时止。有关法律规定或合同约定了使用年限的，可以按照规定或约定的使用年限分期摊销。

小企业不能可靠估计无形资产使用寿命的，摊销期不得低于10年。

在实际核算时可参照表5-5。

表 5 – 5	无形资产摊销期限
内容	摊销期限
合同规定年限，但法律没有规定有效年限的	摊销年限不超过合同规定的年限
合同未规定年限，但法律规定了有效年限的	摊销年限不应超过法律规定的有效年限
合同规定了年限、法律也规定了有效年限的	摊销年限取其短者
合同及法律都未规定年限的	摊销期限不低于 10 年
列入无形资产计算机软件	可缩短为 2 年

（二）无形资产摊销额计算

计算公式：

$$每月摊销额 = \frac{无形资产成本价值}{预计有效年限}$$

$$每年摊销额 = \frac{年摊销额}{12}$$

（三）无形资产摊销的有关规定

当月增加的无形资产当月开始摊销，当月减少的无形资产，当月不再摊销。

四、无形资产处置

《小企业会计准则》规定：处置无形资产，处置收入扣除其账面价值、相关税费等后的净额，应当记入营业外收入或营业外支出。

前款所称无形资产的账面价值，是指无形资产的成本扣减累计摊销后的金额。

五、无形资产账务处理

（一）无形资产的取得与摊销账务处理

无形资产的取得有多种方式，其摊销是按期从无形资产账户的贷方直接转入管理费用。图 5 – 19 演示了无形资产的取得、转让及摊销的账务处理程序。

（二）无形资产转让的账务处理

见图 5 – 20。

（三）专利权与非专利技术账务处理

专利权是指创造发明者向本国或外国政府按法律规定的程序提出申请，经批准后受法律保障的独自享有利益的权利。

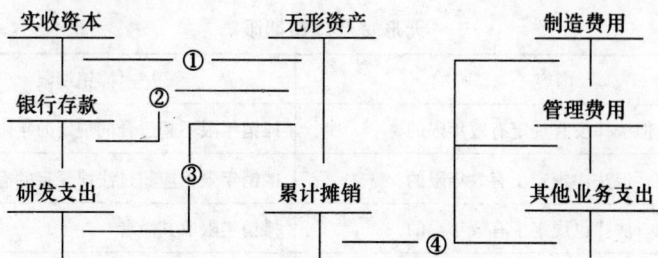

图 5 – 19   无形资产账务处理程序

图示说明：

①投资者投入的无形资产入账。

②购入无形资产入账。

③自行研制的无形资产入账。

④无形资产按期摊销，应根据其受益对象记入相关资产成本及损益。

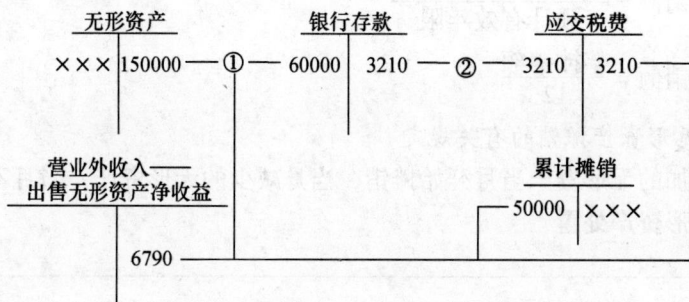

图 5 – 20   出售无形资产账务处理程序

图示说明：

①转让无形资产专利技术，原价100000元，已摊销50000元，转让收入60000元、账面价值50000元，应交税金3210元，差额6790元，记入营业外收入。

②实际交纳税金3210元，其中营业税3000元、城建税150元、教育费附加60元。

非专利技术（俗称秘诀）是保密的技术和资料，一般是指工厂在生产、工艺、检验、流水线安装、调试等的实践经验和技巧，由发明者拥有。非专利技术与专利权技术一样，都能为企业带来经济利益，只是由于它未向政府申请专利，因而不受法律保护。专利权与非专利技术的账务处理如图 5 – 21 所示。

（四）商标权的账务处理

商标是一个企业在其经营的商品上使用的一种标记。它代表该商品的质量和信誉，直接影响企业的销售能力，并同企业的发展有直接的利害关系。企业向政府申请注册的商标经批准后，即获得了商标权，它受国家《商标法》的保护，有关账务处理如图 5 – 22 所示。

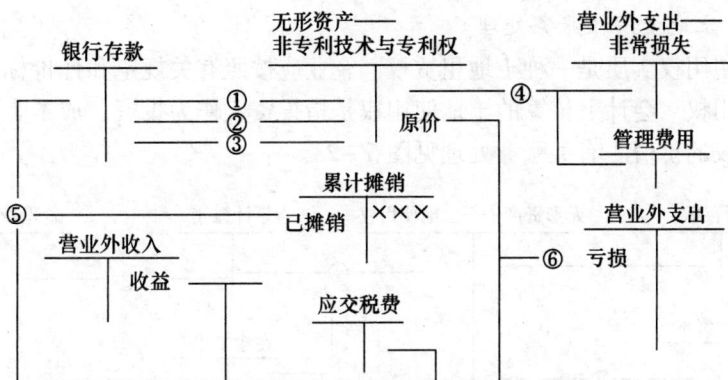

图 5-21　专利权与非专利权技术的账务处理

图示说明：

①购入专利权时。

②自创专利权后支付费用。

③为保护专利而发生经济诉讼并胜诉时。

④诉讼失败，专利失效时。

⑤专利技术出售收入及成本结转，出售无形资产应交税费，收入大于成本其差额转营业外收入。

⑥收入小于成本其差额转营业外支出。

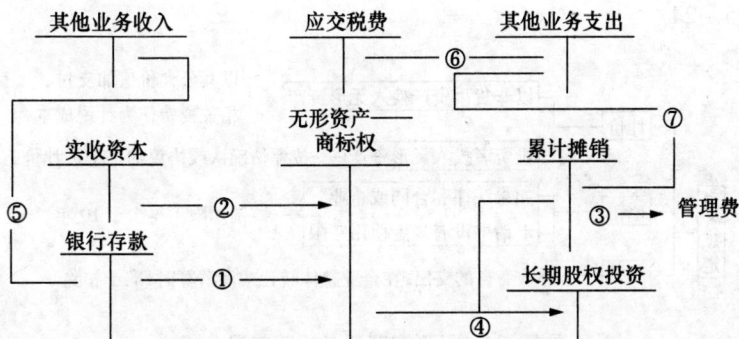

图 5-22　出租商标权账务处理

图示说明：

①购入商标或申请自创商标时。

②收到投资人以商标权作为投资入股时。

③按规定期限进行摊销，如系自用记入"管理费用"。

④以商标权作价对外投资时。

⑤出租商标所有权收入。

⑥出租无形资产应交税金。

⑦出租无形资产成本，即应转摊销额。

（五）土地使用权账务处理

土地使用权实质是一种土地租赁权。企业应按照有关规定和计价标准合法取得土地使用权。会计上核算的土地使用权是指投资人作为投资，成本企业购入的土地使用权的价值。有关账务处理见图5－23。

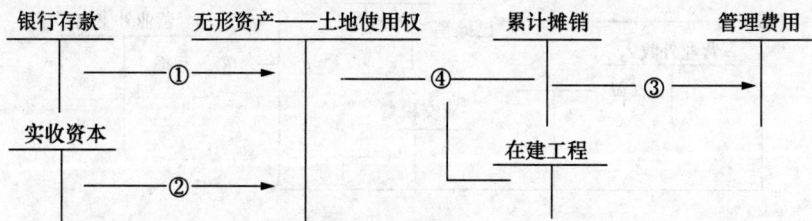

图5－23　土地使用权账务处理

图示说明：

①从外界购入并分期支付土地使用费时。

②收到投资者以土地使用权进行的投资时。

③按规定使用期限对土地使用权进行摊销时。

④对土地进行开发时，记入在建工程。

六、无形资产税务规定

见图5－24。

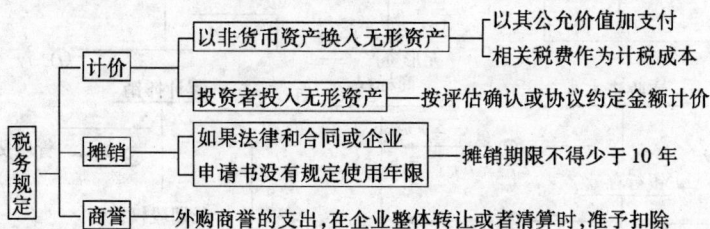

图5－24　无形资产税务规定差异分析

企业在上述业务核算中发生纳税差异，应在申报企业所得税时，作纳税调整。

第六节　其他资产的核算

其他资产是指流动资产、长期股权投资、固定资产、无形资产以外的资产，包括长期性质的待摊费用，待处理财产损失、被冻结存款以及涉及诉讼中的财产等。

一、长期待摊费用

长期待摊费用是指企业已经支出，但受益期限在 1 年以上（不含 1 年）的各项费用。

> 《小企业会计准则》指出，小企业的长期待摊费用包括已提足折旧的固定资产的改建支出、经营租入固定资产的改建支出、固定资产的大修理支出和其他长期待摊费用等。前款所称固定资产的大修理支出，是指同时符合下列条件的支出：
>
> 1. 修理支出达到取得固定资产时的计税基础 50% 以上。
> 2. 修理后固定资产的使用寿命延长 2 年以上。
>
> 长期待摊费用应当在其摊销期限内采用年限平均法进行摊销，根据其受益对象记入相关资产的成本或者管理费用，并冲减长期待摊费用。
>
> 1. 已提足折旧的固定资产的改建支出，按照固定资产预计尚可使用年限分期摊销。
> 2. 经营租入固定资产的改建支出，按照合同约定的剩余租赁期限分期摊销。
> 3. 固定资产的大修理支出，按照固定资产尚可使用年限分期摊销。
> 4. 其他长期待摊费用，自支出发生月份的下月起分期摊销，摊销期不得低于 3 年。

长期待摊费用内容及摊销见图 5 - 25。

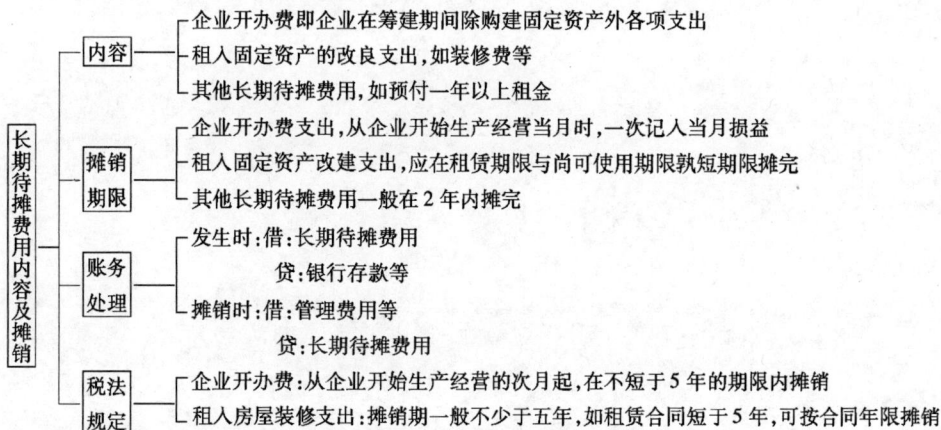

图 5 - 25 长期待摊费用内容及摊销

【**例 10**】建华公司租入办公用房一套，租期三年。根据租赁合同建华公司可以对办公用房进行装修，装修费用自己承担。装修工程出包给某装修公司，装修费 6 万元。因装修图变更又补交 1.2 万元。工程已完工交付使用。

（1）支付装修费时：

借：在建工程——装修工程	72000
贷：银行存款	72000

（2）装修工程交付使用后：

借：长期待摊费用——租入固定资产改良支出	72000
贷：在建工程——装修工程	72000

（3）使用后摊销时（分月摊销）：

每月应摊金额 = 72000 ÷ 3 ÷ 12 = 2000（元）

借：管理费用——摊销费	2000
贷：长期待摊费用——租入固定资产改良支出	2000

二、其他长期资产

其他长期资产一般包括临时设施、国家批准储备的特种物资、银行冻结存款及涉及诉讼中的财产等。其他长期资产中有些是不正常的，如待处理海关罚没物资、税务纠纷冻结物资、未决诉讼冻结财产、海外纠纷冻结财产等。这些资产处理要经过企业权力机构批准，按税法规定进行恰当处理。

第六章　负债核算与税务处理

第一节　负债的概念、核算目标及风险提示

一、负债的含义及内容

负债，是指由企业过去的交易或者事项形成的，预期会导致经济利益流出企业的现实义务。企业的负债按其流动性可分为流动负债和非流动负债。

《小企业会计准则》指出：小企业的流动负债，是指预计在一年内或者超过一年的一个正常营业周期内清偿的债务。包括：短期借款、应付票据、应付及预收款项、应付职工薪酬、应交税费、应付利息等。

各项流动负债按其实际发生额入账。

二、核算的目标

及时正确地计量和记录企业负债状况、正确地计算和交纳各种税费，确保按时偿还到期的债务。

三、风险提示

1. 企业负债计量不准确，记录不真实，可能导致企业财务状况虚假，影响企业的经营决策。

2. 企业应交税费的确认、计算不准确，记录不真实，交纳不及时，可能导致企业税金的多缴或少缴，形成违法违规风险。

3. 企业负债管理不善，控制不严，会影响企业资金运用筹划，不利于提高资金的使用效果，可能导致债务风险。

第二节 短期借款及应付款项的核算

一、短期借款的核算

（一）短期借款核算的内容

短期借款是指企业借入的期限在一年以内的各种借款，短期借款一般是企业为维持正常的生产经营活动所需而借入的或者为抵偿某项债务而借入的资金，包括流动资金借款、生产周转借款和临时借款、信用借款等。

> 《小企业会计准则》规定：短期借款应当按照借款本金和借款合同利率在应付利息日计算利息费用，记入财务费用。

（二）短期借款的账务处理

短期借款通过"短期借款"账户核算，账务处理程序见图6-1。

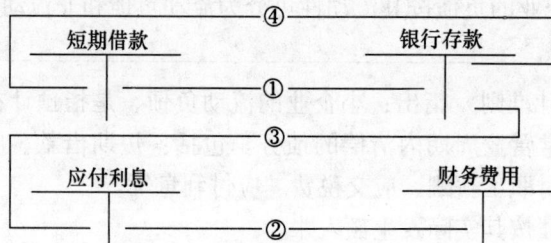

图6-1 短期借款账务处理

图示说明：

①企业借入流动资金借款、生产周转借款和临时借款时。

②按月预提利息费用。

③按季支付利息费用。

④短期借款到期，归还本金。

二、应付票据核算

（一）应付票据核算的内容

应付票据是由出票人出票，委托付款人在指定日期无条件支付确定的金额给收款人或者持票人的凭证，也是委托付款人允诺，在一定时期内支付一定款额的书面证明。我国目前主要是商业承兑汇票和银行承兑汇票。

为了反映和监督应付票据的承兑以及支付情况，企业应设置"应付票据备查簿",详细登记每一笔应付票据的种类、号数、签发日期、到日期、票面金额、合同交易号、收款人姓名或单位名称、付款日期和金额及利息等。应付票据到期付清后,应在备查账簿内逐笔注销。

(二) 应付票据的账务处理

1. 商业承兑汇票的账务处理,见图6-2。

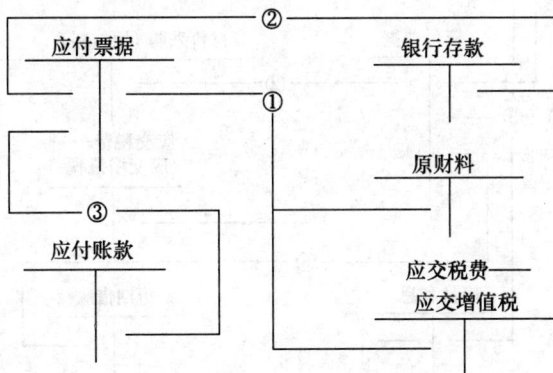

图6-2 商业承兑汇票的账务处理

图示说明:
①购买材料开出并承兑商业汇票,同时取得专用发票。
②汇票到期,按期支付票款。
③汇票到期,无款支付应付票据款,将其转为应付账款。

2. 银行承兑汇票的账务处理,见图6-3。

三、应付及预收账款核算

(一) 应付账款核算

1. 应付账款核算内容。应付账款是指企业因购买材料、商品或接受劳务供应等而发生的债务。它是买卖双方在购销活动中由于取得物资与支付货款在时间上不一致而产生的债务。

2. 应付账款的账务处理,见图6-4。

(二) 预收账款核算

1. 预收账款核算内容。预收账款是指买卖双方协议商定,按合同规定由购买方预先支付一部分货款给供应方而产生的一项债务。这项债务需要用以后的商品或劳务等偿还。包括预收的购物款、工程款等。该科目按付款方单位或个人进行明细核算。

2. 预收账款的账务处理,见图6-5。

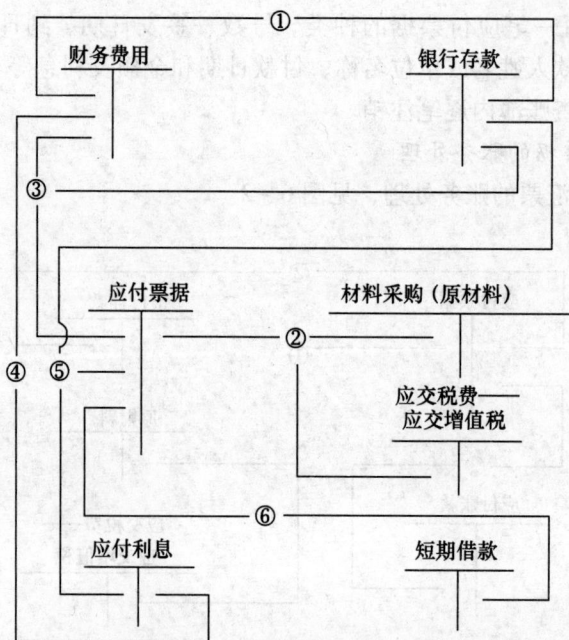

图6-3 银行承兑汇票的账务处理

图示说明：

①向银行办理承兑手续，支付手续费。

②开出票据，购买材料，验收入库。

③到期支付票面金额及利息。

④如汇票期限长，利息费用高，也可采用按月预提办法，预提利息账务处理。

⑤如预提利息费用，到期支付票面金额及利息时。

⑥汇票到期，企业无款支付票面金额，接到银行转来的支付通知，将应付票据转作短期借款。

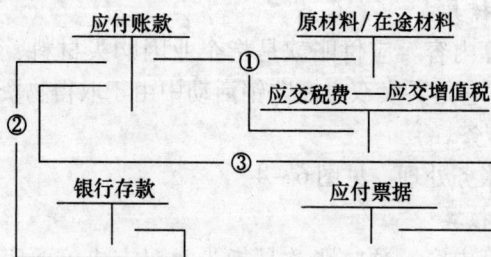

图6-4 应付账款的账务处理

图示说明：

①购进材料验收入库，已取得专用发票，但货款尚未支付。

②开出转账支票，支付上项货款。

③如开出商业汇票，抵付上项货款。

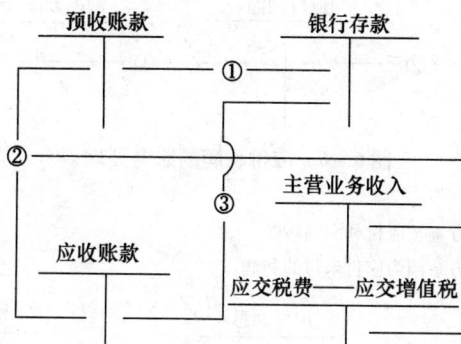

图 6 – 5　预收账款的账务处理

图示说明：

①收到购货单位的预付货款，存入银行。

②销售产品或提供劳务，结算预收货款，预收款不足部分记入"应收账款"。

③收到购货单位补足货款存入银行。

　　小企业如不设置"预收账款"科目，发生预收账款业务可并入"应收账款"核算。

　　（三）其他应付款核算

　　1. 其他应付款核算内容。

　　其他应付款是企业应付和暂收其他单位与个人的款项，如应付保险费、存入保证金等。

　　2. 其他应付款的账务处理。

　　业务发生时：

　　（1）如存入保证金或押金时：

　　　借：银行存款　　　　　　　　　　　　　　　　　　×××

　　　　贷：其他应付款　　　　　　　　　　　　　　　　×××

　　（2）退还保证金或押金时：

　　　借：其他应付款　　　　　　　　　　　　　　　　　×××

　　　　贷：银行存款　　　　　　　　　　　　　　　　　×××

　　（四）应付利润的核算

　　小企业应根据董事会或类似机构决议及批准的利润分配方案，分配给投资者利润，账务处理见图 6 – 6。

　　（五）应付利息的核算

　　本科目核算小企业按照合同约定应支付的利息费用，并按货款单或个人进行明细核算。账务处理见图 6 – 7。

银行存款　　　　应付利润　　　　利润分配 —— 应付利润

②　　　　　　　①

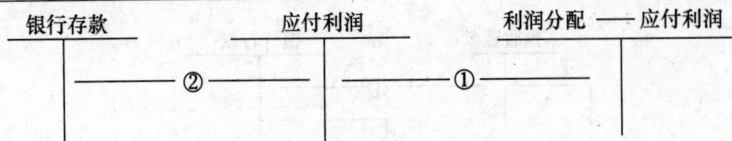

图 6 - 6　应付利润的账务处理

图示说明：

①根据批准的利润分配方案按应付利润额转账。

②实际支付时，期末贷方余额为应付未付的利润。

银行存款　　　　应付利息　　　　财务费用

②　　　　　　　①　　在建工程

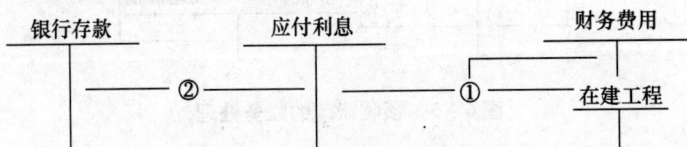

图 6 - 7　应付利息的账务处理

图示说明：

①根据合同规定应付利息日的账务处理，按费用化或资本化要求，分别记入"财务费用"或"在建工程"。

②实际支付利息时，期末贷方余额为应付未付利息。

（六）递延收益核算

递延收益是指企业已经收到，但应在以后期间记入损益的政府补助，或预收服务费等应在以后提供服务的收入，其账务处理见图 6 - 8。

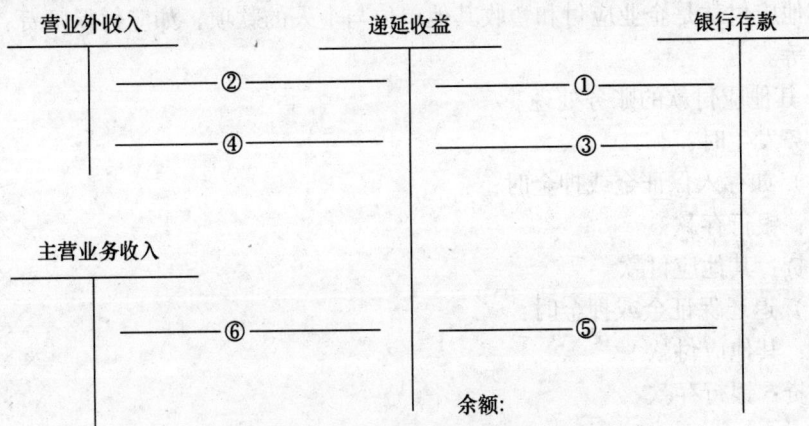

营业外收入　　　　　　递延收益　　　　　　银行存款

②　　　　　　　　　　①

④　　　　　　　　　　③

主营业务收入

⑥　　　　　　　　　　⑤

余额：

图 6 - 8　递延收益的账务处理

图示说明：

①收到与资产相关政府补助时。

②在相关资产的使用寿命内平均分配递延收益。

③收到其他政府补助，用于补助企业以后期间的相关费用或亏损的。

④在发生相关费用或亏损后的未来期间，按补偿金额结转。

⑤其他服务企业（如健身场所）收到一年的服务费时。

⑥按合同约定服务月份，平均记入提供服务的各月份。

本科目按相关项目，进行明细核算。

贷方余额反映企业已收到应在以后各期记入损益的补助及收入。

第三节 应付职工薪酬核算

《小企业会计准则》指出：应付职工薪酬，是指小企业为获得职工提供的服务而应付给职工们的各种形式的报酬及其他相关支出。

一、职工薪酬的内容及其核算要求

（一）职工薪酬内容

1. 职工工资、奖金、津贴和补贴。

2. 职工福利费。

3. 医疗保险费、养老保险费、失业保险费、工伤保险费和生育保险费等社会保险费。

4. 住房公积金。

5. 工会经费和职工教育经费。

6. 非货币性福利。

7. 因解除与职工的劳动关系给予补偿。

8. 其他与获得职工提供的服务相关的支出等。

（二）小企业职工薪酬分配

《小企业会计准则》指出：小企业应当在职工为其服务的会计期间，将应付的职工薪酬确认为负债，并根据职工提供服务的受益对象，分下列情况进行会计处理：

1. 应由生产产品、提供劳务负担的职工薪酬，记入产品成本或劳务成本。

2. 应由在建工程、无形资产开发项目负担的职工薪酬，记入固定资产成本或无形资产成本。

3. 其他职工薪酬（含因解除与职工的劳务关系给予的补偿），记入当期损益。

（三）应付职工薪酬核算

小企业应设置"应付职工薪酬"科目，核算按有关规定应付给职工的各种薪酬，并根据职工提供服务的受益对象，对发生费用进行核算。其核算内容及对应科目见表 6-1。

表6-1 应付职工薪酬核算对方关系

贷：对应科目	应付职工薪酬		借：对应科目
现金/银行存款 其他应收款/应交税费	①支付工资、奖金、津贴、福利等，代扣各种款项及税金	①生产人员职工薪酬	生产成本/制造费用
银行存款	②支付工会经费和职工教育费，用于工会活动和职工培训	②应由在建工程负担薪酬	在建工程
银行存款	③按规定交纳的社会保险和住房公积金	③无形资产开发项目负担薪酬	研发支出
主营业务收入	④以自产产品发放给职工，按其价，涉及增值税应计算增值税	④管理人员薪酬	管理费用
银行存款	⑤支付因解除与职工劳动关系给予的补偿	⑤与职工解除劳动关系的外债	管理费用
		⑥销售人员的职工薪酬	销售费用
		期末如有贷方余额，即为应付未付的职工薪酬	

（四）应付职工薪酬的明细核算

为了正确核算企业职工薪酬构成，正确反映企业的薪酬构成，《小企业会计准则》要求按下列项目设立明细科目进行明细分类核算：

1. 职工工资，也称基本工资，是按职工工作时间或完成的工作数量、质量及单价计算的，应支付给职工的劳务报酬。

2. 职工奖金，也称奖励工资，是指职工超额完成任务或工作优异而支付的额外报酬。

3. 津贴和补贴，也称附加工资，是指职工在艰苦或特殊条件下工作给予的补偿。

4. 职工福利费，是企业按工资一定比例（14%）列支用于职工医疗、生活补贴等费用。

5. 社会保险费，为保障职工合法权益由政府统一筹集和管理的福利和措施费用。

6. 住房公积金，是各单位为在职职工缴存的长期住房储金。

7. 工会经费，按工资一定比例（2%）向工会交纳的工会费用。

8. 职工教育费，对职工进行培训教育，提高职工业务素质的费用。

9. 非货币性福利，将企业资产无偿提供给职工使用。

10. 辞退福利，企业与职工解除劳动关系时的一次性补偿。

二、应付职工薪酬的计算

职工工资计算分两种形式：计时工资、计件工资。

（一）计时工资的计算

职工计时工资是根据每一职工考勤记录的出勤或缺勤天数，按照该人的工资等级规定的工资标准而计算的工资额。企业固定职工的计时工资通常是按月薪计算，按该月法定出勤日或自然工作日乘日平均工资。工资的计算有的按出勤算，有的按缺勤扣，具体计算方法有以下四种，见图6-9。

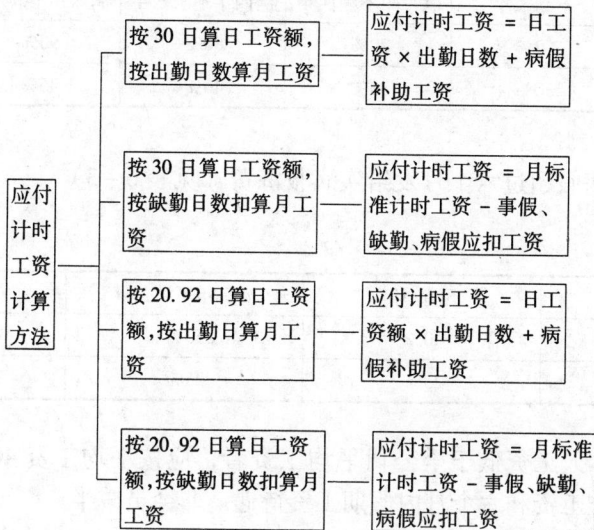

图6-9 计时工资的计算方法

劳动保障部规定：公民节假日每年为10天；全年52周，每周休2天；月平均工作日为20.92天，月工作小时为167.4小时。

（二）计件工资的计算

1. 应付个人计件工资的计算。

$$\genfrac{}{}{0pt}{}{\text{该月应付}}{\text{计件工资}} = \sum \genfrac{}{}{0pt}{}{\text{月内每种产品产量}}{(\text{合格品和料废品})} \times \genfrac{}{}{0pt}{}{\text{该种产品}}{\text{计件单价}}$$

2. 应付小组计件工资的计算。

应付小组计件工资的计算与应付个人计件工资的计算相同，但小组内部各成员应得计件工资需要进行如下计算分配：

$$\genfrac{}{}{0pt}{}{\text{小组内部}}{\text{工资分配率}} = \frac{\text{小组计件工资总额}}{\sum \text{个人日工资率} \times \text{个人工作日数}}$$

$$\genfrac{}{}{0pt}{}{\text{每人应得}}{\text{计件工资}} = \genfrac{}{}{0pt}{}{\text{个人日}}{\text{工资率}} \times \genfrac{}{}{0pt}{}{\text{个人工}}{\text{作日数}} \times \genfrac{}{}{0pt}{}{\text{小组内部}}{\text{工资分配率}}$$

（三）病假工资的计算

工龄不同，病假时间不同，其补助工资额的计算也不同，一般企业病假工资的计算标准如下：

1. 职工一年内累计请病假在六个月以内，根据工龄长短计算（见表6-2）。

表6-2

企业工龄	不满二年	满二年不满四年	满四年不满六年	满六年不满八年	八年以上
工会会员待遇	60%	70%	80%	90%	100%
非会员待遇	30%	35%	40%	45%	50%

2. 职工请病假超过六个月发给疾病救济费（见表6-3）。

表6-3

企业工龄	不满一年	满一年不满三年	满三年以上
工会会员待遇	40%	50%	60%
非会员待遇	25%	25%	30%

工会会员本人工资低于全公司平均工资者，应按平均工资40%计算，但不得超过本人标准工资和六个月内假期工资待遇。非会员减半。

3. 职工半日工作半日休病假，按两个半天折算一天计算休假期。

4. 学徒期间请病假在六个月内照发生活补贴，超过六个月按休学办理，停发生活补贴。

三、代扣个人款项的计算

（一）代扣个人所得税计算

职工取得工资收入时，企业应按税法规定代扣代缴个人所得税，根据规定不征税项目有独生子女补贴、托儿补助费、差旅费津贴、误餐补贴等。除此以外均应按工薪收入一定比例交纳个人所得税。

应纳税额 = 应纳税所得额 × 适用税率 - 速算扣除数

　　　或 = （每月收入 - 费用扣除标准）× 适用税率 - 速算扣除数

（二）其他代扣款计算

其他代扣款是企业代个人负担的房租、水电费、需个人支付的基本养老保险金、大病统筹、住房公积金等。

代扣的基本养老保险 = 个人上年工资总额 × 一定比例

代扣的基本医疗保险 = 个人上年工资总额 × 一定比例

代扣住房公积金 = 个人上年工资总额 × 一定比例

代扣的各种保险金向指定金融机构交付，未超过税务规定扣除比例部分，免征个人所得税。各地扣除比例由税务机关规定。

四、职工薪酬结算

企业办理职工的工资结算，是通过"工资结算单"进行的。"工资结算单"通常一式三份，按车间及部门编制。一份由劳资部门存档；一份随同工资一起发给职工；另一份发工资时由职工签章后，财会部门作工资核算的凭证，并代替工资核算明细账。"工资结算单"的格式如表6-4所示。

为了反映整个企业的工资结算情况，还要编制"工资结算汇总表"。"工资结算汇总表"可以按工资类别，反映应付工资总额。据此向银行提取现金发放工资或委托银行代付工资。

"工资结算汇总表"的格式如表6-5所示。

根据工资结算汇总表数额进行以下账务处理，见图6-10。

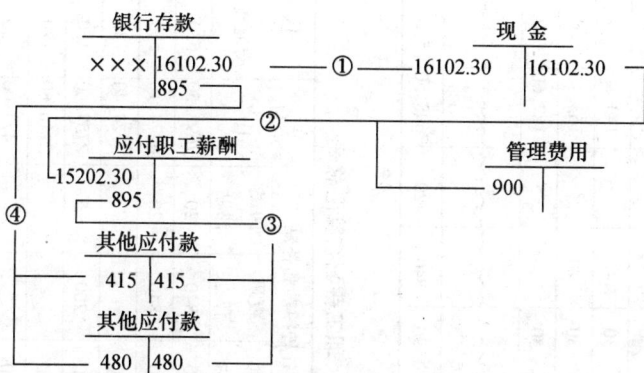

图6-10 工资结算的账务处理

图示说明：

①提取现金：

借：现金	16102.30
贷：银行存款	16102.30

②发放工资及福利费：

借：应付职工薪酬	15202.30
管理费用	900.00
贷：现金	16102.30

③结转代扣款：

借：应付职工薪酬	895
贷：其他应付款——托保费	170
应交税费——代扣代缴个人所得税	245
其他应付款——基本养老保险金	240
——失业保险基金	120

表6-4　　　　　　　　　　　　　**职工薪酬结算单**

×××× 年 × 月

姓名	月基本工资	事假		病假		奖金	各种津贴和补贴			应付工资	代发款项			代扣款项		实发金额	领款人签章
		日数	扣工资	日数	扣工资		物价补贴	夜班津贴	回民津贴		交通费	福利费	三项基金	托保费	个人所得税		
张强	81.60	7	22.40	4	0.00	15	30	6		110.20	10	20	10			130.20	
王力	55.80					40	30	18		143.80	10	20				173.80	
李力	73.40					40	30	20		163.40	10	20		30		163.40	
赵克	48.90	1	1.92	1	0.38	30	30	16	5	127.60	10	20			10	147.60	
合计	3750.00		250.20		101.30	1850	1590	840	20	7698.50	530	1060	350	150	205	8583.50	

表6-5　　　　　　　　　　　　　**职工薪酬结算汇总表**

×××× 年 × 月

车间部门	基本工资	事假应扣工资	病假应扣工资	奖金	各种津贴和补贴			应付工资	代发款项			代扣款项		实发金额
					物价补贴	夜班津贴	回民津贴		交通费	福利费	三项基金	托保费	个人所得税	
基本生产车间	3750.00	250.20	101.30	1850	1590	840	20	7698.50	530	1060	350	150	205	8583.50
生产工人	3260.40	250.20	96.10	1700	1500	840	20	6974.10	500	1000	320	150	200	7804.10
管理人员	489.60		5.20	150	90			724.40	30	60	30		5	779.40
辅助生产车间	1586.00		23.40	540	450	200	5	2757.60	150	300	40	20		3147.60
企业管理部门	1368.00		31.20	420	360			2116.80	120	240	60		30	2386.80
医务福利部门	264.00			120	90			474.00	30	60	20			544.00
在建工程	78.40			40	30			148.40	10	20				178.40
产品销售部门	682.00			240	180			1102.00	60	120	10		10	1262.00
合计	7728.40	250.20	155.90	3210	2700	1040	25	14297.30	900	1800	480	170	245	16102.30

注：代扣三项基金包括：基本养老保险金、失业保险金、基本医疗保险。

——基本医疗保险基金	120

④上交及归还代扣款：

借：其他应付款——托保费	170
应交税费——代扣代缴个人所得税	245
其他应付款——养老保险金	240
——失业保险基金	120
——基本医疗保险基金	120
贷：银行存款	895

五、职工薪酬分配的核算

为了反映工资分配情况，应编制职工薪酬分配表，将应付职工薪酬总额按用途进行分配，分别记入生产成本、费用和有关账户。

（一）编制职工薪酬分配表

见表6-6。

表6-6　　　　　　　　　职工薪酬分配表　　　　　　×××年×月

应借科目	基本生产车间	辅助生产车间	企业管理部门	医务福利部门	在建工程	产品销售部门	合计
生产成本							
基本生产成本	6974.10						6974.10
辅助生产成本		2757.60					2757.60
制造费用	724.40						724.40
管理费用			2116.80				2116.80
应付职工薪酬				474.00			474.00
在建工程					148.40		148.40
销售费用						1102.00	1102.00
合计	7698.50	2757.60	2116.80	474.00	148.40	1102.00	14297.30

（二）进行工资费用分配

职工薪酬分配的账务处理见图6-11。

六、职工保险费和应付福利费核算

（一）计提和交纳职工四项保险核算

1. 2004年北京市四项保险及住房公积金交纳比例，见表6-7。

表6-7

项目	企业交费部分			个人负担部分		2002年月均工资上下限	
	依据	比例	列支项目	依据	比例	上限	下限
基本养老保险	上年交费职工工资总额	20	劳动保险费列支	按个人上年工资总额	8%	月平均工资300%	最低工资标准
基本医疗保险	上年交费职工工资总额	9%	5%列福利费4%列劳动保险	按个人上年工资额	2%	月平均工资300%	月均工资的60%
大额医疗费互助	上年交费职工工资总额	1%	应付福利费列支	按月定额交纳	3元		
失业保险	按全部职工工资总额	1.5%	劳动保险费	按个人上年工资总额	0.5%	月均工资300%	月最低工资标准
工伤保险	参保人数月平均工资	0.3%~1.6%	劳动保险费		不同行业不同标准	月平均工资300%	月最低工资标准
住房公积金	按上月交费工资总额	12%	由成本列支	按本人上年工资总额	12%		

注：在计算应交四项保险金时月均工资最低不得低于下限，最高不得高于上限。在北京2003年月均工资2004元，最低工资标准465元。

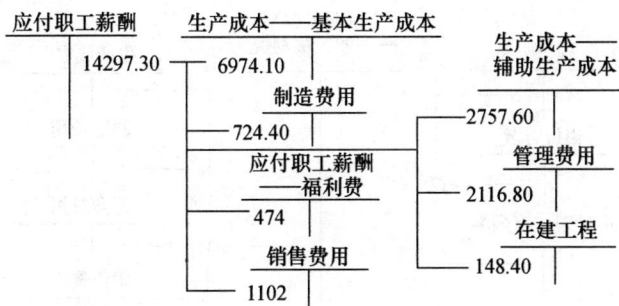

图 6 – 11 职工薪酬分配的账务处理

注：按工资的用途分配工资费用。

2. 账务处理。

（1）月终根据规定标准及缴费职工人数，计算出应缴数额，按规定科目处理如下：

借：管理费用——劳务保险费 　　　　　　　　　　　　　×××

　　应付职工薪酬——职工福利费 　　　　　　　　　　　×××

　　贷：其他应付款——应交×××保险 　　　　　　　　　×××

（2）代扣个人应缴部分：

借：应付职工薪酬 　　　　　　　　　　　　　　　　　　×××

　　贷：其他应付款——应交代扣个人交费 　　　　　　　　×××

（3）交纳时：

借：其他应付款——应交×××保险费 　　　　　　　　　　×××

　　贷：银行存款 　　　　　　　　　　　　　　　　　　　×××

（二）应付福利费核算内容

企业职工除领取劳动报酬——工资以外，为确保职工健康，职工还可享受公费医疗、困难补助及集体福利待遇等。这些用于职工福利方面开支的资金称为职工福利费。

1. 企业职工福利费来源。根据现行制度规定，职工福利费按职工工资总额的一定比例使用，具实报销不再预提，限额为14%。费用列支渠道与工资相同，所以又称为工资附加费。

2. 企业职工福利费用途。根据现行制度的规定，职工福利费用可用于：职工医疗费、职工因工负伤就医路费、职工生活困难补助费、医务室经费、医务人员工资、职工洗理补助费、食堂炊事用具购置费及修理费、集体福利设施、支出，以及国家规定的其他职工福利支出。

七、应付福利费账务处理

处理方法见图 6 – 12。

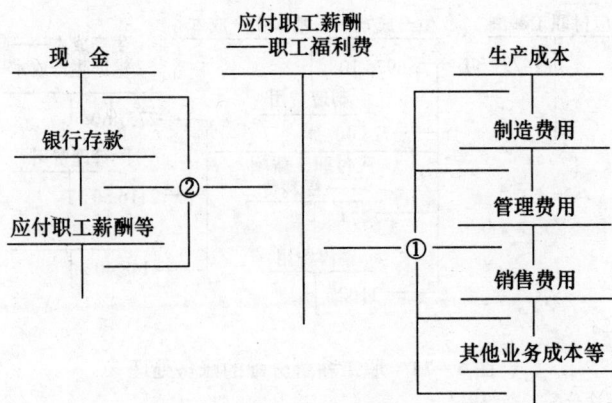

图 6 - 12   职工福利费核算程序

图示说明：

①根据福利费计算表提取福利费时，记入"应付职工薪酬——职工福利费"。

②日常支付福利费时。

八、职工薪酬税法规定

（一）工资薪金支出的扣除

《企业所得税法实施条例》第三十四条明确规定，企业发生的合理的工资、薪金支出，准予扣除。

所谓工资薪金，是指企业每一纳税年度支付给在本企业任职或者受雇的员工的所有现金形式或者非现金形式的劳动报酬，包括基本工资、奖金、津贴、补贴、年终加薪、加班工资，以及与员工任职或者受雇有关的其他支出。

所称"合理工资薪金"，是指企业按照股东大会、董事会、薪酬委员会或相关管理机构制定的工资薪金制度，规定实际发放给员工的工资薪金。税务机关在对工资薪金进行合理性确认时，可按以下原则掌握：

1. 企业制定了较为规范的员工工资薪酬制度。

2. 企业所制定的工资薪金制度符合行业及地区水平。

3. 企业在一定时期所发放的工资薪金是相对固定的，工资薪金的调整是有序进行的。

4. 企业对实际发放的工资薪金，已依法履行了代扣代缴个人所得税义务。

5. 有关工资薪金的安排，不以减少或逃避税款为目的。

（二）职工福利费支出、工会经费、职工教育经费支出的扣除

1. 职工福利费支出。企业发生的职工福利费支出，不超过工资薪金总额14%的部分，准予扣除。

依照《国家税务总局关于企业工资薪金及职工福利费扣除问题的通知》（国

税函〔2009〕3号）规定，企业职工福利费包括以下内容：

（1）尚未实行分离办社会职能的企业，其内设福利部门所发生的设备、设施和人员费用，包括职工食堂、职工浴室、理发室、医务所、托儿所、疗养院等集体福利部门的设备、设施及维修保养费和福利部门工作人员的工资薪金、社会保险费、住房公积金、劳务费等。

（2）为职工卫生保健、生活、住房、交通等所发放的各项补贴和非货币性福利，包括企业向职工发放的因公外地就医费用、未实行医疗统筹企业职工医疗费用、职工供养直系亲属医疗补贴、供暖费补贴、职工防暑降温费、职工困难补贴、救济费、职工食堂经费补贴、职工交通补贴等。

（3）按照其他规定发生的其他职工福利费，包括丧葬补助费、抚恤费、安家费、探亲假路费等。

企业发生的职工福利费，应该单独设置账册，进行准确核算。没有单独设置账册准确核算的，税务机关应责令企业在规定的期限内进行改正。

逾期仍未改正的，税务机关可对企业发生的职工福利费进行合理的核定。

"工资薪金总额"，是指企业按照规定实际发放的工资薪金总和，不包括企业的职工福利费、职工教育经费、工会经费以及养老保险费、医疗保险费、失业保险费、工伤保险费、生育保险费等社会保险费和住房公积金。属于国有性质的企业，其工资薪金不得超过政府有关部门牌号给予的限定数额；超过部分，不得记入企业工资薪金总额，也不得在计算企业应纳税所得额时扣除。

2. 工会经费。企业拨缴的工会经费，不超过工资薪金总额2%的部分，准予扣除。

3. 职工教育经费支出。除国务院财政、税务主管部门另有规定外，企业发生的职工教育所发生的教育费支出，不超过工资薪金总额2.5%的部分，准予扣除；超过部分，准予在以后纳税年度结转扣除。

这里的职工教育经费支出，是指企业为提高其职工工作技能，为企业带来更多的经济利益流入，而通过各种形式提升职工素质，提高职工工作能力等方面的教育费支出。具体的范围有国务院财政、税务主管部门再具体认定。

软件生产企业发生的职工教育经费中的职工培训费用，根据《财政部国家税务总局关于企业所得税若干优惠政策的通知》（财税〔2008〕1号）规定，可以全额在企业所得税前扣除。软件生产企业应准确划分职工教育经费中的职工培训支出，对于不能准确划分的，以及准确划分后职工教育经费中扣除职工培训费用的余额，一律按照《企业所得税法实施条例》第四十二条规定的比例扣除（国税函〔2009〕202号）。

（三）保险费用支出的扣除

1. 企业依照国务院有关主管部门或者省级人民政府规定的范围和标准为职

工交纳的基本养老保险费、基本医疗保险费、失业保险费、工伤保险费、生育保险费等基本社会保险费和住房公积金，准予扣除。

企业为投资者或者职工支付的补充养老保险费、补充医疗保险费，在国务院财政、税务主管部门规定的范围和标准内，准予扣除。

注：根据财税〔2009〕27号文件规定，企业根据国家有关政策规定，为在本企业任职或者受雇的全体员工支付的补充养老保险费、补充医疗保险费，分别在不超过职工工资总额5%标准内的部分，在计算应纳税所得额时准予扣除；超过的部分，不予扣除。

2. 除企业依照国家有关规定为特殊工种职工支付的人身安全保险费和国务院财政、税务主管部门规定可以扣除其他商业保险费外，企业为投资者或者职工支付的商业保险费，不予扣除。

第四节　应交税费核算

一、应交税费核算的内容及科目

（一）应交税费的内容及列支渠道

应交税费是小企业按税法规定计算应交纳的各种税费。其内容包括增值税、消费税、营业税、城市维护建设税、企业所得税、资源税、土地增值税、城镇土地使用税、房产税、矿产资源补偿费、排污费等。

小企业代扣代缴的个人所得税等也在应交税金科目核算。

各种税费的列支渠道见图6-13。

（二）应交税费应按照应交的税费项目进行明细核算

企业应交税费见图6-14。

二、应交增值税核算

增值税的特征与基本内容见图6-15。

（一）应交增值税核算科目

一般纳税人应当分别设置"进项税额"、"销项税额"、"进口退税"、"进项税额转出"、"已交税金"等科目。小规模纳税人只需设置"应交增值税"明细科目。

（二）应交增值税账务处理

1. 账务处理见图6-16

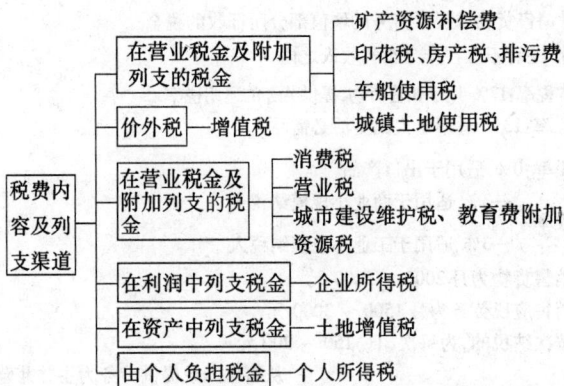

图 6 - 13 应交税费核算的内容及列支渠道

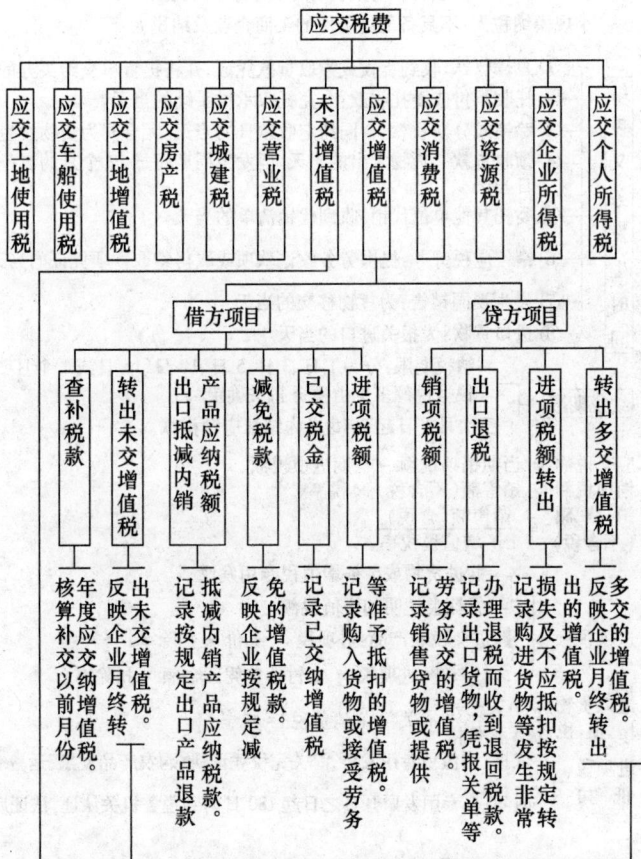

图 6 - 14 应交税费核算内容

增值税内容

特征
- 是对销售货物或提供劳务的增值部分所征收的税金
- 是价外税,不含在产品销售收入之内

税率
- 基本税率:17% 用于销售货物,提供劳务的通用税率
- 低税率:13% 适用于人民生活必需品
- 零税率:0% 适用于出口产品
- 征收率
  - 3% 适用于商业小规模纳税人
  - 3% 适用于工业小规模纳税人

起征点
- 销售货物为月 2000 ~ 5000 元
- 销售应税劳务为月 1500 ~ 3000 元
- 按次纳税的,为每次(日)150 ~ 200 元

纳税主体
- 一般纳税人
  - 年销售额
    - 从事生产或提供劳务为主并兼营货物批发或零售年销售额
    - 50 万元及以上
    - 除上述条件以外纳税人,年销售额在 80 万元及以上的
  - 会计核算资料健全,经税务机关批准
- 小规模纳税人:不具备上述条件的工商企业及纳税人

纳税时限
- 纳税义务发生时间
  - ① 直接收款:收到货款或索取货款凭证,并将提货单交给买方的当天
  - ② 托收承付或委托收款:办完托收承付手续的当天
  - ③ 赊销或分期收款:合同约定收款日的当天。无合同为货物发生当天
  - ④ 预收货款– 货物发出的当天,但发生周期超过 12 个月的设备,为合同约定收款日当天
  - ⑤ 委托其他单位代销:收到代销清单的当天
  - ⑥ 销售应税劳务:提供劳务收讫款项或取得索取款项凭证的当天
  - ⑦ 发生视同销售:为货物移交的当天
  - ⑧ 进口货物:为报关进口的当天
- 纳税期限
  - 纳税期限:分为 1 日、3 日、5 日、10 日、15 日或 1 个月
  - 根据税额多少由税务机关确定
  - 于次月 1 日至 15 日内结清应缴税款

计算方法
- 应交税额 = 当期销项税额 – 当期进项税额
- 销项税额 = 销售额(不含税)× 税率
- $销售额(不含税) = \dfrac{销售额(含税)}{1 + 增值税税率}$
- 进项税额
  - 购进货物或劳务增值税专用发票
  - 凭证上注明的增值税
  - 购进免税农产品:进项税 = 买价 × 扣除率
  - 支付运费:进项税 = 支付运费凭证金额 × 扣除率
- $进口货物增值税 = \left(关税完税价格 + 关税 + 消费税\right) × 税率$
- 进项税抵扣
  - 依据:增值税专用发票,海关完税凭证,收购农产品发票,运费专用发票等
  - 时间:自专用发票开具之日起 180 日内到税务机关认证,认证后即可抵扣

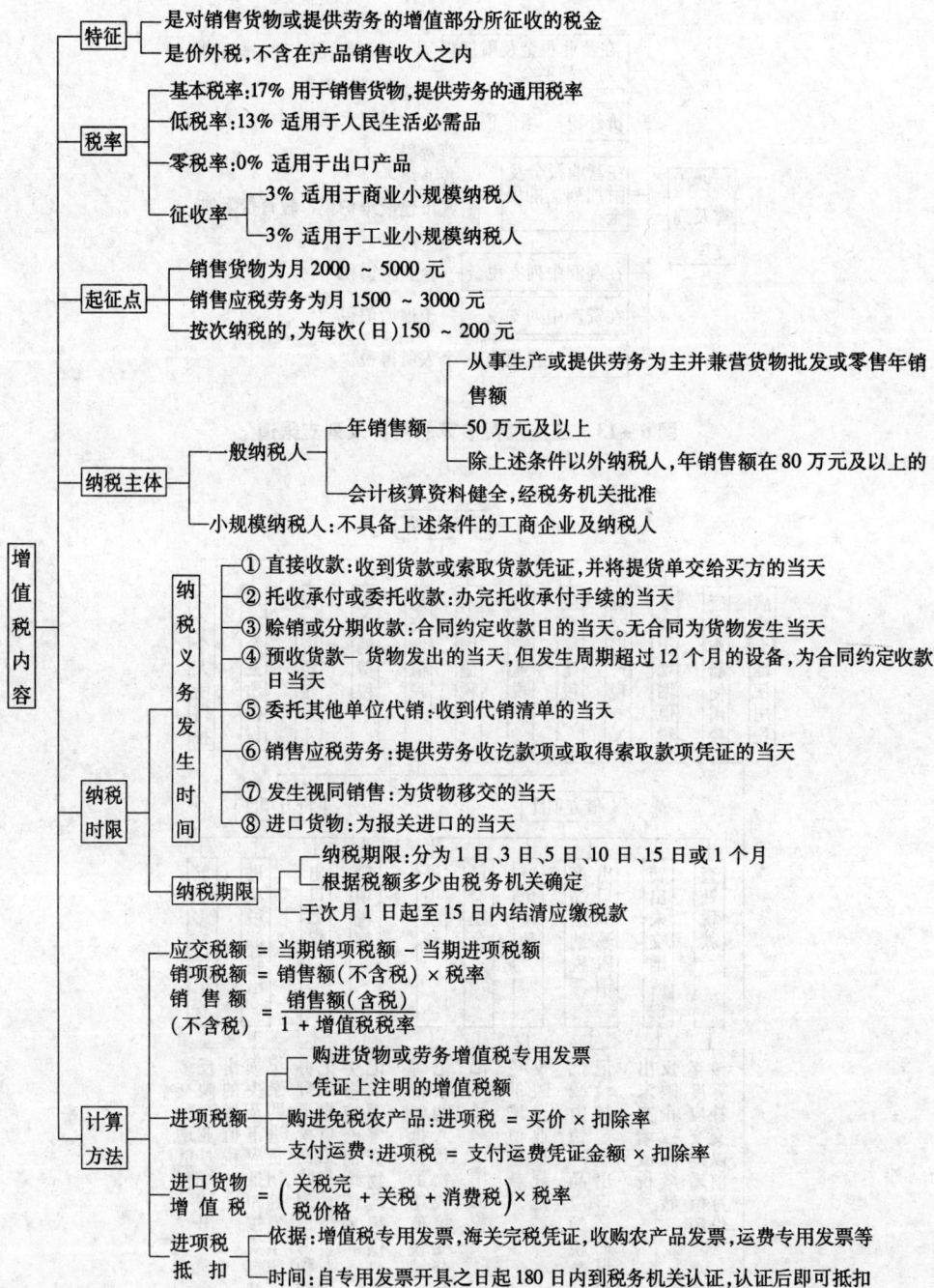

图 6–15　增值税核算内容

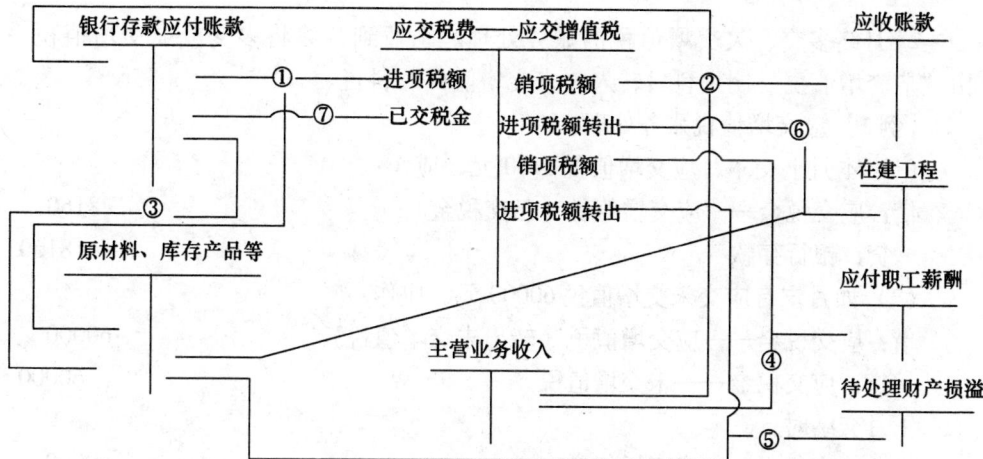

图 6 – 16 应交增值税账务处理

图示说明:

①小企业采购物资等,按照应记入采购成本的金额,借记"材料采购"或"在途物资"、"原材料"、"库存商品"等科目,按照税法规定可抵扣的增值税进项税额,借记本科目(应交增值税——进项税额),按照应付或实际支付的金额,贷记"应付账款"、"银行存款"等科目。购入物资发生退货的,做相反的会计分录。

购进免税农业产品,按照购入农业产品的买价和税法规定的税率计算的增值税进项税额,借记本科目(应交增值税——进项税额),按照买价减去按照税法规定计算的增值税进项税额后的金额,借记"材料采购"或"在途物资"等科目,按照应付或实际支付的价款,贷记"应付账款"、"库存现金"、"银行存款"等科目。

随同商品出售但单独计价的包装物,应当按照实际收到或应收的金额,借记"银行存款"、"应收账款"等科目;按照税法规定应交纳的增值税销项税额,贷记本科目(应交增值税——销项税额),按照确认的其他业务收入金额,贷记"其他业务收入"科目。

②销售商品(提供劳务),按照收入金额和应收取的增值税销项税额,借记"应收账款"、"银行存款"等科目,按照税法规定应交纳增值税销项税额,贷记本科目(应交增值税——销项税额),按照确认的营业收入金额,贷记"主营业务收入"、"其他业务收入"等科目。发生销售退回的,做相反的会计分录。

随同商品出保但单独计价的包装物,应当按照实际收到或应收的金额,借记"银行存款"、"应收账款"等科目;按照税法规定应交纳的增值税销项税额,贷记本科目(应交增值税——销项税额),按照确认的其他业务收入金额,贷记"其他业务收入"科目。

③购入材料等按照税法规定不得从增值税销项税额中抵扣的进项税额,其进项税额应记入材料等成本,借记"材料采购"或"在途物资"等科目,贷记"银行存款"等科目,不通过本科目(应交增值税——进项税额)核算。

④将自产的产品等用做福利发放给职工,应视同产品销售计算应交增值税的,借记"应付职工薪酬"科目,贷记"主营业务收入"、本科目(应交增值税——销项税额)等科目。

⑤购进的物资、在产品、产成品因盘亏、毁损、报废、被盗,以及购进物资改变用途等原因按照税法规定不得从增值税销项税额中抵扣的进项税额,其进项税额应转入有关科目,借记"待处理财产损溢"等科目,贷记本科目(应交增值税——进项税额转出)。

⑥由于工程而使用本企业的产品或商品,应当按照成本,借记"在建工程"科目,贷记"库存商品"科目。同时,按照税法规定应交纳的增值税销项税额,借记"在建工程"科目,贷记本科目(应交增值税——销项税额)。

⑦交纳的增值税,借记本科目(应交增值税——已交税金),贷记"银行存款"科目。

2. 月终多交、欠交增值税的账务处理。企业到月终将多交或欠交增值税，由"应交增值税"明细科目转入"未交增值税"科目。

【例1】 应交增值税账务处理

（1）本月上交本月应交增值税8160元，应作：

借：应交税金——应交增值税（已交税金）　　　　　　　　　　8160
　　贷：银行存款　　　　　　　　　　　　　　　　　　　　　　8160

（2）如月末有应交未交增值税60000元，应作：

借：应交税金——应交增值税（转出未交增值税）　　　　　　60000
　　贷：应交税金——未交增值税　　　　　　　　　　　　　　60000

下月交纳时：

借：应交税金——未交增值税　　　　　　　　　　　　　　　60000
　　贷：银行存款　　　　　　　　　　　　　　　　　　　　　60000

（3）如本月多交增值税4000元，应作如下处理：

借：应交税金——未交增值税　　　　　　　　　　　　　　　　4000
　　贷：应交税金——应交增值税（转出多交增值税）　　　　　4000

（三）出口企业"免、抵、退"税务处理

出口类型较多，依据出口类型不同大致可将出口企业分为生产型出口企业和外贸型企业；依据出口方式不同，又可分为自营出口和委托代理出口。生产型自营出口企业一般采用增值税"免、抵、退"税务处理，现对有代表性的生产自营出口的增值税"免、抵、退"业务税务处理相关事项介绍如下：

1. "免、抵、退"税办法的含义。生产型自营出口的企业使用"免、抵、退"税简易征收的计算办法，自1994年制定到现在不断修订更新，但主导思想并未改变："免、抵、退"税办法包含免税、抵税、退税三个方面。具体含义可以从以下三个方面理解：

免："免、抵、退"税办法的"免"税，是指对生产企业出口自产及视同销售自产货物，免征本企业生产销售环节增值税。对上述企业，出口自产货物时直接体现为出口销售环节的销项税为0。如甲生产性企业生产销售电子元器件，货物全部出口，此货物在出口时不征收增值税。

抵："免、抵、退"税办法的"抵"税，是指生产企业出口购买用于自产及视同自产出口货物所耗用的原材料、零部件、燃料、动力等承担的进项税额，可以抵顶内销货物的增值税应纳税额。

退："免、抵、退"税办法的"退"税，是指对生产出口自产及视同销售货物，在当月应抵顶的进税额大于应纳税额时，未抵顶完的税额部分按规定予以退税。

企业一般按照增值税的规定进行处理：首先不区分采购材料用于国内还是国

外商品生产，全部予以抵扣进项税；其次再根据"免、抵、退"管理办法不得抵扣部分进项税额予以转出；最后将不能抵顶完部分申报退税。

2. 为何规定出口退税率。国家依据不同商品制定了不同的退税率，以便更好管控商品出口。看似非常麻烦的出口税务处理，实则有其内在非常紧密的关系。

出口商品免税是指免出口销售环节的销项税，依据《增值税暂行条例》第十条规定，免税项目其进项税额不得从其销项税额中扣除，出口免税商品的进项税必须全部转出。因此，出口免税仅是免去出口加工环节增值部分对应的增值税，出口商品无法大幅降低价格应对国外激烈竞争。为更大幅度地降低我国商品在国际竞争的价格，鼓励商品出口，国家规定不同商品的退税率，将出口免税商品承担的进项税，依据国家相关需求而全部或者部分退还给企业，以达到降低出口商品对外销售价格，应对国际竞争的目的。同时，对于不同商品规定不同的退税率，更有利于国家从税收方面调节商品出口。

例如，国家对商品出口鼓励程度不同，出口商品分别适用 17%、16%、15%、13%、9%、5%、3% 的增值税出口退税率，国家不鼓励出口或者限制出口的黄金、铜、液化天然气等货物，规定的退税率为 0；2007 年受金融危机的影响，我国商品出口量大幅下降，国家大幅调高出口商品的退税率，以鼓励商品出口，促进国内经济复苏，这样国家通过税收杠杆调节商品退税率，进而达到控制商品出口量。

3. 出口商品退税为 0 时的处理。企业出口的商品退税率为 0 时，鉴于国家不鼓励此类商品的出口，因此《国家税务总局关于出口货物退（免）税若干问题的通知》（国税发［2006］102 号）规定，出口企业出口的国家明确规定不予退（免）增值税的货物，除另有规定者外，视同内销货物计提销项税额或征收增值税。此时便不再享受出口相关税收优惠。但国税发［2006］102 号《通知》同时规定了企业以一般贸易方式、进料加工复出口贸易方式出口货物时，计算销项税额公式，此规定是否只适用上述两种贸易方式的货物出口存在争议。另外，国家在回复北京市国税局的请示时公布的《国家税务总局关于生产企业发展对外承包工程业务出口货物退（免）税问题的批复》（国税函［2009］538 号）规定"属于增值税一般纳税人的生产企业开展对外承包工程业务而出口的货物，凡属于国家明确规定不予退（免）税的货物，按现行规定予以征税"。

根据上述规定，可以看出企业出口退税率为 0 时，以一般贸易及进料加工复出口贸易方式出口货物，以及一般纳税人的生产企业开展对外承包工程业务而出口的货物时，应视同内销货物计提销项税额或征收增值税。其他出口退税为 0 时货物的税务处理，还应进一步具体分析。

4. 出口商品对应的进税额的处理。鉴于出口商品免税其对应的进项税额不得抵扣，理论要求应区分材料生产的商品是用于国内销售还是国外销售，用于国外销售的部分根据商品的退税率进行进项税抵扣。但是一般企业由于存在国内销售跟国外出口商品共用相同原材料等情况，无法一一区别哪些原材料用于出口商品、哪些用于内销商品，因此，实际操作中企业将原材料的进项税额先行全部抵扣，月底再将出口商品对应的进项税不得抵扣的部分转出。但是由于企业出口商品种类繁多，而且国内销售与国外出口商品共用原材料情况普遍存在，无法完全准确转出出口商品耗用材料等的进项税，因此，《财政部、国家税务局、外经贸部关于外国政府和国际组织无偿援助项目在华采购物资免征增值税问题的通知》（财税〔2002〕7号）规定进项税额简易征收的转出公式如下：

当期"免、抵、退"税额不得免征和抵扣税额＝出口货物离岸×外汇人民币牌价×（出口货物征税率－出口货物退税率）－"免、抵、退"税额不得免征和抵扣税额抵减额

从公式看出，对于出口商品对应的进项税处理为先将不得抵扣部分转出，再根据退税率抵扣或者退还企业应纳税额。关于出口商品对应的不得抵扣的进项税额，考虑到企业无法区分的情况，实际转出时按照"出口商品的人民币价"×"出口货物征税率"的简易计算方法。鉴于购价一般低于外售商品出口价的情况，简易计算实际扩大了转出的范围。

公式中主导思想为，按照出口商品折合的人民币价格与其对应的征税率相乘（出口货物离岸价×外汇人民币牌价×出口货物征税率）对应的进项税额全部转出，再根据出口商品的退税率相应退还出口货物承担的进项税，因此出现公式中的第二部分，但是其中可能包含免税购进的原材料，免税购进的原材料购入时未承担进项税，因此公式中"'免、抵、退'税额不得免征和抵扣税额抵减额"便是减除此部分多转出的进项税。

5. 出口退税账务处理。有出口产品的小企业，其出口退税的账务处理如下：

（1）实行"免、抵、退"管理办法的小企业，按照税法规定计算的当期出口产品不予免征、抵扣和退税的增值税额，借记"主营业务成本"科目，贷记本科目（应交增值税——进项税额转出）。按照税法规定计算的当期应予抵扣的增值税额，借记本科目（应交增值税——出口抵减内销产品应纳税额），贷记本科目（应交增值税——出口退税）。

出口产品按照税法规定应予退回的增值税款，借记"其他应收款"科目，贷记本科目（应交增值税——出口退税）。

（2）未实行"免、抵、退"管理办法的小企业，出口产品实现销售收入时，

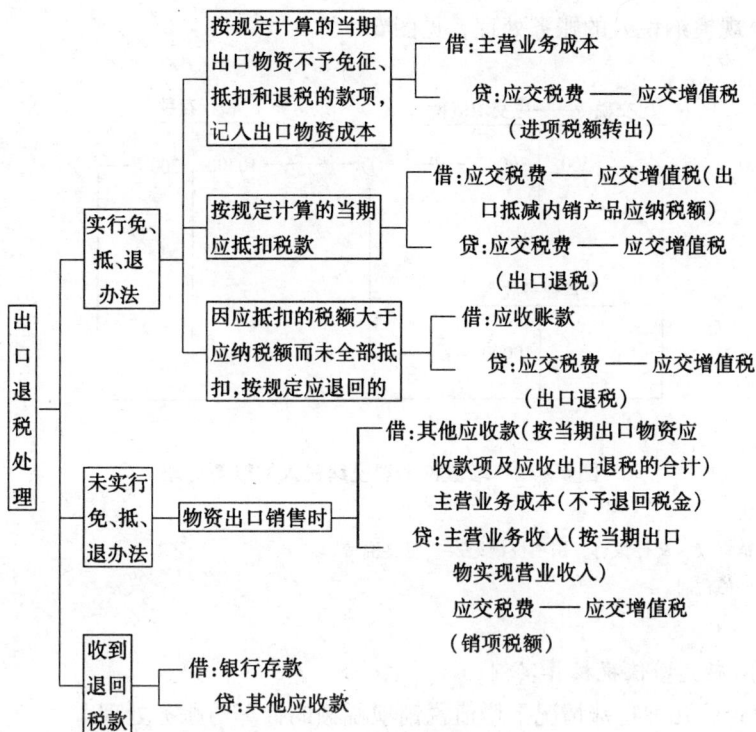

图6-17　小企业出口退税账务处理

应当按照应收的金额，借记"应收账款"等科目，按照税法规定应收的出口退税，借记"其他应收款"科目，按照税法规定不予退回的增值税额，借记"主营业务成本"科目，按照确认的销售商品收入，贷记"主营业务收入"科目，按照税法规定应交纳的增值税额，贷记本科目（应交增值税——销项税额）。

（四）增值税小规模纳税人的账务处理

1. 小规模纳税人的核算特征，见图6-18。

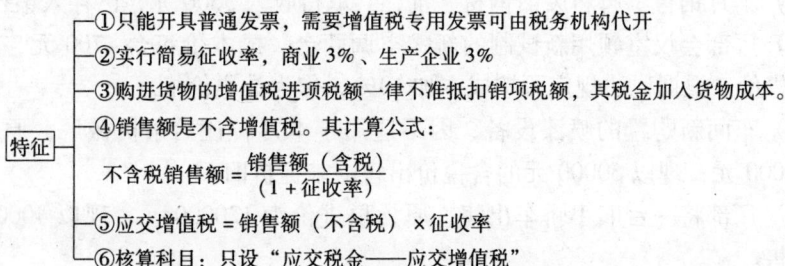

图6-18　小规模纳税人的核算特征

2. 小规模纳税人的账务处理，见图 6 - 19。

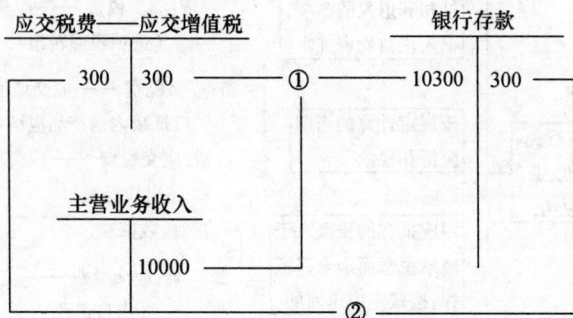

图 6 - 19　增值税小规模纳税人的账务处理

图示说明：

①实现销售收入交存银行，销项税额记入"应交税费"。

②交纳增值税时。

（五）应交增值税核算实例

工业企业几种特殊情况下增值税销项税额的计算与账务处理。

【例 2】某空调厂为增值税一般纳税人，2011 年 5 月发生如下销售业务：

（1）5 月 5 日采取分期收款方式销售给外地某商城分体式空调一批不含税售价 800000 元，增值税 136000 元，双方签订的分期收款合同规定，交货时付货款的 50%，其余部分于次月 10 日内付款。该批空调的总成本为 720000 元。

（2）厂内非独立核算的销售门市部，本月直接销售给消费者个人的空调共 20 台，每台不含税价 6000 元，增值税 1020 元，另外收取安装费每台 500 元。所收款项已存入银行。

门市部本月为客户提供空调修理服务，取得修理费收入共计 18000 元，已全部存入银行。

（3）本月销售下脚料废旧钢材一批，共取得收入 3600 元，已存入银行。

（4）厂部会议室领用新试制的新式空调两台，成本价每台 4700 元，无同类产品的售价。根据税法规定可按成本加 10%，作为计税价格。

（5）车间新购置的喷漆设备，因不适用于本月转让给某机械厂，原含税进价为 50000 元，现以 60000 元的含税价出售。未提折旧。

（6）厂部将一台旧小轿车出售，原含税进价为 120000 元，现以 40000 元含税价出售。

要求：请计算该厂 5 月份增值税的销项税额，并做出上述各项业务相应的账务处理。若该厂 5 月份的分期收款业务 6 月 10 日未收到货款，7 月 10 日收到货款并加收了逾期还款罚金 2340 元，请做出相应的账务处理。

[解] 上述业务处理如下：

5 月份增值税销项税额 $= 68000 + 1020 \times 20 + 500 \times 20 \div 1.17 \times 17\% + 18000 \div 1.17 \times 17\% + 3600 \div 1.17 \times 17\% + 4700 \times 2 \ (1 + 10\%) \times 17\% + 60000 \div 1.06 \times 6\% + 40000 \div 1.04 \times 4\% \times 50\% = 98914.71$（元）

5 月份有关业务的账务处理如下：

（1）分期收款销售产品：

借：库存商品——发出商品	720000
贷：库存商品——××商品	720000
借：银行存款	468000
贷：主营业务收入	400000
应交税费——增值税（销项税额）	68000
借：主营业务成本	360000
贷：库存商品——发出商品	360000

（2）销售给消费者的空调：

借：银行存款	150400.00
贷：主营业务收入	128547.01
应交税费——增值税（销项税额）	21852.99

取得空调修理收入：

借：银行存款	18000.00
贷：主营业务收入	15384.62
应交税费——增值税（销项税额）	2615.38

（3）销售下脚料：

借：银行存款	3600.00
贷：其他业务收入	3076.92
应交税费——增值税（销项税额）	523.08

（4）厂部领用空调：

借：固定资产——产部	9400.00
应交税费——增值税（销项税额）	1757.80
贷：库存商品	9400.00
应交税费——增值税（销项税额）	1757.80

（5）销售不需用设备：

借：银行存款	60000.00

  贷：固定资产清理   56603.77

    应交税费——增值税（销项税额）   3396.23

  借：固定资产清理   50000

    贷：固定资产   50000

  借：固定资产清理   6603.77

    贷：营业外收入   6603.77

 （6）销售旧小轿车：

  借：银行存款   40000.00

    贷：固定资产清理   39230.77

      应交税费——增值税（销项税额）   769.23

 （7）6月30日分期收款业务到期末收到货款：

  借：应收账款——××商城   468000

    贷：主营业务收入   400000

      应交税费——增值税（销项税额）   68000

  借：主营业务成本   360000

    贷：库存商品——发出商品   360000

 （8）7月10日收到货款及逾期还款罚金：

  借：银行存款   470340

    贷：应收账款   468000

      营业外收入   2000

      应交税费——增值税（销项税额）   340

  （注：根据政策规定：①国税发［1996］155号文规定：对增值税一般纳税人向购买方收取的价外费用和逾期包装物押金，应视为含税收入，在征税时换算成不含税收入并计入销售额计征增值税。②《增值税暂行条例实施细则》第十二条规定：价外费用是指向购买方收取的……违约金（延期付款利息）……）

  纳税销售旧车按照简易办法依照4%征收率减半增值税。

  【例3】某饭店为顾客供应饭菜，当月取得饮食收入60000元，同时为用餐顾客供应烟、酒、饮料等，收入15600元。该饭店应如何计税？

  ［解］该店取得的饮食收入和销售烟酒的收入是因同一项业务而发生，饮食收入属于营业税中服务项目，销售烟酒的收入属于增值税征税范围，故该店的业务行为属混合销售行为。但该企业不属于从事货物的生产、批发或零售的企业以及从事货物的生产、批发或零售为主，并兼营非应税劳务的企业，所以该店的全部收入应交纳营业税，即

  （60000＋15600）×5%＝3780（元）

【**例4**】增值税的调账及补税的账务处理。

某机械生产公司位于某县城，为增值税一般纳税人。2012年6月税务稽查人员对该企业本年1月份和上一年度的增值税纳税情况进行检查，发现如下问题：

[**解**]

（1）本年度存在的问题。

1）2011年12月采用分期收款方式销售A型设备一台，成本为450000元，不含税售价为600000元，增值税102000元。合同规定货款分3个月付清，交货时支付货款的1/3，2012年1月底和2月底以前各付货款的1/3。2011年12月的账务处理正确，但2012年1月31日以前购货方未按合同约定时间支付货款，对此机械厂也未作任何账务处理。

2）2012年1月24日销售一批钢材下脚料给一小规模纳税人，共取得销售收入3510元，账务处理如下：

借：银行存款　　　　　　　　　　　　　　　　　　　　3510

　　贷：其他业务收入　　　　　　　　　　　　　　　　　3510

3）2012年1月25日委托电镀厂镀锌的机器零部件收回入库，取得增值税专用发票注明不含税加工费7200元，增值税1224元，因资金周转困难，暂未付款。委托加工材料的发出成本为10800元，账务处理如下：

借：委托加工物资　　　　　　　　　　　　　　　　　　10800

　　贷：原材料　　　　　　　　　　　　　　　　　　　10800

借：委托加工物资　　　　　　　　　　　　　　　　　　7200

　　应交税费——应交增值税（销项税额）　　　　　　　1224

　　贷：应付账款——应付电镀厂　　　　　　　　　　　8424

借：原材料——镀锌零件　　　　　　　　　　　　　　　18000

　　贷：委托加工物资　　　　　　　　　　　　　　　　18000

注：委托加工材料成本：10800 + 7200 = 18000（元）

4）2012年1月20日材料库失火损失材料的账面价值为14000元，库存材料适用的增值税税率均为17%，1月28日经批准核销该批材料的损失，其账务处理分别为：

借：营业外支出——材料损失　　　　　　　　　　　　　14000

　　贷：原材料　　　　　　　　　　　　　　　　　　　14000

（2）上年度存在的问题。

1）2011年9~12月车间扩建工程用电与生产用电一并记入了制造费用，经计算扩建工程用电不含税电费应为66000元，这一时期生产的产品目前均已完工，在库产成品与已销产成品的比例约各占一半。检查扩建工程尚未完工。

2）2011 年度共有三笔为客户送货的销售设备业务，所收取的运输费用未计提销项税，其账务处理和金额合计数为：

借：银行存款 7502040
　　贷：主营业务收入 6400000
　　　　应交税费——应交增值税（销项税额） 1088000
　　　　其他业务收入 14040

2012 年 1 月末该企业"应交税费——应交增值税"账户和"应交税费——未交增值税"账户均无余额，该企业没有期初存货抵扣税款的问题。

要求：根据上述检查发现的问题做出调账和补缴税款的账务处理。

根据以上情况账务处理如下：

（1）本年度存在问题的调账。

1）采用分期收款方式销售货物，应于合同约定的收款日期做销售收入并计提销项税，1 月份应调增销项税税额为 200000×17% = 34000 元。

借：应收账款 234000
　　贷：主营业务收入 200000
　　　　应交税费——应交增值税（销项税额） 34000
借：主营业务成本 150000
　　贷：库存商品——发出商品 150000

2）销售下脚料应照章计提销项税：

3510÷（1+17%）×17% = 510（元）

借：其他业务支出 510
　　贷：应交税费——应交增值税（销项税额） 510

3）委托加工零件，不作调整。

4）原材料发生非正常损失，应按照规定程序在批准核销的当月转出进项税税额 14000×17% = 2380 元。

借：营业外支出——非正常损失 2380
　　贷：应交税费——应交增值税（进项税额转出） 2380

（2）上年度存在问题的调账。

1）在建工程用电应从生产用电中转出，并同时转出相应的进项税税额 66000×17% = 11220 元。

借：在建工程 77220
　　贷：库存商品×× 33000
　　　　以前年度损益调整 33000
　　　　应交税费——应交增值税（进项税额转出） 11220

2）代客户运送设备收取的运费属价外费用应一并计提销项税 14040 ÷（1 + 17%）×17% = 2040 元。

借：以前年度损益调整　　　　　　　　　　　　　　2040

　　贷：应交税费——应交增值税（销项税额）　　　　　2040

（3）补缴税款的账务处理。

应补增值税 = 34000 + 510 + 2380 + 11220 + 2040 = 50150（元）

本年应补城建税 =（34000 + 510 + 2380）×5% = 1844.509（元）

本年应补教育费附加 =（34000 + 510 + 2380）×3% = 1106.70（元）

上年应补城建税 =（11220 + 2040）×5% = 663（元）

上年应补教育费附加 =（11220 + 2040）×3% = 397.80（元）

借：主营业务税金及附加（1844.50 + 1106.70）　　　2951.20

　　贷：应交税费——应交城建税　　　　　　　　　　1844.50

　　　　　　　　——应交教育费附加　　　　　　　　1106.70

借：以前年度损益调整　　　　　　　　　　　　　　1060.80

　　贷：应交税费——应交城建税　　　　　　　　　　663.00

　　　　　　　　——应交教育费附加　　　　　　　　397.80

借：应交税费——应交增值税（查补税款）　　　　　50150.00

　　　　　　——应交城建税　　　　　　　　　　　2507.50

　　　　　　——应交教育费附加　　　　　　　　　1504.50

　　贷：银行存款　　　　　　　　　　　　　　　　54162.00

【例5】生产企业自营进出口货物增值税的账务处理。

北京某玩具公司是具有进出口经营权的玩具生产企业，自产玩具既对外出口，又在国内销售。该公司享受出口货物实行"免、抵、退"税的政策。2012年12月底"应交税金——未交增值税"账面借方余额 270000 元，为留抵税额；"应交税金——应交增值税"账户期末无余额。该公司 2013 年 3 月的经济业务及第 1 季度的经营情况如下：

（1）3月2日，以一批自制新式玩具换取一批钢材，取得增值税专用发票，不含税价 100000 元，税款 17000 元。新式玩具不含税售价 75000 元，增值税 12750 元，自制成本共计 65000 元，差价款以支票补给对方。钢材已入库。

（2）3月8日外商预订的一批玩具完工发货，并报关出口，款项已于 2012 年底预收，共计人民币 120000 元。

（3）3月16日预缴本月应纳的增值税 10000 元。

（4）3月25日以银行存款支付本月生产用的水电费，均取得增值税专用发票，其中：水费不含税价 2600 元，税款 156 元；电费不含税价 84000 元，税款

14280 元。生产车间管理部门的水电耗用比例均为 8:2。

（5）3 月 31 日结转本月出口货物不予抵扣的税款。3 月份报关出口货物的离岸价折合人民币 120000 元，玩具的增值税税率为 17%，出口退税率为 11%。

该企业 2013 年 1 月内销售额为 800000 元，2 月内销售额为 600000 元；1～2 月报关出口货物离岸价 20 万美元折合人民币 1674000 元，累计发生进项税额 441564 元。

要求：根据 3 月份的上述业务，作出相应的账务处理，计算第 1 季度应退补的增值税，作出月末结账的账务处理和次月收到退税款的账务处理。

[解] 2013 年 3 月有关业务的账务处理：

（1）3 月 2 日以产品换材料：

借：原材料	100000
应交税费——应交增值税（进项税额）	17000
贷：主营业务收入——内销	75000
应交税费——应交增值税（进项税额）	12750
银行存款	29250

（2）3 月 8 日销售出口货物：

| 借：预收账款（或应收账款） | 120000 |
| 　贷：主营业务收入——出口 | 120000 |

注：生产企业自营出口的自产货物，免征本企业生产环节增值税。

（3）3 月 16 日预缴本月应纳的增值税：

| 借：应交税费——应交增值税（已交税金） | 10000 |
| 　贷：银行存款 | 10000 |

（4）3 月 25 日支付水电费：

借：制度费用	69280
管理费用	17320
应交税费——应交增值税（进项税额）	14436
贷：银行存款	101036

（5）3 月 31 日结转本月出口货物不予抵扣的税额。

出口货物不予抵扣的税额 = 当期出口货物的离岸价格 × 外汇人民币牌价 ×（增值税税率 – 出口货物退税率）

本月出口货物不予抵扣的税额 = 120000 × （17% – 11%） = 7200（元）

| 借：主营业务成本 | 7200 |
| 　贷：应交税费——应交增值税（进项税额转出） | 7200 |

计算第 1 季度应补退的增值税：

应纳税额 = 当期内销货物的销项税额 – （进项税额 – 出口货物不予抵扣的税

额 + 上期留抵税额）

第 1 季度内销售货物销售额 = 1400000 + 75000 = 1475000（元）

第 1 季度出口货物销售额 = 1674000 + 120000 = 1794000（元）

第 1 季度全部货物销售额 = 1475000 + 1794000 = 3269000（元）

第 1 季度累计发生进项税额 = 441564 + 17000 + 14436 - 7200 = 465800（元）

第 1 季度不予抵扣的税额 = 1794000 × （17% - 11%） = 107640（元）

第 1 季度应纳税额 = 1475000 × 17% - （465800 - 107640 + 270000） = -377410（元）

第 1 季度应纳税额为负数，出口货物占当期全部货物销售额的比例为 54.88%，（1794000 ÷ 3269000 × 100%）大于 50%，所以第 1 季度末抵扣完的进项额可以退税。

由于按本季度出口货物离岸价和退税率计算的退税额为 1794000 × 11% = 197340（元），小于本季度应纳税额绝对值 184610 元，应退税额为 197340 元。

结转下期换扣的进项税额 = 本期末抵扣完的进项税额 - 应退税额 = 384610 - 197340 = 187270（元）

月末结账：

（1）转出多缴的增值税：

借：应交税费——未交增值税 10000

　　贷：应交税费——应交增值税（转出多交增值税） 10000

（2）转出应办理出口退税税款：

借：其他应收款——应收出口退款 197340

　　贷：应交税费——应交增值税（出口退税） 197340

次月收到退税款：

借：银行存款 197340

　　贷：其他应收款——应收出口退税款 197340

三、应交消费税核算

消费税是以特定消费品为课税对象课征的一种流转税。其特点是价内税，即应税产品的售价中含有消费税。

（一）消费税的征收范围

见图 6 - 20。

消费税的征收范围	①一些过度消费会对人类健康、社会秩序、生态环境等造成危害的特殊消费品，如烟酒等
	②奢侈品、非生活必需的消费品，如化妆品，贵重首饰等
	③高耗能及高档消费品，如摩托车、小汽车
	④不可再生和替代的石油类消耗品，如汽油、柴油、润滑油
	⑤税基宽、消费普遍、征税不影响公民基本生活的，而具有一定财政意义的消费品，如酒类等

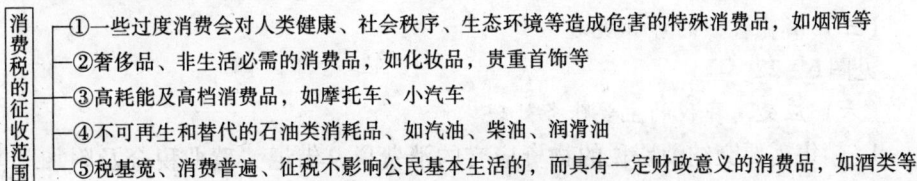

图 6 - 20　消费税的征收范围

（二）消费税的计税形式

见图 6 – 21。

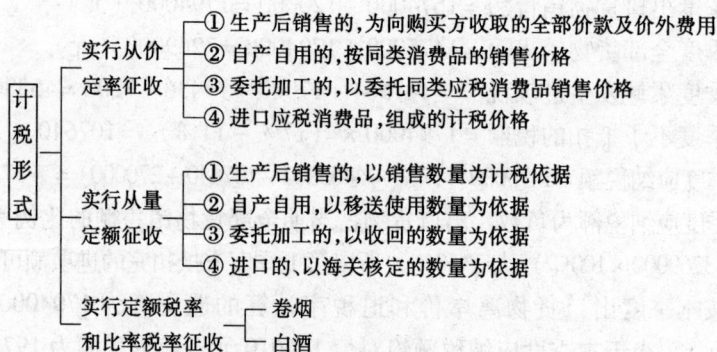

图 6 – 21　消费税的计税形式

（三）消费税税率

自 2009 年 1 月 1 日起，其税率从 1% ～ 56% 共设有 20 个档次的税率（税额）。

（四）消费税纳税义务的发生时间

见表 6 – 8。

表 6 – 8　　　　　　　　　　消费税纳税义务的发生时间

销售方式和移交方式	纳税义务发生时间
采用赊销和分期收款	合同规定收款日当天
采用预收货款	发出应税消费品当天
采用托收承付和委托收款	发出产品并办委手续当天
采用其他结算方式	收讫销货款或者取得索取销货款凭据的当天
自产自用应税消费品	应税消费品移送使用的当天
委托加工应税消费品	纳税人提货的当天
进口应税消费品	报关进口当天

（五）消费税额的计算规定

见图 6 – 22。

（六）应交消费税的主要账务处理

1. 销售需要交纳消费税的物资应交的消费税，借记"营业税金及附加"等科目，贷记"应交税费（应交消费税）"。

实行从价定率征收,计税依据是应税消费品的销售额:

应纳税额 = 销售额 × 消费税税率

实行从量定额征收,计税依据是应税消费品的销售数量:

应纳税额 = 销售数量 × 单位消费税税额

实行复合计税征收:

应纳税额 = 销售数量 × 定额税率 + 销售额 × 比例税率

税额计算——一般规定

自用应税消费品(没有同类产品价格)

组成计税价格 = (成本 + 成本 × 成本利润率) ÷ (1 − 消费税税率)

委托加工税消费品(没有同类产品价格)

组成计税价格 = (材料成本 + 加工费) ÷ (1 − 消费税税率)

进口应税消费品组成计税价格 = 关税完税价格 + 关税 ÷ (1 − 消费税税率)

税额计算——特殊情况计税价格

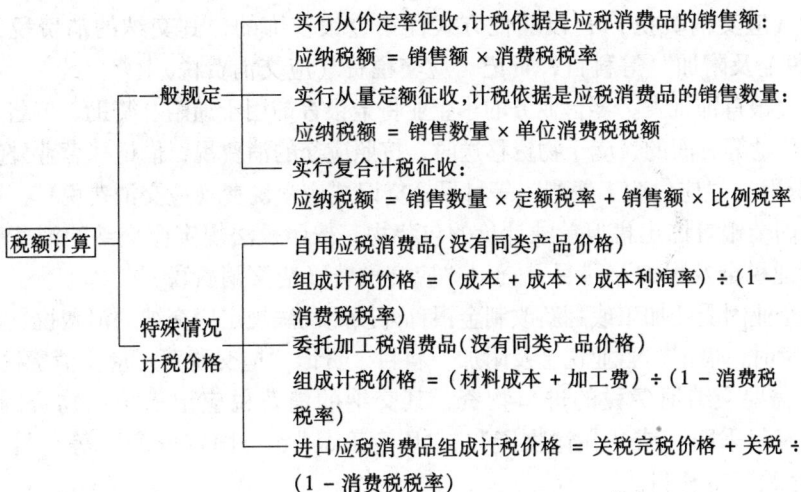

图 6 − 22 消费税的计算

2. 以生产的产品用于在建工程、非生产机构等,按照税法规定应缴纳的消费税,借记"在建工程"、"管理费用"等科目,贷记"应交税费(应交消费税)"。

随同商品出售但单独计价的包装物,按照税法规定应交纳的消费税,借记"营业税金及附加"科目,贷记"应交税费(应交消费税)"。出租、出借包装物逾期未收回被没收的押金应交的消费税,借记"营业税金及附加"科目,贷记"应交税费(应交消费税)"。

3. 需要交纳消费税的委托加工物资,由受托方代收代缴税款(除受托加工或翻新改制金银首饰按照税法规定由受托方交纳消费税外)。小企业(受托方)按照应交税款金额,借记"应收账款"、"银行存款"等科目,贷记"应交税费(应交消费税)"。

委托加工物资回收后,直接用于销售的,小企业(委托方)应将代收代缴的消费税记入委托加工物资的成本,借记"库存商品"等科目,贷记"应付账款"、"银行存款"等科目;委托加工物资收回后用于连续生产,按照税法规定准予抵扣的,按照代收代缴的消费税,借记"应交税费(应交消费税)",贷记"应付账款"、"银行存款"等科目。

4. 有金银首饰零售业务的以及采用以旧换新方式销售金银首饰的小企业,在营业收入实现时,按照应交的消费税,借记"营业税金及附加"等科目,贷记"应交税费(应交消费税)"。有金银首饰零售业务的小企业因受托代销金银首饰按照税法规定应交纳的消费税,借记"营业税金及附加"科目,贷记"应交税费（应交消费税）"；以其他方式代销金银首饰的，其交纳的消费税，借记"营业税金及附加"等科目，贷记"应交税费（应交消费税）"。

有金银首饰批发、零售业务的小企业将金银首饰用于馈赠、赞助、广告、职工福利、奖励等方面的，应于物资移送时，按照应交的消费税，借记"营业外支出"、"销售费用"、"应付职工薪酬"等科目，贷记"应交税费（应交消费税）"。

随同金银首饰出售但单独计价的包装物，按照税法规定应交纳的消费税，借记"营业税金及附加"科目，贷记"应交税费（应交消费税）"。

小企业因受托加工或翻新改制金银首饰按照税法规定应交纳的消费税，在向委托方交货时，借记"营业税金及附加"科目，贷记"应交税费（应交消费税）"。

5. 需要交纳消费税的进口物资，其交纳的消费税应记入该项物资的成本，借记"材料采购"或"在途物资"、"库存商品"、"固定资产"等科目，贷记"银行存款"等科目。

6. 小企业（生产性）直接出口或通过外贸企业出口的物资，按照税法规定直接予以免征消费税的，可不计算应交消费税。

7. 交纳的消费税，借记"应交税费（应交消费税）"，贷记"银行存款"科目。

（七）消费税核算实例

1. 实行从价定率征收计算。

【例6】某啤酒厂2011年12月销售啤酒10吨，售价2800元/吨，向客户收取"品牌费"4800元，同时包装物收押金3800元，则该厂当月消费税分析计算如下：

税法规定，品牌费属于价外费用，构成销售额的一部分；押金要并入销售价格中计算确定出厂价，确认税率的出厂价 = 2800 + 4800 ÷（1 + 17%）÷ 10 + 3800 ÷（1 + 17%）÷ 10 = 3534.78（元/吨）> 3000 元/吨，故啤酒税率适用250元/吨，则啤酒厂本月应纳消费税 = 10 × 250 = 2500（元）。

2. 实行复合计税征收计算。

卷烟、白酒实行从量定额和从价定率相结合计算应纳税额的复合计税办法。应纳税额计算公式如下：

应纳税额 = 销售额 × 比例税率 + 销售数量 × 定额税率

【例7】某白酒生产企业，2011年11月销售白酒50000克，价格58元/500克。查消费税税目税率表可知，白酒的消费税比例税率为20%，定额税率为0.5元/500克，应纳税额计算公式如下：

应纳税额 = 销售额 × 比例税率 + 销售数量 × 定额税率

= 58 ÷ 500 × 50000 × 20% + 50000 ÷ 500 × 0.5 = 5800 + 50 = 5850（元）

四、应交营业税核算

营业税是以营业收入或转让收入征收的一种税。征收范围是境内从事交通运输、建筑、金融、保险、邮政、电讯、文化、体育、娱乐、服务、转让无形资产、销售不动产等业务。其特点是价内税。

（一）营业税应纳税额计算

见图 6 - 23。

$$\text{公式} \begin{cases} \text{有计税价格：应纳税额} = \text{计税营业额} \times \text{税率} \\ \text{无计税价格：计税营业额} = \text{营业成本} \times \dfrac{1 + \text{成本利润率}}{1 - \text{营业税税率}} \\ \text{应纳税额} = \text{计税营业额} \times \text{税率} \end{cases}$$

图 6 - 23　营业税应纳税额计算

（二）营业税税率

见表 6 - 9。

表 6 - 9　　　　　　　　　　营业税税率

行业	税率（%）
交通运输	3
建筑业	3
邮电通信	3
文化体育	3
服务业、金融保险业	5
娱乐业	5 ~ 20
转让无形资产	5
销售不动产	5

（三）营业税账务处理

营业税的处理，一般分为三个步骤：

1. 企业按营业额和规定税率计算应交纳的营业税税额。

2. 根据计算出的营业税税额，解交应交纳的税款。

3. 会计期末，将计提的税金转入"当期损益"，核算本年利润。

下面以图表的形式对不同行业的营业税计算、交纳以及代扣代缴等业务进行具体分析（见表 6 - 10）。

对于税务机关查出以前年度漏交营业税问题，如漏交 300 元，应进行调账处理：

（1）借：以前年度损益调整　　　　　　　　　　　　　　　　　300

　　　　贷：应交税费——应交营业税　　　　　　　　　　　　　　　300

（2）借：应交税费——应交营业税　　　　　　　　　　　　　　300

　　　　贷：银行存款　　　　　　　　　　　　　　　　　　　　　300

表 6 – 10 　　　　　　　　　　　营业税账务处理

行为　　　　　　　不同行业及应税行为	一般营业税的计算与解交处理				特殊情况下的代扣代缴处理			
	核算		解交		核算		解交	
	借方	贷方	借方	贷方	借方	贷方	借方	贷方
金融保险业、旅游、饮食、服务业、邮电通信业	营业税金及附加		应交税费——应交营业税	银行存款		银行存款		
房地产开发企业	营业税金及附加	应交税费——应交营业税	应交税费——应交营业税	银行存款	应交税费——应交营业税	银行存款		
交通运输企业	营业税金及附加							
企业销售列为固定资产的不动产	固定资产清理	应交税费——应交营业税	应交税费——应交营业税	银行存款				
企业转让无形资产	其他业务成本	应交税费——应交营业税	应交税费——应交营业税	银行存款				
建筑业总承包人将部分工程转包给分包人	营业税金及附加(总承包款—分包款)×适用税率	应交税费——应交营业税	应交税费——应交营业税	银行存款	应付账款（代扣税工）	应交税费——应交营业税	应交税费——应交营业税	银行存款
金融机构受他企业委托发放贷款					应付账款——应付委托贷款利息	应交税费——应交营业税	应交税费——应交营业税	银行存款

```
银行存款            应交税费(应交营业税)         营业税金及附加
  ┌────┐          ┌────┬────①          
       ④                 ├────②          其他业务成本
                         │
                         └────③          固定资产清理
```

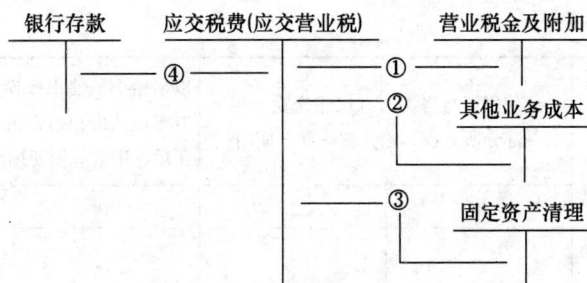

图6-24 账务处理对应关系表示

图示说明：
①计算结转应交营业税。
②转让无形资产应交营业税。
③出售不动房屋应交营业税。
④实际交纳营业税。

（四）应交营业税核算实例

1. 转让无形资产和销售不动产应纳营业税。

转让无形资产的征产范围具体包括转让土地使用权、商标权、专利权、非专利技术、著作权、商誉权等。销售不动产的具体征收范围包括销售建筑物或构筑物和其他土地附属物等，适用税率均为5%。必须注意的是，对于无形资产、不动产投资入股，参与投资方利润分配，共同承担风险的行为，不征营业税。

对于无形资产和不动产的转让与销售一直是营业税征纳中的疑难问题，随着经济的不断发展，出现了许多新的转让与销售形式。本书力图在税法的基础上，结合近年来国家对无形资产转让及不动产销售的新规定，以实例的形式，对特殊问题进行具体解释。

有关合作建房行为的营业税交纳问题。

根据国税函发［1995］156号文件，合作建房可分为如下两种方式进行：

第一种方式被称为"以物易物"方式，即双方均以各自拥有的土地使用权和房屋所有权相互交换，达到合作建房的目的。如：

甲：提供土地使用权（以下简称使用权），乙：提供房屋所有权（以下简称所有权），合作建房：

甲方提供土地使用权，乙方提供资产。按税法规定应交纳税金如表6-11所示。

表 6-11

行为	土地使用权与房屋所有权相交换，甲方获一部分所有权，乙方获一部分使用权		以出租土地使用权换取房屋所有权，甲方将土地出租给乙方建房并使用，若干年后，甲方收回使用权与所有权	
适用营业税税目	甲	乙	甲	乙
转让无形资产——转让土地使用权	√			
销售不动产		√		√
服务业——租赁业			√	

注：若双方未进行货币结算，应当按照《中华人民共和国营业税暂行条例实施细则》第十五条的规定分别核算双方营业额。

【例8】2010 年 2 月，B 市光华桥街道厂以提供临街土地使用权为条件，与该市宏达房地产公司合作建写字楼。

该合同规定，街道厂将土地使用权交予宏达房地产公司使用 30 年，30 年后宏达公司将写字楼与土地使用权归还给街道厂，现确定两单位应如何交纳营业税。

[解] 根据表 6-11 所示，两单位属于以"出租土地使用权换取房屋所有权"的合作建房行为。所以，街道厂应以"服务业——租赁业"交纳营业税，而宏达公司以"销售不动产"交纳营业税。

第二种方式是甲方以土地使用权、乙方以货币资产入股，成立丙合营企业，进行合作建房行为。

甲：以土地使用权入股

乙：以货币资金入股

丙：是甲、乙入股成立的合营企业

交纳各行为见表 6-12。

2. 建筑物拆除销售、还本销售和包销不动产业务应纳营业税。

【例9】2010 年 5 月，B 市高达房地产开发公司进行了如下业务：

（1）为开发老城区，从土地管理局获得一块土地的使用权，对该土地上的建筑物进行拆除并销售拆除后的砖、瓦、钢筋等物，获得销售收入 176 万元。

（2）采用"还本"销售方式价值 485 万元的公寓 10 套，获得销售收入 565 万元。

（3）与汉诺房地产销售公司签订为期 3 个月的包销合同，这个月合同到期，汉诺公司销售价值 1200 万元的房屋，获得销售收入 1456 万元，其余房屋汉诺公司以 2457 万元的价格收购。

表 6 – 12

行为 / 适用营业税税目	房屋建成后属甲，以无形资产投资入股			房屋建成后，不属于甲，以无形资产投资入股					
	双方风险共担、利润共享			甲按销售收入的一定比例提成或获得固定利润			甲、乙双方按一定比例分配房屋		
	甲	乙	丙	甲	乙	丙	甲	乙	丙
转让无形资产				（以固定利润或一定比例提成的销售收入为营业额）			（甲向丙转让土地营业额依税法第十五条核定）		
销售不动产			（丙销售房屋取得收入时）			（丙销售时以全部销售收入为营业额）	（销售分配的房屋获得的收入为营业额）	（销售分配的房屋获得的收入为营业额）	

现确定本月高达房地产公司应纳营业税税额，并指出汉诺公司包销业务适用的营业税税目。

[解]（1）根据《中华人民共和国营业税暂行条例》规定，不动产是指不能移动，移动后会引起性质、形状改变的财产。因此单位、个人将自己所有的建筑物拆除的行为发生后，使建筑物由不动产变为了动产。单位和个人将自己所有的建筑物拆除后销售的行为是销售货物行为，属于增值税征税范围，不属于营业税的征收范围。所以第一项业务不征营业税。

（2）根据税法规定，"还本"销售建筑物，是经营者为加快资金周转而采取的促销手段。对以"还本"销售建筑物，应按向购买者收取的全部价款和价外费用征收营业税，不得减除所谓的"还本"支出。

（3）包销不动产是指房产开发企业与包销商签订合同，将房产交给包销商根据市场情况自订价格进行销售，由房地产开发企业向客户开具房产销售发票。包销商收取价差或手续费。因此在合同期内，房产企业按包销商销售给客房的价格确定营业税，比照"销售不动产"征收营业税。合同期满，未出售房屋，由包销商收取，其实质为房地产开发企业将房屋销售给包销商，对房产开发企业应按"销售不动产"征收营业税。

（4）2010 年 5 月高达公司应纳营业税为：

$(565 + 1456 + 2457) \times 5\% = 223.9$（万元）

汉诺公司获得的包销收入256万元（1456 - 1200），应按"服务业——代理业"征收营业税，适用税率5%。

五、应交资源税核算

资源税是国家对我国境内开采矿产品或者生产盐的单位和个人征收税种。资源税应计入该资源的成本。

（一）资源税采用从量定额征收计算公式

计算公式为：

应纳税额 = 课税数量×适用单位税额

【例10】某采矿公司2012年6月开采锡矿石5000吨，销售锡矿源4000吨，锡矿精矿100吨，锡矿选矿比为1∶15，锡矿资源税适用税率为每吨6元。该公司6月份应纳资源税计算如下：

应纳资源税 = （4000 + 100×15）×6 = 33000（元）

（二）资源税的账务处理

1. 小企业销售商品按照税法规定应交纳的资源税，借记"营业税金及附加"科目，贷记"应交税费（应交资源税）"。

2. 自产自用的物资应交纳的资源税，借记"生产成本"科目，贷记"应交税费（应交资源税）"。

3. 收购未税矿产品，按照实际支付的价款，借记"材料采购"或"在途物资"等科目，贷记"银行存款"等科目，按照代扣代缴的资源税，借记"材料采购"或"在途物资"等科目，贷记"应交税费（应交资源税）"。

4. 外购液体盐加工成固体盐：在购入液体盐时，按照税法规定所允许抵扣的资源税，借记"应交税费（应交资源税）"，按照购买价款减去允许抵扣的资源税后的金额，借记"材料采购"、"在途物资"或"原材料"等科目，按照应支付的购买价款，贷记"银行存款"、"应付账款"等科目；加工成固体盐后，在销售时，按照销售固体盐应交纳的资源税，借记"营业税金及附加"科目，贷记"应交税费（应交资源税）"；将销售固体盐应交资源税抵扣液体盐已交资源税后的差额上交时，借记"应交税费（应交资源税）"，贷记"银行存款"科目。

5. 交纳的资源税，借记"应交税费（应交资源税）"，贷记"银行存款"科目。

六、应交土地增值税核算

土地增值税是国家为了规范土地、房地产市场交易秩序，合理调节土地增值收益，维护国家权益，对转让国有土地使用权、地上建筑物及其附着物（简称转让房地产）并取得收入的单位及个人征收的一种税。它是按照转让房地产所取得增值和规定税率计算征收。

（一）土地增值税计算

土地增值税的计算，见图6-25。

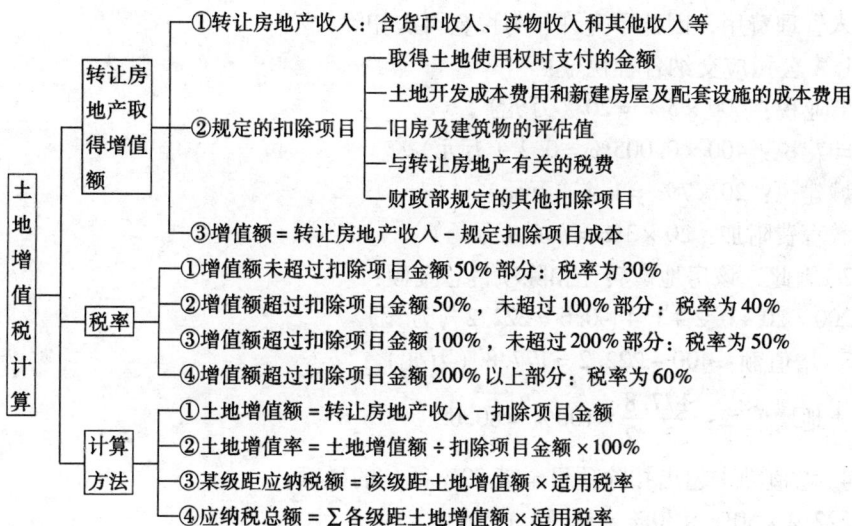

图 6 - 25　土地增值税计算

（二）土地增值税账务处理

1. 小企业转让土地使用权应交纳的土地增值税，土地使用权与地上建筑物及其附着物一并在"固定资产"科目核算，借记"固定资产清理"科目，贷记"应交税费（应交土地增值税）"。

土地使用权在"无形资产"科目核算的，按照实际收到的金额，借记"银行存款"科目，按照应交纳的土地增值税，贷记"应交税费（应交土地增值税）"，按照已计提的累计摊销，借记"累计摊销"科目，按照其成本，贷记"无形资产"科目，按照其差额，贷记"营业外收入——非流动资产处置净收益"科目或借记"营业外支出——非流动资产处置净损失"科目。

2. 小企业（房地产开发经营）销售房地产应交纳的土地增值税，借记"营业税金及附加"科目，贷记"应交税费（应交土地增值税）"。

3. 交纳的土地增值税，借记"应交税费（应交土地增值税）"，贷记"银行存款"科目。

（三）土地增值税核算实例

【例 11】与转让房地产有关的税金计算。中国境内 A 公司转让自有厂房一处，转让价为 400 万元，除税金以外的扣除项目金额为 200 万元。房地产所在地城建税税率为 7%，教育附加率为 3%。试计算 A 公司应交纳的土地增值税。

［解］根据税法规定，与转让房地产有关的税金中可以记入扣除项目金额的有营业税、城市维护建设税、印花税及教育费附加（房地产开发商交纳的印花税

因列入管理费用，因此不允许作为税金再次扣除）。

1. A公司应交纳各种税金：

营业税：400×5% = 20（万元）

印花税：400×0.005% = 0.2（万元）

城建税：20×7% = 1.4（万元）

教育费附加：20×3% = 0.6（万元）

2. 因此，该房地产转让扣除项目总金额：

200 + 20 + 0.2 + 1.4 + 0.6 = 222.2（万元）

3. 增值额：400 – 222.2 = 177.8（万元）

土地增值率：$\frac{177.8}{222.2} \times 100\% = 80.02\%$

4. 增值额未超出扣除项目金额50%部分的税额：

222.2×50%×30% = 33.33（万元）

5. 增值额超过扣除项目金额50%，但未超过扣除项目金额100%的部分的税额：

（177.8 – 222.2×50%）×40% = 26.68（万元）

6. A公司应交纳土地增值税：33.33 + 26.68 = 60.01（万元）

七、应交城镇土地使用税、房产税、车船税；矿产资源补偿费、排污费的核算

小企业按照规定应交纳的城镇土地使用税、房产税、车船税、矿产资源补偿费、排污费，借记"营业税金及附加"科目，贷记"应交税费（应交城镇土地使用税、应交房产税、应交车船税、应交矿产资源补偿税、应交排污费）"。

交纳的城镇土地使用税、房产税、车船税；矿产资源补偿费、排污费，借记"应交税费（应交城镇土地使用税、应交房产税、应交车船税、应交矿产资源补偿税、应交排污费）"，贷记"银行存款"科目。

（一）应交房产税核算

房产税是国家在城市、县城、建制镇和工矿区征收的由产权所有人交纳的一种税。

1. 房产税计征依据、计征税率、计算方法、减免条件及纳税期限，见图6-26。

2. 房产税账务处理，见图6-27。

（二）应交土地使用税核算

土地使用税是指使用土地的单位和个人，按其实际占用的土地面积征收的一种税。属资产占用性质税。计征内容及账务处理，见图6-28和图6-29。

从价计征：{按房产原值一次减除 10%～30% 后的余值计算交纳
具体减除幅度由省、自治区、直辖市人民政府确定

计税依据{

从租计征：以房屋出租取得租金收入计算交纳

税率{从价计征：1.2%
从租计征：12%

计算方法{从价计征：年应交房产税 = 房产余值×1.2%
从租计征：应交房产税 = 房租收入×12%

房产税内容

减免条件{国家机关、人民团体、军队的房产
国家财政部门拨事业费单位的房产
宗教寺庙、公园、名胜古迹的房产
个人所有的居住用房产

纳税期限{分月交纳
按季交纳

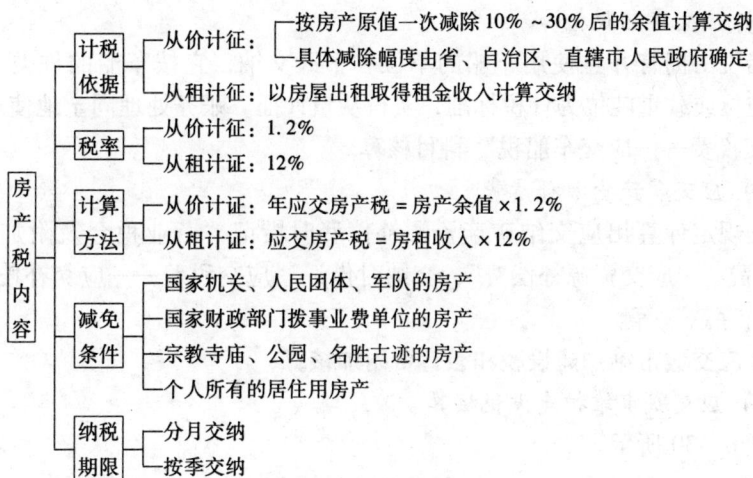

图 6-26　房产税内容

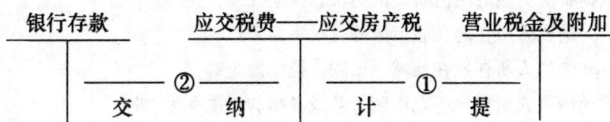

银行存款	应交税费——应交房产税	营业税金及附加
②	①	
交　纳	计　提	

图 6-27　房产税账务处理

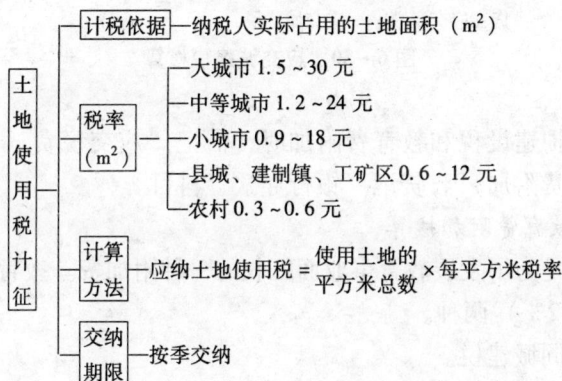

计税依据——纳税人实际占用的土地面积（m²）

税率（m²）{大城市 1.5～30 元
中等城市 1.2～24 元
小城市 0.9～18 元
县城、建制镇、工矿区 0.6～12 元
农村 0.3～0.6 元

土地使用税计征

计算方法——应纳土地使用税 = 使用土地的平方米总数 × 每平方米税率

交纳期限——按季交纳

图 6-28　土地使用税计征

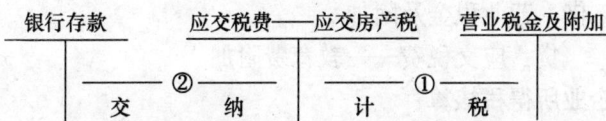

银行存款	应交税费——应交房产税	营业税金及附加
②	①	
交　纳	计　税	

图 6-29　土地使用税账务处理

（三）应交车船税核算

车船税由拥有并且使用车船的单位和个人交纳，它按车船的种类，分别按辆、净吨位或载重吨位为计税标准，实行从量计征。账务处理同土地使用税，通过"应交税费——应交车船税"科目核算。

（四）应交矿产资源补偿费

根据规定计算出应交纳矿产资源补偿费时借记"营业税金及附加"、贷记"应交税费——应交资源补偿费"，交纳时借记"应交税费——应交补偿费"、贷记"银行存款"等。

八、应交城市维护建设税和教育费附加核算

（一）应交城市维护建设税核算

如图6-30所示。

```
城      ┌ 概念：为了加强城市维护建设而向有经营收入的单位和个人征收的一种税，简称城建税
市      ├ 计税依据：应交纳的增值税、消费税和营业税
维              ┌ 纳税人所在地在城市区的，税率为7%
护      ├ 税率 ┤ 纳税人所在地在县城、镇的，税率为5%
建              └ 纳税人所在地不在市区、县或者镇的，税率为1%
设      ├ 征收与管理：比照增值税、营业税及消费税规定
税      ├ 应纳税额：应纳税额 =（应交增值税 + 营业税 + 消费税）×适用税率
计      └ 账务处理：借：营业税金及附加
征                    贷：应交税费——应交城建税
```

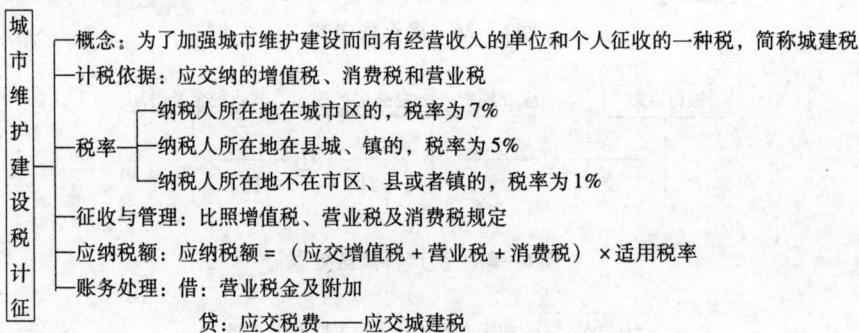

图6-30 应交城建税核算

交纳城市维护建设税和教育费附加时，借记"应交税费（应交城市维护建设税、应交教育费附加）"，贷记"银行存款"科目。

（二）应交教育费附加核算

应交教育费是为了发展教育事业而征收的一种附加费。教育费附加分为中央（3%）和地方（2%）两种。

计税依据：同城建税。

费率：应交增值税、应交营业税、应交消费税的3%及2%。

应交教育费附加 =（应交增值税 + 消费税 + 营业税）×5%

账务处理：借：营业税金及附加
　　　　　　　贷：应交税费——教育费附加

九、应交企业所得税核算

1. 小企业按照税法规定应交的企业所得税，借记"所得税费用"科目，贷记"应交税费（应交企业所得税）"。

2. 交纳的企业所得税，借记应交税费（应交企业所得税），贷记"银行存款"科目。具体核算方法见所得税核算部分。

十、应交个人所得税的账务处理

1. 小企业按照税法规定应代扣代缴的职工个人所得税，代扣时借记"应付职工薪酬"科目，贷记"应交税费（应交个人所得税）"。

2. 交纳的个人所得税，借记"应交税费（应交个人所得税）"，贷记"银行存款"科目。

小企业按照规定实行企业所得税、增值税、消费税、营业税等先征后返的，应当在实际收到返还的企业所得税、增值税（不含出口退税）、消费税、营业税等时，借记"银行存款"科目，贷记"营业外收入"科目。

应交税费科目期末贷方余额，反映小企业尚未交纳的税费；期末如为借方余额，反映小企业多交或尚未抵扣的税费。

第五节　长期负债核算

一、长期负债的特点

长期负债是企业向债权人筹集的可供长期使用，偿还期在一年以上的债务。长期负债除具有负债的共同点外，还有金额大、偿还期长、不采用分期偿还特点。

（一）长期负债的内容

见图 6－31。

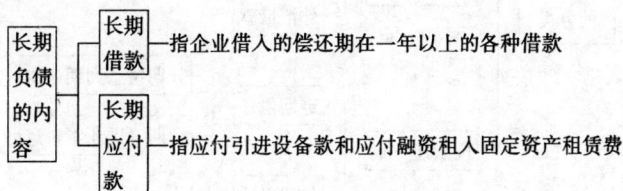

图 6－31　长期负债的内容

（二）举债经营的利弊

举债经营既有利的一面，也有弊的一面。具体内容见图 6－32。

举债经营的利和弊
- 利
  - 保持股东控制企业的权利 —— 企业筹资发展，新股东有可能削弱原股东的控制权，而举债则不影响股东的控制权
  - 可以增加股东所得盈余 —— 提供借款的债权人只能收取固定利息，如果企业经营所得投资利润率高于借款的固定利息率，则盈溢部分归股东所有
  - 可少纳税金 —— 长期负债的利息费用属正常经营费用，可在缴纳所得税前扣减
- 弊
  - 有约束条件 —— 举借长期借款有约束条件，如借款担保资产等
  - 有利息负担 —— 长期负债的利息是长期的定性支出，如企业经营不善，这笔固定的利息费就会成为财务上的负担
  - 有经营风险 —— 企业举债过多、经营不善、到期不能偿还，会带来经营风险

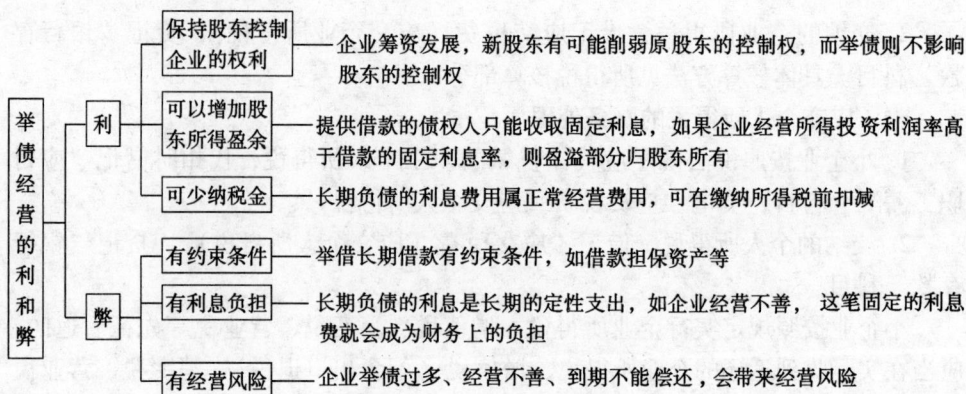

图 6 - 32　举债经营的利弊

二、长期借款的核算

长期借款是指小企业向银行或其他金融机构借入期限在一年以上的各种借款的本金。

（一）长期借款的种类

长期借款的种类很多，按不同标准可分为如下几类，见图 6 - 33。

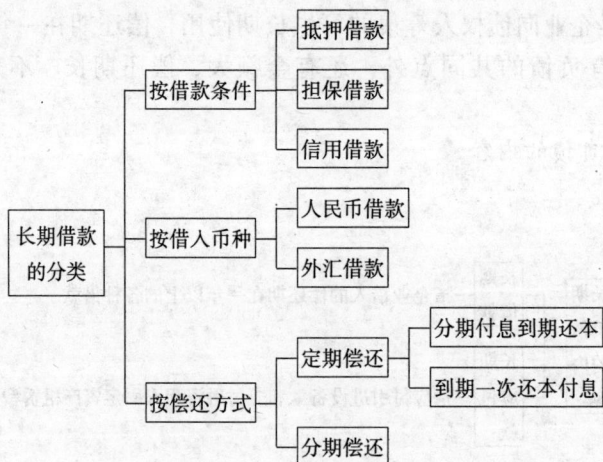

长期借款的分类
- 按借款条件
  - 抵押借款
  - 担保借款
  - 信用借款
- 按借入币种
  - 人民币借款
  - 外汇借款
- 按偿还方式
  - 定期偿还
    - 分期付息到期还本
    - 到期一次还本付息
  - 分期偿还

图 6 - 33　长期借款的分类

（二）长期借款的利息

长期借款的利息一般按复利计算。如果是外币借款，其利息也按外币计算及支付。长期借款利息的处理见图 6 - 34。

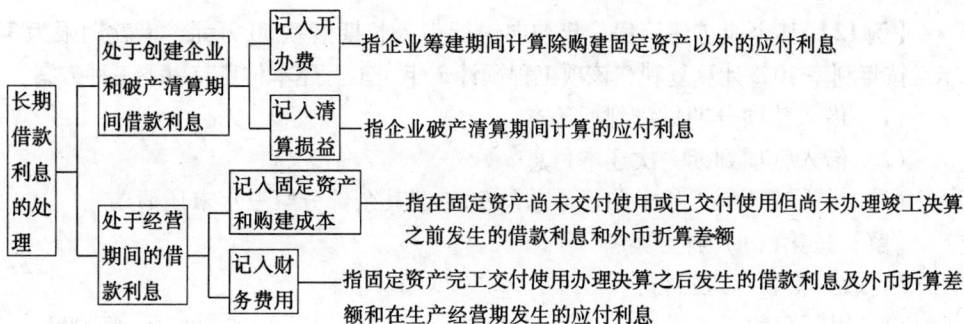

图 6 - 34　长期借款利息的处理

（三）长期借款的账务处理

为了正确反映长期借款情况，企业应设置"长期借款"账户用于核算企业借入的各种长期借款。该账户结构为：贷方登记借入本金金额；借方登记归还借款本金。该账户按贷款单位设置明细账，按借款种类进行明细核算。借款期间发生利息，在"应付利息"科目核算。人民币借款及分期付息到期还本的账务处理见图 6 - 35。

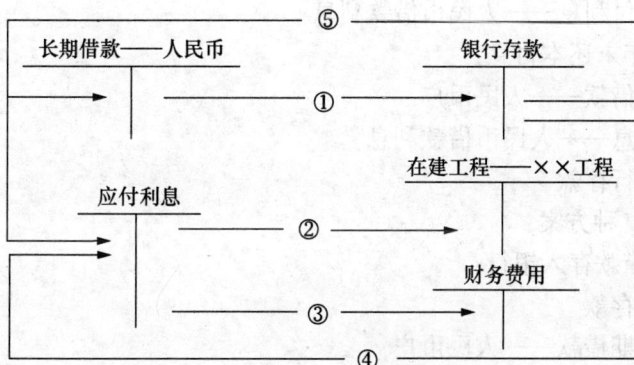

图 6 - 35　长期借款的账务处理

图示说明：
①借入人民币长期借款存入银行。
②计算确定应付利息（建造固定资产尚未完工）。
③计算确定应付利息（建造固定资产已竣工交付使用后利息）。
④用银行存款支付利息费用和本金。
⑤到期还本付息。

【**例 12**】某企业扩建厂房，年初向银行借入长期借款 50 万元，借款期限为 3 年，按年利率 10%计算复利，该项工程预计 2 年完工。还本付息有以下三种方案：

（1）借入款项分期付息到期还本。

（2）借入款项到期一次还本付息。

（3）借入款项第二年末归还借款的 70%，其余部分第三年末还清。

[**解**] 按第（1）种方案：

1）收到借款存入银行：

借：银行存款   500000

  贷：长期借款——人民币户   500000

2）每月预提利息费用：

借：在建工程——××工程（500000×10%÷12）   4166

  贷：应付利息——人民币借款利息   4166

3）每半年支付一次利息：

借：应付利息——人民币借款利息（4166.6×6）   25000

  贷：银行存款   25000

4）第三年开始已竣工程交付使用后，每月预提利息费用：

借：财务费用   4166

  贷：应付利息——人民币借款利息   4166

5）第三年末还本付息：

借：长期借款——人民币户   500000

  应付利息——人民币借款利息   25000

  贷：银行存款   525000

按第（2）种方案：

1）收到借款存入银行：

借：银行存款   500000

  贷：长期借款——人民币户   500000

2）第一年每月预提利息费用：

借：在建工程——××工程   4166.6

  贷：应付利息——人民币借款利息   4166.6

3）第二年每月预提利息费用：

$$\left[\frac{(500000+50000)\times10\%}{12}\right]$$

借：在建工程   4583

  贷：应付利息——人民币借款利息   4583

4）第三年每月预提利息费用：

$$\left[\frac{(500000+50000+55000)\times10\%}{12}\right]$$

借：财务费用   5042
　贷：应付利息——人民币借款   5042

5）第三年末还本付息：

借：长期借款——人民币户   500000
　　应付利息——人民币借款利息   165500
　贷：银行存款   665500

按第（3）种方案：

1）收到借款存入银行：

借：银行存款   500000
　贷：长期借款——人民币   500000

2）第一年每月预提利息费用：

借：在建工程——××工程   4166.6
　贷：应付利息——人民币借款利息   4166.6

3）第二年每月预提利息费用：

借：在建工程——××工程   4583
　贷：应付利息——人民币借款利息   4583

4）第二年末归还70%的利息及本金：

借：长期借款——人民币户（500000×70%）   350000
　　应付利息——人民币借款利息（105000×70%）   73500
　贷：银行存款   423500

5）第三年每月预提利息费用：

$$\left[\frac{(150000+31500)\times10\%}{12}\right]$$

借：财务费用   1512.50
　贷：应付利息——人民币借款利息   1212.50

6）第三年末偿还其余部分本息：

借：长期借款——人民币   150000
　　应付利息   49650
　贷：银行存款   199650

（四）外币借款核算

外币借款账务处理，见图6-36。

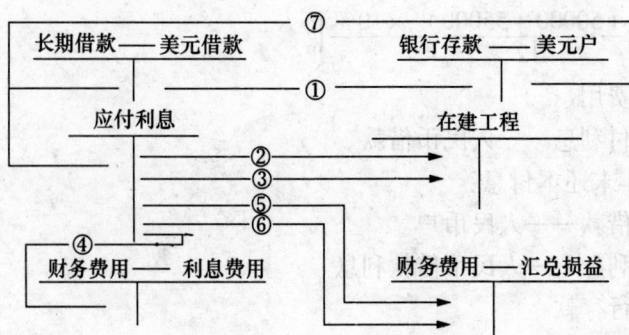

图6-36　外币借款账务处理

图示说明：

①借入美元存入银行。

②计算确定应付利息（筹建固定资产尚未完工）。

③月末按汇率调整"长期借款"账户余额（筹建固定资产尚未完工）。

④计算确定应付利息（筹建固定资产已竣工交付使用）。

⑤月末按汇率调整"长期借款"账户余额（筹建固定资产已完工交付使用）。

⑥归还借款前按汇率调整"长期借款"账户余额。

⑦到期归还借款本金和利息。

【例13】某企业为购入进口设备向中国银行借入200000美元，期限2年，借款年利率8%。每年计息一次，按复利计算，到期一次还本付息。进口设备第一年末安装完毕，交付使用。

［解］

（1）借入200000美元，存入银行，当日美元与人民币汇率为1：8。

借：在建工程　　　　　　　　　　　　　　　　　　　¥1600000

　　贷：长期借款——××银行美元户（$200000×8）　　¥1600000

（2）第一年末应计利息为16000美元，当日汇率1：8.2。

借：在建工程——××工程　　　　　　　　　　　　　¥131200

　　贷：应付利息——××银行美元户（$16000×8.2）　　¥131200

（3）第二年末应计利息为17280美元［（200000+16000）×8%］记入财务费用，年末汇率为1：8.1。

借：财务费用　　　　　　　　　　　　　　　　　　　¥139968

　　贷：应付利息——××银行美元户（$17280×8.1）　　¥139968

（4）归还借款前调整"长期借款"美元户余额。

第二年末本息共233280（200000+16000+17280）美元，年终汇率1：8.1，折合人民币1889568元，假如"长期借款美元户"账面人民币余额为1877904

元，结转外币折合差额调整，调增人民币 11664 元（1889568 - 1877904）。

借：财务费用——汇兑损益　　　　　　　　　　　　　　¥ 11664
　　贷：长期借款——美元借款　　　　　　　　　　　　　　¥ 11664

（5）归还借款利息，当日汇率为 1∶8.1，计 ¥ 1889568 元。

借：长期借款——××银行美元户（＄200000×8.1）　　¥ 1620000
　　应付利息（＄33280×8.1）　　　　　　　　　　　　¥ 269568
　　贷：银行存款——美元户　　　　　　　　　　　　　　¥ 1889568

三、长期应付款

1. 长期应付款即指除长期借款和应付债券以外的其他各种偿还期在一年以上的应付款，如采用补偿贸易方式引进国外设备款、分期付款购入设备、应付融资租入固定资产的租赁费等。

为了对长期应付款进行正确的反映和监督，需要设置"长期应付款"账户，该账户贷方登记企业按照补偿贸易方式引进设备价款（包括国外运杂费），以及应支付的融资租入固定资产租赁费；借方登记归还引进设备款和实际支付的融资租赁费；贷方余额表示尚未偿还的各种长期应付款余额。该账户应按长期应付款的种类设置明细账。

长期应付款的利息费用处理应遵循费用资本化原则，具体做法见图 6 - 37。

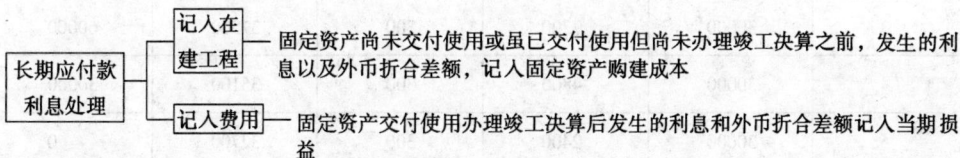

图 6 - 37　长期应付款利息处理

2. 应付融资租赁款核算。融资租赁实际上是转移与一项资产所有权有关的全部风险和报酬的一种租赁。它是承租人利用出租人的资金取得固定资产的长期使用权，以后以分期支付租赁费（包括固定资产价款和利息等）的形式，偿还出租人投入的资金。融资租入固定资产的计价见图 6 - 38。

【例 14】甲企业以融资租赁方式租入一套生产线设备，设备买价 140000 元，途中保险费 2000 元，运输费 3000 元，安装调试费 5000 元。内含增值税 20000元，租赁合同规定，该设备租金 150000 元，交付使用后每年付款一次，5 年付清，付款同时按年息 8% 支付利息，按每次租金额的 1% 支付手续费，付清租金后，租赁公司将以 15000 元低价将该设备所有权转让给甲企业。该设备折旧年限10 年，预计净残值占原值的 5%。

[解] 该企业"融资租入固定资产还款计划"，如表 6 - 13 所示。

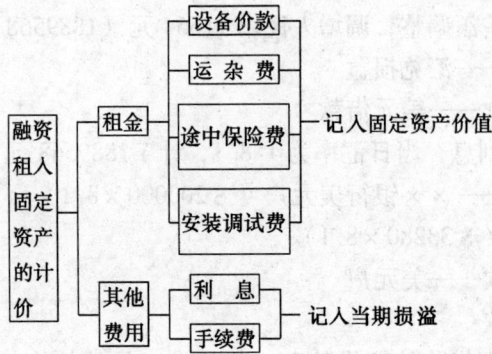

图 6 – 38　融资租入固定资产的计价

表 6 – 13

期数	每期租金	每期利息	每期手续费	每期付款总额	应付租金余额
0	—	—	—	—	150000
1	30000	12000	300	42300	120000
2	30000	9600	300	39900	90000
3	30000	7200	300	37500	60000
4	30000	4800	300	35100	30000
5	30000	2400	300	32700	0
合计	150000	36000	1500	187500	

注：每期租金 = 应付租金总额 ÷ 期数 = 150000 ÷ 5 = 30000（元）

每期利息 = 应付租金余额 × 年利息率 = 150000 × 8% = 12000（元）；120000 × 8% = 9600（元）

每期手续费 = 每期租金 × 手续费率 = 30000 × 1% = 300（元）

每期付款总额 = 每期租金 + 每期利息 + 每期手续费

（1）融资租入的固定资产安装调试完毕交付使用生产时，按设备价款、运输费、途中保险费、安装调试等费用，扣除增值税后作为固定资产原始价值入账，作如下分录：

借：固定资产——融资租入固定资产　　　　　　　　　　　　130000

　　应交税费——进项税　　　　　　　　　　　　　　　　　20000

　　贷：长期应付款——应付融资租赁款　　　　　　　　　　150000

（2）每月提取折旧 2058（130000 × 0.95 ÷ 60）元：

借：制造费用   2058

  贷：累计折旧   2058

（3）支付第一期租金、利息和手续费时：

借：长期付款   42300

  贷：银行存款   42300

（4）摊销应由第一期负担的利息费用及手续费：

借：财务费用   12300

  贷：长期应付款   12300

以后每期都如此摊销。

（5）租赁期满，承租企业用15000元低价购入所租入的固定资产时：

借：固定资产——生产用固定资产   130000

  贷：固定资产——融资租入固定资产   130000

（6）同时，由于不增加固定资产原价，可将支付的价款直接记入"管理费用"或"其他业务成本"处理：

借：管理费用   15000

  贷：银行存款   15000

上述账务处理如图6-39所示。

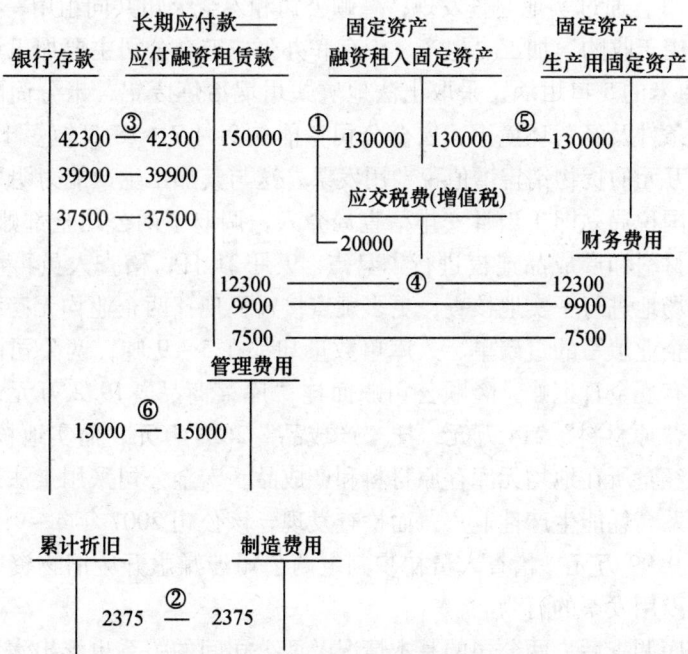

图6-39 融资租赁账务处理程序

［案例］虚开增值税专用发票获刑

宁夏吴忠市中级人民法院作出一审判决。以虚开增值税专用发票罪，分别判处杨德有期徒刑14年，王宏有期徒刑1年，李金有期徒刑8年，马平有期徒刑5年，马军有期徒刑3年。至此，宁夏盐池县"9·23"特大虚开增值税专用发票案件侦破审理工作尘埃落定。

案头分析实地核查，两公司疑点成串显现

2007年9月中旬，盐池县国税局税务干部在对所辖企业进行纳税评估时，有两户企业的不正常业务迹象引起了他们的注意。经营废旧物资收购及冶炼业务的隆顺公司和宏金公司，自登记开业以来，两公司之间发生的业务量较多，"应收账款"和"应付账款"挂账数额较大，而这期间发生的费用却非常小，而且两公司的生产设备与生产能力也极不匹配。鉴于以上案头分析和判断结果，盐池县国税局立即将两公司选定为重点评估对象，并进入实地核查程序。

9月20日，通过实地巡查发现，隆顺公司和宏金公司共同租用一处6间瓦房的前后院，用于收购、加工、生产、库存和办公。宏金公司主要加工设备是院内直径为80厘米的5口坩埚，采取土法地坑式坩埚冶炼废铝，十分简陋。就是在这样的生产条件及经营环境下，宏金公司竟能在9月7～18日短短12天内开具高达531.7万元的货物销售增值税专用发票，这与其加工生产能力明显不符。

盐池县国税局立即于当日安排稽查局介入，调取了两公司全部账簿及凭证，并对库存原材料和产成品连夜进行了盘点。9月21日，稽查人员再次对两公司的生产经营场地进行了实地核查，更多疑点接连显现：两企业均无磅秤，只有一部台秤，而企业填写的过磅单、入库单数量却都在5～9吨；两公司固定资产都很小，也没有现金日记账，隆顺公司账面挂"库存商品"19.2万元，宏金公司账面挂库存"原材料"214万元，挂"产成品"26.9万元，而实地核查却发现，两公司生产经营所在地均无库存原材料和产成品。宏金公司采用土法地坑式坩埚冶炼废铝，系高耗能生产性业户，而检查发现，该公司2007年4～9月所耗煤电成本却只有0.99万元。稽查人员初步判定两公司涉嫌虚开废旧物资收购发票和虚开增值税专用发票的行为。

经过摸底调查后，两公司的基本情况及两公司间的关系也浮出水面。隆顺公司成立于2007年3月27日，组建人为李金、马平，主要经营以废铝为主的废旧

物资收购业务。宏金公司成立于 2007 年 3 月 21 日，组建人为王宏、李金、马军，主要从事以废铝为主要原料的废旧金属加工、生产和销售业务。隆顺公司和宏金公司共同租用场地办公，实质上是"两个企业一套人马"。

省内省外调查取证，主要嫌疑人——落网

通过对相关当事人的询问调查，初步印证了隆顺公司涉嫌虚假收购废旧铝业务、虚开废旧物资收购发票和废旧物资增值税专用发票的这一判断。9 月 23 日，公安部门正式立案调查。刑拘了涉嫌虚开增值税专用发票的主要人员宏金公司法人王宏。"9·23"专案领导小组也于当日成立，共抽调了 12 名公安干警及税务人员全面投入到了侦查工作中。

9 月 22～27 日，专案组对吴忠市利通区、灵武市以及本县内 16 名和隆顺公司收购票据所对应的人员进行了询问、调查和取证。调查证明，隆顺公司仅有的 135.3 万元业务费是以现金方式支付，但该公司账面反映，他们大多数收购业务却是通过银行转账支付方式进行。根据这一线索，专案人员及时对两公司及嫌疑人在吴忠市、灵武市、盐池县农业银行及其各营业网点往来资金全面取证、排列、比对后发现，王宏、李金等嫌疑人分别骗取销售废铝人员的身份证，在银行办理了银行金穗卡和存折，用于收购和销售资金的往来巡回转移，掩人耳目。在获取了进一步的证明后，公安部门先后刑拘了马平、马军，并抓获了隆顺公司负责人李金。

经过审讯，王宏、马军供述，他们在一个叫杨德的熟人授意和联络下，以宏金公司的名义向没有发生真实铝锭销售业务的河北、浙江等地 10 家公司虚开增值税专用发票 200 余万元。专案组立即选派 4 名专案人员前往河北省进行调查取证，全面锁定了虚开增值税专用发票嫌疑人，并报经检察部门批准，正式对犯罪嫌疑人王宏、李金、杨德、马军、马平实施依法逮捕。

自作聪明编织美梦，一朝案发锒铛入狱

经侦查查明，2007 年 2 月和 3 月犯罪嫌疑人杨德、王宏、李金、马平、马军等人商议，共同出资在盐池县成立一家废旧金属回收公司和一家金属加工制品公司，王宏、李金等人先后注册成立了隆顺公司和宏金公司，并对各人的职责进行了分工。之后，王宏授意代账会计根据他们提供的接收增值税专用发票公司的相关信息，开具了增值税专用发票，又以隆顺公司的名义向宏金公司开具废旧物资增值税专用发票。接着，他们依据两公司向其他公司开具的增值税专用发票的货物数量、金额，填制出入库单、过磅单等内部自制票据。

2007 年 5～9 月，杨德等人到河北、浙江等省广为联系，并通过电话和传真

告知王宏接收增值税专用发票公司相关信息，王宏安排会计根据这些信息分别向河北、浙江等地的 10 家公司开具增值税专用发票，并使用特快专递邮寄给受票公司，然后，王宏根据开具的增值税专用发票的金额，计算好税负率，安排由隆顺公司向宏金公司开具废旧物资增值税专用发票。李金、马平等人依据宏金公司开具的增值税专用发票和隆顺公司开具的废旧物资增值税专用发票，填制虚假的收购普通发票和虚假的宏金公司、隆顺公司过磅单、出入库等内部自制票据。河北、浙江等地 10 家接受增值税专用发票的公司转入宏金公司货款后，王宏和杨德以购进货款名义逐笔转入隆顺公司，隆顺公司又以购进废铝货款名义转入会计资料记录的虚假售铝自然人银行卡或存折内，再由售铝自然人银行卡和存折转入河北受票公司经办人的银行卡。

2007 年 5 ~ 9 月，王宏等人以隆顺公司向宏金公司虚开废旧物资增值税专用发票共计 351 份，金额 3484.9 万元；以宏金公司名义向河北、浙江等地 10 家公司虚开增值税专用发票 230 份，金额合计 2220.8 万元，销项税额 377.5 万元，河北、浙江等地 10 家公司共抵扣税款 377.5 万元。2007 年 6 月 28 日，王宏、杨德由隆顺公司向灵武市一家有限公司虚开废旧物资增值税专用发票 4 份，销售金额合计 39.9 万元，该公司抵扣税款 39.9 万元。

资料来源：《中国税务报》。

第七章 所有者权益核算与税务处理

第一节 所有者权益的含义、核算目标及风险分析

一、所有者权益的含义及内容

《小企业会计准则》指出：所有者权益，是指企业资产扣除负债后由所有者享有的剩余权益，所以又称为净资产。

小企业的所有者权益包括：实收资本（或股本，下同）、资本公积、盈余公积和未分配利润。

（一）所有者权益的特征

见图 7 - 1。

所有者权益的特征
- ①所有者权益伴随投资者的投资行为而产生，其数额和大小取决于投资额及企业的盈亏情况
- ②所有者权益除发生清算、减资情况外，一般不需要由企业归还投资者，可供企业长期使用
- ③投资者可依据其在企业的投资额占实收资本（或股本）的份额，参与企业的利润分配
- ④所有者权益置债权人权益之后，在企业清算时清偿所有债务后，才能返还给投资者

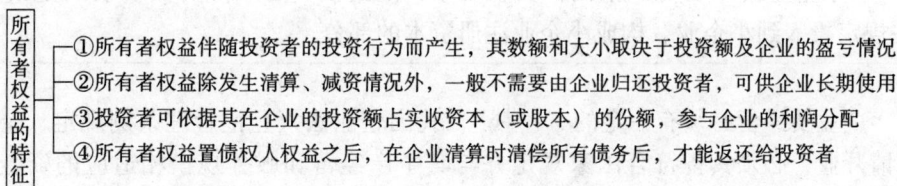

图 7 - 1 所有者权益的特征

（二）所有者权益与债权人权益的区别

见表 7 - 1。

二、所有者权益核算的目标

正确的确认、计量和记录所有者的权益，正确、合理分配企业实现的利润，正确报告所有者权益变动情况，保护所有者权益不受损失。

表7-1   所有者权益与债权人权益的区别

比较项目	区　　别	
	所有者权益	负债（债权人权益）
1. 对象	是企业的投资者	是企业的债权人
2. 偿还期	无须偿还	按时支付利息、偿还本金
3. 是否参与企业经营管理	有权参与企业经营管理权	按时支付利息、偿还本金
4. 是否参与企业利润分配	有权参与企业的利润分配	不能参与企业利润分配只能收取利息

三、风险提示

1. 所有者权益确认、计量及记录不正确，混淆两类不同性质权益，可能导致所有者权益受损。

2. 不能正确分配企业实现利润，变相分配企业实现利润，可能导致违规操作，遭受经济损害。

3. 不能及时正确的核算与报告所有者权益变动的情况，可能导致投资者决策失误，不能正确发挥会计信息的作用。

第二节　实收资本的含义与核算

一、实收资本含义

> 《小企业会计准则》指出：实收资本，是指投资者按照合同协议约定或相关规定投入到小企业、构成小企业注册资本的部分。

企业要经营必须有一定的"本钱"，我国企业法人登记管理条例规定，企业申请开业，必须具备符合国家规定并与其生产经营和服务规模相适应的资金数额。由于企业组织形式不同，对所有者投入资金的会计核算方法也不相同。除股份有限公司对股东投入的资本应设立"股本"科目核算外，其他类型企业均设"实收资本"科目，核算企业资本金的增减变动。应交税费按投资者进行明细核算。实收资本核算流程见图7-2。

二、实收资本核算规定

1. 小企业收到投资者以现金或非货币性资产投入的资本，应当按照其在本企业注册资本中所占的份额计入实收资本，超出的部分，应当计入资本公积。

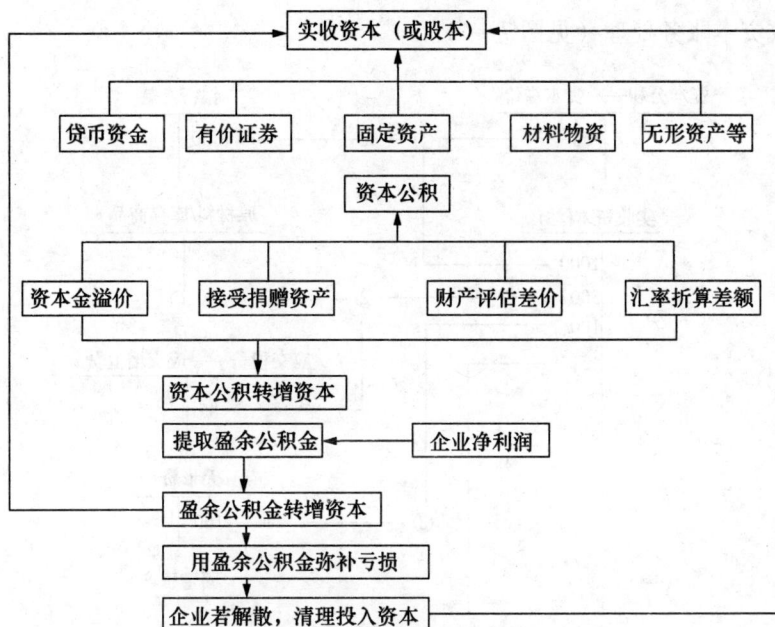

图7-2　实收资本核算流程

2. 投资者根据有关规定对小企业进行增资或减资，小企业应当增加或减少实收资本。

实收资本核算的有关规定见图7-3。

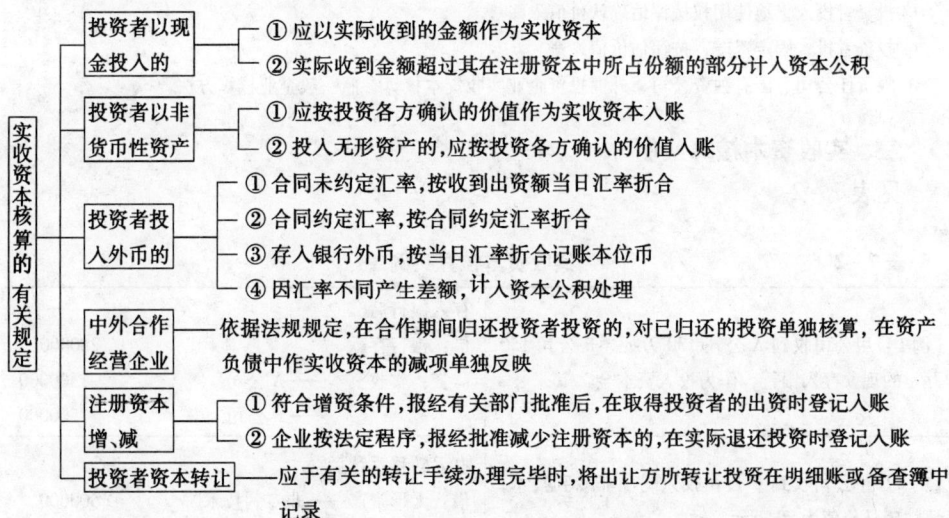

图7-3　实收资本核算的有关规定

实收资本账务处理（见图7-4）。

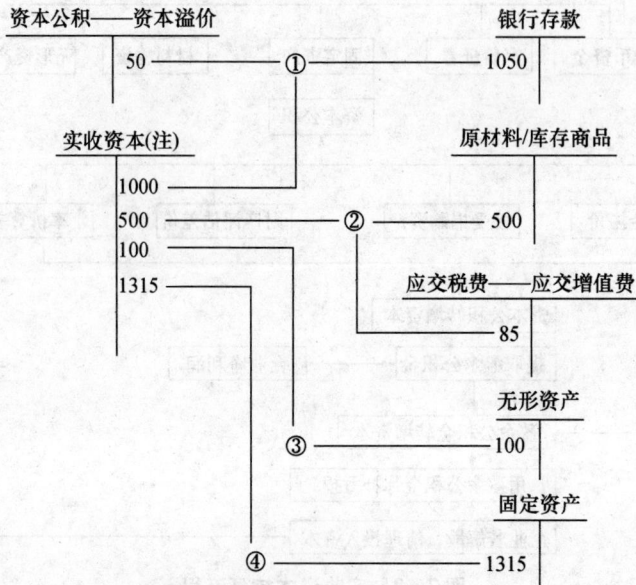

图7-4　实收资本账务处理

注：实收资本按投资者设立明细账，进行明细核算。

图示说明：

①投资者投入外币折合人民币1050万元，其中汇率折算差额50万元。

②投资者投入原材料500万元，增值税85万元。

③投资者投入土地使用权按评估确认价值入账。

④投资者投入固定资产，按评估价值入账。

有限责任公司、国有独资公司、外商投资企业实收资本核算参照一般企业核算方法。

三、实收资本核算实例

见表7-2。

表7-2　　　　　　　　　　　　　　　　实收资本核算实例

【例1】甲公司收到A公司130万元、B公司150万元的现款存入银行，作为投入资本金	存入银行后 借：银行存款　　　　　　　　280000 　贷：实收资本——A公司　　1300000 　　　　　　——B公司　　1500000
【例2】甲公司收到C公司投入一项非专利技术，评估确认价值为50万元	办妥转移手续后 借：无形资产——非专利技术　　500000 　贷：实收资本——C公司　　　500000

续表

	办妥转让手续后：	
【例3】经全体股东同意A公司将持有资本50万元转让给C公司	借：实收资本——A公司 　　贷：实收资本——C公司	500000 500000

第三节　资本公积核算

　　《小企业会计准则》指出：资本公积，是指小企业收到的投资者出资额超过其在注册资本或股本中所占份额的部分。

　　资本公积属于所有者权益的范畴，其形成与企业的净利润无关。

　　小企业用资本公积转增资本，应当冲减资本公积，小企业的资本公积不得用于弥补亏损。

　　资本公积核算账务处理见表7-3。

表7-3　　　　　　　　　资本公积核算账务处理

【例1】甲、乙各出资40万元开办公司，经过两年经营，企业的未分配利润积累46万元。这时丙要求加入，经协商只要丙投入60万元，则三人享有同等权益。其多余部分计入资本公积。账务处理	借：银行存款 　　贷：实收资本 　　　　资本公积——资本溢价	600000 400000 200000
【例2】甲公司A股东以美元进行投资，协议的约定汇率为1美元折合8元人民币。公司收到汇来10万美元注册资本，到账日美元汇率为1:8.2人民币。账务处理	借：银行存款 　　贷：实收资本 　　　　资本公积——资本溢价	820000 800000 20000
【例3】经股东会决定将资本溢价转增	借：资本公积——资本溢价 　　贷：实收资本	20000 20000

第四节　盈余公积核算

《小企业会计准则》指出：盈余公积，是指小企业按照法律规定在税后利润中提取的法定公积金和任意公积金。

小企业用盈余公积弥补亏损或者转增资本，应当冲减盈余公积。小企业的盈余公积还可以用于扩大生产经营。

一、盈余公积构成

盈余公积构成见图7-5。

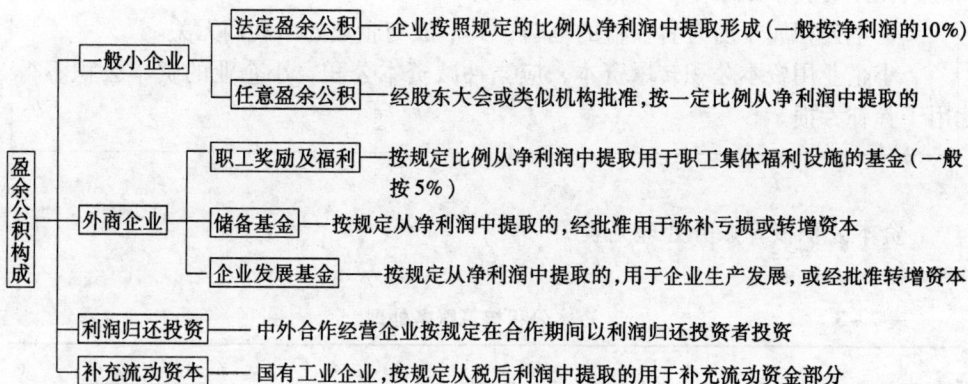

图7-5　盈余公积构成

二、盈余公积用途

见图7-6。

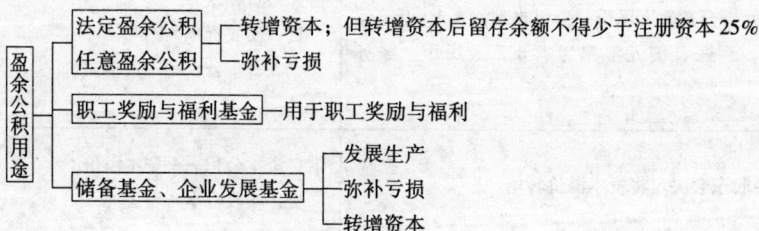

图7-6　盈余公积用途

三、盈余公积账务处理

见图 7 - 7。

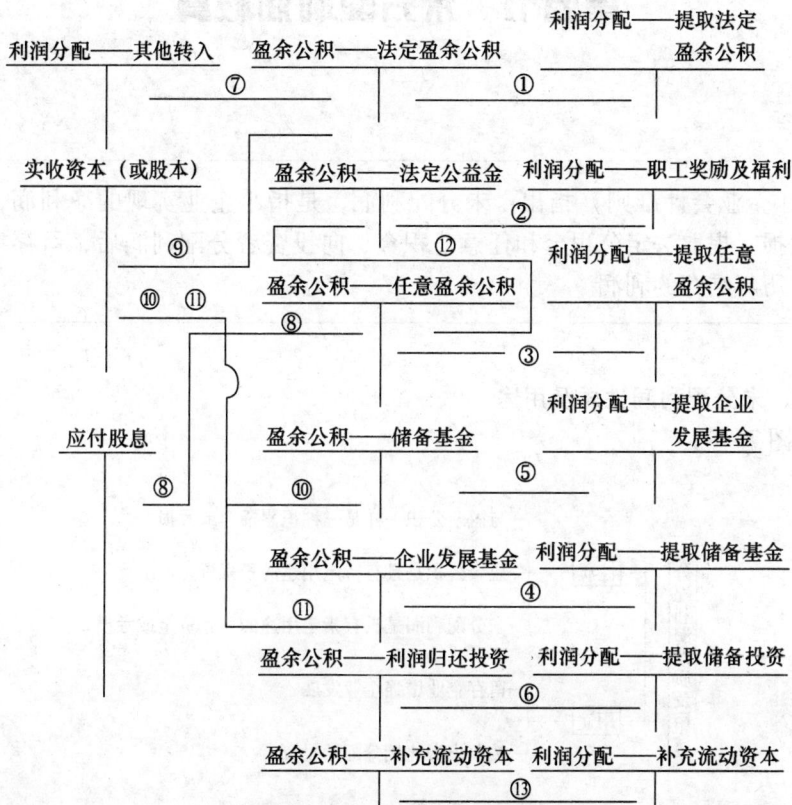

图 7 - 7　盈余公积账务处理

图示说明：

①企业提取法定盈余公积。

②外商企业提取职工奖励与福利。

③企业提取任意盈余公积。

④外商投资企业提取企业发展基金。

⑤外商投资企业提取储备基金。

⑥中外合作经营企业以利润归还投资。

⑦企业以盈余公积弥补亏损。

⑧企业用盈余公积分配利润。

⑨企业以盈余公积转增资本。

⑩外商投资企业以储备基金转增资本。

⑪外商投资企业以企业发展基金转增资本。

⑫外商企业用提取奖励及福利金购置资产后科目结转。

⑬企业按规定从税后利润提取用于弥补流动资本。

第五节　未分配利润核算

《小企业会计准则》指出：未分配利润，是指小企业实现的净利润，经过弥补亏损、提取法定公积金和任意公积金、向投资者分配利润后，留存在本企业的、历年结存的利润。

一、未分配利润性质及用途

见图 7 - 8。

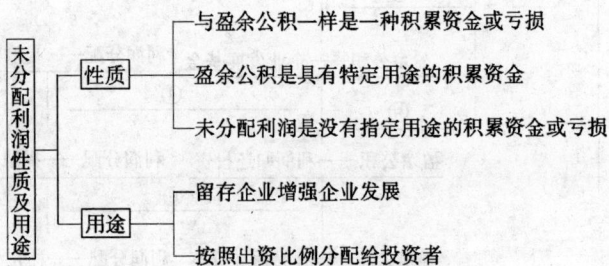

图 7 - 8　未分配利润性质及用途

二、未分配利润账务处理

见图 7 - 9。

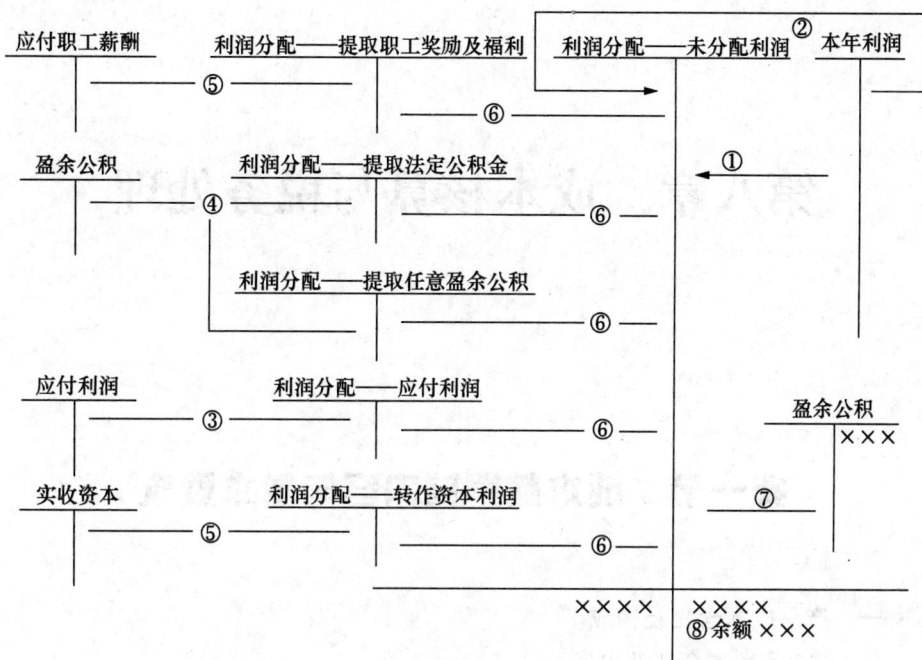

图 7 - 9　未分配利润账务处理

图示说明：

①将全年实现净利润转入利润分配——未分配利润。

②企业发生的净亏损转入未分配利润。

③将本年净利润分配给投资者。

④计提法定盈余公积（按公司法规定应计提净利润的10%，但计提法定公积金为公司注册资本的50%以上的，可以不再提取。公司从净利润中提取法定盈余公积金后，股东会决议还可提取任意公积金。公司不得在弥补亏损和提取法定公积金之前向股东分配利润）。

⑤外商小企业税后的净利润可按一定比例计提职工奖励及福利基金，或按规定转增资本。

⑥将提取法定盈余公积、利润分配等发生额转入利润分配——未分配利润。

⑦将弥补的亏损转入未分配利润。

第六节　税务处理的有关规定

公司盈余公积或未分配利润转增资本金，落实到个人名下，视同利润分配应交纳个人所得税，税率为20%。

公司股东向公司借款，长期不还（一年以上），应视同股东分红，交纳个人所得税。

第八章　成本核算与税务处理

第一节　成本核算的内容与基本要求

一、产品成本含义及构成

（一）产品成本含义及内容

1. 产品和产品成本。产品是指企业日常生产经营活动中持有以备出售的产成品、商品或提供的劳务。产品成本是指企业为取得产品而发生的各种支出，不包括期间费用。期间费用是指一定期间所发生的销售费用、管理费用、财务费用、资产价值损失和公允价值变动损失。

2. 产品成本构成内容。企业在取得产品过程中发生的能够按受益原则认定的支出，应当计入产品成本。工业企业的产品成本包括采购成本、加工成本和其他成本。

（1）采购成本，包括产品生产过程中实际消耗的各种原材料、辅助材料、备品配件、外购半成品、周转材料等从采购到入库前发生的全部支出。

（2）加工成本，包括直接人工和制造费用。直接人工是指直接从事产品生产人员的有关薪酬；制造费用是指企业为生产产品而发生的各项间接费用，包括生产部门发生的机物油料消耗、管理人员的薪酬、资产的折旧及摊销、办公费、水电费、技术转让费、资源使用费、与产品直接相关的税金，季节性和修理期间停工损失，以及弃置费用和排污费等有关环境保护和生态恢复支出等。

（3）其他成本，指除采购成本、加工成本以外的，使产品达到预定可销售状态所发生的其他支出，如废品损失、环境成本等支出。

3. 产品成本核算。是将取得产品过程中发生的各种支出，根据受益原则按一定的标准，在成本计算对象之间进行归集和分配并计算出产品实际成本的过程。

（二）产品成本核算的目标及要求

1. 产品成本核算的目标。根据《小企业会计准则》规定，企业应结合自身的生产经营的特点和管理要求，正确确定成本计算对象，选择合理有效的产品成本计算方法，正确计算各种产品的成本，全面反映企业生产支出、成本计算执行情况以及产品成本及其变动情况等，为经营决策提供可靠的成本费用信息。

2. 产品成本核算的要求。

> 《小企业会计准则》要求：小企业应当根据生产特点和成本管理的要求，选择适合本企业的成本核算对象、成本项目和成本计算方法。

（1）选择适合本企业的成本核算对象。什么是成本核算对象？就是所选择的成本归集对象。简单讲就是为谁计算成本。如某种产品、某批产品、某种零部件、某类产品、某台设备、某项服务、某条高速公路、某幢楼房、某一科研项目等都可作为成本核算对象。如何确定？要根据企业生产经营特点和管理要求，如大量大批单步骤生产产品，或管理上不要求提供有关生产步骤成本信息的，可以按照产品品种确定为成本核算对象；小批单件生产产品的，可以按照每一批或每件产品确定为成本核算对象；多步骤连续加工产品且管理上要求提供有关生产步骤成本信息的，可以按照每种产品及各生产步骤确定为成本核算对象；企业生产经营兼有分批、分部制造等特征，可以混合采用以上方法确定成本核算对象。产品规格繁多，可将产品结构、耗用原材料和工艺过程基本相同的各种产品，适当合并作为成本核算对象。

（2）选择适合本企业的成本项目。什么是成本项目？即按照成本支出的经济性质，或经济用途、成本性态所作分类。工业企业可以按照成本支出的经济性质，设置原材料、燃料和动力、职工薪酬、折旧和摊销、其他等成本项目。如何设置应根据企业生产经营的特点和管理要求选择。一般小型企业通常设原材料、职工薪酬和制造费用即可。有特殊要求或特殊情况的可增加相关项目。

原材料，是指构成产品实体的原料、主要材料以及有助于产品形成的辅助材料。

职工薪酬，或称人工费，是指直接参加产品生产的人员，以及企业生产部门为生产产品提供劳务而发生的管理人员薪酬。

制造费用，是指为生产产品提供劳务而发生的其他间接费用，如房租水电、机物油料、折旧及摊销费用等。

（3）选择适合本企业的成本计算方法。在选择成本计算之后，按成本计算对象，归集、分配和结转成本的方法。成本计算方法的选择应根据企业的生产特点和管理的要求来确定。其关系见表 8－1。

表 8－1　　　　　　　　　　成本计算方法选择

生产组织特点	生产工艺过程的特点和管理要求	应选择的成本计算方法
大量大批生产	单步骤生产或管理上不要求分步骤计算成本的多步骤生产	品种法
小批单件生产	同上	分批法
大量大批生产	管理上要求分步骤计算成本的多步骤生产	分步法

不同行业、不同生产过程、不同成本计算对象和不同的管理要求，其成本核算程序、内容和方法也不同，详见本书附件二《企业产品成本核算制度》。

3. 产品成本报告要求。企业应当按月编制产品成本报表，全面反映企业生产支出、成本计算执行情况以及产品成本及其变动情况等。

（三）成本核算风险提示

1. 产品成本核算对象、产品成本项目和成本计算方法选择不当，将会导致产品成本失真、不能为经营决策提供可靠的信息。

2. 成本核算基础薄弱、成本费用记录、划分不清，产品成本计算不真实，可能导致信息失真，不仅影响盈亏正确性，也将会影响国家税收。

3. 成本费用管理混乱、生产过程核算控制不严，可能导致资源浪费，财产遭受损失。

二、产品成本费用核算原则

见图 8－1。

产品成本费用核算原则：
- 企业支付人工费用应根据规定的工资标准、工时、产量记录等资料，计算职工薪酬，计入成本或费用
- 企业生产经营中所耗用的各项材料，应按实际耗用数量和账面单价计算，计入相关成本或费用
- 企业在生产经营中所发生的各项费用，应以实际发生数计入成本或费用。凡应由本期负担而尚未支出的费用，应作为预提费用计入本期成本或费用；凡已支出，应由本期和以后各期负担的费用，应作为待摊费用，分期摊入成本或费用
- 企业应合理划分期间费用和产品成本的界限。期间费用直接计入当期损益；成本应计入所生产产品或提供劳务的成本。本企业发生制造费用，采用合理标准和方法在各受益产品间进行分配
- 成本核算程序及计算方法一经确定，不得随意变更，如需变更，应当根据管理权限，经股东大会、董事会或经理（厂长）会议或类似机构批准，并在会计报表附注中予以说明

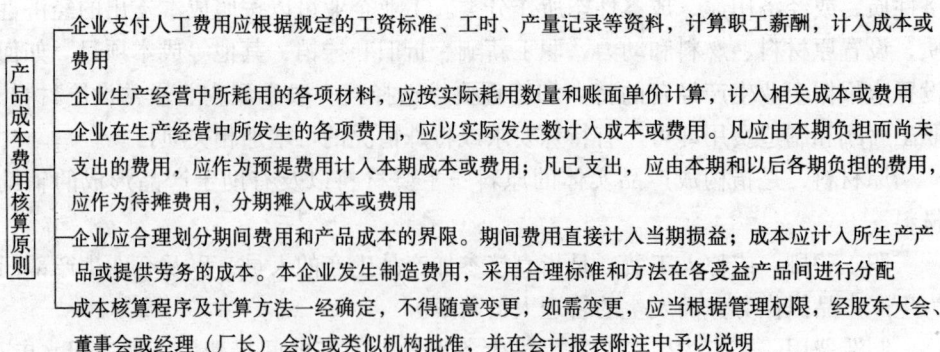

图 8－1　产品成本费用核算原则

三、成本费用核算要求

见图 8 – 2。

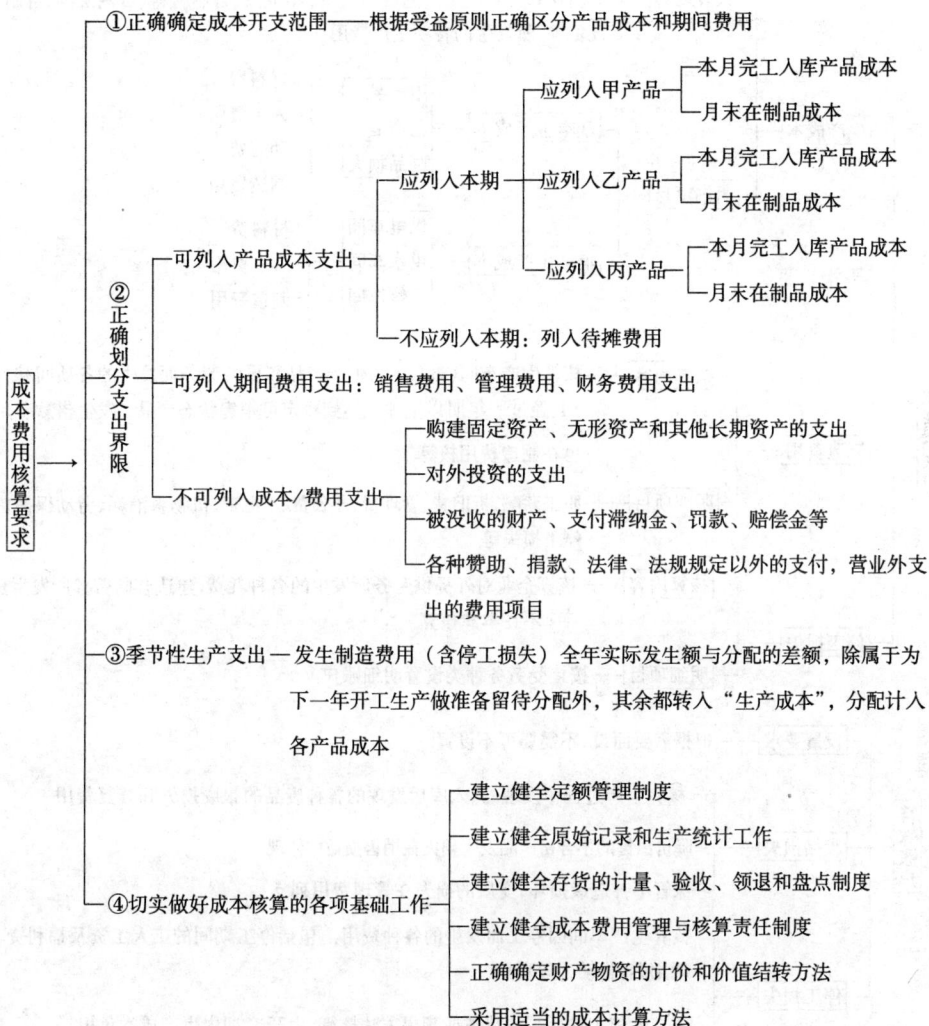

①正确确定成本开支范围——根据受益原则正确区分产品成本和期间费用

成本费用核算要求

②正确划分支出界限

- 可列入产品成本支出
  - 应列入本期
    - 应列入甲产品
      - 本月完工入库产品成本
      - 月末在制品成本
    - 应列入乙产品
      - 本月完工入库产品成本
      - 月末在制品成本
    - 应列入丙产品
      - 本月完工入库产品成本
      - 月末在制品成本
  - 不应列入本期：列入待摊费用
- 可列入期间费用支出：销售费用、管理费用、财务费用支出
- 不可列入成本/费用支出
  - 购建固定资产、无形资产和其他长期资产的支出
  - 对外投资的支出
  - 被没收的财产、支付滞纳金、罚款、赔偿金等
  - 各种赞助、捐款、法律、法规规定以外的支付，营业外支出的费用项目

③季节性生产支出 — 发生制造费用（含停工损失）全年实际发生额与分配的差额，除属于为下一年开工生产做准备留待分配外，其余都转入"生产成本"，分配计入各产品成本

④切实做好成本核算的各项基础工作

- 建立健全定额管理制度
- 建立健全原始记录和生产统计工作
- 建立健全存货的计量、验收、领退和盘点制度
- 建立健全成本费用管理与核算责任制度
- 正确确定财产物资的计价和价值结转方法
- 采用适当的成本计算方法

图 8 – 2　成本费用核算要求

四、产品成本核算账户体系

见图 8 – 3。

```
                  ┌─ 核算内容 ── 专门核算工业性生产的各种产品、半成品、自制材料、自制工具、自制
                  │              设备等，所发生的各项生产费用
        ┌─生产成本─┤
        │         │                        ┌─ 甲产品 ──┬─ 材料费
        │         │         ┌─ 基本生产成本 ─┤  乙产品   ├─ 人工费用
        │         └─ 明细项目 ┤              │  废品损失  ├─ 动力费
        │                    │              └──────────└─ 制造费用
        │                    │                        ┌─ 材料费
        │                    └─ 辅助生产成本 ─┬─ 供电车间 ├─ 人工费用
        │                                   │  供水车间  └─ 制造费用
        │                                   └─ 机修车间
  基本  │         ┌─ 核算内容 ── 核算生产车间(部门)为生产产品和提供劳务而发生的各项间接费
  账户 ─┤         │              用。经过一年期以上才能达到预定可销售状态产品，发生借款费用
        ├─制造费用─┤              也在制造费用核算
        │         │
        │         └─ 明细项目 ── 职工薪酬、折旧费、管理费、办公费、水电费、机物料消耗、劳动保护费、
        │                        停工损失等
        │
        │         ┌─ 核算内容 ── 核算企业对外提供劳务所发生的各种耗费,建造合同劳务所发生成
        └─停工损失─┤              本、不在本户核算
                  │
                  └─ 明细项目 ── 按接受劳务种类设置明细账户


        ┌─设置要求── 根据需要而设,不需要可不设置
        │
        │          ┌─ 核算生产过程中发现的、入库后发现的各种废品的报废损失和修复费用
        │          │
  特殊 ─┼─废品损失 ─┼─ 降价出售的不合格产品发生损失在销售损益中体现
  账户  │          │
        │          └─ 保管不善造成损坏,变质的损失在管理费用列支
        │
        │          ┌─ 核算生产车间因停工而发生的各种费用，包括停工期间的工人工资及福利费、
        │          │  耗用燃料、动力等费用
        └─停工损失 ─┤
                   └─ 季节性停工费用采用待摊或预提方法核算,由开工期内生产成本负担
```

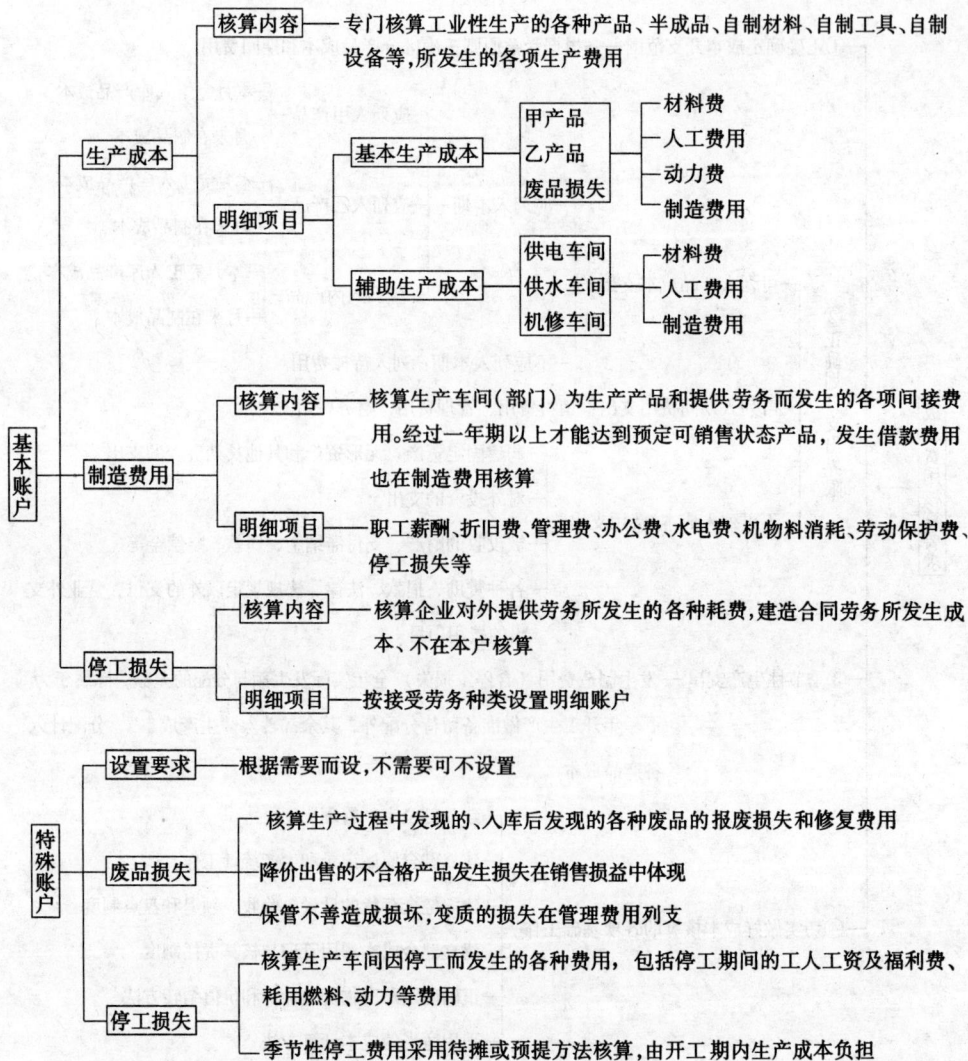

图 8 – 3 产品成本核算账户体系

五、产品成本核算程序

产品成本核算程序实质上是生产费用在有关账户之间归集分配过程、不同行业、不同成本核算方法，其程序是不相同的，以小产品制造业的品种法为例，其核算程序见图 8 – 4。

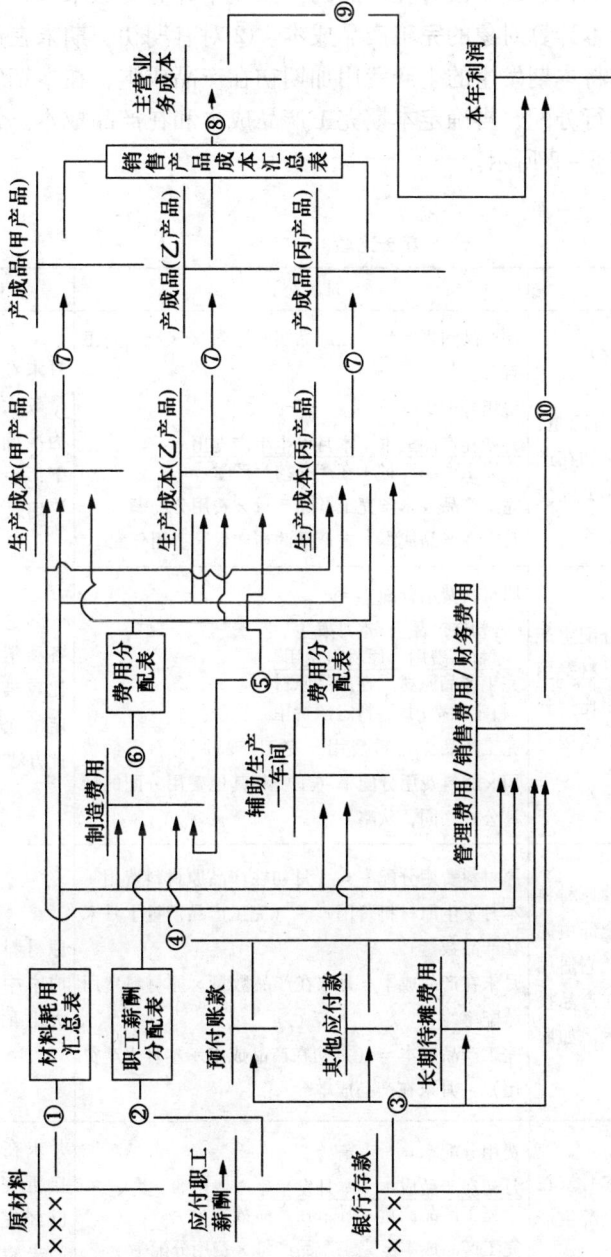

图 8 - 4　产品成本核算程序

图示说明：

①本月耗用原材料。②本月应付职工薪酬。③本月支付的预付费用。④待摊、预提费用分配。⑤辅助生产发生费用分配结转到制造费用或某产品。⑥制造费用按分配标准分配，计入产品生产成本。⑦月末结转完工入库产品成本。⑧月末结转已销售产品成本。⑨主营业务成本转入本年利润。⑩期同费用。

六、生产费用在完工产品与在产品之间的分配

生产费用分配计入各成本计算对象之后，各成本计算对象归集的生产支出就是本期生产费用。①对期初、期末没有在产品的产品成本计算对象来说，本期发生的生产费用就是该成本计算对象的完工产品成本。②对有期初、期末在产品的成本计算对象来说，应将本期发生的生产费用加期初在产品成本，在本期完工产品和期末在产品之间进行分配，再确定本期完工产品成本和在产品成本。常用的分配方法有五种，如表8-2所示。

表8-2   分配方法比较

方　法	特　点	计算公式	适用范围
（一）约当产量比例法	月末在产品数量按其完工程度折合为完工产品的产量，即在产品约当产量；根据完工产品产量和在产品约当产量的比例分配生产费用	在产品约当产量 = 在产品实际数量 × 该产品完工百分比 费用分配率 = $\dfrac{\text{月初在产品成本} + \text{本月发生生产支出}}{\text{完工产品产量} + \text{在产品约当产量}}$ 完工产品成本 = 完工产品产量 × 费用分配率 月末在产品成本 = 在产品约当产量 × 费用分配率	月末在产品数量较大而且较为准确的情况下，一般均可采用此方法
（二）定额比例法	按定额消耗比例分配生产费用。其中，原材料费用按原材料定额费用比例分配，工资和其他费用按定额工时比例分配	原材料费用分配率 = $\dfrac{\text{月初在产品}}{\text{完工产品原材}} + \text{本月发生}$ $\dfrac{\text{原材料费用}}{\text{料定额费用}} + \dfrac{\text{原材料费用}}{\text{在产品原材}}$ 料定额费用 完工产品原材料费用 = 完工产品原材料定额费用 × 材料费用分配率（工资和其他费用分配的计算公式相同，从略）	各项消耗定额比较准确和稳定的企业采用此方法
（三）在产品成本按所耗用的原材料计算	月末在产品只计算原材料费用，其他费用全部由完工产品成本负担，它适用于所耗用原材料在产品投产时一次全部投入。如服装生产	原材料费用分配率 = （月初在产品原材料费用 + 本月发生原材料费用）÷（完工产品产量十月末在产品数量） 月末在产品成本 = 月末在产品数量 × 原材料费用分配率 完工产品成本 = （月初在产品成本 + 本月生产费用）- 月末在产品成本	原材料费用在成本中占有较大比重的产品
（四）在产品成本按完工产品成本额计算	按完工产品产量和月末在产品数量的比例分配生产费用	费用分配率 = $\dfrac{\text{月初在产品成本} + \text{本月发生生产费用}}{\text{完工产品产量} + \text{月末在产品数量}}$ 完工产品成本 = 完工产品产量 × 费用分配率 月末在产品成本 = 月末在产品数量 × 费用分配率	月末在产品已接近完工，或已经完工，但尚未验收入库的产品

续表

方　法	特　点	计算公式	适用范围
（五）在产品成本按年初数固定计算	当月发生的生产费用全部作为完工产品成本，各月在产品成本均按年初在产品成本计算；年终时再根据实际盘点的在产品数量，重新计算在产品成本	平日完工产品成本＝本月发生生产费用。年末（12月）完工产品成本＝本月发生生产费用＋年初在产品成本－本月在产品实际盘存成本	在产品数量较小，或在产品数量虽大，但各月之间变化不大的企业。如钢铁厂炼铁高炉中炉料

第二节　产品成本计算品种法

　　品种法是以产品品种为成本计算对象，归集生产费用计算产品成本的一种成本计算方法。它适用于大量大批单步骤生产组织（如发电、采掘等）或大量大批生产而管理上不要求分步骤计算成本的多步骤生产。运用这种成本计算方法的程序是：首先根据产品品种分别开设成本计算单或称账户支出；然后将发生的各种生产支出分配记入各成本计算单；月末若有在产品，再将该成本计算单产品归集的生产费用在完工产品和在产品之间进行分配，然后计算出完工产品成本。核算的基本内容可概括为图8－5。

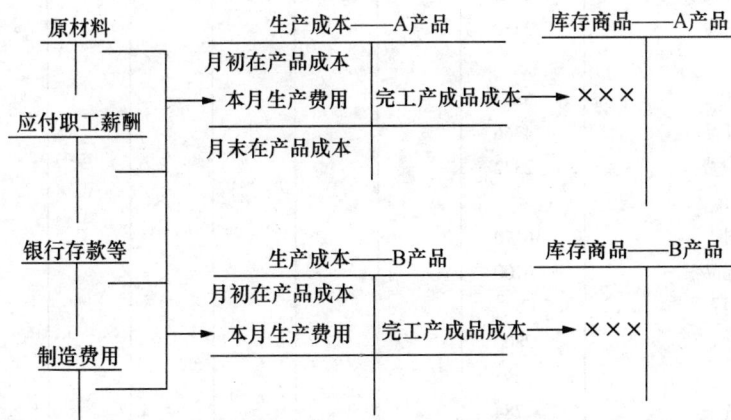

图8－5　品种法账务处理

【例1】某厂设两个生产车间，第一车间生产甲、乙两种产品，第二车间生产丙、丁两种产品。另有两个辅助生产车间，其中，动力车间为基本生产提供动力，机修车间为各车间、部门提供修理劳务。该厂采用品种法计算产品成本。

"生产成本"账户分设"基本生产成本"和"辅助生产成本"。该厂2011年3月发生有关生产支出的经济业务和成本计算资料如下：

3月发生的各项费用，根据有关凭证编制了如下各项费用分配表（见表8-3至表8-8。)

表8-3　　　　　　　　　　　材料费用分配汇总

××××年3月

产品、部门、项目	直接领用材料	共同耗用材料①					耗用材料合计
		产量	单耗定额	定额耗用量	分配率	应分配费用	
甲产品	60000	6250	3.5	21875	0.4	8750	68750
乙产品	80000	3500	2.5	8750	0.4	3500	83500
小　计	140000			30625	0.4	12250	152250
丙产品	34300				0.3	10290	44590
丁产品	23520				0.3	7056	30576
小计	57820				0.3	17346	75166
第一车间：							
机物料消耗	8742						8742
低值易耗品	1676						1676
第二车间：							
机物料消耗	5410						5410
低值易耗品	2474						2474
劳动保护费	3450						3450
动力车间：							
耗用材料	6263						6263
低值易耗品	4766						4766
劳动保护费	2372						2372
机修车间：							
耗用材料	16170						16170
低值易耗品	6100						6100
厂管理部门：							
办公费	2800						2800
消防费	1294						1294
仓库经费	784						784
合　计	260121					29596	289717

注：①共同耗用材料还可按产品产量分配、计划成本分配、标准产品分配。

表 8 - 4　　　　　　　　　　　　　职工薪酬分配汇总

×××× 年 3 月

产品、部门、项目	生产耗用工时	应分配职工薪酬	
		分配率	应分配工资
甲产品	7200	1.2	8640
乙产品	5400	1.2	6480
小　计	12600		15120
丙产品	36000	1.4	50400
丁产品	24000	1.4	33600
小　计	60000		84000
第一车间			2500
第二车间			7500
动力车间			12500
机修车间			12600
厂管理部门			16500
合　计	72600		150720

注：职工薪酬分配还可按产品产量分配、计划工资分配、标准产量分配，实行计件工资制的可将发生职工薪酬直接计入各成本计算对象。

表 8 - 5　　　　　　　　　　　　　辅助生产费用分配

动力车间　　　　　　　　　　　　××××年 3 月

应分配费用	生产工时	分配率	第一车间				第二车间			
			甲产品		乙产品		丙产品		丁产品	
			工时	金额	工时	金额	工时	金额	工时	金额
36300	72600	0.50	7200	3600	5400	2700	36000	18000	24000	12000

注：动力车间本月发生材料费用 13401 元，职工薪酬 12500 元，其他费用 10399 元，总计 36300 元。按产品耗用 2 时分配发生费用。

表 8 - 6　　　　　　　　　　　　　辅助生产费用分配

机修车间　　　　　　　　　　　　××××年 3 月

应分配费用	生产工时	分配率	第一车间		第二车间		厂管理部门	
			工时	金额	工时	金额	工时	金额
49800	8300	6.00	4500	27000	2600	15600	1200	7200

注：机修车间本月发生材料费用 22270 元，职工薪酬 12600 元，其他费用 14930 元，总计 49800 元。按提供机修工时分配发生费用。

表 8 - 7 制造费用分配

第一车间 ×××年3月

产品	生产工时	分配率	应分配费用
甲产品	7200	3.2	23040
乙产品	5400	3.2	17280
合　计	12600		40320

表 8 - 8 制造费用分配

第二车间 ×××年3月

产　品	生产工时	分配率	应分配费用
丙产品	3600	1.5	54000
丁产品	2400	1.5	36000
合　计	60000		90000

注：辅助生产费用、制造费用还可按产品产量、标准产量、计划分配率、定额成本等进行分配。

根据以上各种费用分配表，作转账分录如下：

（1）耗用材料费用的分配：289717 元（见表 8 - 3）

借：生产成本——各产品（分别设甲、乙、丙、丁）	227416
生产成本——动力车间	13401
——机修车间	22270
制造费用—— 一车间	10418
——二车间	11334
管理费用	4878
贷：原材料	289717

（2）分配工资费用：150720 元（见表 8 - 4）

借：生产成本——各产品	99120
生产成本——动力车间	12500
——机修车间	12600
制造费用—— 一车间	2500
—— 二车间	7500
管理费用	16500
贷：应付职工薪酬	150720

（3）分配辅助生产费用：36300 元、49800 元（见表 8 – 5、表 8 – 6）

借：生产成本——甲乙丙丁　　　　　　　　　　　　36300

　　制造费用　　　　　　　　　　　　　　　　　　42600

　　管理费用　　　　　　　　　　　　　　　　　　7200

　　贷：生产成本——动力车间　　　　　　　　　　36300

　　　　　　　　——机修车间　　　　　　　　　　49800

（4）分配制造费用：130320 元（见表 8 – 7、表 8 – 8）

借：生产成本——各产品　　　　　　　　　　　　　130320

　　贷：制造费用——一车间　　　　　　　　　　　40320

　　　　　　　　——二车间　　　　　　　　　　　90000

根据本月完工产品及月末在产品的产量资料（见表 8 – 9），计算各产品约当产量。

表 8 – 9　　　　　　　　　　　　完工产品及月末在产品统计

产品名称	投料方式	完工产成品数量（件）	月末在产品	
			数量（件）	完工程度（％）
甲产品	一次投料	4000	2000	50
乙产品	一次投料	2000	1000	50
丙产品	逐步投料	4400	800	75
丁产品	逐步投料	7600	500	80

根据以上资料，分别计算月末各种在产品的约当产量。

甲产品：

月末在产品约当产量（职工薪酬及其他费用）：

$2000 \times 50\% = 1000$（件）

期末在产品约当产量（材料费用）：2000 件

本期约当生产总量（人工费用及其他费用）：

$4000 + 1000 = 5000$（件）

本期约当生产总量（材料费用）：

$4000 + 2000 = 6000$（件）

乙产品：

本期约当总产量（职工薪酬及其他费用）：

$2000 + 1000 \times 50\% = 2500$（件）

本期约当总产量（材料费用）：

2000 + 1000 = 3000 （件）

丙产品：

本期约当总产量（全部费用）：

4400 + 800 × 75% = 5000 （件）

丁产品：

本期约当总产量（全部费用）：

7600 + 500 × 80% = 8000 （件）

根据以上资料，计算出甲、乙、丙、丁四种产品的完工产品总成本及单位成本，并根据各费用分配表登记产品成本明细账，见表 8 - 10 至表 8 - 13。

表 8 - 10　　　　　　　　　产品成本明细账 （成本计算单）

第一车间　　　　　　　　　　　　　　　　　　　　　　　完工数量

产品名称：甲产品　　　　　×××× 年 3 月　　　　　　4000 件

摘　要	成本项目				合计
	材料	人工费	动力	制造费用	
期初在产品成本	3250	360	200	1960	5770
本期发生成本	68750	8640	3600	23040	104030
小　计	72000	9000	3800	25000	109800
本期完工产成品单位成本	12.00	1.80	0.76	5.00	19.56
本期完工产成品总成本	48000	7200	3040	20000	78240
期末在产品成本	24000	1800	760	5000	31560

表 8 - 11　　　　　　　　　产品成本明细账 （成本计算单）

第一车间　　　　　　　　　　　　　　　　　　　　　　　完工数量

产品名称：乙产品　　　　　×××× 年 3 月　　　　　　2000 件

摘　要	成本项目				合计
	材料	人工费	动力	制造费用	
期初在产品成本	9500	1520	300	2720	14040
本期发生成本	83500	6480	2700	17280	109960
小计	93000	8000	3000	20000	124000
本期完工产品单位成本	31.00	3.20	1.20	8.00	43.40
本期完工产品总成本	6200	6400	2400	16000	86800
期末在产品成本	31000	1600	600	4000	37200

表 8 – 12　　　　　　　　　产品成本明细账（成本计算单）

第一车间　　　　　　　　　　　　　　　　　　　　　　　　　　完工数量

产品名称：丙产品　　　　　　　×××年3月　　　　　　　　　2000 件

摘　要	成本项目				合计
	材料	人工费	动力	制造费用	
期初在产品成本	5410	5600	2000	6000	19010
本期发生成本	44590	50400	18000	54000	166990
小　计	50000	56000	2000	60000	186000
本期实工产品单位成本	10.00	11.20	4.00	12.00	37.20
本期完工产成品总成本	44000	49280	17600	52800	163680
期末在产品成本	6000	6720	2400	7200	22320

表 8 – 13　　　　　　　　　产品成本明细账（成本计算单）

第二车间　　　　　　　　　　　　　　　　　　　　　　　　完工产品数量

产品名称：丁产品　　　　　　　×××年3月　　　　　　　　　7600 件

摘　要	成本项目				合计
	材料	人工费	动力	制造费用	
期初在产品成本	1424	1600	800	7200	11024
本期发生成本	30576	33600	12000	36000	112176
小　计	32000	35200	12800	43200	123200
本期实工产品单位成本	4.00	4.40	1.60	5.40	15.40
本期完工产成品总成本	30400	33440	12160	41040	117040
期末在产品成本	1600	1760	640	2160	6160

　　根据以上成本计算结果，应将完工产品的总成本转入产成品成本，作分录如下：

　　　借：库存商品——甲产品　　　　　　　　　　　　　　　　78240

　　　　　　　　　　——乙甲产品　　　　　　　　　　　　　　86800

　　　　　　　　　　——丙甲产品　　　　　　　　　　　　　163680

　　　　　　　　　　——丁甲产品　　　　　　　　　　　　　117040

　　　　　贷：生产成本——（上述各品种成本计算单）　　　　445760

第三节　成本计算"分类法"

分类法也称系数法，它是先按产品的类别归集生产支出、计算出各类完工产品的总成本。然后，再按一定的标准在同类产品各型号或规格中分配，计算各品种或规格成本的一种方法。这种方法适用于产品品种或规格较多，且可按一定标准进行分类的产品，如无线电元件、针织品、食品等类型的企业。

【例2】假设某企业的产品规格很多，成本计算采用分类法、按所耗原材料的不同把全部产品划分为甲、乙两大类，每类产品的月末在产品成本均按所耗原材料定额成本计算，发生生产支出全部由完工产品负担。

（1）2011年7月有关产品生产耗费成本资料（见表8-14至表8-21）。

表8-14　　　　　　　　　　　原材料定额成本

产品类别	单位产品平均消耗定额		计划单价（元/千克）	定额成本
	材料名称	消耗定额		
甲　类	M	1.75	2.8	4.90
乙　类	N	1.25	4.8	6.00

表8-15　　　　　　　　　　产品产量和分配标准

产品类别	品名、规格	产量（件）	计划单位成本（元）	计划成本系数
甲　类	A产品	250	5.2	5.2÷4=1.3
	B产品	800	6.4	6.4÷4=1.6
	C产品	500	4.0	4÷4=1
	D产品	360	3.8	3.8÷4=0.95
乙　类	E产品	700	6.3	6.3÷5=1.26
	F产品	450	7.6	7.6÷5=1.52
	G产品	600	5.0	5÷5=1
	H产品	900	4.5	4.5÷5=0.9

表 8 – 16   月初在产品成本和本月发生支出

产品类别	月初在产品原材料定额成本	本月发生费用（元）				
		原材料	燃料和动力	人工费用	制造费用	合　计
甲　类	2613	6829	237	1820	861	9747
乙　类	2348	12252	312	1350	569	14483

（2）月末在产品盘点数量及成本计算表。

表 8 – 17   月末在产品原材料定额成本计算

产品类别	数量（件）	单位定额成本（元）	定额成本（元）
甲　类	500	4.9	2450
乙　类	350	6.0	2100

（3）分类产品成本计算。

表 8 – 18   分类产品成本计算单

产品类别：甲

项　目	原材料	燃料和动力	人工费用	制造费用	合　计
月初在产品成本	2613				2613
本月发生费用	6829	237	1820	861	9747
合　计	9442	237	1820	861	12360
月末在产品成本	2450				2450
本月完工产品成本	6992	237	1820	861	9910

表 8 – 19   分类产品成本计算单

产品类别：乙

项　目	原材料	燃料和动力	工资及福利费	制造费用	合　计
月初在产品成本	2384				2384
本月发生费用	12252	312	1350	569	14483
合　计	14600	312	1350	569	16831
月末在产品成本	2100				2100
本月完工产品成本	12500	312	1350	569	14731

表 8 – 20 各类完工产成品成本计算单

产品类别：甲

产品规格	产量（件）	计划成本系数	总系数	完工产品总成本	单位系数成本	产品总成本	各产品单位成本
	1	2	3 = 1 × 2	4	5 = 4 ÷ 3	6 = 3 × 5	7 = 6 ÷ 1
A	250	1.30	325		4.05	1316	5.27
B	800	1.60	1280		4.05	5184	6.48
C	500	1.00	500		4.05	2025	4.05
D	360	0.95	342		4.05	1385	3.85
合计	—	—	2447	9910	4.05	9910	

表 8 – 21 各类完工产品成本计算单

产品类别：乙

产品规格	产量（件）	计划成本系数	总系数	完工产品总成本	单位系数成本	产品总成本	各产品单位成本
	1	2	3 = 1 × 2	4	5 = 4 ÷ 3	6 = 3 × 5	7 = 6 ÷ 1
E	700	1.26	882		4.95	4366	6.24
F	450	1.52	684		4.95	3386	7.52
G	600	1.00	600		4.95	2970	4.95
H	900	0.90	810		4.95	4009	4.46
合计	—	—	2976	14731	4.95	14731	

（4）结转已完工入库产品成本（见表 8 – 20 至表 8 – 21）。

借：库存商品——甲类产品 9910

——乙类产品 14731

贷：生产成本——甲类产品 9910

——乙类产品 14731

第四节 产品成本计算分批法

分批法是以产品批别为成本计算对象，归集生产支出计算产品成本的一种成本计算方法，它一般适用于小批量或单件生产类型企业，如造船、重型机械制造等。这种方法的成本核算程序与品种法基本相同，所不同的是，分批法是按产品生产批号开设成本计算单，归集生产支出，分别计算各批号产品的成本；分批法成本核算的计算过程如图8-6所示。

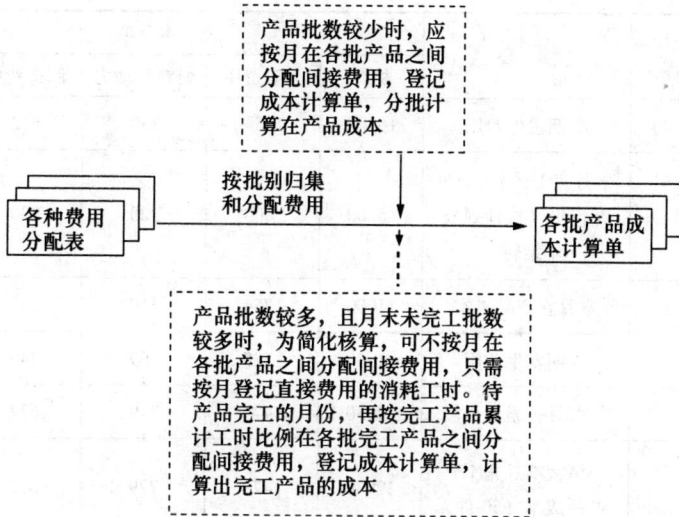

图8-6 分批法成本计算过程

【例3】某企业采用分批法计算产品生产成本。该企业5月投产甲产品100件、乙产品70件、丙产品80件，批号分别为501、502、503。甲产品6月全部完工。乙产品5月完工20件并对外销售，其余50件6月全部完工。丙产品6月仍未完工。乙产品的计划成本为320元（其中，材料费260元、燃料和动力费16元、职工薪酬30元、制造费用14元）。

各批产品成本计算单见表8-22至表8-24。

表8-22　　　　　　　　基本生产明细账（成本计算单）

产品名称：甲产品　　　　　　　　　　　投产日期：×××年5月

批号：501，产量：100件　　　　　　　　完工日期：×××年6月

日期	凭证号数	摘要	成本项目				
			材料	人工费用	燃料和动力	制造费用	合计
5月31日	（略）	本期发生支出	19800	2212	1218	980	24210
6月30日		本期发生支出	200	948	522	420	2090
6月30日		至本月止累计余额	20000	3160	1740	1400	26300
6月30日		结转完工产品成本	20000	3160	1740	1400	26300
		单位成本	200	31.60	17.40	14	263

表8-23 基本生产明细账（成本计算单）

产品名称：乙产品

批号：502，产量：70件

投产日期：×××年5月

完工日期：×××年6月

日期	凭证号数	摘要	成本项目				
			材料	人工费用	燃料和动力	制造费用	合计
5月31日	（略）	本期发生费用	16200	1354	730	612	18896
5月3日		本月完工产品20件并售出（按计划成本结转）	5200	600	320	280	6400
5月31日		本月在产品成本	11000	754	410	332	12496
6月30日		本期发生费用	1930	725	369	340	3364
6月30日		至本月止累计余额	12930	1479	779	672	15860
6月30日		结转本月完工产品成本（50件）	12930	1479	779	672	15860
		本批产品（70件）总成本	18130	2079	1099	952	22260
		单位成本	259	29.70	15.70	13.60	318

表8-24 基本生产明细账（成本计算单）

产品名称：丙产品

批号：503，产量：80件

投产日期：×××年5月

完工日期：×××年6月

日期	凭证号数	摘要	成本项目				
			材料	人工费用	燃料和动力	制造费用	合计
5月31日	（略）	本期发生费用	5000	4000	3000	1500	13500
6月30日		本期发生费用	1800	4200	2800	1600	10400
6月30日		至本月止累计余额	6800	8200	5800	3100	23900

账务处理如下：

5月 借：库存商品——乙产品   6400

　　　　贷：生产成本——乙产品   6400

6月　借：库存商品——甲产品　　　　　　　　　　　26300
　　　　　　　　——乙产品　　　　　　　　　　　15860
　　　　贷：生产成本——甲产品　　　　　　　　　　26300
　　　　　　　　——乙产品　　　　　　　　　　　15860

第五节　产品成本计算分步法

分步法是以产品生产步骤为成本计算对象，归集生产费用计算产品成本的一种成本计算方法。它适用于大量大批的多步骤生产，如冶金、纺织、机械制造等。根据生产特点和管理的要求，分步法可以分为逐步结转分步法和平行结转分步法。

一、逐步结转分步法

采用逐步结转分步法，产品成本的核算顺序是先计算第一个生产步骤的半成品成本和该步骤未完工的在产品成本，并将该步骤已完工的半成品成本结转到下一个生产步骤；第二个生产步骤是将第一步骤转来的半成品成本，加上本步骤发生的生产支出，计算出第二步骤转出的半成品成本和未完工的在产品成本，然后再将已完工半成品成本转入下一生产步骤。依次随着生产步骤顺序累计结转，直到最后一个生产步骤，计算出完工产品成本。具体结转程序见表8-25至表8-27。

表8-25　　　　　　　　　　　　生产成本明细账

第一生产车间：A产品（铸造）　　　　　　　　　　　××××年5月

日期	凭证号数	摘要	成本项目			
			材料费	职工薪酬	制造费用	合计
5月6日	（略）	领用原料	100500			100500
5月31日		薪酬		20000		20000
5月31日		费用分配			16000	16000
		合计	100500	20000	16000	136500
5月31日		结转下一步骤成本	82500	20000	16000	118500
		在产品成本	18000	0	0	18000

表 8 - 26   生产成本明细账

第二生产车间：A 产品（机加工）   ××××年5月

日期	凭证号数	摘 要	成 本 项 目			
			材料费	职工薪酬	制造费用	合 计
5 月 31 日	略	薪酬		22000		22000
5 月 31 日		分配费用			17000	17000
5 月 31 日		转入铸件成本	82500	20000	16000	118500
		合计	82500	42000	33000	157500
5 月 31 日		结转下一步骤成本	82500	42000	33000	157500
		在制品成本	0	0	0	0

表 8 - 27   生产成本明细账

第二生产车间：A 产品（装配）   ××××年5月

日期	凭证号数	摘 要	成 本 项 目			
			材料费	职工薪酬	制造费用	合 计
5 月 7 日	略	领用材料	346000			346000
5 月 31 日		职工薪酬		142000		142000
5 月 31 日		分配费用			92000	92000
		转入加工件成本	82500	42000	33000	157500
		合计	428500	184000	125000	737500
5 月 31 日		全部完工入库	428500	184000	125000	737500

逐步结转分步法，账务处理如下：

（1）月终根据仓库出库材料明细表作如下账务处理

借：生产成本——铸造车间 A 铸件　　　　　　　100500

　　　　　　——装配车间 A 产品　　　　　　　346000

　　贷：原材料　　　　　　　　　　　　　　　　　446500

（2）根据职工薪酬分配表作如下账务处理

借：生产成本——铸造车间 A 铸件　　　　　　　20000

　　　　　　——机加工车间 A 产品　　　　　　22000

　　　　　　——装配车间 A 产品　　　　　　　142000

　　贷：应付职工薪酬　　　　　　　　　　　　　　184000

（3）根据制造费用分配表作如下账务处理

借：生产成本——铸造车间 A 铸件　16000

　　——机加工车间 A 产品　17000

　　——装配车间 A 产品　92000

贷：制造费用　125000

（4）月终根据生产产品移交表作如下账务处理：

借：生产成本——机加工车间 A 产品　118500

贷：生产成本——铸造车间 A 铸件　118500

借：生产成本——装配车间 A 产品　157500

贷：生产成本——机加工车间 A 产品　157500

（5）根据产品入库单结转完工产品的成本作如下账务处理

借：库存商品——A 产品　737500

贷：生产成本——装配车间 A 产品　737500

对已完工的半成品如果需要经过半成品库保管，然后根据需要出库加工，或对外销售。需增设"自制半成品"科目核算。核算过程如图 8-7 和图 8-8 所示。

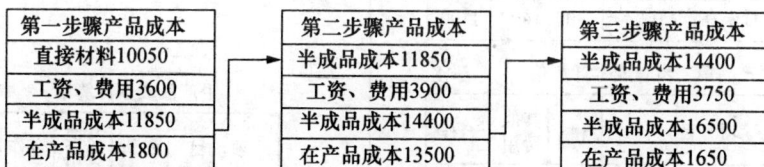

第一步骤产品成本
直接材料10050
工资、费用3600
半成品成本11850
在产品成本1800

第二步骤产品成本
半成品成本11850
工资、费用3900
半成品成本14400
在产品成本13500

第三步骤产品成本
半成品成本14400
工资、费用3750
半成品成本16500
在产品成本1650

图8-7　分步法成本计算程序（不设半成品库）

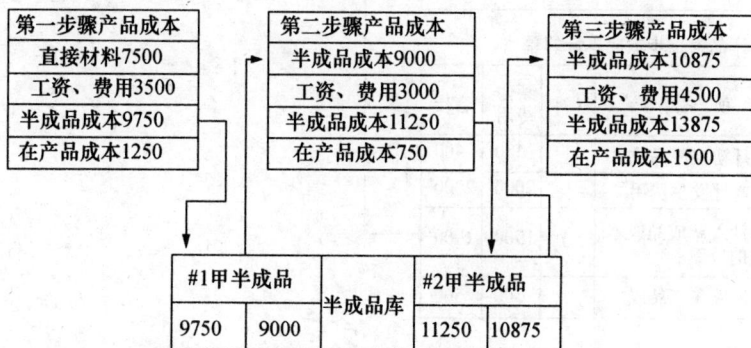

第一步骤产品成本
直接材料7500
工资、费用3500
半成品成本9750
在产品成本1250

第二步骤产品成本
半成品成本9000
工资、费用3000
半成品成本11250
在产品成本750

第三步骤产品成本
半成品成本10875
工资、费用4500
半成品成本13875
在产品成本1500

#1甲半成品		半成品库	#2甲半成品	
9750	9000		11250	10875

图8-8　分步法成本计算程序（设半成品库）

二、平行结转分步法

对大批量多步骤生产类型的企业，各步骤所产半成品种类较多，但在管理上不要求计算半成品的成本，即各生产步骤不计算所耗上一生产步骤的半成品成本，只计算本步骤发生的其他各项支出，然后将各生产步骤应计入相同产成品的数量份额的生产支出平行汇总和结转，即可计算出该种产品的生产成本。

平行结转分步法的在产品成本是指广义的在产品成本。它不仅包括本步骤尚未加工完成的产品，而且还包括本步骤已经加工完成，并已转交给下一步骤（或半成品库）、但尚未最后加工成产成品的各种半成品成本。

平行结转分步法的成本结转程序如图8-9所示。

甲产品第一步骤成本计算单

项　目	材料	其他费用	合作
月初在产品成本	500	600	1100
本月发生费用	3000	2000	5000
计入产成品成本的份额	2800	2200	5000
月末在产品成本	700	400	1100

甲产品第二步骤成本计算单

项　目	材料	其他费用	合作
月初在产品成本		300	300
本月发生费用		2000	2000
计入产成品成本的份额		1700	1700
月末在产品成本		600	600

甲产品第三步骤成本计算单

项　目	材料	其他费用	合作
月初在产品成本		400	400
本月发生费用		2000	2000
计入产成品成本的份额		1900	1900
月末在产品成本		500	500

甲产品成本计算单

项　目	材料	其他费用	合作
第一步骤	2800	2200	5000
第二步骤		1700	1700
第三步骤		1900	1900
产品成本	2800	5800	8600

图8-9　平行结转程序

【例4】华阳公司设三个生产车间共同生产甲产品，主要材料从第一车间投入，成本核算采用平行结转分步法，根据5月生产支出记录，成本计算见表8-28至表8-31。

表8-28　　　　　　　　　　生产成本明细账

第一生产车间：甲产品　　　　　×××× 年5月

日期	凭证号数	摘　要	数量	成　本　项　目			
				材料费	职工薪酬	制造费用	合　计
4月30日		月末在产品	5	50000	3000	3000	56000
5月31日		本月发生	22	260500			260500
		薪酬费用			13740		13740
		发生费用				13740	13740
5月31日		合计	27	310500	16740	25920	353160
		单台产品成本	27	11500	620	960	13080
		计入产成品份额	20	230000	12400	19200	261600
		月末在产品	7	80500	4340	6720	91560

注：该车间月末没有在产品，7台在产品均在下一车间加工生产，约当产量27台。

表8-29　　　　　　　　　　生产成本明细账

第二生产车间：甲产品　　　　　×××× 年5月

日期	凭证号数	摘　要	数量	成　本　项　目			
				材料费	职工薪酬	制造费用	合　计
4月30日		月末在产品	3	6050	9700		15750
5月31日		薪酬费用			50300		50300
		发生费用	24			54000	54000
5月31日		合计	27	0	56350	63700	120050
		单台产品成本	24.5		2300	2600	4900
5月31日		计入产成品份额	20		46000	52000	98000
		月末在产品	7		10350	11700	22050

注：本车间月末在产品7台中，本车间在产5台，其余2台在下一车间加工生产，约当产量 = 20 + 2 + 5 × 50% = 24.5（台）

表8-30　　　　　　　　　　　　　生产成本明细账

第一生产车间：甲产品　　　　　　×××年5月

日期	凭证号数	摘　要	数量	成　本　项　目			
				材料费	职工薪酬	制造费用	合　计
4月30日		月末在产品	1		600	360	960
5月31日		材料费用		18900			18900
5月31日		职工薪酬			12420		12420
		发生费用	21			7410	7410
5月31日		合计	22	18900	13020	7770	39690
		单台产品成本	21	900	620	370	1890
5月31日		计入产成品份额	20	18000	12400	7400	37800
5月31日		月末在产品	2	900	620	370	1890

注：本车间月末在产品2台，完工程度50%，约当产量＝2×50%＝1（台）。

表8-31　　　　　　　　　　　　　生产成本明细账

×××年5月

日期	凭证号数	摘　要	数量	成　本　项　目			
				材料费	职工薪酬	制造费用	合　计
5月31日		一车间成本		230000	12400	19200	261600
		二车间成本			46000	52000	98000
		三车间成本	20	18000	12400	7400	37800
		合计	20	248000	70800	78600	397400

账务处理：生产支出发生时与逐步结转法相同，半成品在各车间转移不作账务处理。甲产品完工入库后账务处理如下：

借：库存商品——甲产品　　　　　　　　　　　　　　　397400

　　贷：生产成本——一车间甲产品　　　　　　　　　　261600

　　　　　　　　——二车间甲产品　　　　　　　　　　98000

　　　　　　　　——三车间甲产品　　　　　　　　　　37800

第六节　联产品、副产品的成本计算

一、联产品、副产品的概念及特征

概念：同一原材料经过加工制造产出多种产品，且各种产品的重要性不相上下的称为联产品；若各种产品有"主"、"副"之分，除主产品外，其余的称为副产品。

副产品的特征：产量少、价值低，无公开市场及充分销路；副产品不是企业生产目的或计划之内，属附带产出，有废物利用性质；在生产计划上是以主产品为重；主产品关系到企业盈利及经营得失。

二、副产品成本的计算方法

副产品成本计算在材料费用和其他支出的归集与分配方面，同品种法或分批法的不同点是批内费用在主副产品之间的分配上。具体分配计算方法见表8-32。

表 8 - 32　　　　　　　　　　副产品成本的计算方法

方　法	账务处理	优缺点
副产品不计成本，其全部费用由主产品负担	如有收入则列入营业外收入	方法简便，但副产品金额、价值大时不宜采用
副产品分摊部分成本	按一定比例分摊部分主产品生产成本	费用分摊标准不易确定，受人为因素影响
以副产品净收入作为其成本	将副产品收入减去其销售费用为成本，从主产品成本中转出	是以副产品不计损益为原则，较为合理

三、联产品成本的计算方法

见表8-33。

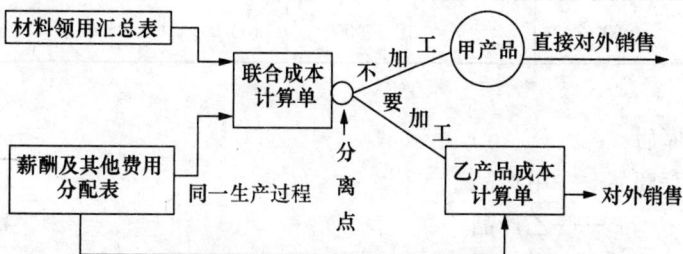

图 8 - 10　费用归集分配过程

表 8 - 33　　　　　　　　　　　　　联产品成本的计算方法

方　法	处理方法	优缺点
平均法	按联产品产出数量，平均分摊成本	方法简便，但副产品多、价值大不宜采用
加权平均法	在联产品之间，根据其品质、价值或其他因素，加一适当权数，再进行分摊	可使产品成本的分摊更趋合理，但加权多少含有主观因素
差别成本法	各联产品成本分摊可用不同比例分配	但比例确定含有主观因素
市价法	根据各联产品的市场售价分摊联产品成本	优点是较为合理，但缺点是各联产品市场需求不一，价格有高有低，计算复杂而各产品利率相同

方法选择应根据具体情况而定。

【例5】中华公司生产甲、乙、丙三种联产品，按售价分摊成本。全月总产量为 1600 公斤，总成本为 85000 元，各联产品产量、售价及成本计算结果见表 8 - 34。

表 8 - 34　　　　　　　　　　　　　联产品成本计算表

联产品	产量（公斤）	售价	金额	比例（%）	成本分摊	单位成本
甲	500	100	50000	38.76	32946	65.90
乙	800	80	64000	49.61	42169	52.71
丙	300	50	15000	11.63	9885	32.93
合　计	1600		129000	100.00	85000	

产品入库后：
借：库存商品——甲产品　　　　　　　　　　　　　　　　　　32946
　　　　　　　——乙产品　　　　　　　　　　　　　　　　　　42169
　　　　　　　——丙产品　　　　　　　　　　　　　　　　　　9885
　　贷：生产成本——联产品 A　　　　　　　　　　　　　　　　85000

第七节 委托加工物资成本核算

小企业委托外单位加工各种材料、商品等物资通过"委托加工物资"科目核算。

本科目应按照加工合同、委托加工单位以及加工物资的品种等进行明细分类核算。

一、采用实际成本核算

【例6】华通公司委托外单位加工材料一批，不含增值税成本为120000元，用支票支付加工费20000元、增值税3400元，加工成线路板100块，并验收入库。账务处理见图8-11。

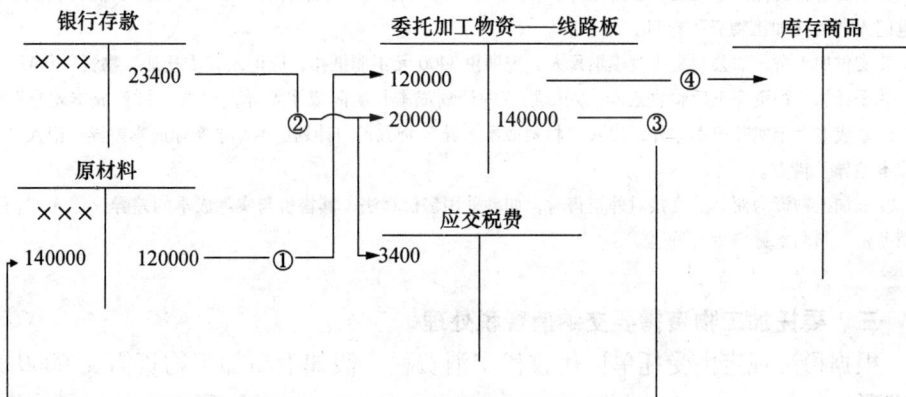

图8-11 委托加工物资账务处理（实际成本）

图示说明：

①委托加工物资，领出材料一批按实际成本计价。

②用支票支付加工费及增值税（进项税）。

③加工成线路板100块验收入库并结转实际成本。

④如果加工成商品对外出售，可进入"库存商品"科目。

二、采用计划成本（或售价）核算

具体核算方法与原材料按计划成本核算方法相同。

【例7】仍以上例，如果委托加工线路板采用计划成本核算，每块线路板计划成本为1450元，计划成本总计为145000元，账务处理见图8-12。

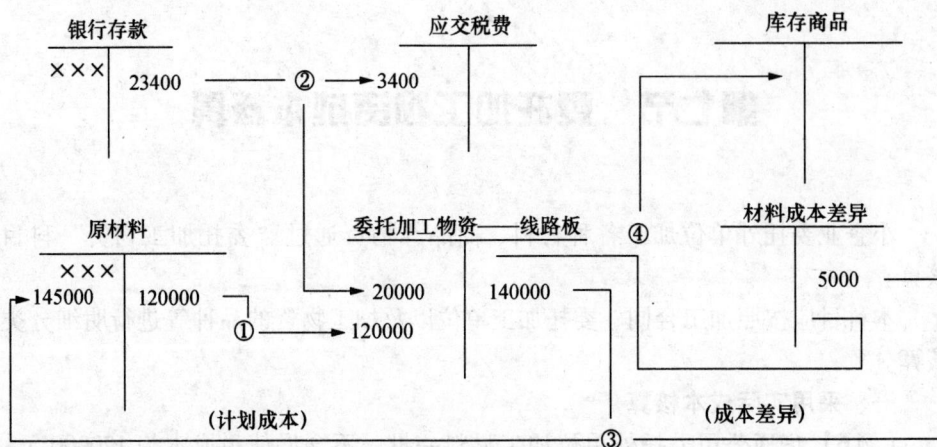

图 8 - 12　委托加工物资账务处理（按计划成本）

图示说明：

①领出材料委托外单位加工线路板计 120000 元。如原材料采用计划成本核算，其应负担材料成本差异也记入"委托加工物资"料目。

②支付加工费，如公司是小规模纳税人，进项税 3400 元不能抵扣，应记入"委托加工物资"科目。

③委托加工物资完工后验收入库，入库物资的计划成本与实际成本差异，记入"材料成本差异"科目。计划成本大于实际成本差异，记入"材料成本差异"贷方；当计划成本小于实际成本差异，记入"材料成本差异"借方。

④如加工物资为商品，直接对外销售时，如果采用售价算法，其售价与实际成本的差异，记入"商品进销差价"科目。账务处理同③。

三、委托加工物资需要交纳消费税处理

根据税法规定由受托单位代收代交消费税。假如上项加工物资需交 6000 元消费税。

1. 加工物资收回后用于直接销售的，其代收代交消费税应计入"委托加工物资"的成本，账务处理如下：

借：委托加工物资　　　　　　　　　　　　　　　　　　6000

　　贷：应交税费　　　　　　　　　　　　　　　　　　　6000

2. 加工物资收回后，用于继续加工的，其代收代交的消费税应计入"应交税费——应交消费税"抵减应交消费税。其账务处理如下：

借：应交税费——应交消费税　　　　　　　　　　　　　6000

　　贷：应付账款　　　　　　　　　　　　　　　　　　　6000

第八节　研发支出核算及税务处理

一、研发支出含义与分类

研发支出核算是指小企业研究与开发无形资产过程中发生的各项支出。核算时应按照开发项目分别按"费用化支出"与"资本化支出"进行明细核算。实际工作中应按研发项目设置明细账户，归集研发费用，计算研发成本。

二、研发支出财务处理程序

见图8－13。

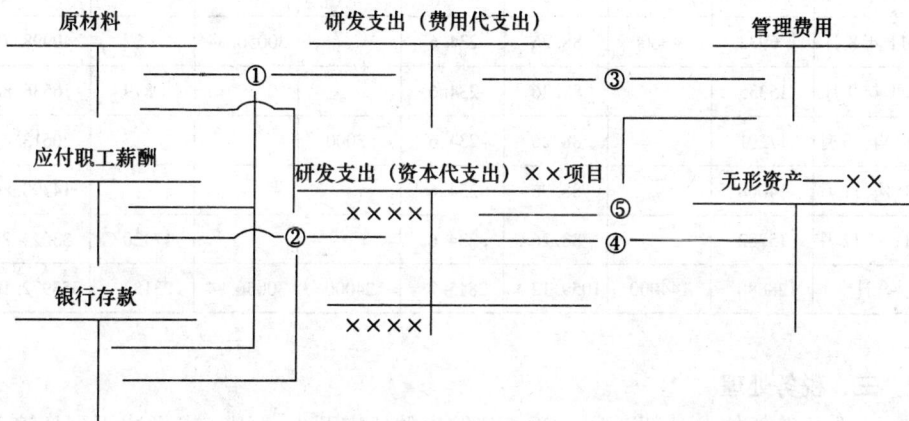

图8－13　研发支出财务处理程序

图示说明：

①研发过程中日常发生材料费、人工费及其他费用等。

②××等项研发（资本化）支出发生材料、人工及其他费用。

③费用化研发支出月终结转入"管理费用"。

④资本化研发支出项目成功后转入"无形资产"，期末余额为尚未满足资本化条件的支出。

⑤资本化研发支出项目，研发失败后，转入"管理费用"。

研发支出明细账见表8－35。

表 8 – 35　　　　　　　　　　研发支出明细账

602 探测仪项目　　　　　　　　　　　　　　　　　　　　　　　　　1

日期	工人薪酬	材料	折旧		设计费	制造费	其他费用	合计
			仪器	设备				
2011 年 1 月	10700	113000	88.26	234.6			1900	125922.86
2011 年 2 月	10535		88.26	234.6	15000			25857.86
2011 年 3 月	6759	1510	88.26	234.6			310	8901.86
2011 年 4 月	8950	20000	88.26	234.6			1480	30752.86
2011 年 5 月	6604	4000	88.26	234.6			286	11212.86
2011 年 6 月	7604	390	88.26	234.6			191	8507.86
2011 年 7 月	8828	2100	88.26	234.6	6000			17250.86
2011 年 8 月	6932	3000	88.26	234.6		30056.84	687	40998.70
2011 年 9 月	15335		88.26	234.6			879	16536.86
2011 年 10 月	17291		88.26	234.6	3000			20613.86
2011 年 11 月	14068		88.26	234.6				14390.86
2011 年 12 月	15282		88.26	234.6			17420	33024.86
合计	128888	144000	1059.12	2815.2	24000	30056.84	23153	353972.16

三、税务处理

　　企业开发新技术、新产品、新工艺发生的研究开发费用，未形成无形资产计入当期损益的，在按规定据实扣除的基础上，按照研究开发费用的 50% 加计扣除；形成无形资产的，按照无形资产成本的 150% 摊销。

　　专项拨款研发项目的支出不得在税前列支。专项拨款购置固定资产，其计提折旧也不得税前扣除。

第九节　劳务成本计算

　　劳务成本计算主要核算企业对外提供劳务所发生各种支出。成本计算对象是按对外提供劳务的项目设立，并设立劳务成本计算单归集和计算劳务成本。提供劳务所发生的各种支出的归集与分配方法与制造业产品成本生产过程中支出的归集与分配、产品成本的计算基本相同。劳务成本计算方法可参照品种法或分批法的成本计算方法。这里不再叙述。

第十节　产品销售成本计算与结转

《小企业会计准则》指出：小企业销售商品收入和提供劳务收入已予确认的，应当将已销售商品和已提供劳务的成本作为营业成本结转至当期损益。

一、实际成本法

已完工经检验合格入库产成品的进、出、存的核算方法与原材料相同。小企业对已售产品成本核算时，通常采用实际成本计价方法。即产成品的进、出、存都按实际成本计价。发出产品的单位成本可采用加权平均法等计算。月终应编制"销售商品成本汇总表"，将本月销售商品成本加总后一次结转。账务处理见图 8 - 14。

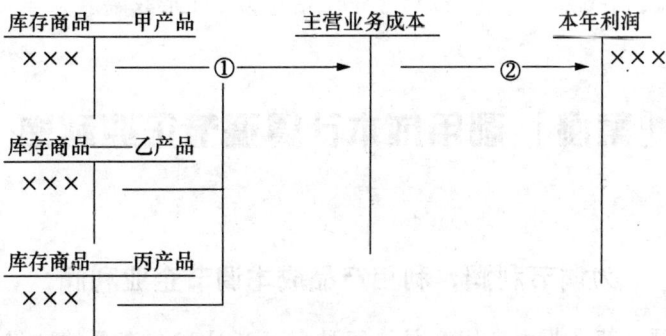

图 8 - 14　产品销售成本账务处理（实际成本法）

图示说明：
①月终结转已销售产品的实际成本。
②将主营业务成本转入本年利润。

二、计划成本法

即产成品的进、销、存都以事前确定的计划单位成本计算，实际成本与计划成本的差异通过"库存商品——库存商品成本差异"核算。账务处理见图 8 - 15。

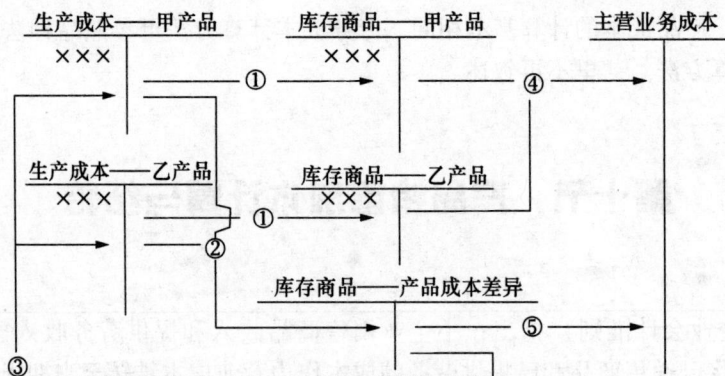

图8-15 产品销售成本账务处理（计划成本法）

图示说明：

①完工入库产成品按计划价格计算（入库数量×计划单价）。

②实际成本与计划成本差异转入产成品——产品成本差异。实际大于计划差额，转入产品成本差异账户的借方。

③实际小于计划差额，转入产品成本差异账户的贷方。

④月终将已销售产品的计划成本转入主营业务成本（销售出库数量×计划单价）。

⑤将已销售产品实际成本与计划成本的差额转入主营业务成本（应负担成本差额计算方法可比照材料成本差异）。实际大于计划差额，用蓝字结转，实际小于计划差额，用红字结转。

［案例］ 利用成本计算调节企业利润

为调节利润，利用产品成本调节企业利润

（1）问题。某企业生产甲产品，每月完工产品和在产品的数量比例一般为4:1。1~11月采用的是"在产品成本按完工产品成本计算"分配方法，每月的生产支出按完工产品和在产品的数量比例进行分配。由于生产经营状况良好，实现的利润数额已超过全年利润计划指标。为控制利润的增长幅度，该企业于12月采取了调整费用分配办法的违规措施，即将正在采用的"在产品成本按完工产品成本计算"的分配方法，改变为"不计算在产品成本"的分配方法，使12月的完工产品多分担生产费用40万元，增加了产品成本，减少了当年盈余。

经济效益不景气的企业，为了确保利润目标的实现，则千方百计压低产品成本，采用的违规手段之一也是变更生产费用的分配方法。例如，某企业主要产品的原材料费用在产品成本中所占的比重较大，一直采用在产品成本按其所耗用的

原材料费用计算的分配方法，其他费用全部由完工产品负担。但因当年利润目标难以完成，便在12月改变为采用"在产品成本按完工产品成本计算"的分配方法，同时还采用一次多投料少产出的办法，使完工产品成本压到最低限度。该企业12月初在产品材料成本20万元，本月投料250万元，本月发生其他费用30万元，在产品应负担180万元，完工产品负担120万元。但按改变后的分配方法计算，在产品负担200万元，完工产品负担100万元。由于分配方法的改变可使12月的完工产品少负担生产支出20万元。

（2）查证方法。在实施检查前，首先应向企业询问生产支出的分配是采用什么计算方法。得知企业采用的分配方法后，再审阅基本生产费用在完工产品和在产品之间进行分配所采用的计算方法是否前后一致。如发现有前后采用两种计算方法分配生产支出的情况，应当查清企业改变分配方法后对完工产品成本与在产品成本的影响数额，以及对当期损益的影响数额。

为提高完工产品成本，降低原各项定额成本

某企业多年采用"在产品成本按定额成本计算"的分配方法。为了提高完工产品成本，对材料的消耗定额、工时定额和费用定额全面进行了修订，修订后的各项定额都比原定额有所降低。由于单位定额成本下调，所以年终计算分配的在产品成本就人为地减少了，而完工产品却相应地多负担了一部分生产支出，致使结转的生产成本增加，当年利润数额得以控制。该企业生产甲产品，年末在产品数量2600件，修订后的单位定额成本1124元，年末在产品成本为292万元，12月生产支出合计为985万元，完工产品应负担生产支出693万元。按上年度的单位定额成本，可使完工产品成本增加了73万元。再如，某企业采用"在产品成本按照定额成本计算法"分配生产支出，在年末将单位定额成本调高20%。具体为12月生产支出总额896万元，月末在产品数量192台，12月上调后的单位定额成本9360元，经计算月末在产品成本为180万元，本月完工产品成本为716万元。如按原单位定额成本7800元计算，月末在产品成本为150万元，本月完工产品成本为746万元。上述两种计算结果表明，由于单位定额成本提高20%，使该企业12月末完工产品少负担生产费用30万元，人为地降低了12月完工产品的生产成本。

虚增材料费用，减少当年利润

（1）问题。某企业基本生产车间及班组，于12月领用原材料120万元，财务部门依据领料凭证直接列入"生产成本"账户中的直接材料费用项目中。由于超限额领料，年末剩余材料计70万元，其中产品加工完毕需退库的剩余材料

计 30 万元，产品尚未加工需办"假退库"手续的结存材料 40 万元。车间均未办理退回和"假退料"手续，财务部门也未作扣减材料费用的账务处理。

（2）查账方法。审查上述违规，常用的方法有审阅法、核对法、调查法和核实法等技术方法。审查程序可分为以下几步：第一步，审查生产成本明细账，看其记录的材料费用是否有数额过大的情况。如发现有数额过大的材料费用，应追查多领用的原因。第二步，将上述疑点与有关账册进行核对。首先与材料明细账、记账凭证、材料费用分配表、领料单核对，看是否有计算分配和记账错误。如未发现差错，应再将领用数额与材料定额和限额核对，寻找产生原因。第三步，调查多领用材料的数额和核实虚增材料费用的数额。本案例中，经查询车间原始记录和年末财产盘点表，知悉领而未用的材料年末结存价值 70 万元。究竟影响多少利润和少缴多少所得税，尚需做出查证。第四步，采用核实法验证由于虚增材料费用对当年利润的影响数额。

第九章 收入、费用、利润核算与税务处理

第一节 收入、费用、利润核算的目标与风险

一、收入、费用与利润核算意义

小企业总收入减去总费用支出，余下的就是企业的利润，利润是小企业生存发展的基础，没有利润企业就难以生存。加强利润核算与管理，就必须从收入与费用做起，正确反映收入、费用与利润动态情况。为经营决策提供信息。

二、核算目标

正确的确认、计量和记录收入、费用与利润的完成情况，严格控制各项费用支出，及时正确地反映利润的完成情况。

三、风险提示

1. 收入、费用确认不合规，计量不准确，核算不及时，可能导致会计信息失真，不利于企业的经营决策。

2. 收入、费用控制不严，核算不合规，可能导致企业资源的浪费，利益的降低，使企业的经济效益受损。

3. 收入、费用、利润等核算不真实，计量不准确，影响税金的正确交纳，可能导致违规风险。

四、收入、费用、利润核算的内容

（一）收入的含义及构成

> 《小企业会计准则》指出：收入，是指小企业在日常生产经营活动中形成的、会导致所有者权益增加、与所有者投入资本无关的经济利益的总流入。包括：销售商品收入和提供劳务收入。

```
                              ┌ 销售商品收入
                    主营业务收入├ 提供劳务收入
                              └ 让渡资产使用权等收入

                              ┌ 材料销售收入
                    其他业务收入├ 代购代销收入
                              ├ 包装物出租
          收                  └ 其他……
          入
          核
          算        投资收益    ┌ 短期投资收益
          内                  ├ 股权投资收益
          容                  └ 债权投资收益

                              ┌ 固定资产盘盈
                              ├ 处置固定资产净利益
                    营业外收入  ├ 非货币性交易收益
                              ├ 出售无形资产净利益
                              └ 罚款净收入等
```

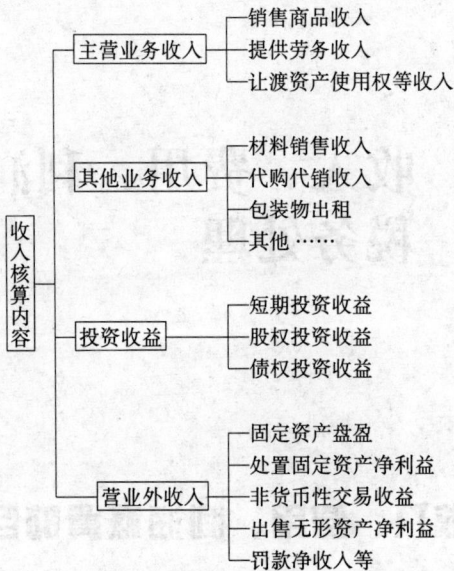

图 9 - 1　收入核算内容

（二）费用的含义及构成

> 《小企业会计准则》指出：费用，是指小企业在日常生产经营活动中发生的、会导致所有者权益减少、与所有者分配利润无关的经济利益的总流出。包括：营业成本、营业税金及附加、销售费用、管理费用、财务费用等。

（三）利润的含义及构成

> 《小企业会计准则》指出：利润，是指企业在一定会计期间的经营成果，包括：营业利润、利润总额和净利润。
> 营业利润，是指营业收入减去营业成本、营业税金及附加、销售费用、管理费用、财务费用，加上投资收益（或减去投资损失）后的金额。
> 前款所称营业收入，是指小企业销售商品和提供劳务实现的收入总额。
> 利润总额，是指营业利润加上营业外收入，减去营业外支出后的金额。
> 净利润，是指利润总额减去所得税费用后的净额。

利润实质是企业在一定会计期间的总收入与总费用（含销售产品成本）的差额，若企业的总收入大于期间的总费用，其差额为利润；若企业的总收入小于期间的总费用，其差额为亏损。

```
                              ┌── 销售商品成本
                   主营业务成本 ├── 提供劳务成本
                              └── 让渡资产使用权成本

                              ┌── 营业税
                              ├── 消费税
                   营业税金及附加 ├── 城建税
                              ├── 资源税
                              ├── 土地增值税
                              └── 教育费附加等

                              ┌── 销售材料成本
                   其他业务成本 ├── 出租包装物成本
                              ├── 相关成本费用
                              └── 与其他业务收入相关税金及附加
费用
核算                 期  ┌ 销售费用 ── 销售过程中发生费用
内容                 间  │
                   费  ├ 管理费用 ── 为组织和管理企业生产经营活动所发生的费用
                   用  │
                      └ 财务费用 ── 利息支出、汇兑损失、相关手续费

                              ┌── 固定资产盘亏
                              ├── 处置固定资产净损失
                              ├── 债务重组损失
                   营业外支出  ├── 出售无形资产净损失
                              ├── 罚款支出
                              └── 非常损失等

                   所得税费用 ── 按规定计算交纳所得税
```

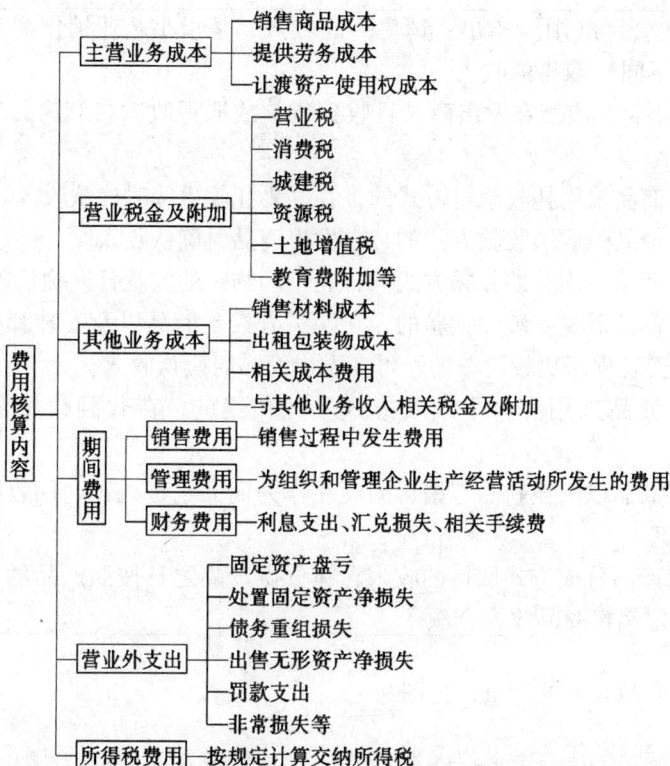

图 9 – 2　费用核算内容

第二节　主营业务收入、主营业务成本的核算及税务处理

主营业务收入包括销售商品收入、提供劳务收入和让渡资产使用权收入等。主营业务成本包括销售商品成本、提供劳务成本和让渡资产使用权成本等。

一、销售商品收入与销售商品成本核算

（一）销售商品收入的确认与计量

1. 销售商品收入的确认。

《小企业会计准则》指出：销售商品收入，是指小企业销售商品（或产成品、材料，下同）取得的收入。

通常，小企业应当在发出商品且收到货款或取得收款权利时，确认销售商品收入。

1. 销售商品采用托收承付方式的，在办妥托收手续时确认收入。

2. 销售商品采取预收款方式的，在发出商品时确认收入。

3. 销售商品采用分期收款方式的，在合同约定的收款日期确认收入。

4. 销售商品需要安装和检验的，在购买方接受商品以及安装和检验完毕时确认收入。安装程序比较简单的，可在发出商品时确认收入。

5. 销售商品采用支付手续费方式委托代销的，在收到代销清单时确认收入。

6. 销售商品以旧换新的，销售的商品作为商品销售处理，回收的商品作为购进商品处理。

7. 采取产品分成方式取得的收入，在分得产品之日按照产品的市场价格或评估价值确定销售商品收入金额。

2. 销售商品收入的计量，见图9-3。

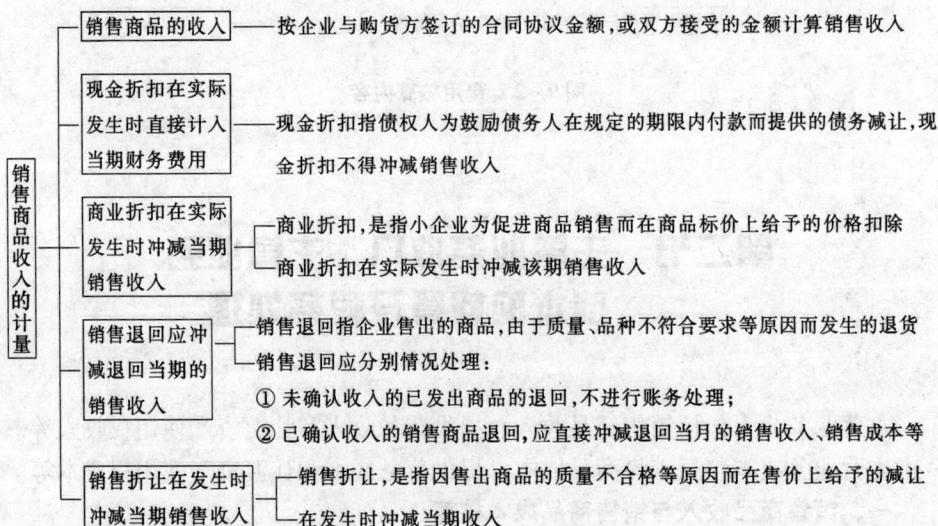

图9-3　销售商品收入的计量

（二）商品销售收入确认与计量的税法规定

1. 不同销售方式商品销售收入的确认，见图9-4。

销售方式   收入确认时间

```
         ┌─ 采取直接收款方式 ─── 不论货物是否发出,均为收到销售款或取得索取销售款的凭证,并将提货单交
         │   销售货物              给买方的当天
         │
         ├─ 采取托收承付和委 ─── 发出货物并办妥托收手续的当天
         │   托收款销售货物
税
法   ┌───┤
对   │   ├─ 采取赊销或分期收 ─── 按合同或协议约定的收款日期的当天
销   │   │   款销售货物
售   │   │
收   │   ├─ 采取预收货款方式 ─── 货物发出的当天
入   ├───┤   销售货物
确   │   │
认   │   ├─ 委托其他纳税人 ──── 收到代销单位代销清单的当天
的   │   │   代销货物
规   │   │
定   │   ├─ 销售应税劳务 ──── 提供劳务同时收讫销售款或取得索取销售款凭据的当天
         │
         └─ 视同销售货物行为 ── 货物移送的当天
```

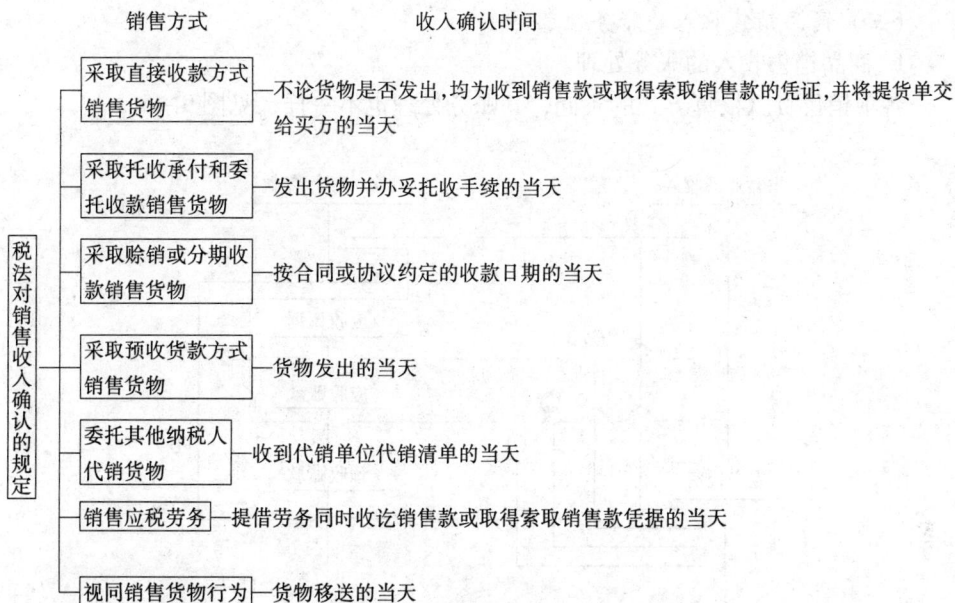

图 9 - 4 税法对销售收入确认的规定

2. 不同销售方式应税销售收入确认的规定,见表 9 - 1。

表 9 - 1 　　　　　　　　**不同销售方式应税销售收入的确定**

销售方式	应税销售收入的确定方法
采用折扣方式销售	销售额和折扣额在同一张发票上分别注明的,可按折扣后净额计税
采取以旧换新方式销售	应按新货物的同期销售价格计税
采取还本销售方式销售	以货物的销售价格计税,不得从销售额中减除还本支出
采取以物易物方式销售	以各自发出的货物销售额计税
视同销售行为销售	①按当月同类货物的平均价格确定销售额(不含增值税销项税) ②按组成计税价格确定计税销售额 组成计税价格 = 成本 × (1 + 成本利润率) 属于应征消费税的货物,其组成计税价格中应加计消费税税额

（三）商品销售收入的账务处理

1. 商品销售收入的账务处理。

各项销售货款核算方式的不同，其账务处理也不一样，见图9-5。

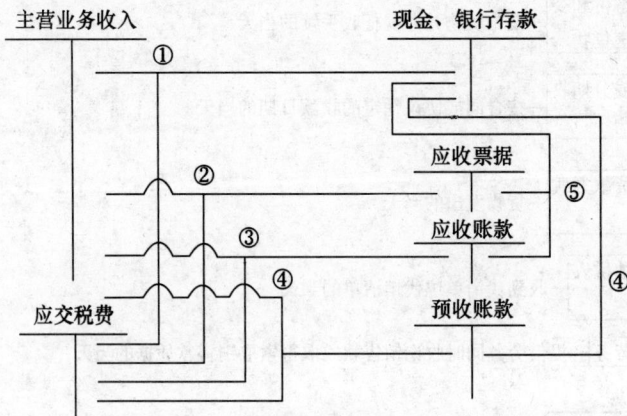

图9-5　销售收入的核算程序

图示说明：

①采用交款提货结算方式。

②采用商业汇票结算方式。

③采用托收承付、委托收款或赊销结算方式。

④采用预收货款结算方式，收到预收货款时借：银行存款。

⑤收回应收票据、应收账款。

销售商品成本的结转应根据确认销售收入商品的实际成本，借记"主营业务成本"，贷记"库存商品"。具体计算方法见本书第八章。

2. 商品销售收入数量的调整与账务处理。对于已入账的销售收入进行数量调整，是由于销售发票上所开列的数额并不一定和销售时所确定的销售收入额相等。原因在于销售过程中伴随着一定的不确定性，已入账的销售收入额不一定都按售价如数收回，而影响销售收入如数收回的因素很多，主要是现金折扣、销售折让和销售退回以及坏账损失。其账务处理：

（1）现金折扣核算。

【例1】A公司于2011年2月20日销售产品一批，增值税专用发票注明售价100000元，增值税17000元，公司为了早收回货款，合同规定现金折扣条件是：2/10、1/20、0/30。假定提前10天付款，计算折扣时不考虑增值税。账务处理见图9-6。

```
主营业务收入           应收账款              银行存款
100000 ── ① ── 117000   117000 ── ② ── 115000


应交税费                               财务费用
17000                                   2000
```

图 9 - 6　现金折扣下的账务处理

图示说明：

①发生销售收入。

②提前 10 天付款享受 2% 折扣计 2000 元。

（2）销售折让核算。

【例 2】仍以上例，假设购货方未在现金折扣期内付款，20 天后发现商品有质量问题，要求给予 5% 的折让，A 公司同意购货方意见，并收到货款，账务处理见图 9 - 7。

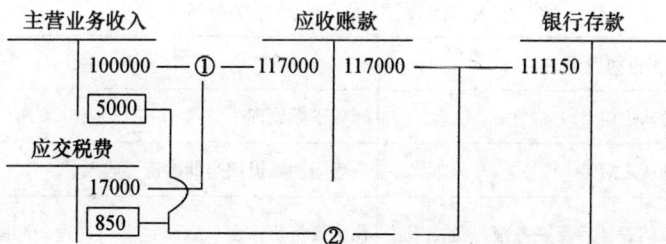

```
主营业务收入             应收账款            银行存款
100000 ── ① ── 117000    117000 ──── 111150
 5000

应交税费
17000
 850 ─────────────── ②
```

图 9 - 7　销售折让下的账务处理

图示说明：

①发生销售商品业务。

②给予 5% 折让后收回货款，同时减少应交税费。

（3）销售退回的核算。

【例 3】仍以上例，购货方经验收发现商品存在严重质量问题，不符合合同规定标准，经双方协商 A 公司于 3 月末同意退货。假定销售商品成本 80000 元，退回商品已验收入库，需到税务机关办理进货退出或索取销售折让证明单。办妥后账务处理见图 9 - 8。

```
        主营业务收入                          应收账款
   ┌─100000│100000─┐      ①      ┌─117000│117000─┐
   │        应交税费   │            │                │
   │   ┌─17000│17000─┤            │                │
   │   │              ├──────③────┘                │
   │   │   库存商品    │            主营业务成本        │
   │   │  ××××│80000 │      ┌─80000│80000─┐        │
   └───┴──80000│      ──②──┘                        │
                ├────────④──────────────────────────┘
```

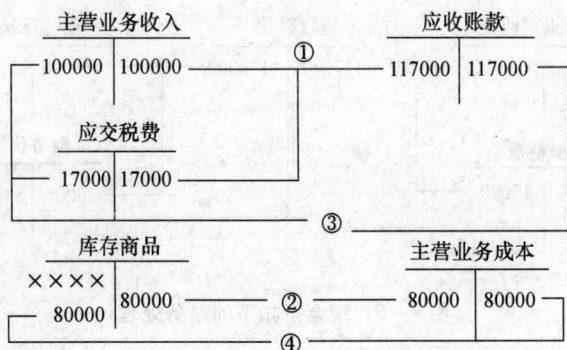

图 9-8　销售退回的账务处理

图示说明：
①发生商品销售收入。
②结转已销售商品成本。
③发生销售退回。
④结转已退回商品成本。

表 9-2　　　　　　　　　销售退回时间不同的账务处理

销售退回发生的时间	账务处理
①发生在收入确认之前	账务不做处理
②发生在收入确认之后	一般应冲减退回当期的销售收入
③发生在资产负债表日后及账务报告批准报出日之前	作为资产负债表日后调整事项处理、冲减报告年度的收入、成本和税金
④如该项销售已发生现金折扣或销售折让的	可在退回当时一并调整，如按规定允许扣减当期销项税的，应用红字冲减

（4）资产负债表日后、财务报告批准报出之前销货退回账务处理

【例4】A 公司 2011 年 12 月 5 日销售商品一批，售价 500000 元，增值税 85000 元，销售成本 400000 元，收到支票存入银行，因商品质量原因于 2012 年 2 月 25 日财务报告批准报出之前退回。已付退货款 200000 元，其余未付。如 A 企业所得税率 25%，2012 年 4 月账务调整见图 9-9。

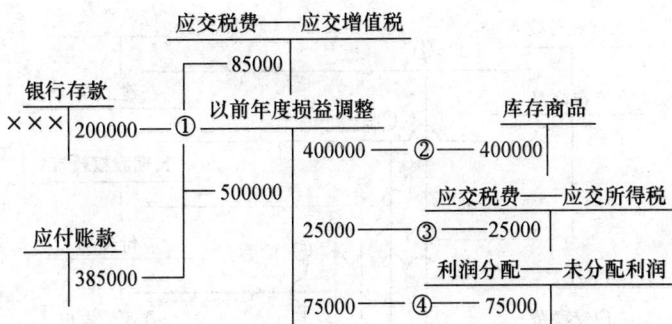

图9-9 销货退回调账调表的处理

图示说明:

①销售商品已退库,同时支付退货款20万元,其余未付。

②退回商品验收入库,转回销售成本。

③结转已计提的所得税25000元。

④将以前年度损益调整余额转入未分配利润。如为亏损作相反分录,同时对2011年度会计报表中相关项目作如下调整:

1)资产负债表中,减少银行存款585000元,增加存货400000元,减少应交税费110000元,减少未分配利润75000元。

2)利润表中,减少主营业务收入500000元,减少主营业务成本400000元,减少营业税金及附加1700元,减少所得税24439元。与其相关的营业利润、利润总额和净利润也作相应调整。

3. 视同销售的账务处理。

(1)根据税法规定,下列行为应视同销售交纳增值税:

1)将自产或委托加工的货物用于非应税项目。

2)将自产、委托加工或购买的货物作为投资。

3)将自产、委托加工的货物用于集体福利或个人消费。

4)将自产、委托加工或购买的货物无偿赠送他人。

5)设有两个以上机构并实行统一核算的纳税人、将货物从一个机构移送同一县(市)以外的其他机构用于销售。

6)以收取手续费方式销售代销的货物。

7)对销售除啤酒、黄酒外的其他酒类产品收取并返还的包装物押金。

8)以非货币交易方式换出资产。

9)以非货币性资产抵偿债务。

10)在建工程试营业期间销售的商品。

(2)视同销售行为的账务处理(见图9-10)。

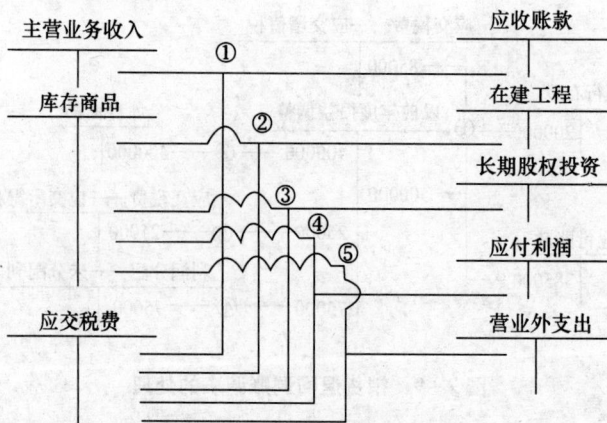

图9-10 视同销售账务处理

图示说明：

①将货物从一个机构移送到其他机构用于销售（两机构未在同一县、市）。

②将自产产品用于职工福利。

③将自产产品用于对外投资。

④将自产产品以分配利润形式分配给股东。

⑤将部分商品捐赠慈善机构，赠送商品核算。

（3）视同销售纳税时间的确认。

下列视同销售行为的纳税时间为货物移送当天。

1）设有两个以上机构并实行统一核算的纳税人，但相关机构设在同一县（市）除外。

2）将自产或委托加工的货物用于非应税项目。

3）将自产或委托加工的货物作为投资提供给其他单位。

4）将自产或委托加工的货物分配给投资者。

5）将自产或委托加工的货物用于集体福利或个人消费。

6）将自产或委托加工的货物无偿赠送他人。

（4）视同销售核算实例。

【例5】某企业下设A、B、C三个分支机构。其中B、C两分支机构与总机构均不在同一县（市），但总分支机构实行统一核算。2011年6月，B机构将产品一批售价6000元（不含税价）送至C机构用于销售，C机构于7月原价全部售出（该产品适用17%的税率），则B机构与C机构如何计算纳税？

［解］此行为属于"将货物从一个机构移送其他机构用于销售"，B机构应于移送产品时计算交纳增值税款，C机构应于售出产品时计算税款。

（1）B 机构移送产品时。

借：应收账款——C 机构　　　　　　　　　　　　　　　　　7020

　　贷：主营业务收入　　　　　　　　　　　　　　　　　　6000

　　　　应交税费——应交增值税（销项税额）　　　　　　　1020

（2）C 机构收到产品时

借：库存商品　　　　　　　　　　　　　　　　　　　　　　6000

　　应交税费——应交增值税（进项税额）　　　　　　　　　1020

　　贷：应付账款——B 机构　　　　　　　　　　　　　　　7020

（3）C 机构售出产品时

借：银行存款　　　　　　　　　　　　　　　　　　　　　　7020

　　贷：主营业务收入　　　　　　　　　　　　　　　　　　6000

　　　　应交税费——应交增值税（销项税额）　　　　　　　1020

　　某公司把货物运到物流中心或配货点（均在异地）存放，然后往各单位送货、配货，再在一定期限内结算。这是否属于视同销售行为？根据《中华人民共和国增值税暂行条例实施细则》第四条，视同销售货物行为的第（三）款所称的用于销售，是指受货机构发生以下情形之一的经营行为：向购货方开具发票、向购货方收取货款。受货机构的货物移送行为有上述两项情形之一的，应当向所在地税务机关交纳增值税；未发生上述两项行为的，则应由总机构统一交纳增值税。如果受货机构只就部分货物向购买方开具发票或收取货款，则应当区别不同情况计算并分别向总机构所在地或分支机构所在地交纳税款。如该公司与导地物流公司之间并无货款往来和相关发票开具，只涉及存管运输费用，不应属于视同销售行为。

　　【例6】某水泥厂将自产的水泥 50 吨用于本企业在建厂房，其中每吨水泥成本价为 230 元，同期不含税销售价为 250 元。对该批水泥如何征税？

　　[解] 企业该行为属于"将自产的产品用于非应税项目"，应按同期售价计算销项税额。

　　（1）该批水泥的销项税额 = 250 × 50 × 17% = 2125（元）

　　（2）会计分录：

借：在建工程　　　　　　　　　　　　　　　　　　　　　13625

　　贷：库存商品　　　　　　　　　　　　　　　　　　　11500

　　　　应交税费——应交增值税（销项税额）　　　　　　　2125

　　【例7】某机械公司以自产的机器设备一台对外投资，双方协商按实际成本作价入资。该机器无同类产品售价可依据，制造成本为 53210 元。请问该设备如何计征增值税？

[**解**] 企业该行为属于"将自产的产品用于对外投资"，应征增值税。但由于该设备既无售价又无同期同类产品的售价可依据，因此应按照组成计税价格计算销售额，据以计算销项税额。组成计税价格的计算公式为：

组成计税价格 = 成本 × （1 + 成本利润率）

其中成本利润率一般按10%计算。

（1）销项税额 = 53210 × （1 + 10%）× 17% = 9950.27（元）

（2）会计分录：

借：长期股权投资　　　　　　　　　　　　　　　　　　63160.27

　　贷：库存商品　　　　　　　　　　　　　　　　　　53210.00

　　　　应交税费——应交增值税（销项税额）　　　　　9950.27

（3）如双方协议机器售价按60000元（不含税）作价入资，则会计分录：

借：长期股权投资　　　　　　　　　　　　　　　　　　70200

　　贷：应交税费——应交增值税　　　　　　　　　　　10200

　　　　主营业务收入　　　　　　　　　　　　　　　　60000

借：主营业务成本　　　　　　　　　　　　　　　　　　53210

　　贷：库存商品　　　　　　　　　　　　　　　　　　53210

（四）商品销售成本核算

小企业销售商品或提供劳务等收入，按配比原则应分摊成本，应通过"主营业务成本"账户核算。同时还要按照主营业务种类进行详细核算。

1. 月末根据本月销售各种商品或提供各种劳务的实际成本，计算应结转的主营业务成本。借记"主营业务成本"科目，贷记"库存商品"、"生产成本"、"工程施工"等科目。详见本书第八章。

2. 本月发生的销售退回，可直接从本月的销售数量中减去，得出本月销售的净数量，然后计算应结转的主营业务成本，也可单独计算本月销售退回成本，借记"库存商品"等科目，贷记"主营业务成本"科目。

3. 月末将"主营业务成本"科目的余额转入"本年利润"科目。借记"本年利润"、贷记"主营业务成本"科目。结转后"主营业务成本"科目无余额。

二、提供劳务收入与成本的核算

《小企业会计准则》指出：小企业提供劳务的收入，是指小企业从事建筑安装、修理修配、交通运输、仓储租赁、邮电通信、咨询经纪、文化体育、科学研究、技术服务、教育培训、餐馆住宿、中介代理、卫生保健、社区服务、旅游、娱乐、加工以及其他劳务服务活动取得的收入。

（一）劳务收入与劳务成本的确认与计量

见图9-11。

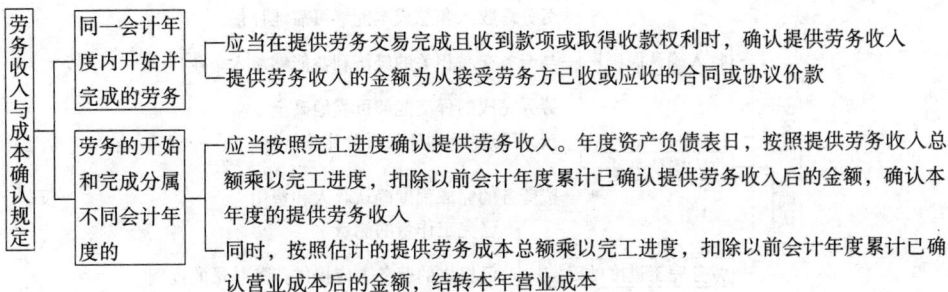

图9-11 劳务收入、成本的确认与计量

（二）劳务收入与成本账务处理

1.不跨年度劳务的账务处理。收入确认关键是：与提供劳务相关的经济利益能否流入企业。

【例8】甲企业与乙企业签订培训学员一批的协议，培训费100000元，毕业后一次付清。培训过程中甲企业支付工资30000元，支付其他费用等40000元，支付税金及附加费5500元。培训完成后款已收存入银行。账务处理见图9-12。

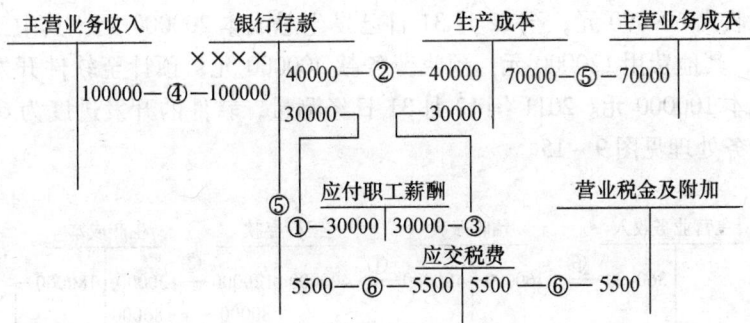

图9-12 不跨年度劳务收支的账务处理

图示说明：

①支付培训人员工资30000元。

②支付培训费用40000元。

③结转支付劳务工资30000元。

④收到培训费用收入100000元。

⑤结转劳务成本70000元。

⑥计提与交纳营业税及附加。

2.跨年度劳务的账务处理。

（1）劳务交易结果能够可靠地确认与计量（见图9-13和图9-14）。

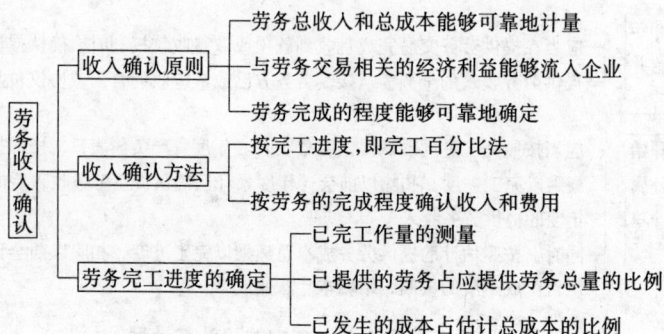

图9-13 劳务收入确认的原则与方法

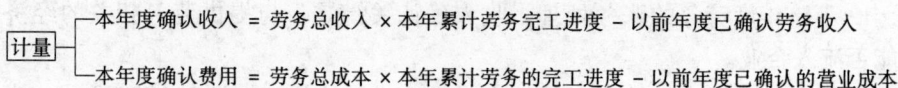

图9-14 完工进度确认收入和相关成本计量

【例9】A企业于2011年10月4日为客户开发一批软件，工期预计半年，合同约定总收入600000元，至12月31日已发生总成本200000元，其中工资费用80000元，其他费用120000元，预收劳务款400000元，预计至软件开发完成还要发生成本100000元。2011年12月31日经测量，软件的开发进度为60%，则相应的账务处理见图9-15。

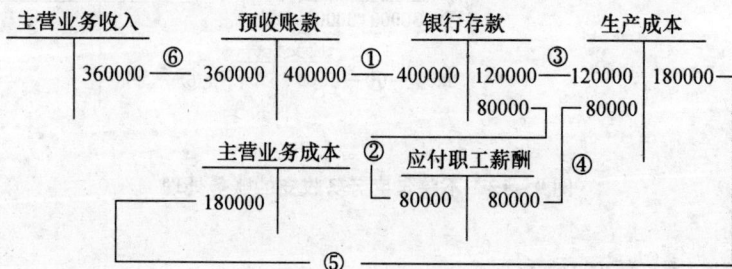

图9-15 会计分录

图示说明：

①收到预收账款400000元。

②支付工资费用80000元。

③支付劳务成本120000元。

④结转支付薪酬80000元。

⑤结转劳务成本180000元。

⑥结转劳务收入360000元。

2011 年应确认的收入 $= 600000 \times 60\% - 0 = 360000$ （元）

2011 年应确认的成本 $= (200000 + 100000) \times 60\% = 180000$ （元）

账务处理见图 9 – 15。

（2）劳务交易结果不能可靠估计的确认与处理。

当下列任何一种情况发生时，劳务合同交易的结果就属于不能可靠地估计（见图 9 – 16）。

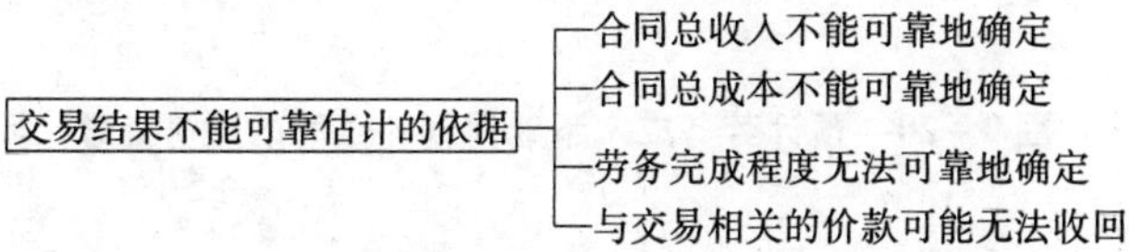

图 9 – 16　交易结果不能可靠估计的依据

预计劳务成本能够得到补偿的核算（见图 9 – 17）。

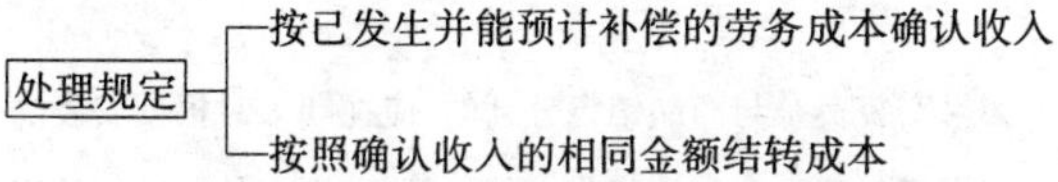

图 9 – 17　预计劳务成本能够得到补偿的核算

【例 10】甲公司为乙公司提供工艺设计劳务，劳务合同总收入 300000 元，完成后一次付清，第一年发生劳务成本 100000 元，第二年劳务成本不能可靠地确定，由于乙方信用较好，发生的劳务成本预计能全部收回，甲公司账务处理见图 9 – 18。

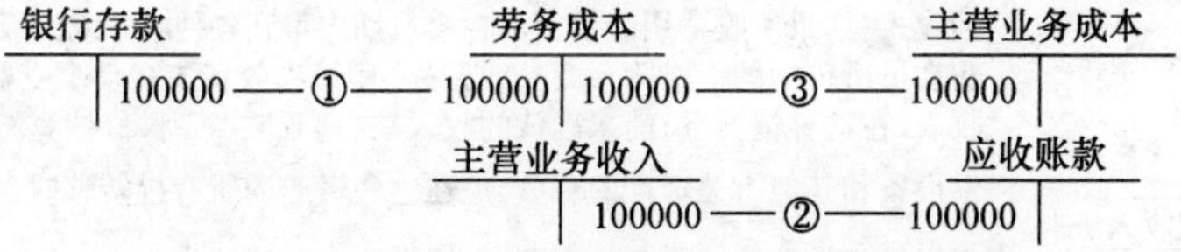

图 9 – 18　劳务成本能够得到补偿账务处理

图示说明：

①支付劳务成本 100000 元。

②按劳务成本确认业务收入 100000 元。

③按收入金额确认业务成本 100000 元。

当劳务成本不能得到补偿时的账务处理（见图 9 – 19）。

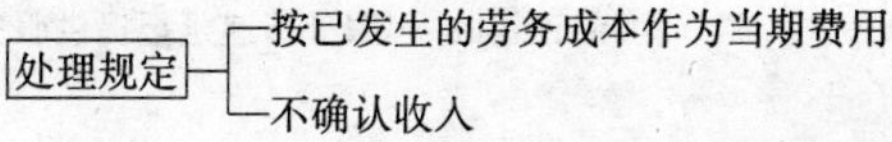

图 9 – 19　预计劳务成本不能得到补偿时的账务处理

【例11】华诚软件开发公司接受 A 公司一批软件开发业务，合同确定总收入 400000 元，完成后一次付清。到 2011 年底共发生各种费用 130000 元，华诚公司对以后劳务成本无法计量。2011 年 12 月 30 日，得知 A 公司财务发生危机，已发生的劳务成本将得不到补偿。华诚公司账务处理见图 9 - 20。

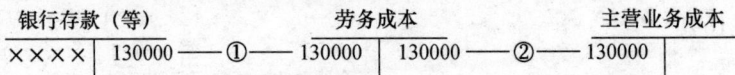

```
银行存款（等）              劳务成本                  主营业务成本
××××  130000 ——①—— 130000 | 130000 ——②—— 130000 |
```

图 9 - 20   预计劳务成本不能得到补偿时的账务处理

图示说明：
①发生各项劳务成本 130000 元。
②将发生劳务成本转入当期费用 130000 元。

3. 特殊劳务业务的处理，见图 9 - 21。

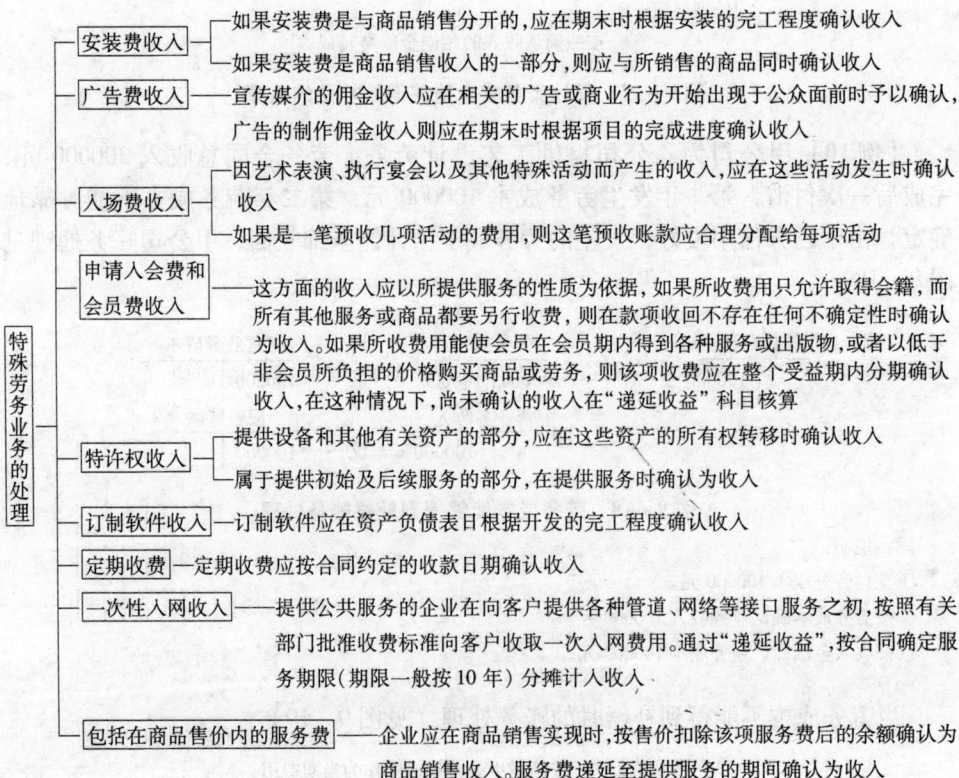

特殊劳务业务的处理

- 安装费收入
  - 如果安装费是与商品销售分开的,应在期末时根据安装的完工程度确认收入
  - 如果安装费是商品销售收入的一部分,则应与所销售的商品同时确认收入
- 广告费收入
  - 宣传媒介的佣金收入应在相关的广告或商业行为开始出现于公众面前时予以确认,广告的制作佣金收入则应在期末时根据项目的完成进度确认收入
- 入场费收入
  - 因艺术表演、执行宴会以及其他特殊活动而产生的收入,应在这些活动发生时确认收入
  - 如果是一笔预收几项活动的费用,则这笔预收账款应合理分配给每项活动
- 申请入会费和会员费收入
  - 这方面的收入应以所提供服务的性质为依据,如果所收费用只允许取得会籍,而所有其他服务或商品都要另行收费,则在款项收回不存在任何不确定性时确认为收入。如果所收费用能使会员在会员期内得到各种服务或出版物,或者以低于非会员所负担的价格购买商品或劳务,则该项收费应在整个受益期内分期确认收入,在这种情况下,尚未确认的收入在"递延收益"科目核算
- 特许权收入
  - 提供设备和其他有关资产的部分,应在这些资产的所有权转移时确认收入
  - 属于提供初始及后续服务的部分,在提供服务时确认为收入
- 订制软件收入
  - 订制软件应在资产负债表日根据开发的完工程度确认收入
- 定期收费
  - 定期收费应按合同约定的收款日期确认收入
- 一次性入网收入
  - 提供公共服务的企业在向客户提供各种管道、网络等接口服务之初,按照有关部门批准收费标准向客户收取一次入网费用。通过"递延收益",按合同确定服务期限(期限一般按 10 年)分摊计入收入
- 包括在商品售价内的服务费
  - 企业应在商品销售实现时,按售价扣除该项服务费后的余额确认为商品销售收入。服务费递延至提供服务的期间确认为收入

图 9 - 21   特殊劳务业务的处理

《小企业会计准则》指出：小企业与其他企业签订的合同或协议包含销售商品和提供劳务时，销售商品部分和提供劳务部分能够区分且能够单独计量的，应当将销售商品的部分作为销售商品处理，将提供劳务的部分作为提供劳务处理。

销售商品部分和提供劳务部分不能够区分，或虽能区分但不能够单独计量的，应当作为销售商品处理。

三、让渡资产使用权收入的核算

（一）让渡资产使用权收入的确认与计量

见图 9 – 22。

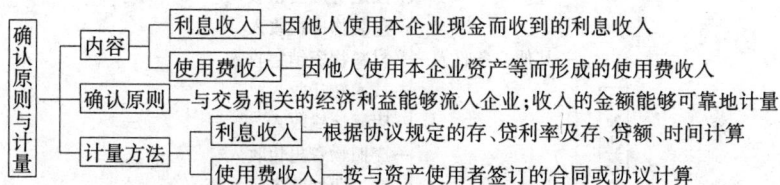

图 9 – 22　让渡资产使用权收入确认原则与计量

（二）让渡资产使用权收入的账务处理

1. 利息收入的账务处理，见图 9 – 23。

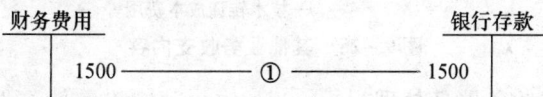

图 9 – 23　让渡资产使用权利息收入账务处理

图示说明：

①银行存款取得利息收入。

2. 资产使用费收入的账务处理。

【例 12】A 企业使用 B 企业的商标使用权，合同规定按销售收入 8% 支付商标使用费，假定 2012 年第一季度 A 企业销售收入 200 万元，款已收到。B 企业应收取的商标使用费账务处理见图 9 – 24。

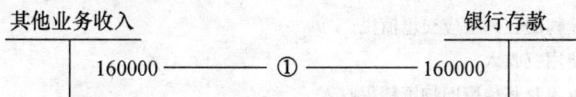

图 9 – 24　资产使用费收入账务处理

第三节 其他业务收支的核算

一、其他业务收支内容

见图9-25。

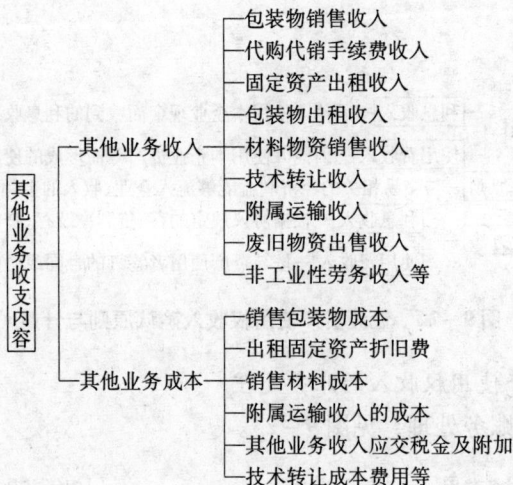

图9-25 其他业务收支内容

二、其他业务收入账务处理

见图9-26。

图9-26 其他业务收入账务处理

图示说明：

①出售材料、包装物的收入及应交增值税。

②转让无形资产使用权收入。

③出租固定资产收入及其他废旧物资销售收入。

④收到出租包装物押金。

⑤将过期未退押金转入收入。

三、其他业务支出账务处理

见图 9－27。

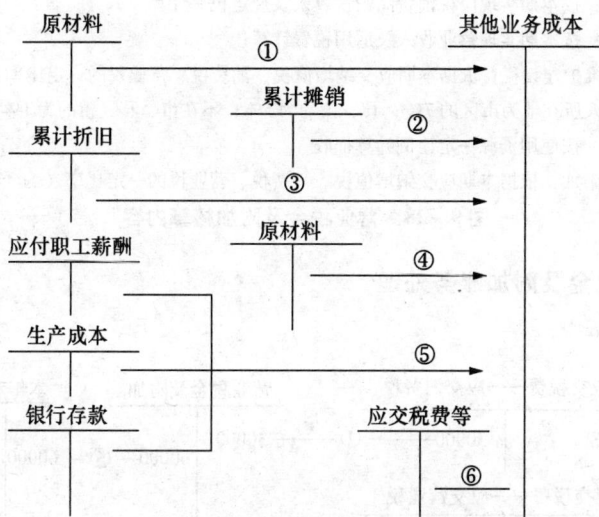

图 9－27　其他业务支出账务处理

图示说明：
①出售材料、物资的成本。
②已入账无形资产转让使用权的成本。
③出租固定资产应负担折旧费。
④出租包装物成本。
⑤发生相应业务的支出。
⑥其他业务收入应交纳税金及教育附加费。

第四节　营业税金及附加的核算

《小企业会计准则》指出：营业税金及附加，是指企业开展日常生产经营活动应负担的消费税、营业税、城市维护建设税、资源税、土地增值税、城镇土地使用税、房产税、车船税、印花税和教育费附加、矿产资源补偿费、排污费等。

一、营业税金及附加核算内容

见图 9 – 28。

核算内容
- 消费税：按本期实现应税消费品销售收入及规定税率计算
- 营业税：按本期实现营业收入及适用税费计算
- 城市维护建设税：依据本期应交纳增值税、消费税、营业税的一定比率计算
- 纳税人所在地为市区的 7%；县、镇的为 5%；不在市、县、镇的为 1%
- 资源税：按使用资源一定比例计算征收
- 教育费附加：依据本期应交纳增值税、消费税、营业税的一定比率（为 3%、2%）计算

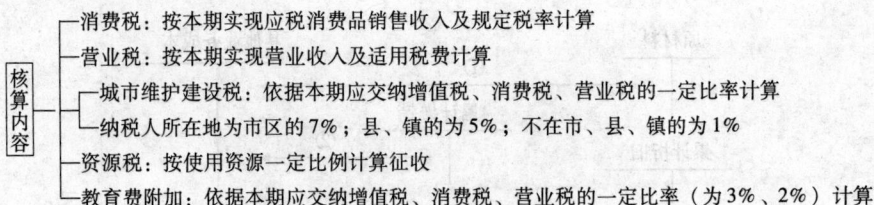

图 9 – 28 营业税金及附加核算内容

二、营业税金及附加账务处理

见图 9 – 29。

应交税费——应交消费税　　　　　　营业税金及附加　　　本年利润

　　30000——①——30000

应交税费——应交营业税　　　　　　60000—⑤—60000

　　20000——②——20000

应交税费——应交城市维护建设税

　　7000——③——7000

应交税费——应交教育费附加

　　3000——④——5000

图 9 – 29 营业税金及附加账务处理

图示说明：

①本月应交消费税 30000 元。

②本月应交营业税 20000 元。

③本月应交城市维护建设税（本月实交增值税 50000 元）（例如企业所在地为大城市）＝（30000 + 20000 + 50000）×7% ＝7000（元）

④本月应交教育费附加：＝（30000 + 20000 + 50000）×5% ＝5000（元）

⑤期末转入"本年利润"账户。

三、退税账务处理

1. 实际收到即征即退、先征后退、先征后返的企业所得税、增值税（不含出口退税）、消费税、营业税时。借：银行存款，贷：营业外收入。

2. 对直接减免的消费税、营业税不做账务处理。

3. 实际收到即征即退、先征后退、先征后返还的教育费附加，返还款时。借：银行存款，贷：营业外收入。

4. 税法规定减免及返还的流转税、免征企业所得税部分，会计上作为补贴收入，计入"营业外收入"增加了利润，按税法规定年末纳税申报时将其调减应纳税所得额。

第五节　期间费用的核算

企业的期间费用包括销售费用、管理费用和财务费用。期间费用发生后应直接计入当期损益。

一、销售费用的核算

《小企业会计准则》指出：销售费用是指小企业在销售商品或提供劳务过程中发生的各种费用。包括：销售人员的薪酬、商品维修费、运输费、装卸费、包装费、保险费、广告费、业务宣传费、展览费等费用。

小企业（批发业、零售业）在购买商品过程中发生的费用（包括：运输费、装卸费、包装费、保险费、运输途中的合理损耗和入库前的挑选整理费等）也构成销售费用。

销售费用的账务处理，见图 9-30。

"销售费用"账户应按费用项目设置明细账，进行明细核算。期末，应将本账户的余额转入"本年利润"账户，结转后本账户应无余额。

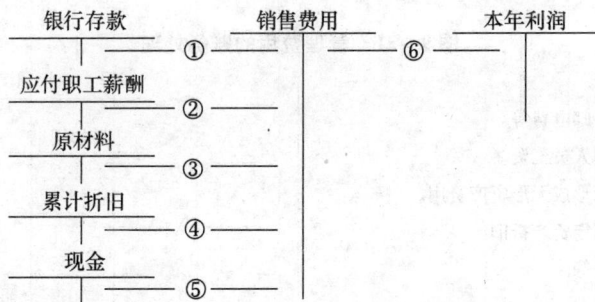

图 9-30　销售费用的账务处理

图示说明：

①支付运输费、广告费等。

②月终分配销售机构人员工资、奖金及福利费。

③销售过程中领用包装材料等。

④应分摊固定资产折旧费。

⑤支付办公费、电话费等。

⑥月终将发生的销售费用全部转入本年利润。

二、管理费用的核算

《小企业会计准则》指出：管理费用，是指小企业为组织和管理生产经营发生的其他费用。包括：小企业在筹建期间发生的开办费、行政管理部门发生的费用（包括：固定资产折旧费、修理费、办公费、水电费、差旅费、管理人员的薪酬等）、业务执行费、研究费用、技术转让费、相关长期待摊费用摊销、财产保险费、聘请中介机构费、咨询费（含顾问费）、诉讼费等费用。

管理费用的账务处理，见图 9 – 31。

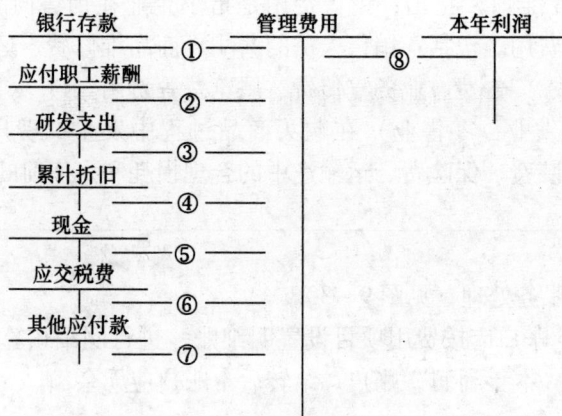

图 9 – 31 管理费用的账务处理

图示说明：

①支付办公费、邮电费等。

②应分摊的管理人员工资。

③研发支出中未形成无形资产费用。

④计提管理用固定资产折旧。

⑤支付的差旅费等。

⑥摊销房屋装修费。

⑦本月应负担的房租。

⑧月终将费用转入本年利润。

"管理费用"账户应按费用项目设置明细账户，进行明细核算。期末，应将本账户的余额转入"本年利润"账户，结转后本账户应无余额。

三、账务费用的核算

　　《小企业会计准则》指出：账务费用，是指小企业为筹集生产经营所需资金发生的筹资费用。包括：利息费用（减利息收入）、汇兑损失、银行相关手续费，小企业给予的现金折扣（减享受的现金折扣）等费用。

　　账务费用的账务处理，见图9－32。

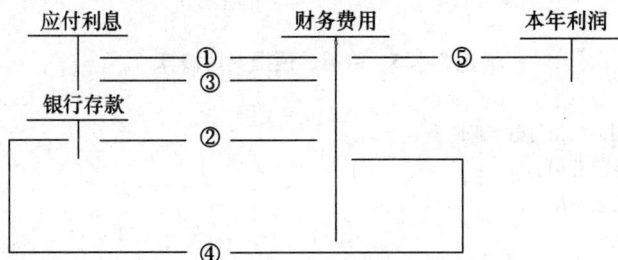

图9－32　账务费用的账务处理

图示说明：
①计提应付短期借款利息。
②支付借款手续费等财务费用。
③应支付未付长期借款利息。
④存款利息收入。
⑤期末将发生额转入本年利润。

　　"财务费用"账户应按费用项目设置明细账户，进行明细核算。期末，应将本账户的余额转入"本年利润"账户，结转后本账户应无余额。

四、待摊、预提费用核算

　　待摊费用是指款项已经支付，但应由本期和以后各期产品成本或费用共同负担的费用，如预付半年房租物业费。这种费用发生以后，由于受益期限较长一般不超过一年（摊销期一年以上的在"长期待摊费用"核算），如预付一年的物业费，不应一次全部计入当月产品成本或费用，而应在费用的受益期间分月摊入各期，计入相关的费用账户。待摊费用通过"预付账款"核算。

　　预提费用是指企业按照规定从成本费用中预先提取但尚未支付的费用。这种费用虽然尚未支付，但支付前的各月已经受益，如应付未付房租物业费，因此，应该预先计入各月成本费用。预提费用通过"其他应付款"核算。

　　在实际工作中，对于某些虽属于待摊、预提性质，但数额较小，对损益影响不大的费用，为了简化核算工作，也可以不作为待摊、预提费用处理，而按照实际发生额计入当月成本费用。

　　"待摊费用"、"预提费用"的会计核算见图9－33。

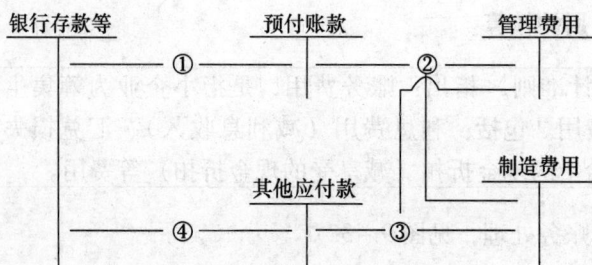

图 9-33　待摊、预提费用核算

图示说明：

①发生待摊费用，如预付财产保险费。

②按月份摊销保险费用。

③预提应负担房租费用。

④支付预提费用。

第六节　投资收益的核算

一、投资收益的含义

《小企业会计准则》指出：投资收益，由小企业股权投资取得的现金股利（或利润）、债券投资取得的利息收入和处置股权投资和债券投资取得的处置价款扣除成本或账面余额、相关税费后的净额三部分构成。

二、投资收益核算的内容

见图 9-34。

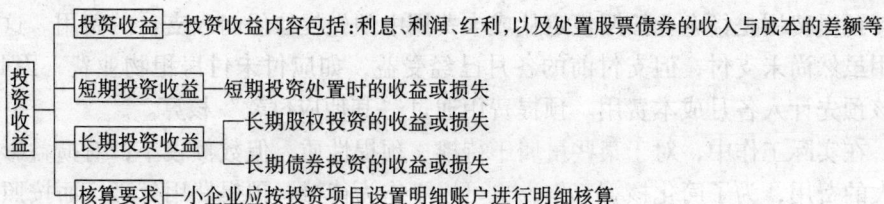

图 9-34　投资收益的内容

三、投资收益的确认及账务处理

见图 9 – 35。

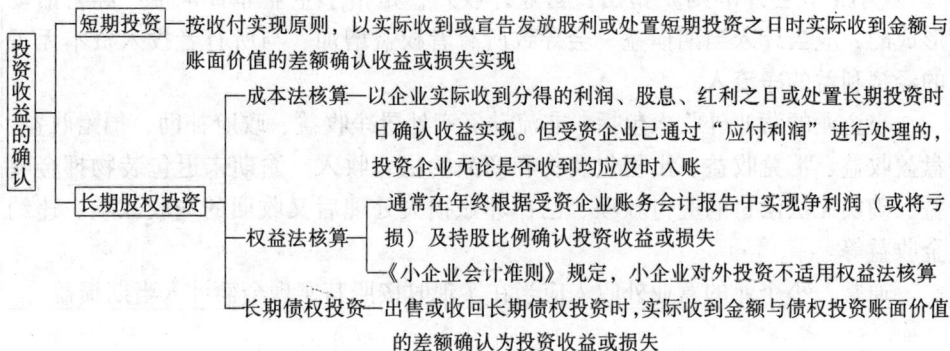

图 9 – 35　投资收益的确认

四、投资收益的账务处理

债权投资收益的核算方法可参照股权投资的账务处理方法。

1. 对于短期股票投资、短期基金投资和长期股权投资，小企业应当按照被投资单位宣告分派的现金股利或利润中属于本企业的部分，借记"应收股利"科目，贷记"投资收益"科目。

2. 在长期债券投资或短期债券投资持有期间，在债务人应付利息日，按照分期付息、一次还本的长期债权投资或短期债券投资的票面利率计算的利息收入，借记"应收利息"科目，贷记"投资收益"科目。按照一次还本付息的长期债券投资票面利率计算的利息收入，借记"长期股权投资——溢折价"科目，贷记"投资收益"科目。

3. 出售短期投资，处置长期股权投资和长期债权投资，应当按照实际收到的价款或收回的金额，借记"银行存款"或"库存现金"科目，按照其账面余额，贷记"短期投资"、"长期股权投资"科目，按照尚未领取的现金股利或利润，债券利息收入，贷记"应收股利"、"应收利息"科目，按照其差额，贷记或借记"投资收益"科目。

月末，可将本科目余额转入"本年利润"科目，本科目结转后应无余额。

第七节　营业外收支的核算

小企业发生的与企业经营无关的收支称为营业外收支。

一、营业外收入的核算

《小企业会计准则》指出：营业外收入，是指小企业非日常生产经营活动形成的、应当计入当期损益、会导致所有者权益增加、与所有者投入资本无关的经济利益的净流入。

小企业的营业外收入包括：非流动资产处置净收益、政府补助、捐赠收益、盘盈收益、汇兑收益、出租包装物和商品的租金收入、逾期未退包装物押金收益、确实无法偿付的应付款项、已作坏账损失处理后又收回的应收款项、违约金收益等。

通常，小企业的营业外收入应当在实现时按照其实现金额计入当期损益。

（一）政府补助的核算

政府补助，是指小企业从政府无偿取得货币性资产或非货币性资产，但不含政府作为小企业所有者投入的资本。

1. 小企业收到与资产相关的政府补助，应当确认为"递延收益"，并在相关资产的使用寿命内平均分配，记入"营业外收入"。

收到的其他政府补助，用于补偿本企业以后期间的相关费用或亏损的，确认为递延收益，并在确认相关费用或发生亏损的期间，记入"营业外收入"；用于补偿本企业已发生的相关费用或亏损的，直接记入"营业外收入"。

2. 政府补助为货币性资产的，应当按照收到的金额计量。

政府补助为非货币性资产的，政府提供了有关凭据的，应当按照凭据上标明的金额计量；政府没有提供有关凭据的，应当按照同类或类似资产的市场价格或评估价值计量。

（二）退税的核算

小企业按照规定实行企业所得税、增值税、消费税、营业税等先征后返的，应当在实际收到返还的企业所得税、增值税（不含出口退税）、消费税、营业税时，记入"营业外收入"。

（三）营业外收入的账务处理

见图 9－36。

二、营业外支出的核算

《小企业会计准则》指出：营业外支出，是指小企业非日常生产经营活动发生的、应当计入当期损益、会导致所有者权益减少、与所有者分配利润无关的经济利益的净流出。

小企业的营业外支出包括：存货的盘亏、毁损、报废损失，非流动资产处置净损失，坏账损失，无法收回的长期债券投资损失，无法收回的长期股权投资损失，自然灾害等不可抗力因素造成的损失，税收滞纳金、罚金、罚款、被没收财物的损失，捐赠支出，赞助支出等。按支出项目进行明细核算。

通常，小企业的营业外支出应当在发生时按照其发生额计入当期损益。

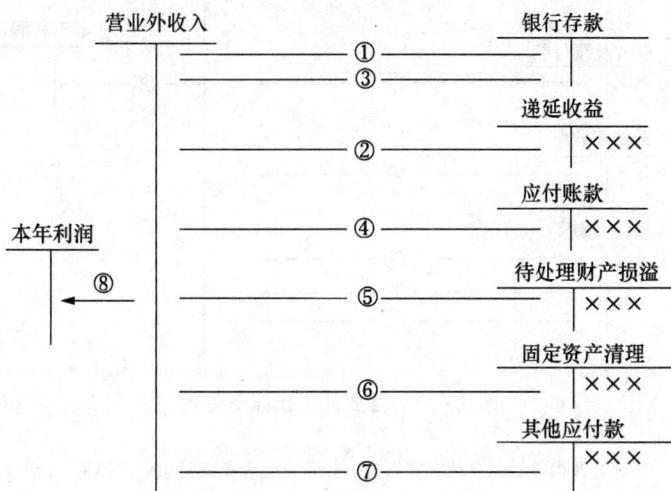

图9－36　营业外收入的账务处理

图示说明：

①企业收到政府货币性资产补助。

②企业收到与资产相关政府长期（如三年）开发补助等分期转入营业外收入。

③企业收到退回的增值税、营业税、消费税等。

④长期无法支付应付账款转营业外收入。

⑤企业盘盈存货、固定资产查明原因后转入营业外收入。

⑥固定资产清理净收入转入营业外收入。

⑦逾期未退回包装物的押金转营业外收入。

⑧期末营业外收入转入本年利润。

营业外支出账务处理，见图9－37。

三、营业外收支税务处理

1. 营业外收入会计处理与税务规定基本相同。

2. 营业外支出，下列各项不准在税前扣除：

（1）各种赞助支出。

（2）因违反法律、行政法规而交纳的罚款、滞纳金。

（3）捐赠支出分为：纳税人直接向受赠人的捐赠不得税前扣除；而用于公益、救济性的捐赠，在年度内利润总额12%以内的部分准予税前扣除。通过非营利组织向红十字会等捐赠准予税前扣除。

（4）财产损失和非常损失符合规定可税前扣除。

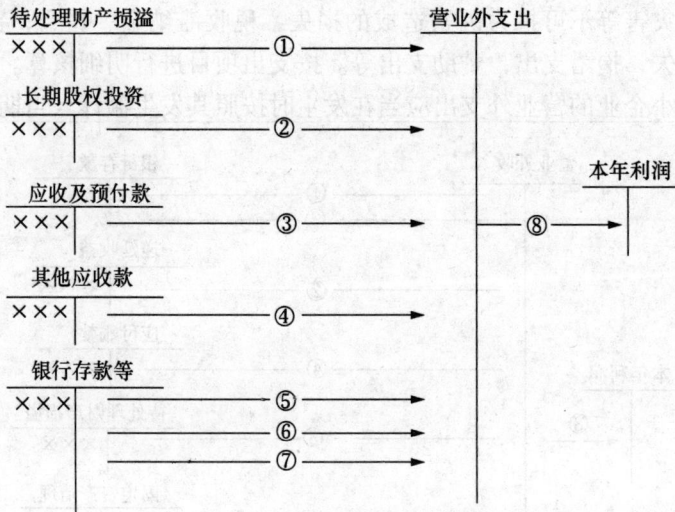

图9-37 营业外支出账务处理

图示说明：

①固定资产、存货等毁损盘亏、自然灾害损失、扣除责任者负责赔偿后的损失。

②长期债券投资、长期股权投资损失。

③应收预付款项发生坏账损失。

④其他应收款发生损失。

⑤对外捐赠、赞助支出。

⑥税收滞纳金、罚金、罚款、被没收财物损失。

⑦合同违约金罚款。

⑧期末将发生损失转入"本年利润"。

第八节 利润及利润分配的核算

一、利润的核算

（一）利润含义及构成

《小企业会计准则》指出：利润，是指小企业在一定会计期间的经营成果。包括：营业利润、利润总额和净利润。

利润构成见图9-38。

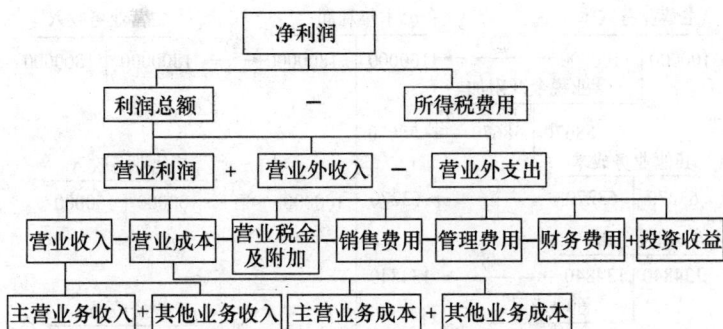

图 9 - 38 利润构成

(二) 利润计算方法

企业一般应按月计算利润,按月计算利润有困难的企业,可以按季或者按年计算实现的利润或发生亏损。计算方法见图 9 - 39。

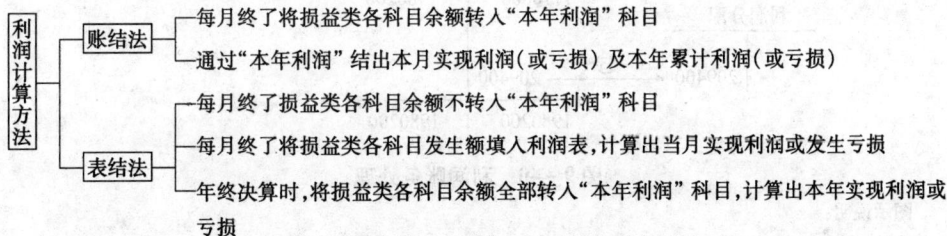

图 9 - 39 利润计算方法

(三) 利润核算实例

某企业采用表结法计算企业盈亏。年终决算时,将损益类各科目累计结余额转入本年利润,计算出实现利润或发生的亏损 (见图 9 - 40)。

但本年利润余额年终再转入"利润分配"账结法损益的计算方法与图 9 - 40 相同,只是每月结算一次。

二、所得税费用核算及纳税调整

《小企业会计准则》指出:小企业应当按照企业所得税法规定计算当期应纳税额,确认所得税费用。

小企业应当在利润总额的基础上,按照企业所得税法规定进行纳税调整,计算出当期纳税所得额,按照应纳税所得额与适用所得税税率为基础计算确定当期应纳税额。

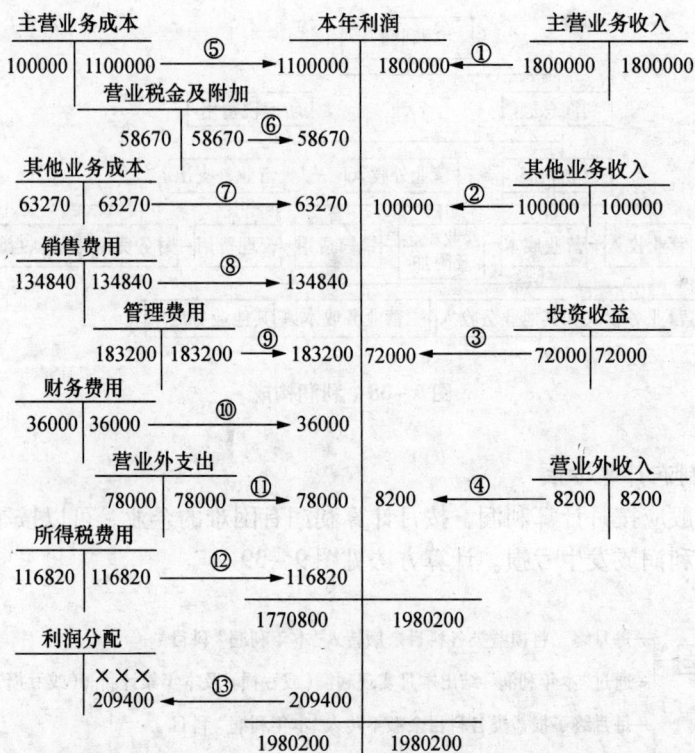

图 9-40　利润账务处理

图示说明：

①结转主营业务收入。

②结转其他业务收入。

③结转投资收益。

④结转营业外收入。

⑤结转主营业务成本。

⑥结转营业税金及附加。

⑦结转其他业务成本。

⑧结转销售费用。

⑨结转管理费用。

⑩结转账务费用。

⑪结转营业外支出。

⑫结转所得税费用。

⑬净利润转入利润分配。

（一）所得税核算规定

由于财务会计核算对资产、负债、收入、费用等的确认、计量与税法规定的确认、计量不尽一致，因此，按照财务会计核算方法计算确定的利润，与按照税收法规计算确定的应纳税所得额不一定相同，因而有时会产生差异。

1. 差异性质及内容。由于会计核算规定与税收法规规定不同，所形成差异根据性质不同分为时间性差异和永久性差异。具体内容见图 9 - 41。

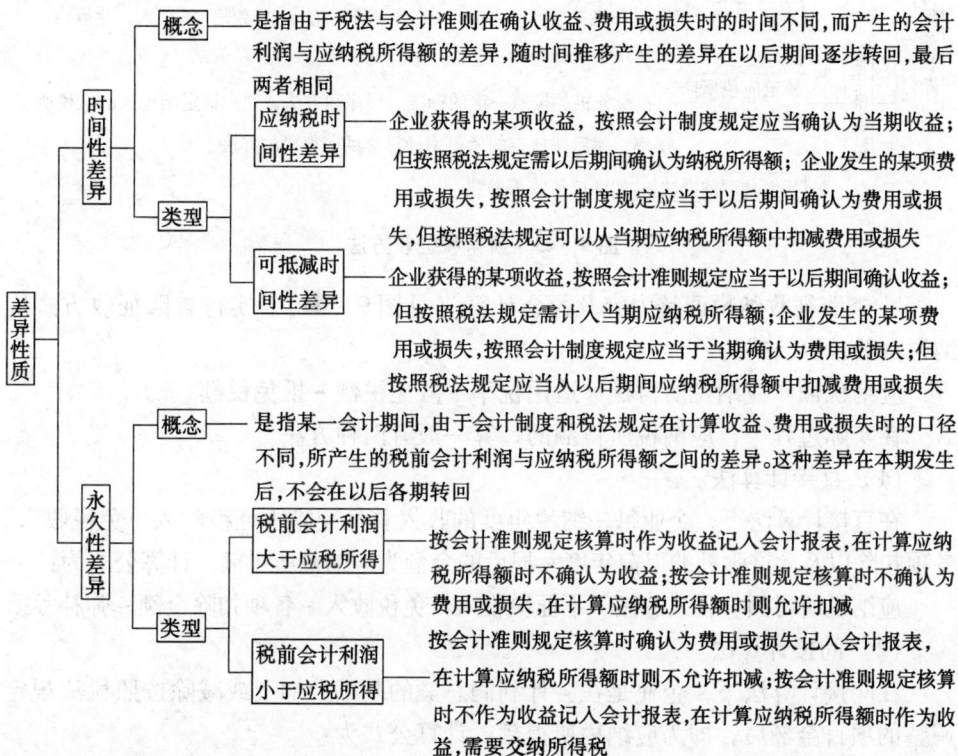

```
                    ┌─概念──── 是指由于税法与会计准则在确认收益、费用或损失时的时间不同,而产生的会计
                    │          利润与应纳税所得额的差异,随时间推移产生的差异在以后期间逐步转回,最后
          ┌时间性─┤          两者相同
          │差异    │        ┌─应纳税时──── 企业获得的某项收益,按照会计制度规定应当确认为当期收益;
          │        │        │  间性差异     但按照税法规定需以后期间确认为纳税所得额;企业发生的某项费
          │        └─类型──┤               用或损失,按照会计制度规定应当于以后期间确认为费用或损
          │                 │               失,但按照税法规定可以从当期应纳税所得额中扣减费用或损失
差异性质─┤                 └─可抵减时──── 企业获得的某项收益,按照会计准则规定应当于以后期间确认收益;
          │                    间性差异      但按照税法规定需计入当期应纳税所得额;企业发生的某项费
          │                                  用或损失,按照会计制度规定应当于当期确认为费用或损失;但
          │                                  按照税法规定应当从以后期间应纳税所得额中扣减费用或损失
          │        ┌─概念──── 是指某一会计期间,由于会计制度和税法规定在计算收益、费用或损失时的口径
          │        │          不同,所产生的税前会计利润与应纳税所得额之间的差异。这种差异在本期发生
          └永久性─┤          后,不会在以后各期转回
           差异    │        ┌─税前会计利润──── 按会计准则规定核算时作为收益记入会计报表,在计算应纳
                   │        │  大于应税所得      税所得额时不确认为收益;按会计准则规定核算时不确认为
                   └─类型──┤                    费用或损失,在计算应纳税所得额时则允许扣减
                            │  税前会计利润    按会计准则规定核算时确认为费用或损失记入会计报表,
                            └─小于应税所得──── 在计算应纳税所得额时则不允许扣减;按会计准则规定核算
                                                时不作为收益记入会计报表,在计算应纳税所得额时作为收
                                                益,需要交纳所得税
```

图 9 - 41　两种差异及其性质

2. 核算方法及科目设置。对纳税差异的核算有应付税款法和纳税影响会计法。《小企业会计准则》规定，小企业在进行所得税费用核算时，应当采用应付税款法。其内容见图 9 - 42。

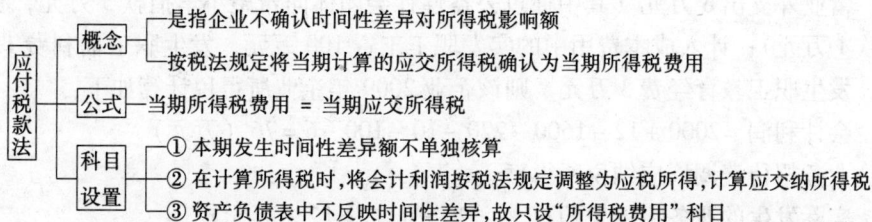

```
          ┌─概念─┬── 是指企业不确认时间性差异对所得税影响额
          │       └── 按税法规定将当期计算的应交所得税确认为当期所得税费用
应付税款─┤
法        ├─公式──── 当期所得税费用 = 当期应交所得税
          │       ┌─① 本期发生时间性差异额不单独核算
          └─科目─┤─② 在计算所得税时,将会计利润按税法规定调整为应税所得,计算应交纳税所得税
            设置  └─③ 资产负债表中不反映时间性差异,故只设"所得税费用"科目
```

图 9 - 42　应付税款法概念及科目设置

（二）所得税计征方法

见图 9 – 43。

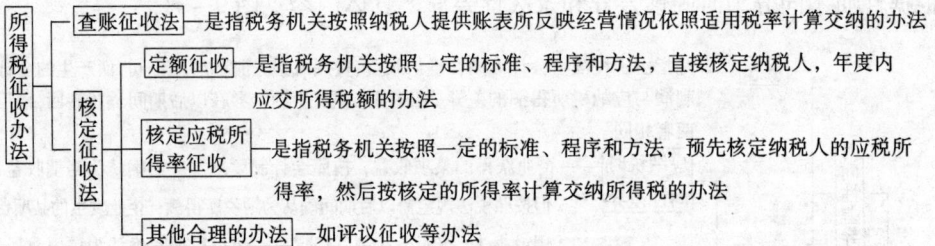

所得税征收办法
├─ 查账征收法——是指税务机关按照纳税人提供账表所反映经营情况依照适用税率计算交纳的办法
├─ 核定征收法
│   ├─ 定额征收——是指税务机关按照一定的标准、程序和方法，直接核定纳税人，年度内应交所得税额的办法
│   ├─ 核定应税所得率征收——是指税务机关按照一定的标准、程序和方法，预先核定纳税人的应税所得率，然后按核定的所得率计算交纳所得税的办法
│   └─ 其他合理的办法——如评议征收等办法

图 9 – 43　所得税征收方法

1. 查账征收纳税调整内容及税金计算（见图 9 – 44）。实行查账征收方式应纳税额的计算公式为：

应纳税额 = 应纳税所得额 × 适用税率 – 减免税额 – 抵免税额

在实际过程中，应纳税所得额的计算一般有两种方法。

（1）直接计算法。

在直接计算法下，企业每一纳税年度的收入总额减除不征税收入、免税收入、各项扣除以及允许弥补的以前年度亏损后的余额为应纳税所得额。计算公式为：

应纳税所得额 = 收入总额 – 不征税收入 – 免税收入 – 各项扣除金额 – 弥补亏损

（2）间接计算法。

在间接计算法下，企业是在会计利润总额的基础上加上或减除按照税法规定调整的项目金额后，即为应纳税所得额。计算公式为：

应纳税所得额 = 会计利润总额 ± 纳税调整项目金额

纳税调整项目金额包括两方面的内容：一是企业的财务会计处理和税收规定不一致应予以调增的金额；二是企业按税法规定准予扣除的税收金额。

【例 13】某居民企业为查账征收企业，2009 年发生如下经济业务：取得营业收入 2000 万元；发生营业成本 1600 万元；发生管理费用 220 万元（其中业务招待费 20 万元）；财务费用 10 万元；营业税金及附加 100 万元；营业外收入 12 万元；营业外支出 6 万元（其中通过公益性社会团体向希望小学捐款 5 万元，支付罚款 1 万元）；计入成本费用中的实发职工工资 100 万元，发生职工福利费 15 万元，发生职工教育经费 3 万元。则该企业 2009 年企业所得税计算如下：

会计利润 = 2000 + 12 – 1600 – 220 – 10 – 100 – 6 = 76（万元）

业务招待费调增应纳税所得额：

实际发生的业务招待费的 60% = 20 × 60% = 12（万元）

营业收入的 0.5% 业务招待费限额 = 2000 × 0.5% = 10（万元）< 12（万元）

```
                    ┌─────┬ 销售产品、商品、材料、废料、提供劳务等收入
              ┌ 收入 ┤
              │      └ 转让固定资产、无形资产等收入
      利润 ┤
      总额 │      ┌ 与收入相匹配的成本、税金、费用等
              └ 成本费用 ┤
                         └ 规定期间的销售费用、管理费用、财务费用及损失等

              ① 工资支出:企业员工的合理的工资、薪酬支出
              ② 职工福利费:按实际支出扣除,但不得超过14%
              ③ 职工教育经费:按工资总额的2.5%
      有规   ④ 工会经费:工资总额的2%,凭工会开出的发票或收据
      定标   ⑤ 利息支出:调增数为超过国家银行贷款利率的利息
      准的   ⑥ 业务招待费:调增额为超过规定标准部分
      调增   ⑦ 公益救济性捐赠:调增额为超过应税所得额12%的部分
      项目   ⑧ 提取折旧费:调增额为超过按税法规定的计提部分
              ⑨ 无形资产摊销:调增额为超过税法规定的多摊销部分
              ⑩ 调增计提各项减值准备
              ⑪ 其他需调增的项目金额

              ① 资本性支出:购建固定支出(含建造期的利息)
              ② 无形资产购买与无形资产开发支出
查账          ③ 被罚没财产的损失及税收滞纳金、罚金、罚款,但随补征流转税附征的城建税和教育费
征收              附加,可税前扣除
纳税   不允   ④ 灾害、事故损失赔偿部分
调整   许扣   ⑤ 非公益救济性捐赠
内容   除的   ⑥ 各种赞助支出、贿赂等非法支出
       项目   ⑦ 担保人承担归还的贷款利息
              ⑧ 职工宿舍维修费
              ⑨ 与取得收入无关的各项支出

      应税收益项目 ┬ 少计应税收益
                   └ 未计应税收益

              ① 弥补亏损(5年以内)
              ② 联营企业分回利润、投资分回利润
      纳税   ③ 境外收益
      调减   ④ 技术转让收益(在30万元以下)
      项目   ⑤ 治理"三废"净收益
              ⑥ 股息收入
              ⑦ 国库券利息收入
              ⑧ 其他有关规定项目

      应纳税所得额 ─ 应纳税所得额 = 利润总额 + 纳税调增额 - 纳税调减额
```

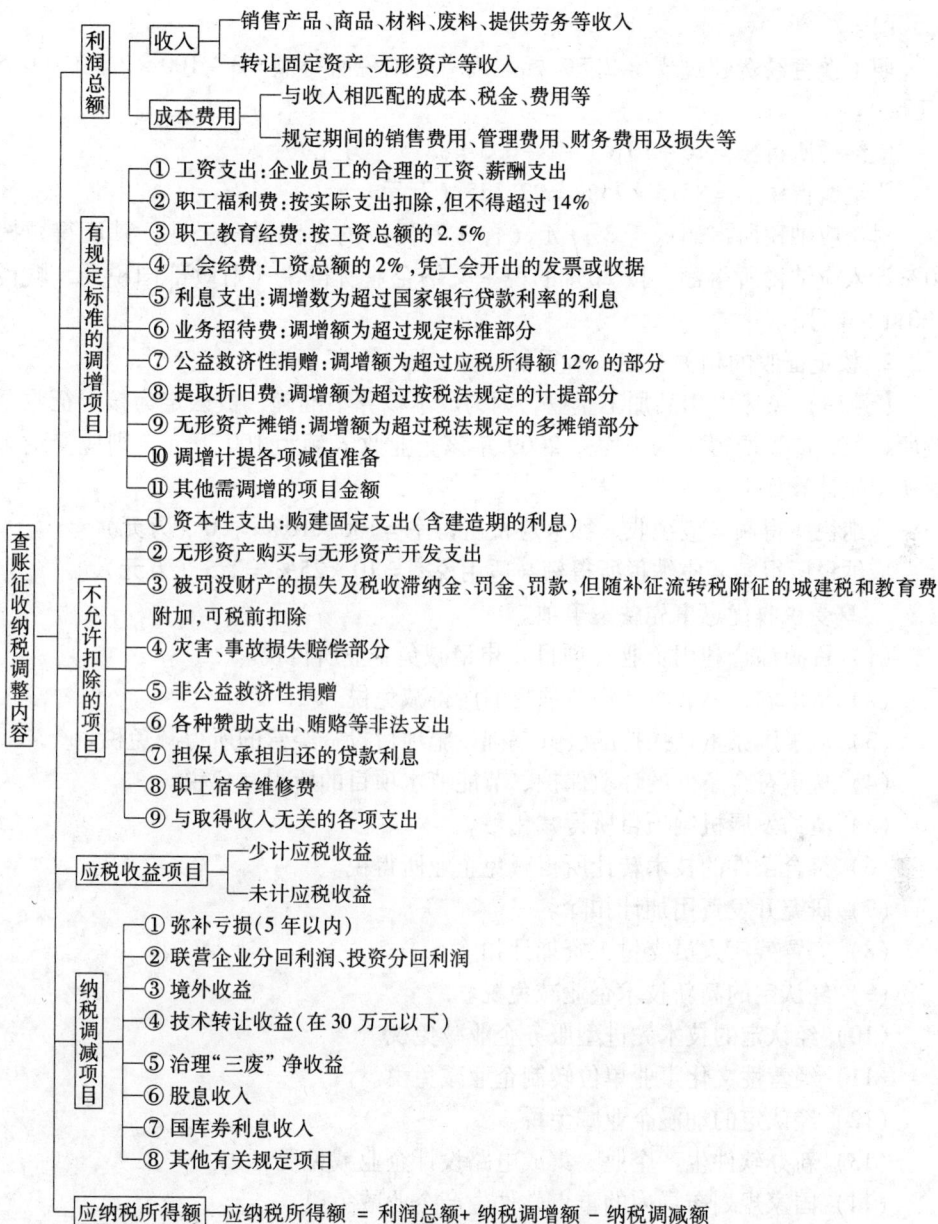

图 9-44　纳税计算调整明细项目

业务招待费调增应纳税所得额 = 20 - 10 = 10（万元）

捐赠支出 5 万元不超过 9.12 万元（76 × 12%），不用调整应纳税所得额。

罚款支出调增应纳税所得额 1 万元。

职工福利费支出超过规定 14% 限额，调增应纳税所得额 = 15 - 100 × 14% = 1

（万元）。

职工教育经费超过规定 2.5% 标准调增应纳税所得额 = 3 - 100 × 2.5% = 0.5（万元）。

应纳税所得额 = 76 + 10 + 1 + 1 + 0.5 = 88.5（万元）

应纳所得税额 = 88.5 × 25% = 22.125（万元）

对年应纳税所得额低于 3 万元（含 3 万元）的小型微利企业，其所得减按 50% 计入应纳税所得额，按 20% 的税率交纳企业所得税［财政部国税局，财税〔2011〕4 号］。

2. 核定征收的相关规定及所得税计算如图 9 - 45 所示。

【例 14】某床上用品加工企业，因为成本核算不准确，被认定为核定征收企业所得税，应税所得率为 10%，2009 年该企业收入额为 100 万元，则应交纳企业所得税计算如下：

应纳税所得额 = 应税收入额 × 应税所得率 = 100 × 10% = 10（万元）

应纳税所得额 = 应纳税所得额 × 适用税率 = 10 × 25% = 2.5（万元）

3. 享受税收优惠事先备案事项。

（1）资源综合利用企业（项目）申请减免企业所得税。

（2）从事农、林、牧、渔业项目的所得减免税。

（3）从事国家重点扶持的公共基础设施项目投资经营的所得减免税。

（4）从事符合条件的环境保护、节能节水项目的所得减免税。

（5）清洁发展机制项目所得减免税。

（6）符合条件的技术转让所得减免企业所得税。

（7）研究开发费用加计扣除。

（8）安置残疾人员支付工资加计扣除。

（9）经认定的高新技术企业减免税。

（10）经认定的技术先进型服务企业减免税。

（11）经营性文化事业单位转制企业减免税。

（12）经认定的动漫企业减免税。

（13）新办软件生产企业、集成电路设计企业减免税。

（14）国家规划布局内的重点软件生产企业减免税。

（15）生产线宽小于 0.8 微米（含）集成电路产品的生产企业减免税。

（16）投资额超过 80 亿元人民币或集成电路线宽小于 0.25 微米的集成电路生产企业减免税。

（17）创业投资企业抵扣应纳税所得额。

（18）企业购置用于环境保护、节能节水、安全生产等专用设备的投资抵免税额。

当纳税人具有下列情形之一的,核定征收企业所得税:
① 依照法律、行政法规的规定可以不设置账簿的
② 依照法律、行政法规的规定应当设置但未设置账簿的
③ 擅自销毁账簿或者拒不提供纳税资料的
④ 虽设置账簿,但账目混乱或者成本资料、收入凭证、费用凭证残缺不全,难以查账的
⑤ 发生纳税义务,未按照规定的期限办理纳税申报,经税务机关责令限期申报,逾期仍不申报的
⑥ 申报的计税依据明显偏低,又无正当理由的

核定征收方式
定额征收:税务机关按照一定的标准、程序和方法,直接核定纳税人年度应纳所得税额
核定应税所得率:税务机关按一定的标准、程序和方法预先核定纳税人的应税所得率,由纳税人根据年度内收入总额或成本费用发生额,按预先核定所得率,计算交纳所得税

征收方式确定
① 由纳税人提出申请税务机关审核,确定其征收方式
② 审定后将纳税鉴定表送达纳税人
③ 纳税鉴定每年一次,时间为当年1-3月
④ 征收方式一经确定,如无特殊情况在年度内不得变更

应纳税额的确定
① 实行定额征收的,应在调查研究分类排除的基础上核定纳税人的应纳所得税额
② 实行核定所得税率征收的,应纳所得税计算公式为:

应纳所得税额 = 应纳所得额 × 适用税率
应纳所得额 = 应税收入总额 × 应税所得率
或
应纳所得额 = 成本费用支出额 /(1 - 应税所得率)× 应税所得率

③ 应税所得率按下表规定标准执行:

行　业	应税所得率(%)(北京)
工业、商业、交通运输业	7 ~ 20
建筑业、房地产开发业	10 ~ 20
饮食服务业	10 ~ 25
娱乐业	20 ~ 40
其他行业	10 ~ 30

④ 企业经营多业的应根据主营项目核定,适用某一行业的应税所得率

税款交纳
① 实行定额征收办法的,应将核定的应纳税额分解到月或季, 由纳税人按月(季)申报交纳
② 实行核定征收率征收办法的纳税人应按月(季)申报交纳,年终汇算清缴

其他规定
① 纳税人对所得税征收方式的鉴定、核定应纳税额或应所得率等事项有争议的,可在规定期限内依法向上一级申请复议,对复议结果不服的,可向法院起诉
② 纳税人实行核定征收方式的,不得享受企业所得税各项优惠政策

左侧纵标:核定征收纳税调整内容
其下分支:核定征收条件／核定征收方式／征收方式确定／应纳税额的确定／税款交纳／其他规定

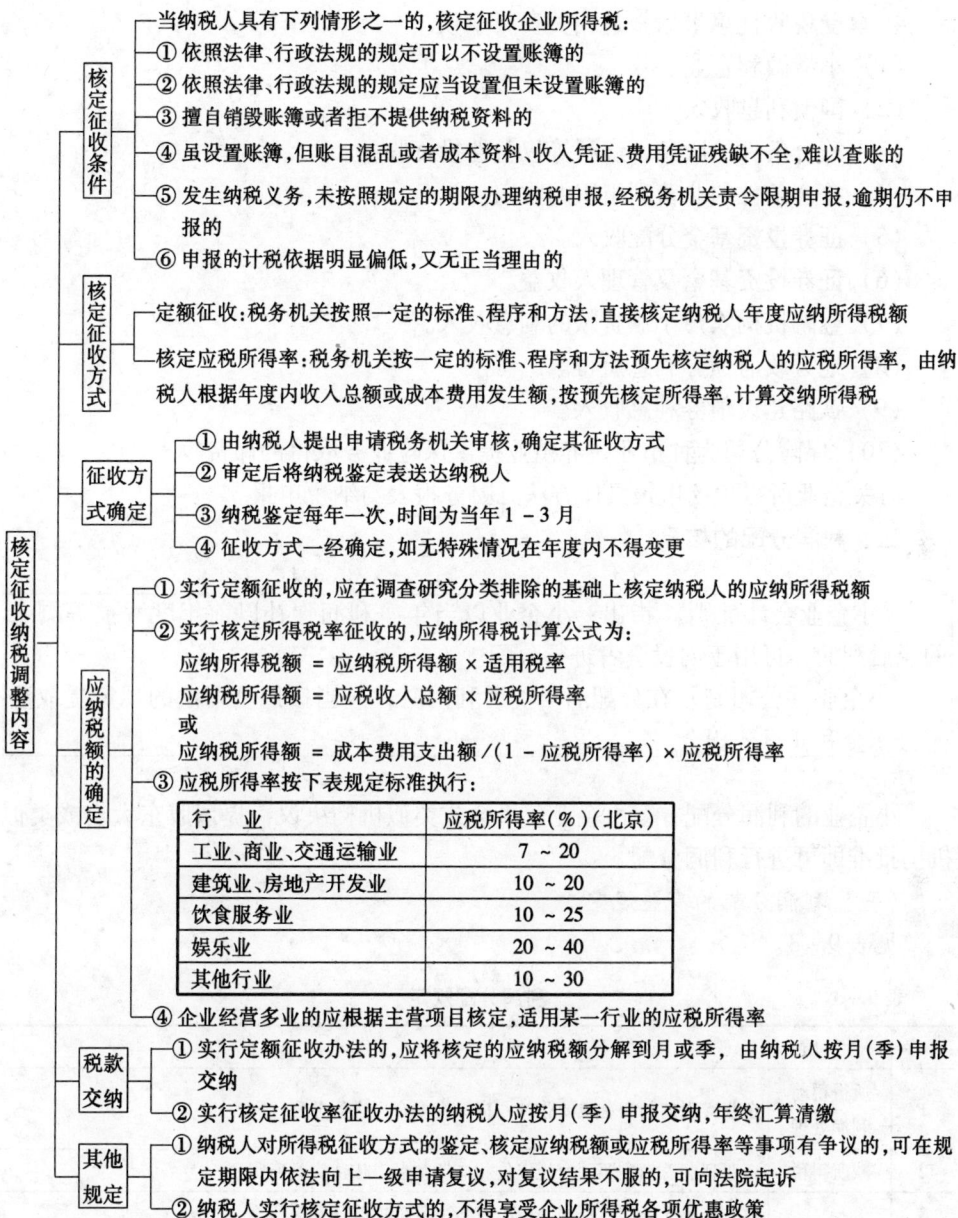

图9-45　核定征收的有关规定内容

(19) 固定资产缩短折旧年限或者加速折旧。

(20) 企业外购软件缩短折旧或摊销年限。

(21) 节能服务公司实施合同能源管理项目的所得减免税。

(22) 生产和装配伤残人员专门用品的企业减免税。

4. 享受税收优惠事后报送相关资料事项。

（1）小型微利企业。

（2）国债利息收入。

（3）符合条件的股息、红利等权益性投资收益。

（4）符合条件的非营利组织的收入。

（5）证券投资基金分配收入。

（6）证券投资基金及管理人收益。

（7）金融机构农户小额贷款的利息收入。

（8）地方政府债券利息所得。

（9）铁路建设债券利息收入。

（10）保险公司为种植业、养殖业提供保险业务取得的保费收入。

有关企业所得税的申报具体方法见财务报表与纳税申报。

三、利润分配的核算

> 《小企业会计准则》指出：小企业以当年净利润弥补以前年度亏损等剩余的税后利润，可用于向投资者进行分配。
>
> 小企业（公司制）在分配当年税后利润时，应当按照公司法的规定提取法定公积金和任意公积金。

小企业的利润分配方案由企业董事会或类似机构决议，提请股东大会或类似机构批准即可进行利润分配。

（一）利润分配的有关规定

见表9-3。

表9-3　　　　　　　　　　　利润分配规定

顺序	性质	内容
1	所得税前利润处理	企业实现的利润首先要弥补亏损，有多余再进行分配
2	减所得税	企业利润总额按照国家规定作相应调整后，依法交纳所得税
3	所得税后利润分配	弥补企业5年以前亏损，由股东会决定可提取任意公积金
4		提取法定盈余公积金。按税后利润扣除弥补亏损后的10%提取，盈余公积金已达注册资本50%时，可不再提取，也可以继续提取。由股东会决定可提取任意公积金。向投资者分配利润。企业以前年度未分配利润，可以并入本年度向投资者分配

（二）利润分配核算科目

企业的利润分配通过"利润分配"科目核算，该科目核算企业的利润分配

（或亏损的弥补）情况及历年分配（或弥补）后的积存余额。本科目应设置的明细科目见表9-4。

表9-4 利润分配的明细科目及核算内容

明 细 科 目	核 算 内 容
1. 其他转入	核算其他项目转入利润分配的金额
2. 提取法定盈余公积	核算按规定提取的法定盈余公积
3. 利润归还投资	外商企业按章程计提归还投资
4. 提取任意公积金	核算提取的任意公积金
5. 应付利润	核算应付投资者利润
6. 转作资本的利润	核算转作资本的利润
7. 未分配利润	核算分配后结余的未分配利润

（三）利润分配账务的处理

见图9-46。

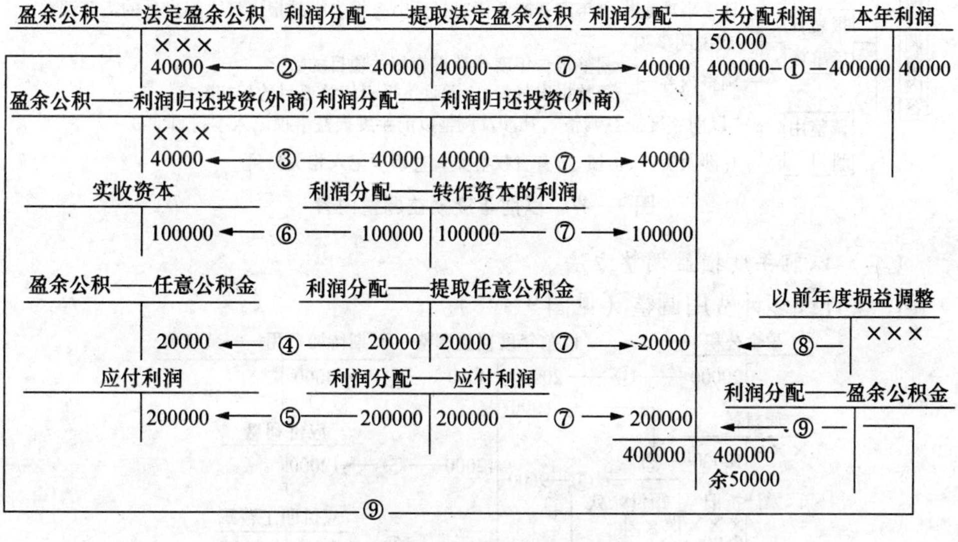

图9-46 利润分配账务处理

图示说明：
①将本年实现净利润400000元转入利润分配。
②按可供分配利润10%提取盈余公积金40000元。
③按可供分配利润10%归还投资（外商企业）。
④提取任意公积金20000元。
⑤向股东分配利润200000元。
⑥董事会决定用利润转增资本100000元。
⑦将利润分配各明细户余额转入未分配利润。
⑧以前年利润调整增加利润额，如利润减少作相反会计分录。
⑨用盈余公积金弥补亏损。

四、以前年度损益调整

企业发生的以前年度重大会计差错的调整，以及企业在年度资产负债表日至财务会计报告批准报出日之间发生的需要调整报告年度损益的事项，均在以前年度损益调整科目核算。不涉及损益项目的调整在相关科目之间进行。《小企业会计准则》未明确规定。

（一）以前年度损益调整内容

见图 9 – 47。

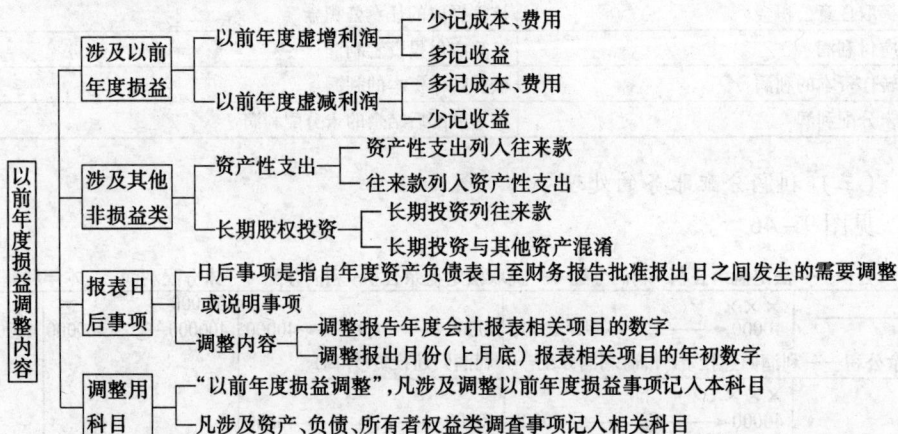

图 9 – 47　以前年度损益调整内容

（二）以前年度损益调整方法

1. 少计或多计费用调整（见图 9 – 48）。

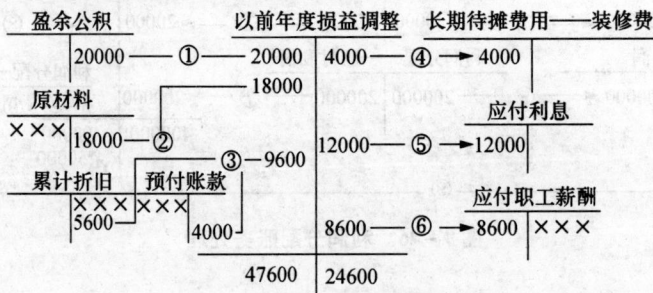

图 9 – 48　少计或多计费用调整

图示说明：

①将汇兑损失误记入盈余公积 20000 元。

②第四季度少转销售材料成本 18000 元。

③少计提折旧费 5600 元，少摊销应分摊房租费用 4000 元。

④将房屋装修费 5000 元一次列入费用，应分五年摊完，转回多摊销 4000 元。

⑤多预提贷款利息 12000 元。

⑥多计提职工工资费用 8600 元。

2. 少计或多计收益调整（见图 9 - 49）。

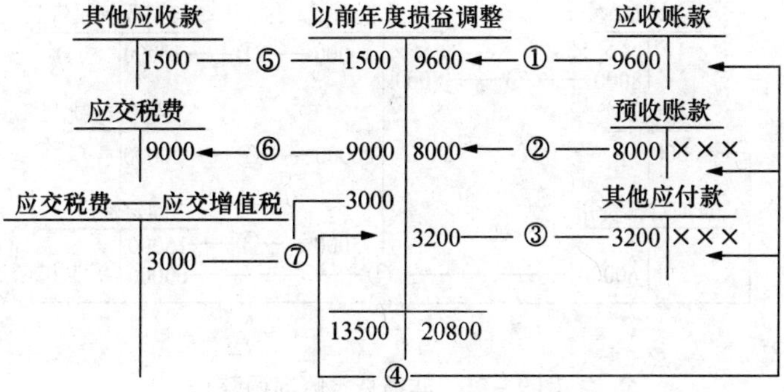

图 9 - 49 少计或多计收益调整

图示说明：

①将销售收入误列为应收账款 9600 元。

②将销售收入列入预收账款 8000 元。

③收到受资方汇来红利，计入其他应付款 3200 元。

④发现有相反事项作相关分录。

⑤将归还货款计入其他应收款。

⑥将代扣代缴个人所得税款误计入营业外收入 9000 元。

⑦将销项税误作销售收入处理 3000 元。

3. 以前年度损益调整余额的处理（见图 9 - 50）。

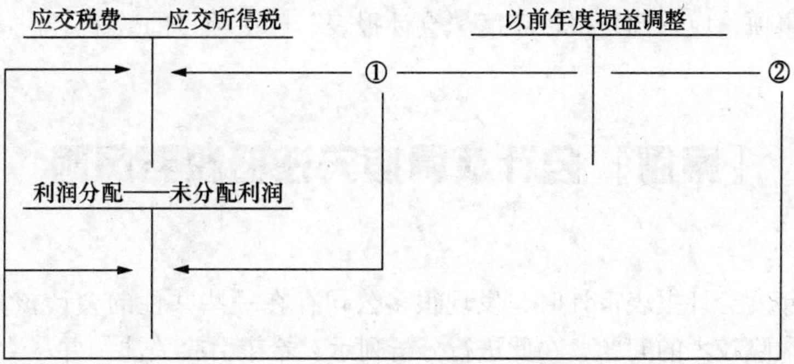

图 9 - 50 以前年度损益调整余额的处理

图示说明：

①调整后如为贷方余额，应将补交所得税计入应交税费，其余金额转入利润分配——未分配利润。

②调整后如为借方余额，应将多交的所得税计入应交税费，其余金额转入利润分配——未分配利润。

4. 非损益类账项调整（见图 9 – 51）。

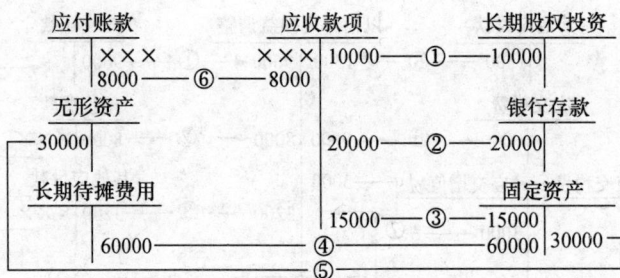

图 9 – 51　非损益类账项调整

图示说明：
①将长期股权投资列入应收账款核算 10000 元。
②将存入银行的定期存款列入应收账款核算 20000 元。
③将购房款列入应收账款 15000 元。
④将购入房屋列入长期待摊费用 6000 元。
⑤将购土地使用权款列入固定资产 30000 元。
⑥将收到应付账款列入应收账款 8000 元。

五、会计报表的调整

1. 企业本年度发生的调整以前年度损益的事项，应当调整本年度"会计报表"中相关项目的年初数或上年实际数；

2. 企业在年度资产负债表日至财务报告批准报出日之间发生的调整报告年度损益的事项，应当调整报告年度"会计报表"相关项目的数字。

［案例］会计核算应关注的税务风险

进行年度会计报表审计时，发现很多公司存在一些共性的会计核算不规范，潜在税务风险较大的问题，在此进行分析列示，希望引起关注，并尽力规范会计核算，规避税务风险。对此，笔者归纳了以下 23 项会计核算中存在的税务风险：

（1）公司出资购买房屋、汽车，权利人却写成股东，而不是付出资金的单位。

（2）账面上列示股东名下的应收账款或其他应收款等。

（3）成本费用中公司费用与股东个人消费混杂在一起不能划分清楚。

按照《个人所得税法》及国家税务总局的有关规定，上述事项视同股东从公司分得了股利，必须代扣代缴个人所得税，相关费用不得计入公司的成本费用，从而给公司带来额外的税负。

（4）外资企业仍按工资总额的一定比例计提应付福利费，且年末账面保留余额。

（5）未成立工会组织的，仍按工资总额一定比例计提工会经费，支出时也未取得工会组织开具的专用单据。

（6）不按《计税标准》规定的标准计提固定资产折旧，在申报企业所得税时又未做纳税调整，有的公司存在跨纳税年度补提折旧（根据相关税法的规定成本费用不得跨期列支）。

（7）生产性企业在计算产品成本、生产成本时，记账凭证后未附料、工、费耗用清单，无计算分配的依据。

（8）计算产品（商品）销售成本时，未附销售成本计算表，不知成本如何形成的。

（9）在以现金方式支付员工工资时，无员工签领确认的工资单，工资单与用工合同、社保清单三者均不能有效衔接。

（10）开办费用在取得收入的当年全额计入当期成本费用，年终未做纳税调整。

（11）未按权责发生制的原则核算，没有依据的随意计提期间费用；或在年末预提无合理依据的费用。

（12）商业保险计入当期费用，未做纳税调整。

（13）生产性企业原材料暂估入库，把相关的进项税额也暂估在内，若该批材料当年耗用，对当年的销售成本造成影响。

（14）员工以发票定额报销，或使用过期票、连号票或税法限额（如餐票等）报销的发票报销费用。造成这些费用不能税前列支。

（15）应付款项挂账多年，如超过三年未偿还的应付款，应纳入当期应纳税所得额，但企业未做纳税调整。

上述第（4）～（15）项均涉及企业所得税，未按《企业所得税法》及国家税务总局的相关规定计征，在税务稽查时会带来补税、罚款加收滞纳金的风险。

（16）增值税的核算不规范，未按规定的产品分项分栏目记账，造成增值税核算混乱，给税务核实应纳税款带来麻烦。

（17）运用"发出商品"科目核算发出的存货，引起交纳增值税时间上的混乱，未按照增值税条例规定的确认条件确认收入、交纳各种税金。

（18）将原材料用于职工福利，非正常损耗原材料，原材料所负担的进项税额并没有做转出处理。

（19）销售废料，没有计提并交纳增值税。

（20）对外捐赠原材料及产成品，没有分解为按公允价值对外销售及对外捐赠两项业务处理。

上述第（16）～（20）项均涉及企业增值税未按《增值税暂行条例》及国家税务总局的相关规定计提销项税、进行进项税转出及有关增值税的其他核算，在税务稽查时会带来补税、罚款及加收滞纳金的风险。

（21）公司组织员工旅游，直接作为公司费用支出，未计入工资总额计提并交纳个人所得税。

（22）很多公司财务人员忽视了印花税的申报（如资本印花税、运输、租赁、购销合同的印花税等），印花税的征管特点是轻税重罚。

（23）很多公司财务人员忽视了房产税的申报，关联方提供办公场地、生产场地给企业使用，未按规定申报房产税，在税务稽查时会带来补税、罚款及加收滞纳金的风险。

第十章 债务重组、非货币交易、会计调整及税务处理

第一节 本章内容、目标及风险提示

一、内容

债务重组、非货币交易及会计调整等是会计的一项特殊业务，涉及范围广，政策性强，处理结果直接影响企业的财务状况和经营成果。

二、目标

根据有关规定，及时正确处理各项特殊业务，正确反映企业的财务状况和经营成果。

三、风险提示

1. 特殊业务处理不合规，可能导致财务状况不真实，影响企业的经营决策。
2. 特殊业务处理不及时，可能导致税务风险，造成不应有的损失。
3. 特殊业务计量不准确，可能影响企业的经营成果。

第二节 债务重组与税法规定

因《小企业会计准则》对这部分未做规定，其内容是参照《企业会计准则》的相关规定进行会计处理。

一、债务重组方式

债务重组，是指在债务人发生财务困难的情况下，债权人按照其与债务人达

成的协议或法院的裁定作出让步的事项。债务重组对债权人而言是"债权重组"，对债务人而言是"债务重组"，为便于表述通称为"债务重组"。

债务重组方式见图 10 - 1。

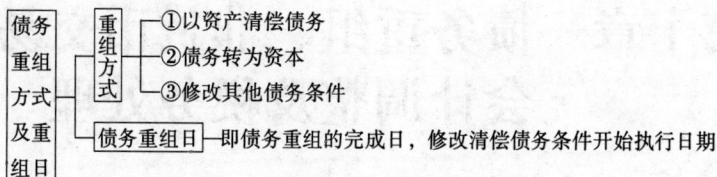

图 10 - 1　债务重组方式与重组日

二、债务重组债务人的账务处理

1. 以现金清偿债务的账务处理，见图 10 - 2。

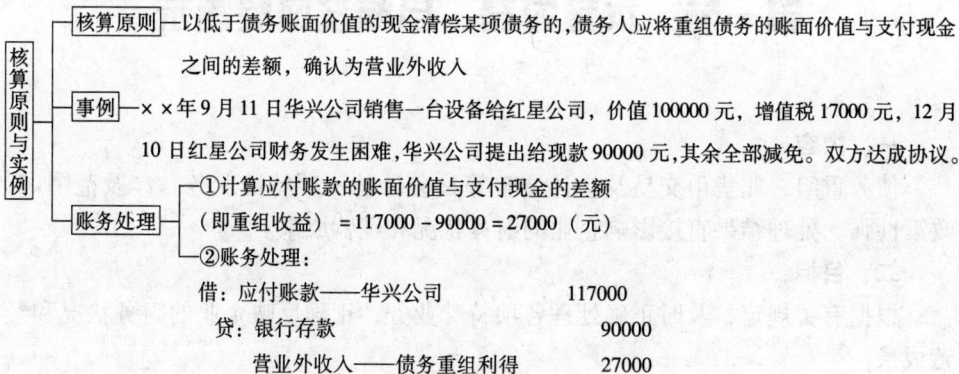

图 10 - 2　以低于债务价值的现金清偿债务

2. 以非现金资产清偿债务的账务处理，见图 10 - 3。

3. 以债务转为资本的账务处理，见图 10 - 4。

4. 以混合方式进行债务重组。

以混合方式进行债务重组的，应按照下列清偿顺序进行清偿：现金、非现金资产、债务转为资本、修改其他债务条件。其混合方式及处理方法如下：

（1）以现金、非现金资产组合清偿某项债务的，应先以支付的现金冲减重组债务的账面价值，非现金资产的账面价值与债务余额的差额，确认为债务重组利得，记入"营业外收入"。

（2）以现金、债务转为资本组合清偿某项债务的，应先以支付的现金，冲减重组债务的账面价值，债权人享有的股权的份额与债务的余额的差额，确认为债务重组利得，记入"营业外收入"。

核算原则：债务人应将重组债务的账面价值与转让的非现金资产的账面价值和相关税费之和的差额，确认为营业外收入，或作为损失记入当期营业外支出资产重组损失

事例：××年5月10日华兴公司销售给红星公司机械一台，价值200000元，签发为期半年的商业汇票1张，利率6%，11月10日红星公司财务发生困难，提出以汽车一辆偿还债务，该汽车原账面价值280000元，已提折旧90000元。（不考虑增值税）华兴公司同意上述意见，达成重组协议

账务处理：

①计算应付票据账面价值与转让汽车价值的差额：

应付票据账面价值 $= 200000 \times \left(1 + 6\% \times \dfrac{1}{2}\right) = 206000$（元）

差额（重组收益）$= 206000 - (280000 - 90000) = 16000$（元）

②账务处理：

借：固定资产清理	190000
累计折旧	90000
贷：固定资产	280000
借：应付票据	206000
贷：固定资产清理	206000
借：固定资产清理	16000
贷：营业外收入——债务重组利得	16000

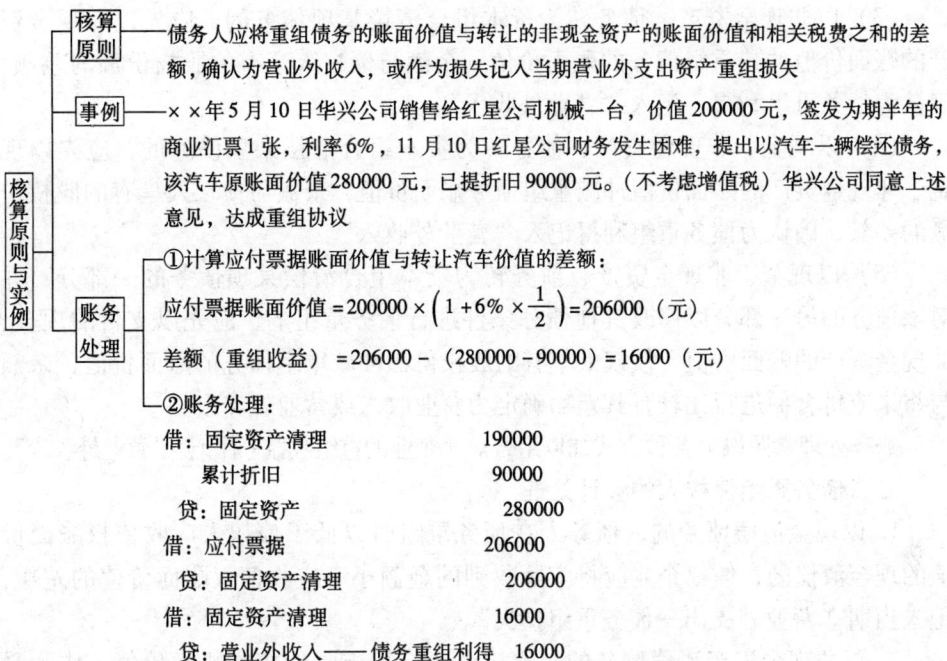

图 10 - 3　以非现金资产清偿债务的账务处理

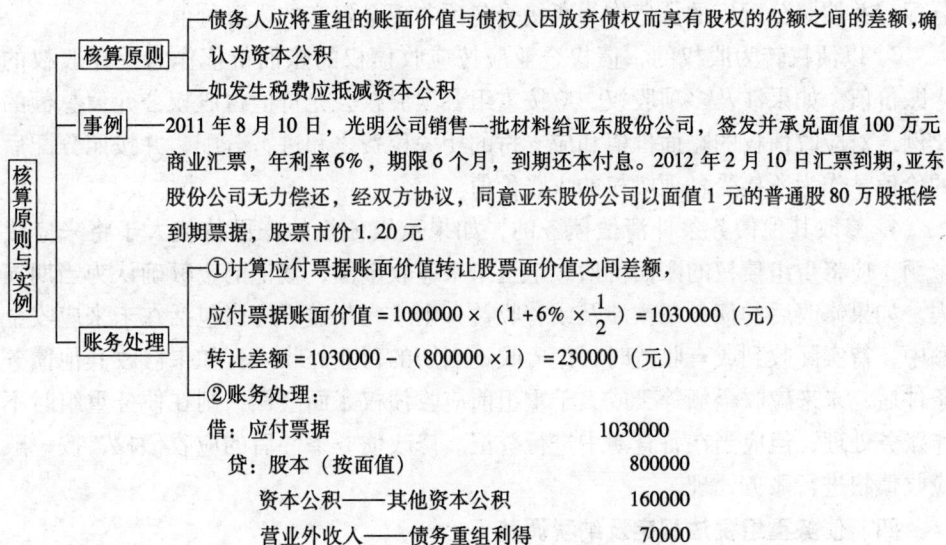

核算原则：
- 债务人应将重组的账面价值与债权人因放弃债权而享有股权的份额之间的差额，确认为资本公积
- 如发生税费应抵减资本公积

事例：2011年8月10日，光明公司销售一批材料给亚东股份公司，签发并承兑面值100万元商业汇票，年利率6%，期限6个月，到期还本付息。2012年2月10日汇票到期，亚东股份公司无力偿还，经双方协议，同意亚东股份公司以面值1元的普通股80万股抵偿到期票据，股票市价1.20元

账务处理：

①计算应付票据账面价值转让股面价值之间差额，

应付票据账面价值 $= 1000000 \times \left(1 + 6\% \times \dfrac{1}{2}\right) = 1030000$（元）

转让差额 $= 1030000 - (800000 \times 1) = 230000$（元）

②账务处理：

借：应付票据	1030000
贷：股本（按面值）	800000
资本公积——其他资本公积	160000
营业外收入——债务重组利得	70000

图 10 - 4　以债务转为资本的账务处理

（3）以非现金资产、债务转为资本组合清偿某项债务的，应先以非现金资产的账面价值冲减重组债务的账面价值，余额与债权人享有的股权份额的差额，确认为债务重组利得，记入"营业外收入"。

（4）以现金、非现金资产、债务转为资本组合清偿某项债务的，应先以现金、非现金资产的账面价值冲减重组债务账面价值，余额与债权人享有的股权份额的差额，确认为债务重组利得记入"营业外收入"。

（5）以现金、非现金资产、债务转为资本组合清偿某项债务的一部分，并对该债务的另一部分以修改其他债务条件进行债务重组的，应先以支付的现金、非现金资产的账面价值、债权人享有的股权份额冲减重组债务的账面价值，余额与将来应付金额进行比较，其差额确定为营业收入或营业外支出。

账务处理参照以上各种方式加以组合。小企业的重组收益一律记入"营业外收入"。

三、债务重组债权人的会计处理

1. 以现金清偿债务的，债务人在债务重组时以低于债权人应收债权账面价值的现金清偿的，债权企业应将实际收到的金额小于应收债权账面价值的差额，记入当期"营业外支出——债务重组损失"。

2. 以非现金资产清偿债务的，债权企业应按应收债权的账面价值，作为受让的非现金资产的入账价值。如果接受多项非现金资产，应按接受各项非现金资产的公允价值占非现金资产的公允价值总额的比例，对应收债权的账面价值进行分配，并按照分配后的价值作为所接受各项非现金资产的入账价值。

3. 以债权转为股权的，债权企业应按应收债权的账面价值作为受让股权的入账价值。如果涉及多项股权，应按重组各项股权公允价值占股权公允值总额的比例，对应收债权的账面价值和应支付的相关税费之和进行分配，并按照分配后的价值，作为所接受各项股权的入账价值。

4. 修改其他债务条件清偿债务的，如果重组债权的账面价值大于将来应收金额，应将重组债权的账面价值减记至未来应收金额，减记的金额确认为当期损失。如果修改后的债务条款涉及或有收益，则或有收益不应当包括在未来应收金额中，待实际收到或有收益时，记入收到当期的营业外收入；如果修改其他债务条件后，未来应收金额等于或大于重组前应收债权账面余额，则在债务重组时不作账务处理，但应当在备查簿中进行登记。修改债务条件后的应收债权，按一般应收债权进行账务处理。

四、债务重组税法规定及纳税调整

债务重组中债权人发生的债务重组损失，符合"坏账"确认条件的，可以税前扣除。

根据财政部、国家税务总局《关于企业重组业务企业所得税若干问题的通知》

（财税〔2009〕59号）精神，企业债务重组，相关交易应按以下规定处理：

（1）以非货币资产清偿债务，应当分解为转让相关的非货币性资产、按非货币性资产公允价值清偿债务两项业务，确认相关资产的所得或损失。

（2）发生债权转股权的，应当分解为债务清偿和股权投资两项业务，确认有关债务清偿所得或损失。

（3）债务人应当按照支付的债务清偿额低于债务计税基础的差额，确认债务重组所得；债权人应当按照收到的债务清偿额低于债权计税基础的差额，确认债务重组损失。

（4）债务人的相关所得税纳税事项原则上保持不变。

第三节　非货币资产交易与税务处理

本部分是参照《企业会计准则》的相关规定，进行会计处理。

一、非货币性交易含义

（一）非货币性资产的含义

见图 10 - 5。

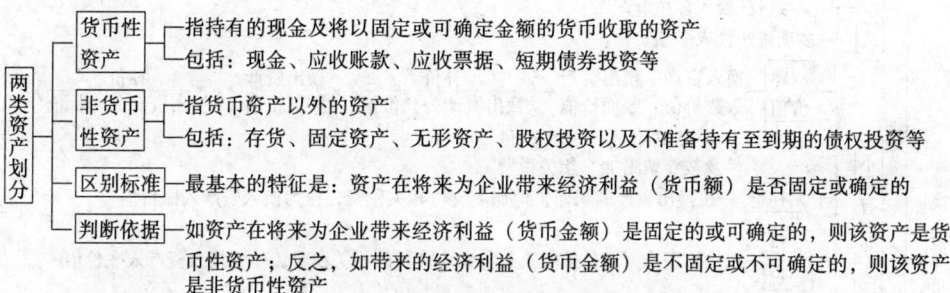

图 10 - 5　货币资产与非货币性资产划分

（二）非货币性交易的含义

见图 10 - 6。

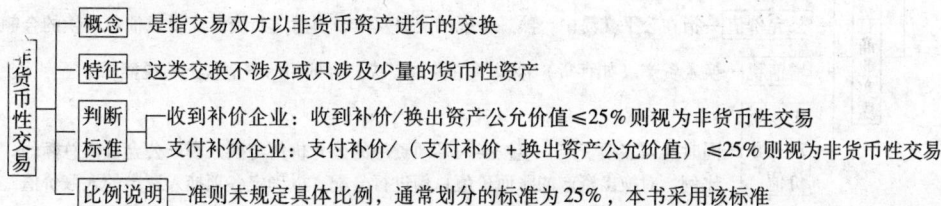

图 10 - 6　非货币性交易

（三）非货币性资产交换分类与确认原则

见图 10-7。

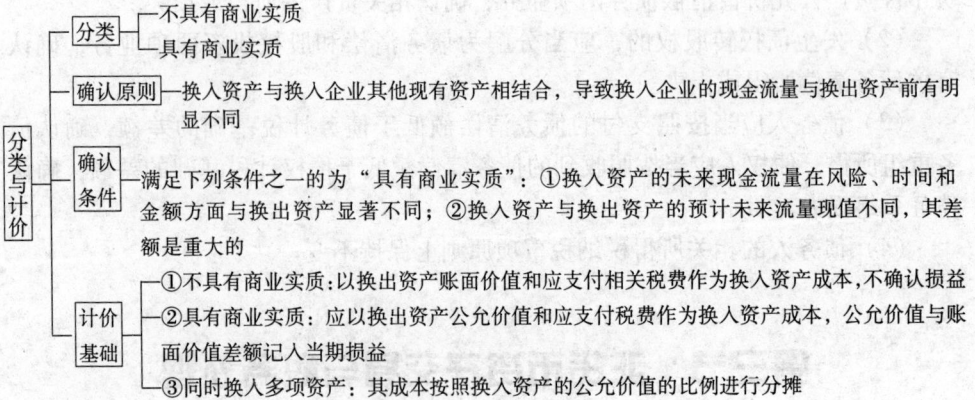

分类与计价
- 分类
  - 不具有商业实质
  - 具有商业实质
- 确认原则——换入资产与换入企业其他现有资产相结合，导致换入企业的现金流量与换出资产前有明显不同
- 确认条件——满足下列条件之一的为"具有商业实质"：①换入资产的未来现金流量在风险、时间和金额方面与换出资产显著不同；②换入资产与换出资产的预计未来流量现值不同，其差额是重大的
- 计价基础
  - ①不具有商业实质：以换出资产账面价值和应支付相关税费作为换入资产成本，不确认损益
  - ②具有商业实质：应以换出资产公允价值和应支付税费作为换入资产成本，公允价值与账面价值差额记入当期损益
  - ③同时换入多项资产：其成本按照换入资产的公允价值的比例进行分摊

图 10-7　分类与计价

二、换入资产价值确定原则

（一）换入资产价值确定

见图 10-8。

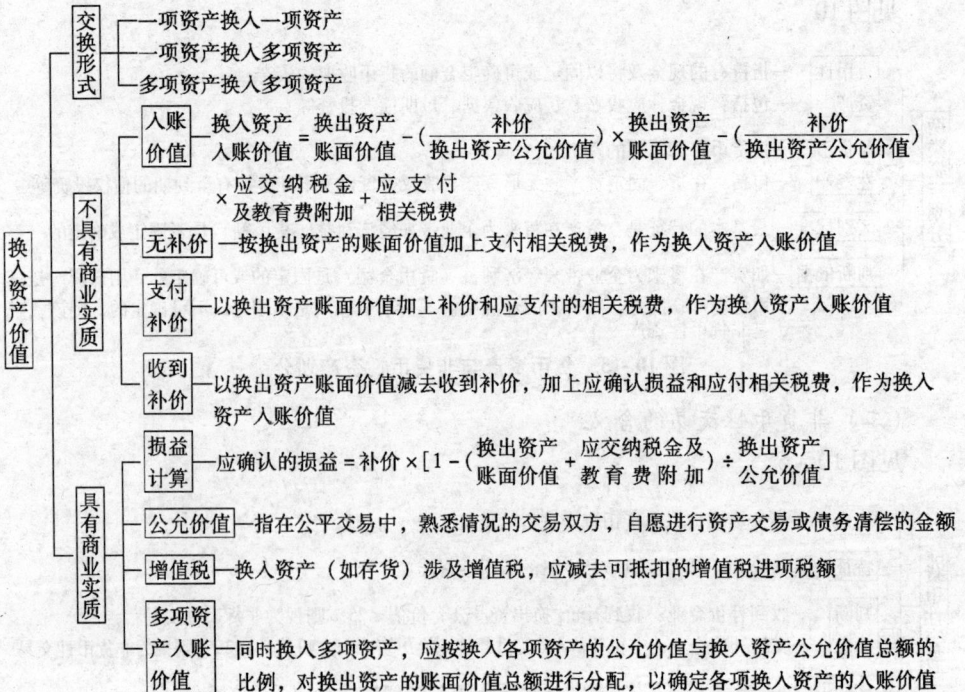

换入资产价值
- 交换形式
  - 一项资产换入一项资产
  - 一项资产换入多项资产
  - 多项资产换入多项资产
- 不具有商业实质
  - 入账价值——

    $$换入资产入账价值 = 换出资产账面价值 - (\frac{补价}{换出资产公允价值}) \times 换出资产账面价值 - (\frac{补价}{换出资产公允价值}) \times 应交纳税金及教育费附加 + 应支付相关税费$$

  - 无补价——按换出资产的账面价值加上支付相关税费，作为换入资产入账价值
  - 支付补价——以换出资产账面价值加上补价和应支付的相关税费，作为换入资产入账价值
  - 收到补价——以换出资产账面价值减去收到补价，加上应确认损益和应付相关税费，作为换入资产入账价值
- 具有商业实质
  - 损益计算——

    $$应确认的损益 = 补价 \times [1 - (\frac{换出资产账面价值 + 应交纳税金及教育费附加}{}) \div \frac{换出资产公允价值}{}]$$

  - 公允价值——指在公平交易中，熟悉情况的交易双方，自愿进行资产交易或债务清偿的金额
  - 增值税——换入资产（如存货）涉及增值税，应减去可抵扣的增值税进项税额
  - 多项资产入账价值——同时换入多项资产，应按换入各项资产的公允价值与换入资产公允价值总额的比例，对换出资产的账面价值总额进行分配，以确定各项换入资产的入账价值

图 10-8　换入资产价值确定

【例1】 甲公司决定以厂房一幢、汽车一辆同时对换乙公司一批原材料和土地使用权。资产的价值如下：

单位：资产名称	原值	已提折旧	公允价值	减值准备
甲公司 厂房	100000	20000	65000	0
汽车	90000	18000	70000	0
乙公司 原材料	20000（不含税）		5100（含增值税17%）	
土地使用权	80000	0	99900	0

【解】

（1）甲公司换入资产价值确定：

1）原材料增值税进项税

　＝35100/（1＋17%）×17%＝5100（元）

2）换出资产的账面价值：

换出资产的账面价值总额

　＝（100000－20000）＋（90000－18000）＝152000

3）原材料公允价值占换入全部资产公允价比例

　＝35100/（99900＋35100）＝26%

4）土地使用权公允价值占换入全部资产公允价值比例

　＝99900/（99900＋35100）＝74%

5）换入资产的入账价值：

原材料（含税）＝152000×26%＝39520（元）

原材料不含增值税价值＝39520－5100＝34420（元）

土地使用权＝152000×74%＝112480（元）

（2）甲公司账务处理：

借：固定资产清理	152000
累计折旧	38000
贷：固定资产——厂房	100000
——汽车	90000
借：原材料	34420
应交税金——应交增值税	5100
无形资产——土地使用权	112480
贷：固定资产清理	152000

乙公司账务处理参照甲公司处理方法（从略）。

（二）非货币性资产公允价值的确定

见图 10 - 9。

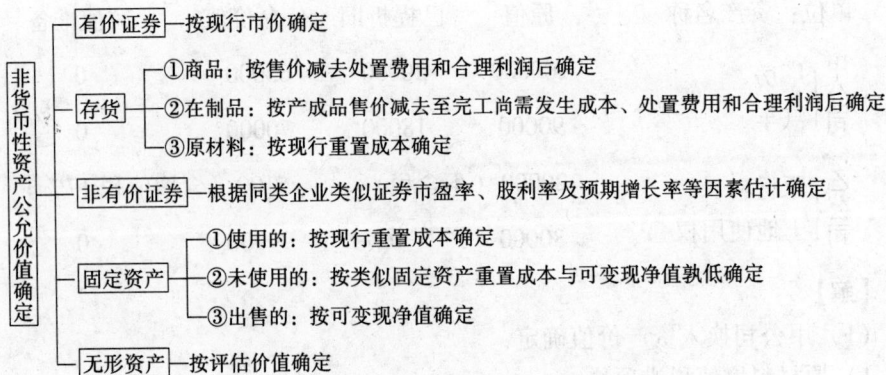

图 10 - 9 非货币性资产公允价值的确定方法

【例 2】A 公司以持有短期股票 170000 元投资，已提跌价准备 10000 元，该股票公允价值 220000 元，交换 B 公司持有短期公司债券。B 公司短期公司债券投资 180000 元，已提跌价准备 5000 元，B 公司又支付给 A 公司补价 30000 元，支付手续费等 1000 元。

（1）A 公司账务处理：

1）确定交易性质：补价率 13.64%（30000/220000），属非货币性资产交易。

2）确认损益 = (1 - 160000/220000) × 30000 = 8182(元)

3）换入短期投资入账价值 = (170000 - 10000) - 30000 + 8182 = 138182(元)

借：短期投资——债券		138182
短期投资跌价准备		10000
银行存款		30000
贷：短期投资——股票投资		170000
营业外收入——非货币交易收益		8182

（2）B 公司账务处理：

换入短期投资入账价值 = 180000 - 5000 + 30000 + 1000 = 206000

借：短期投资——股票		206000
短期投资跌价准备		5000
贷：短期投资——债券		180000
银行存款		31000

三、非货币性交易涉及应收款项的计价

见图 10 - 10。

```
以一项或多项资产换入应收款项及其他各项资产
├─ 换入应收款项 ──────── 按照换出资产的账面价值作为换入应收款项的入账价值，如换入的应收款项的原账面价值大于换出资产的账面价值，应按换入应收款项原账面价值作为换入应收款项价值，其差额作为坏账准备
├─ 换入应收款项及其他资产 ── 按照换入应收款项的原账面价值作为应收款项入账价值，换入其他各项资产的入账价值按照换入其他各项资产的公允价值与换入其他资产的公允价值总额的比例，对换出全部资产的账面价值总额加上应支付的相关税费，减去换入的应收款项入账价值后的余额进行分配，并按分配价值作为换入各项其他资产的入账价值
└─ 涉及补价的 ──────── 收到补价小于换出应收款项账面价值的，应将收到补价先冲减换出应收款的账面价值，然后再按上述原则处理
                      收到补价大于换出应收款项账面价值的，应将收到补价首先冲减换出应收款项账面价值，然后再按非货币交易原则处理
```

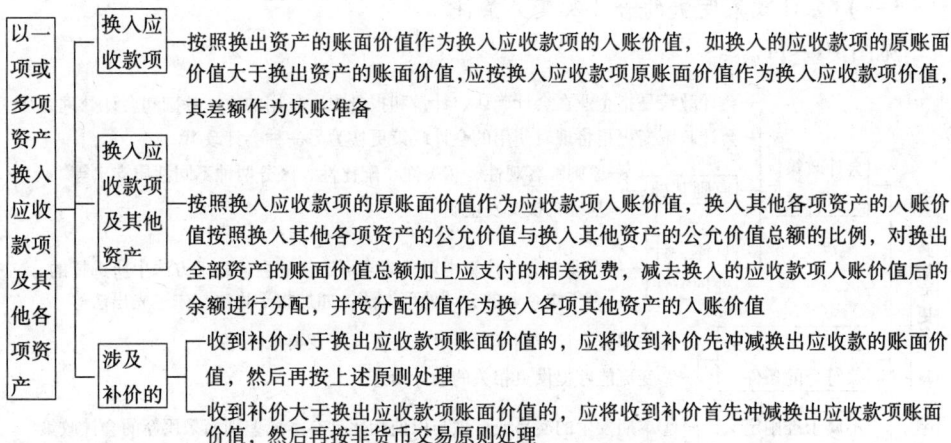

图 10 - 10　换入资产价值确认

四、非货币性交易税法规定及差异的处理

（一）会计准则规定

企业非货币性交易是以换出资产的账面价值作为换入资产的入账价值，一般不确认损益，只有收到补价的企业才确认损益。

（二）税法规定

企业间非货币性交易的双方均要视同销售处理，必须在有关交易发生时确认非现金交易的转让所得或损失。交易中放弃的非现金资产的公允价值超过其原账面计税成本（或调整计税成本）的差异，应记入交易发生当期的应纳税所得额；反之，则确认为当期的损失。非货币性交易涉及补价的，对收到补价的一方，在确定资产转让收益时应该注意；补价是由于换出资产的公允价值大于换入资产的公允价值取得的。因此，对换出资产已确认了计税收入和相应的增加了应纳税所得额，对补价收益就不应再记入应纳税所得。故已记入"营业外收入"的补价收益应调减应纳税所得额。

第四节　会计调整

会计调整是指企业按照国家法律、行政法规和会计准则制度的要求，或者因特定情况下按照会计准则制度规定，对企业原采用的会计政策、会计估计以及发现的

会计差错、发生的资产负债表日后事项等所作的调整。包括下列三项内容：

一、会计政策变更

（一）会计政策变更的含义及变更条件

见图 10 – 11。

```
                    ┌─ 会计政策是指企业在会计确认、计量和报告中所采用的原则基础和会计处理方法
              ┌─ 会计政策 ├─ 会计政策变更指将现时使用的会计政策更换为另一种会计政策
              │  变更含义 ├─ 原则基础 ─┬─ 原则：客观性、相关性、配比性、区分两种不同性质支出等
会计          │            │           └─ 基础：权责发生制
政策          │            └─ 具体会计 ─── 指企业在会计核算中对于诸多可选择的会计处理方法中所选择的、
变更          │               处理方法        适合于本企业的会计处理方法。如加权平均法、先进先出法等
条件 ─┤
及            ├─ 会计政策变更必 ─┬─ ①法律或会计准则制度等政策法规、规章要求变更
范围          │  须符合的条件    └─ ②变更能够提供更相关的会计信息
              │
              └─ 不属于准则定义 ─┬─ ①本期发生的交易或事项与以前相比具有本质差别而采用新的会计政策
                 的会计政策变更  └─ ②对初次发生的重要的交易或事项，采用新的会计政策
```

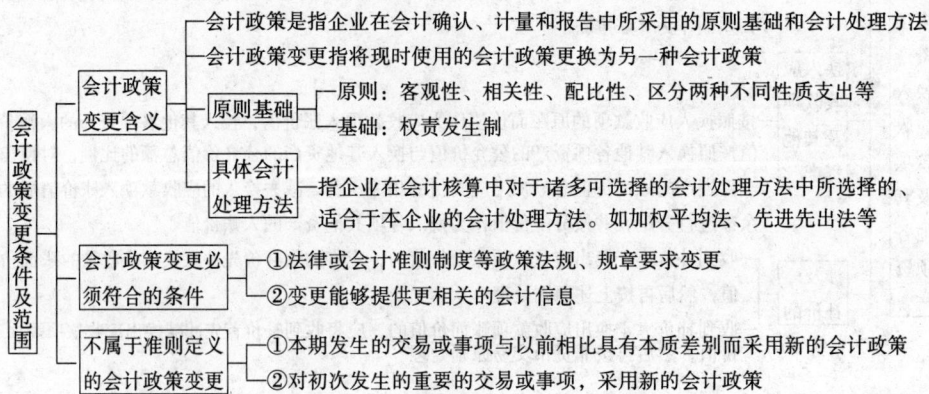

图 10 – 11　会计政策变更条件及范围

（二）企业制定和变更会计政策时应遵循的原则

见图 10 – 12。

```
应      ┌─ ①根据《小企业会计准则》和统一会计制度要求进行会计核算，在不违背准则规定原则下，结合企
遵      │    业具体情况制定本企业的会计政策
循 ─────┼─ ②企业采用的会计政策前后各期保持一致，不得随意变更
原      └─ ③《小企业会计准则》规定会计政策变更，应当采用未来适用法进行会计处理
则
```

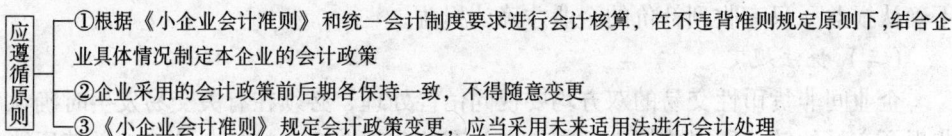

图 10 – 12　制定和变更会计政策应遵循的原则

（三）企业采纳的会计政策

企业采纳的会计政策，通常在会计报表附表中进行披露（《小企业会计准则》未提出要求），主要有以下几项：

1. 合并政策——指编制合并会计报表所采纳的原则。

2. 外币折算——指外币折算为记账本位币的方法以及损益处理。

3. 收入确认——指收入确认原则及具体方法。

4. 所得税核算——指所得税会计的处理方法。

5. 存货计价——指发出存货计价方法，如加权平均法、先进先出法等。

6. 长期投资核算——指采用具体核算方法，如成本法或权益法（小企业不用）。

7. 坏账损失核算——指坏账损失的具体处理方法（小企业不计提）。

8. 借款费用处理——指具体处理方法，如采用资本化或费用化。

9. 其他——如无形资产计价及摊销方法、财产损溢处理、研究与开发费处理等。

（四）会计政策变更处理

会计政策变更应根据具体情况，分别按以下规定处理，见图 10 - 13。

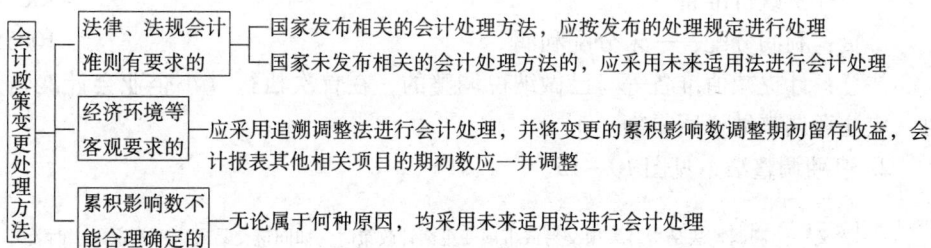

图 10 - 13　会计政策变更原因及会计处理方法

1. 未来适用法，见图 10 - 14。

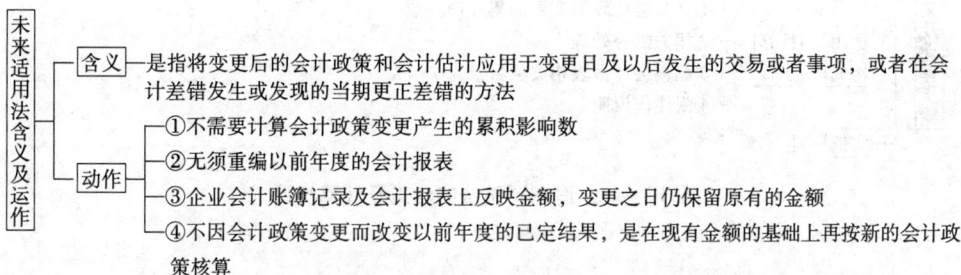

图 10 - 14　未来适用法的含义及运作

【例3】会计政策变更处理实例（未来适用法）

A 公司原执行《小企业会计制度》，自 2012 年开始执行《小企业会计准则》，按原规定应收账款、存货等应计提减值准备，而执行《小企业会计准则》后，不再计提减值准备，故原计提的"坏账准备"、"存货跌价准备"等金额，应调整记入以前年度未分配利润账户。

A 公司原账面计提减值准备如表 10 - 1。

表 10 - 1

单位：元

会计科目	《小企业会计制度》		《小企业会计准则》
	原　值	已提减值准备	
应收账款	1250000	6125	1250000
原材料	320600	3200	320600
库存商品	153000	1530	153000
合计	1723600	10855	1723600

账务处理如下：

借：坏账准备   6125

  存货跌价准备   4730

 贷：利润分配——未分配利润   10855

注意：计提减值准备等，已做纳税调整的，在首次执行《小企业会计准则》时，应注意调整纳税所得额。

2. 追溯调整法，见图 10 – 15。

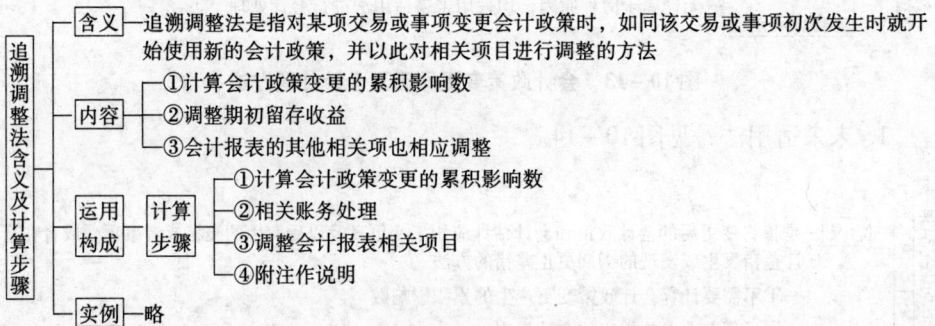

图 10 – 15 追溯调整法的含义及计算步骤

```
追溯调整法含义及计算步骤
├ 含义 ── 追溯调整法是指对某项交易或事项变更会计政策时，如同该交易或事项初次发生时就开始使用新的会计政策，并以此对相关项目进行调整的方法
├ 内容 ┬ ①计算会计政策变更的累积影响数
│      ├ ②调整期初留存收益
│      └ ③会计报表的其他相关项也相应调整
├ 运用构成 ─ 计算步骤 ┬ ①计算会计政策变更的累积影响数
│                    ├ ②相关账务处理
│                    ├ ③调整会计报表相关项目
│                    └ ④附注作说明
└ 实例 ── 略
```

图 10 – 15　追溯调整法的含义及计算步骤

注：《小企业会计准则》规定小企业不采用此方法。

二、会计估计变更

见图 10 – 16。

```
会计估计含义及变更处理
├ 含义 ── 由于企业经营活动内在的不确定因素的影响，某些会计报表项目不能精确地计量，而只能加以估计。如固定资产的使用年限就是估计数
├ 变更原因 ┬ ①赖以进行估计的基础发生了变化 ┐须改变原来估计
│         └ ②取得了新信息，积累了更多的经验 ┘
├ 规定 ┬ ①不需要计算变更产生累积影响数
│      ├ ②也不需要重编以前年度会计报表
│      └ ③但应对变更当期和未来期间所发生的交易或事项，采用新的会计估计进行处理
├ 处理原则 ┬ 会计估计变更如果仅影响变更当期，其影响数应记入变更当期与前期相同的相关项目中
│         ├ 如既影响当期又影响未来期间，其影响额应记入当期和未来期间与前期相同的相关项目中
│         └ 会计政策变更和会计估计变更很难区分时，应按会计估计变更的处理方法进行处理
└ 披露要求 ┬ ①应在附注中披露会计估计变更的内容和理由
          ├ ②说明会计估计变更的影响额
          └ ③会计估计变更的影响数不能确定的理由
```

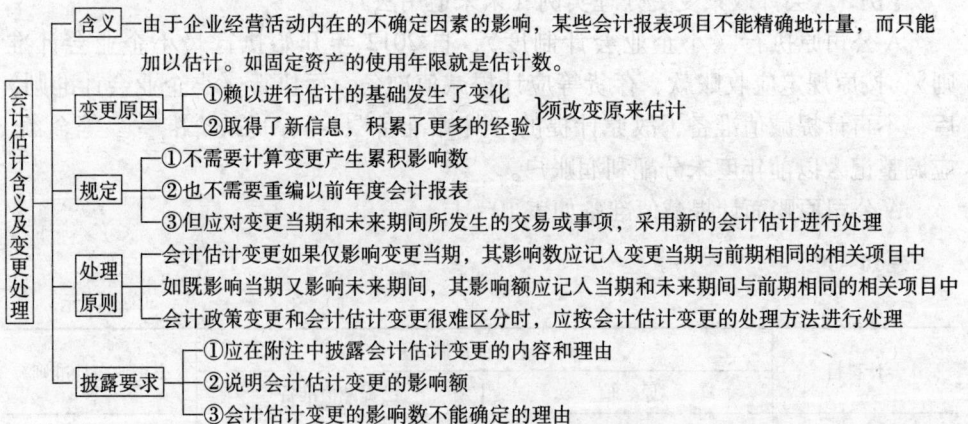

图 10 – 16　会计估计含义及变更处理

【例4】A 公司于 2007 年 1 月 1 日起计提折旧的管理用电脑设备 4 台，价值 42000 元，估计使用年限为 8 年，净残值为 2000 元，按直线法计提折旧。至

2011 年初，由于新技术的发展等原因，需要对原估计的使用年限和净残值作出修正，修改后该设备的耐用年限为 6 年，净残值为 1000 元。

[解] A 公司对上述会计估计变更的处理方式如下：

（1）不调整以前各期折旧，也不计算累积影响数。

（2）变更日后发生的经济业务改按新估计使用年限提取折旧。

按原估计，每年折旧额为 5000 元，已提折旧 4 年，共计 20000 元，固定资产净值为 22000 元，则第五年相关科目的期初余额如下：

借：固定资产　　　　　　　　　　　　　　　　　　　　42000
　贷：累计折旧　　　　　　　　　　　　　　　　　　　20000
　　　固定资产净值　　　　　　　　　　　　　　　　　22000

改变估计使用年限后，自 2011 年起每年计提的折旧费用为 10500 元[（22000 - 1000）÷（6 - 4）]。2011 年不必对以前年度已提折旧进行调整，只需按重新预计的使用年限和净残值计算确定的年折旧费用，编制会计分录如下：

借：管理费用　　　　　　　　　　　　　　　　　　　　10500
　贷：累计折旧　　　　　　　　　　　　　　　　　　　10500

（3）附注说明

本公司 4 台管理用电脑设备，原始价值 42000 元，原估计使用年限为 8 年，预计净残值 2000 元，按直线法计提折旧。由于新技术的发展，该设备已不能按原估计使用年限计提折旧，本公司于 2011 年初变更该设备的耐用年限为 6 年，预计净残值为 1000 元，以反映该设备的真实使用年限和净残值。此估计变更影响本年度净利润减少数为 4125 元[（10500 - 5000）×（1 - 25%）]。

三、会计差错更正

（一）会计差错含义及产生原因

见图 10 - 17。

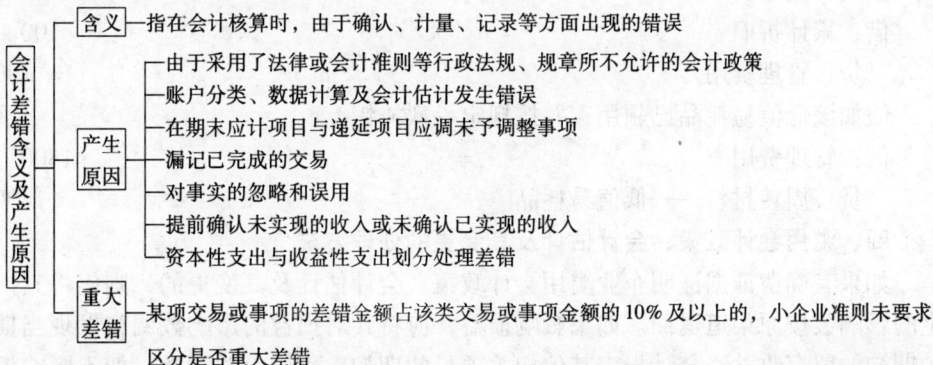

图 10 - 17　会计差错含义及产生原因

（二）会计差错的更正

见图 10 - 18、图 10 - 19。

不同期间的会计差错的处理
- 属于本期的差错——本期发出与本期相关的会计差错，应调整本期相关的项目
- 涉及损益的——应直接记入本期与上期相同的项目
- 不涉及损益的——应调整本期与前期相同的相关项目
- 属于日后事项差错
  - 报告年度的：按照日后事项处理的规定处理
  - 以前年度的：应调整以前年度相关项目

图 10 - 18   不同期间会计差错的处理

会计报表处理
- 对于比较会计报表期间的重大会计差错——应调整各该期间的净损益和其他相关项目，视同该差错在产生当期已经更正
- 对于比较会计报表期间以前的重大会计差错——应调整比较会计报表最早期间的期初留存收益，会计报表其他相关项目数字也应一并调整

会计差错披露——准则规定会计差错应在会计报表附注中披露：①重大会计差错内容，含事项陈述、原因及更正方法；②差错的更正金额，含对净损益的影响额，以及对其他项目影响额

图 10 - 19   比较会计报表期间会计差错处理及披露

（三）会计差错更正举例

本期发现的与本期相关的会计差错更正。

【例5】A 公司于 2004 年 3 月份发现当年 1 月份购入的一项管理用低值易耗品，价值 1800 元，误记为固定资产，并已提折旧 100 元。则 A 公司应于发现时进行更正，会计分录为：

借：周转材料——低值易耗品   1800
　　贷：固定资产   1800
借：累计折旧   100
　　贷：管理费用   100
假如该低值易耗品已领用，并按规定一次摊销
借：管理费用   1800
　　贷：周转材料——低值易耗品   1800

四、滥用会计政策、会计估计及其变更的处理方法

如果有确凿证据证明企业滥用会计政策、会计估计及其变更的，则应将其产生的影响数按原渠道退回。如果影响损益，应将其对损益的影响数调整发现当期的期初的留存收益，会计报表其他相关项目的期初数也应一并调整；如不影响损益，应调整会计报表相关项目的期初数。在报表附注中的揭示方法同重大会计错

误更正的会计处理。

值得注意的是，应当将滥用会计政策、会计估计及其变更与会计政策变更和会计估计变更区分开来，尤其应当将滥用会计估计和会计估计变更区分开来。因为会计采用的是未来适用法，而滥用会计估计及其变更是当作重大会计差错更正处理的，按《企业会计准则》规定应采用的是追溯调整法，两种处理方法存在很大的差别。

如何判别企业是会计估计变更还是滥用会计估计及其变更，《企业会计准则》并没有具体的规定。这依靠于会计人员的专业判断。一旦有确凿证据证明企业滥用会计估计及其变更，就应当作重大会计差错处理，调整以前年度收益，而不是调整当期利润。

五、会计差错的税务规定

会计上对重大差错和非重大差错采取了不同的处理方法。而税收上从不采用"重要性原则"，对以前年度的会计差错，凡涉及损益的，应当并入差错年度的所得额，计征所得税。在账务处理上，税务要求通过"以前年度损益调整"科目核算。此外对检查出以前年度会计利润与应纳税所得之间形成的时间性差异，虽不属于会计差错，但在税收处理上也通过"以前年度损益调整"核算。

国税发〔1996〕156号文规定：税务机关在对申报亏损的企业进行纳税检查时，如果发现企业虚列扣除项目或少计应税所得，从而多申报亏损，可视同查出同等金额的应纳税所得，并按规定税率计算出相应的应纳所得税额，并视情节，根据有关规定进行处理。

国税函〔1996〕190号文作进一步明确：虚报亏损，造成当年不交或少交税款的，属于漏税行为；虚报亏损，造成当年少交税款的，责令限期改正，并罚款。

第五节　财务报表日后事项

一、日后事项含义

《小企业会计准则》未明确规定，图10－20是参照《企业会计准则》规定的。

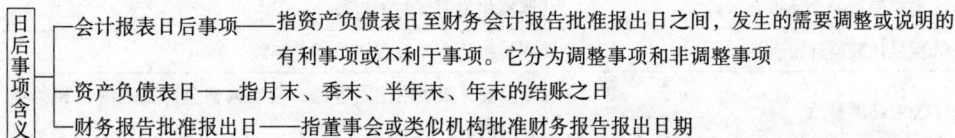

日后事项含义
├── 会计报表日后事项——指资产负债表日至财务会计报告批准报出日之间，发生的需要调整或说明的有利事项或不利于事项。它分为调整事项和非调整事项
├── 资产负债表日——指月末、季末、半年末、年末的结账之日
└── 财务报告批准报出日——指董事会或类似机构批准财务报告报出日期

图10－20　资产负债表日后事项

二、调整事项的含义及处理方法

见图 10 - 21。

调整事项含义内容及处理方法
- 调整事项含义——指在资产负债表日后获得新的或进一步的证据，表明原编财务报告的有关金额已不再具有有用性，需要重新确定
- 调整事项内容
  - ①日后诉讼案件结案，法院判定了存在现时义务
  - ②日后取得确凿证据，表明其某项资产在资产负债表日发生减值或调整该项资产原确认减值金额
  - ③日后进一步确定了资产负债表日前购入资产成本或售出资产收入
  - ④日后发现了财务报表舞弊或差错
- 调整事项特点
  - ①在资产负债表日或以前已经存在，资产负债表日后得以证实的事项
  - ②对资产负债表日编制的财务报告产生重大影响的事项
- 调整原则——资产负债表日后发生的调整事项，应当如同资产负债表所属期间发生的事项一样，作出相关账务处理，并对资产负债表日已编制的会计报表作相应的调整
- 调整方法——见表 10 - 21

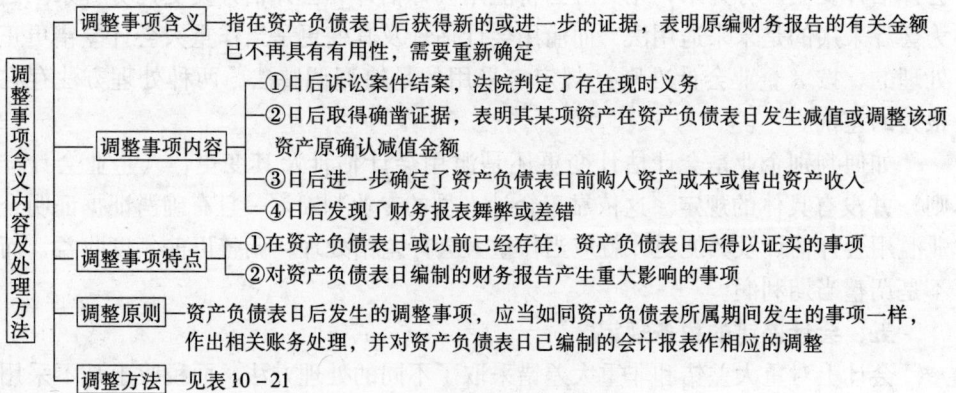

图 10 - 21　调整事项内容及方法

表 10 - 2　　　　　　　　　　　日后调整事项调整方法

涉及调整的事项	调整方法
（1）涉及损益的事项：（《小企业会计准则》未明确规定，现参照《企业会计准则》的规定处理）	通过"以前年度损益调整"科目 ①调整增加以前年度收益 ②调整减少以前年度亏损　}记入贷方 ③调整减少以前年度所得税 ④调整减少以前年度收益 ⑤调整增加以前年度亏损　}记入借方 ⑥调整增加以前年度所得税 将结余额转入"利润分配—未分配利润"
（2）涉及利润分配调整事项	通过"利润分配—未分配利润"科目 ①调整增加未分配利润：记入贷方 ②调整减少未分配利润：记入借方
（3）不涉及损益及利润分配的调整事项	通过相关的科目进行调整
（4）通过上述账务处理后，还应同时调整会计报表相关项目	
①资产负债表日的会计报表	要重新调整相关项目的数字
②当期编制的会计报表	调整相关项目的年初数
③提供比较会计报表	调整相关会计报表相关项上年数
④经上述调整后	涉及会计报表附注内容的，应当调整会计报表附注相关项目的内容

三、非调整事项含义及披露的内容

见图 10 - 22。

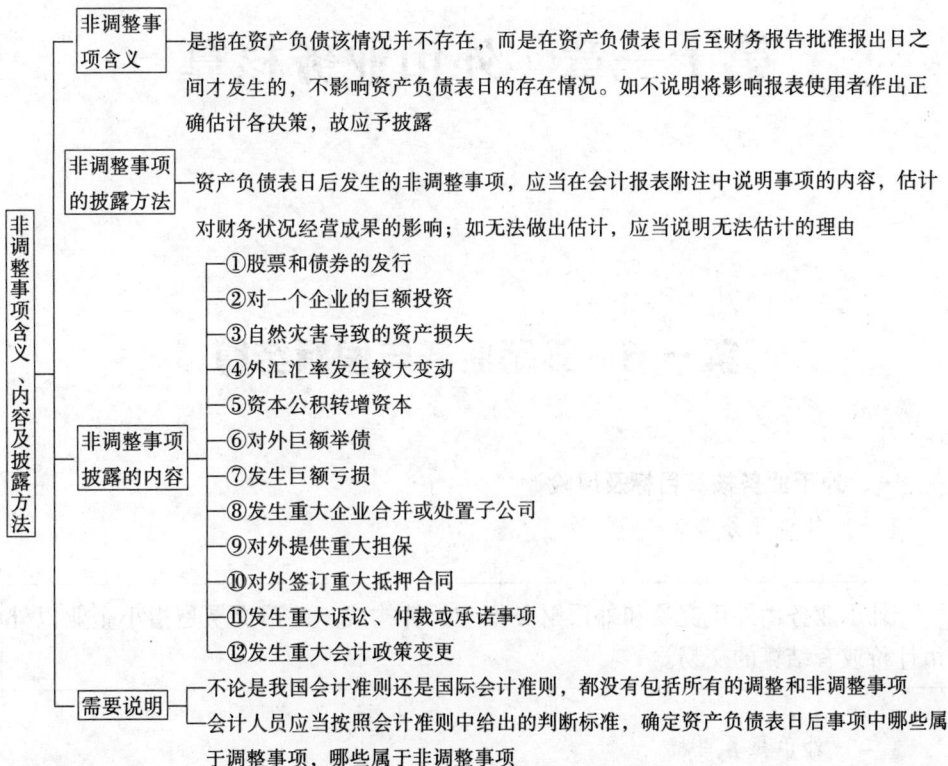

图 10 - 22　非调整事项含义及披露内容

四、资产负债日后事项税务规定

根据税法规定，应按实际发生原则确认收入和扣除成本费用。

属于差错期的经济业务，应当确认为差错期的所得。对已证实发生了资产减损、销售退回及获得或支付赔偿等事项，应在实际发生年度确认收入或成本费用。因此，对资产负债表日后调整事项，在申报所得税时需要纳税调整，重新确认报告年度和当期的应纳税所得。

第十一章 外币业务核算

第一节 外币业务与国际结算

一、外币业务核算目标及风险

（一）外币业务含义

> 外币业务由外币交易和外币财务报表折算构成。外币交易是指小企业以外币计价或者结算的交易。

（二）外币核算目标

合理选用折算汇率，正确、及时确认、计量、记录外币交易，及时正确报告外币资产状况，有效使用外币资金。

（三）风险提示

1. 外商企业记账本位币选择不当，可能导致会计信息失真，不能充分发挥其作用。

2. 汇率使用不当，折算的记账本位币不准确，可能导致数据误差，影响经营决策正确性。

3. 会计报表折算不正确、反映数据不真实、可能导致财务报表真实性受影响。

二、外币、外汇与汇率

（一）外币与记账本位币

外币是指记账本位币以外的货币。记账本位币是指小企业经营所处的主要经济环境中的货币。能用于国际结算的外币也称为外汇。

《小企业会计准则》指出：小企业应当选择人民币作为记账本位币。业务收支以人民币以外的货币为主的小企业，可以选定其中一种货币作为记账本位币，但编报的财务报表应当折算为人民币财务报表。

小企业记账本位币一经确定，不得随意变更，但小企业经营所处的主要经济环境发生重大变化除外。

小企业因经营所处的主要经济环境发生重大变化，确需变更记账本位币的，应当采用变更当日的即期汇率将所有的项目折算为变更后的记账本位币。

前款所称即期汇率，是指中国人民银行公布的当日人民币外汇牌价的中间价。

（二）外汇内容及分类

外汇是以外国货币表示的用于国际结算的一种支付手段。

1. 外汇的内容，见图 11-1。

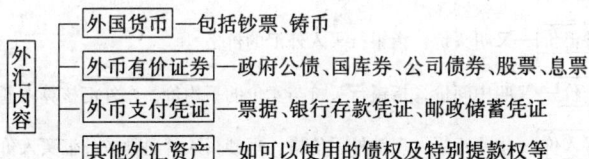

图 11-1 外汇的内容

2. 外汇的种类，见图 11-2。

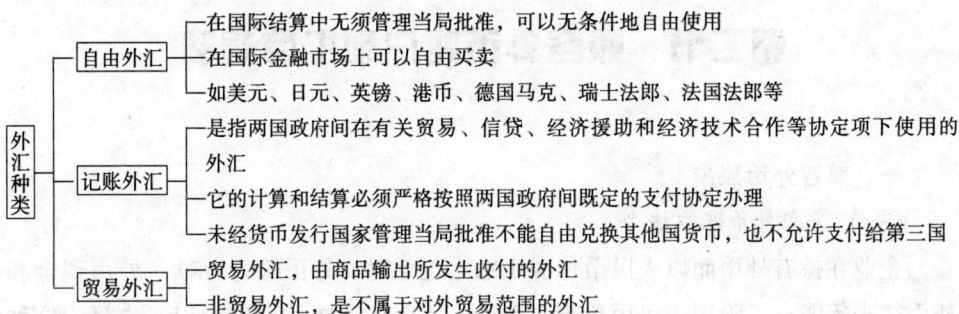

图 11-2 外汇的种类

（三）汇率及标价方法

1. 汇率。汇率是两种货币在特定时间相互交换的比价、比率或价格。在我国，汇率由国家外汇管理局决定，并在中国银行挂牌公布，因此又称外汇牌价。

2. 汇率标价方法，见图 11 – 3。

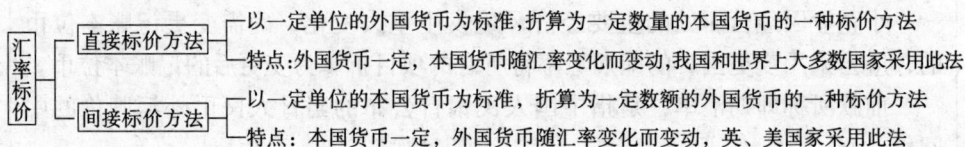

图 11 – 3　汇率标价方法

3. 外汇的价格，见图 11 – 4。

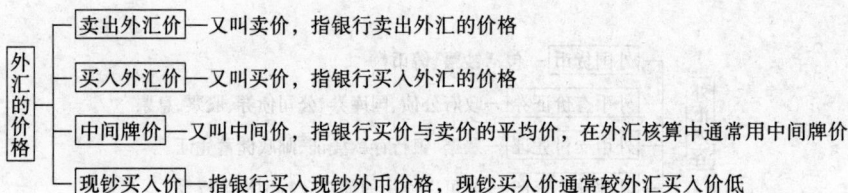

图 11 – 4　外汇的价格

第二节　兼容外币账户和汇兑损益

一、兼容外币账户

（一）兼容外币账户概念

企业在持有外币而以人民币作为记账本位币时，外币银行存款、外币现金和外币往来等账户，除用人民币登记账簿外，还要按不同外币进行记账核算。这种既有记账本位币金额，又有外币金额的账户称为兼容外币账户。其格式见表 11 –1。

表 11-1　　　　　　　　　　　银行存款（美元户）

××年		凭证	摘要	借方			贷方			借或贷	余额		
月	日			原币	汇率	人民币	原币	汇率	人民币		原币	汇率	人民币
1	1		上年结转							借	40000	2.40	96000
	5		收到A公司货款	10000	2.50	25000				借	50000		121000
	7		付B公司购货款				14000	2.40	33600	借	36000		87400
	15		收到A公司上年欠款	8000	2.50	20000				借	44000		107400
	25		付B公司购货款				26000	2.40	62400	借	18000		45000
			付B公司购货款				2000	2.50	5000	借	16000	2.50	40000

（二）兼容外币账户的特点

见图 11-5。

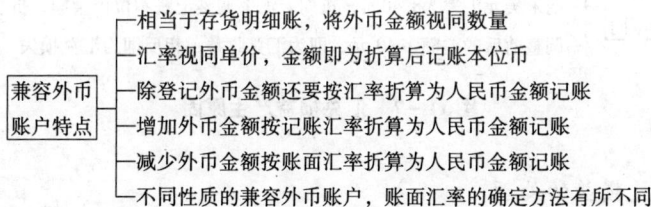

图 11-5　兼容外币账户特点

（三）记账汇率和账面汇率含义及其确定

见图 11-6。

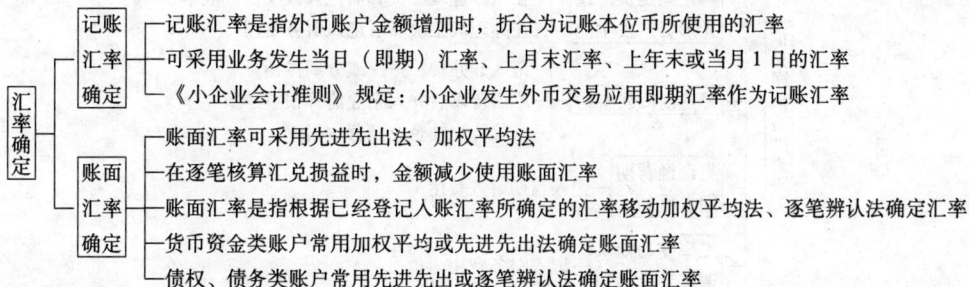

图 11-6　汇率确定

二、汇兑损益

（一）什么是汇兑损益

汇兑损益是指企业在经营过程中，由于不同外币兑换发生的价差，以及汇率变动发生的折合为记账本位币的差额所形成的收益或损失。

（二）汇兑损益产生的原因

见图 11-7。

```
                  ┌─ 外币存款存入与  ┌─ 美元存入银行时汇率为 8.20 元
                  │  使用时汇率不同  ├─ 使用美元存款时汇率为 8.50 元
                  │                └─ 两者之差 0.30 元即为汇兑收益
                  │
                  ├─ 债权发生时与清  ┌─ A 公司赊销商品 100 美元，汇率 8 元
          汇兑     │  偿时汇率的不同  ├─ 收回 100 美元欠款时，汇率为 7.80 元
          损益     │                └─ 两者之差少收 20 元，即为汇兑损失
          产      ─┤
          生       ├─ 债务发生时与清  ┌─ 赊购 B 公司材料 100 美元，汇率为 8 元
          原       │  偿时汇率不同    ├─ 偿还前欠 100 美元债时，汇率为 7.80 元
          因       │                └─ 两者之差少付 20 元，即为汇总收益
                  │
                  └─ 期终汇率与      ┌─ 外币资产（或负债）账户余额 100 美元，账面汇率 8 元、折合人民币 800 元
                     账面汇率不同    ├─ 期末美元汇率为 8.40 元，按期末汇率调整记账本位币金额，折合人民币为 840 元
                                   └─ 调整前后的差额多 40 元，即为汇兑收益；相反即为汇兑损失
```

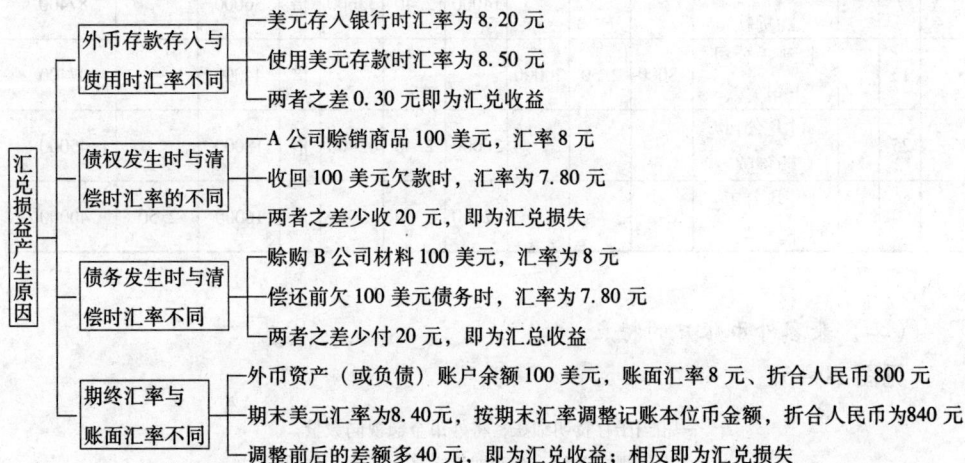

图 11-7　汇兑损益产生原因

（三）汇兑损益的处理

见图 11-8。

```
                  ┌─ 购买原材
                  │  料发生的 ── 记入原材料成本
                  │
                  ├─ 购建固定资产或  ┌─ 在未办理竣工决算前记入该项资产成本
                  │  无形资产发生的  └─ 在办理竣工决算后记入财务费用
          汇       │
          兑       │                ┌─ 记入开办费，一次或分期摊销
          净      ─┤─ 筹建期间发生的 ├─ 或留待以后并入企业清算损益
          损       │                └─ 或留待弥补企业经营亏损
          益       │
          处       ├─ 生产经营期
          理       │  间发生的 ── 记入当期财务费用
                  │
                  └─ 汇率变动期末
                     调账发生的 ── 记入财务费用
```

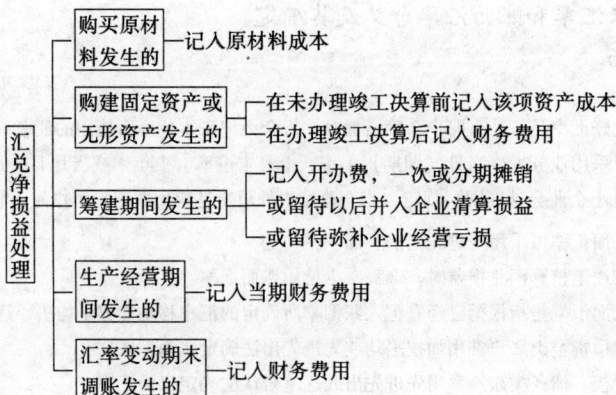

图 11-8　汇兑净损益的处理

第三节 国际结算与信用证

一、国际结算种类及磋商内容

国际结算亦称国际清算，是指国与国之间因经济、政治、文化活动而发生的债权债务进行的了结和清算。

（一）国际结算的种类

见图 11 - 9。

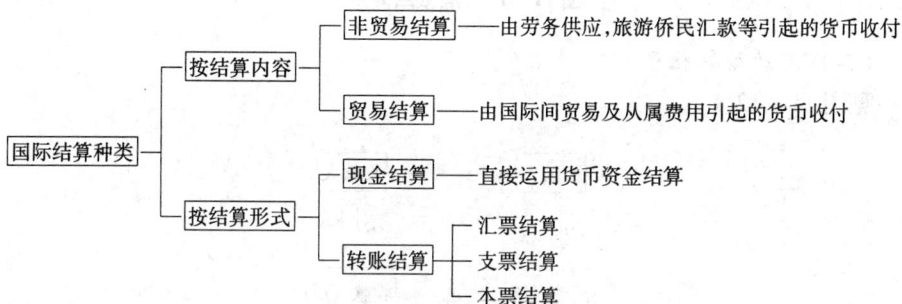

```
                                    ┌─ 非贸易结算 ── 由劳务供应,旅游侨民汇款等引起的货币收付
                    ┌─ 按结算内容 ─┤
                    │              └─ 贸易结算 ──── 由国际间贸易及从属费用引起的货币收付
  国际结算种类 ─────┤
                    │              ┌─ 现金结算 ──── 直接运用货币资金结算
                    └─ 按结算形式 ─┤              ┌─ 汇票结算
                                   └─ 转账结算 ───┤─ 支票结算
                                                  └─ 本票结算
```

图 11 - 9 国际结算种类

（二）国际贸易结算磋商的内容

见图 11 - 10。

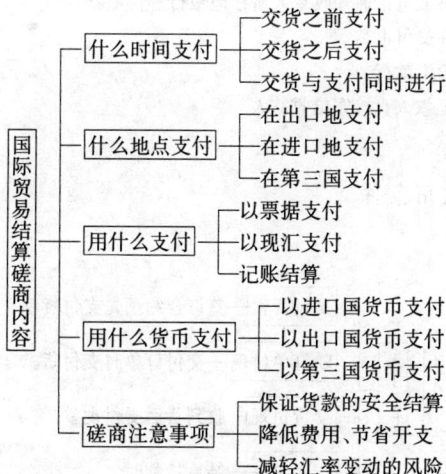

```
                    ┌─ 什么时间支付 ─┤ 交货之前支付
                    │                 │ 交货之后支付
                    │                 └ 交货与支付同时进行
                    │
                    ├─ 什么地点支付 ─┤ 在出口地支付
  国                │                 │ 在进口地支付
  际                │                 └ 在第三国支付
  贸                │
  易                ├─ 用什么支付 ───┤ 以票据支付
  结                │                 │ 以现汇支付
  算                │                 └ 记账结算
  磋                │
  商                ├─ 用什么货币支付 ┤ 以进口国货币支付
  内                │                 │ 以出口国货币支付
  容                │                 └ 以第三国货币支付
                    │
                    └─ 磋商注意事项 ─┤ 保证货款的安全结算
                                      │ 降低费用、节省开支
                                      └ 减轻汇率变动的风险
```

图 11 - 10 国际贸易结算磋商内容

二、汇款结算方式

汇款结算方式又称汇付结算方式，是指买卖双方通过银行以汇款方式结清货款的一种方式。

（一）汇款结算形式

见图 11 - 11。

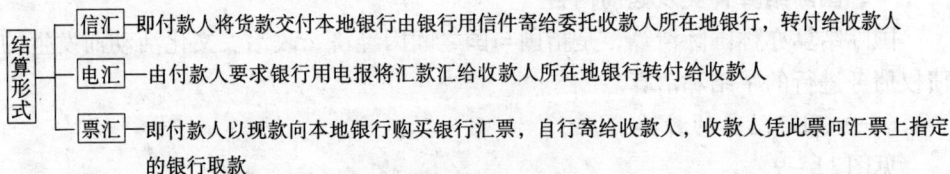

图 11 - 11　汇款结算形式

（二）汇款结算程序

见图 11 - 12。

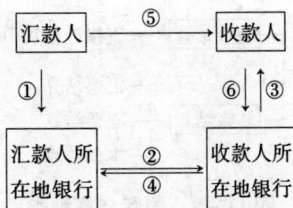

图 11 - 12　汇款结算程序

图示说明：

①汇款人将款交付银行

②汇出行邮寄信汇委托书或电报通知收款人所在地银行解付汇款

③汇入行通知收款人，并交付汇款

④汇入行将付款通知寄给汇款行

⑤如采用票汇，汇票由汇款人直接寄给收款人

⑥收款人持票向银行取款

（三）汇款结算适用条件

见图 11 - 13。

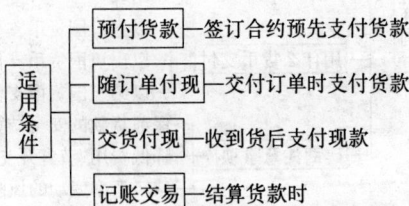

图 11 - 13　汇款结算适用条件

三、汇票结算方式

汇票是出票人签发，要求付款人立即或在将来指定日期，支付一定金额给特定人或持票人的支付命令。

（一）汇票的主要内容

见图 11－14。

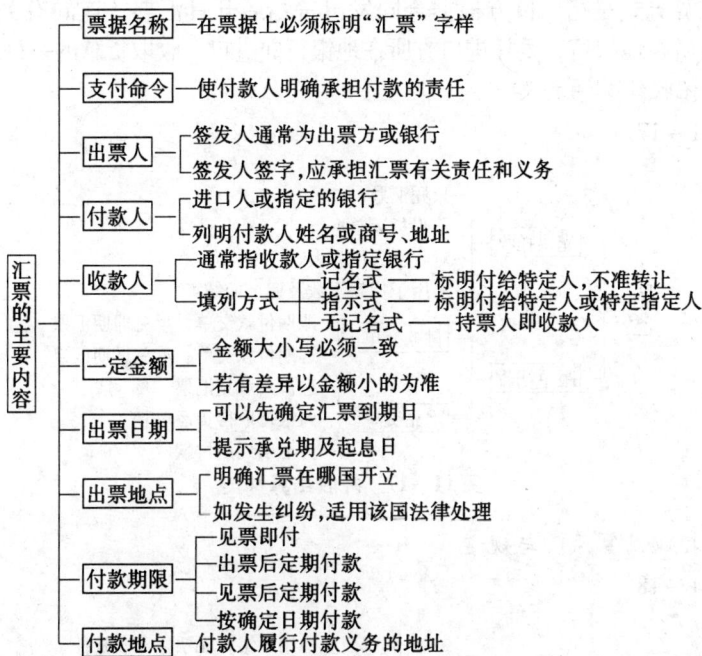

图 11－14　汇票的主要内容

（二）汇票的种类

见图 11－15。

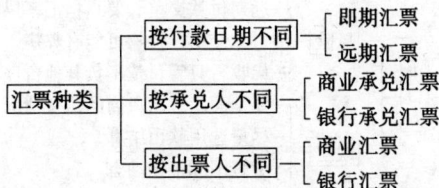

图 11－15　汇票种类

（三）使用汇票应注意事项

见图 11－16。

应重视汇票形式完整性,不完整、有破损的汇票无效

缺少某项或记载不明确往往使汇票失效

为防止丢失可一式两份,说明一份讨讫后另一份即失效

使用汇票注意事项

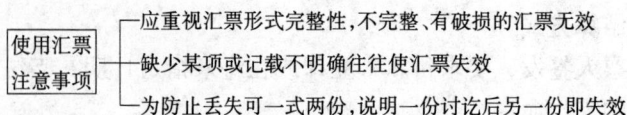

图 11 – 16　使用汇票应注意事项

四、托收结算方式

托收结算方式是指出口方根据合同发出货物后开具汇票，连同有关货运单据，通过出口方所在地银行，委托进口方所在地银行向进口人收取货款的一种结算方式。

（一）托收结算的种类

见图 11 – 17。

种类
光票托收
　只凭汇票
　不附货运单据
　对收款人风险大
　多用于货款尾数及佣金的结算
跟单托收
　付款交单
　　即期付款交单：承兑即期汇票
　　远期付款交单：承兑远期汇票
　承兑交单
　　进口人承兑汇票
　　向银行取得货运单
　　待汇票到期付款

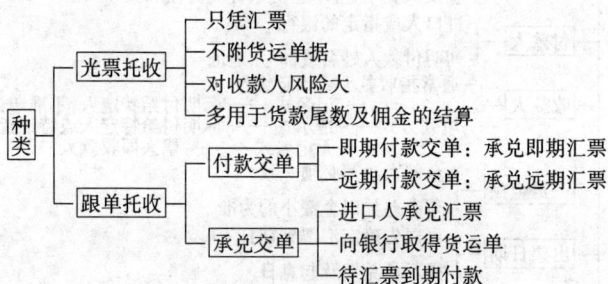

图 11 – 17　托收结算种类

（二）托收结算风险与规避

见图 11 – 18。

托收结算风险与规避
出口方
　风险
　　属于商业信用，银行无票据回收责任
　　进口人有拒付的可能
　　货款收回无保证
　规避
　　要全面了解进口商的信誉情况
　　了解进口国的外汇管理情况
　　了解国际市场动态
　　选择有利的结算货币
进口方
　风险
　　远期付款交单、要承担汇率风险
　　付款交单、货物可能有弊病
　　代收行只管付款不负其他责任
　规避
　　要全面了解出口商的信誉情况
　　尽量选用软币结算
　　了解国际市场动态
　　用买进远期外汇转嫁风险

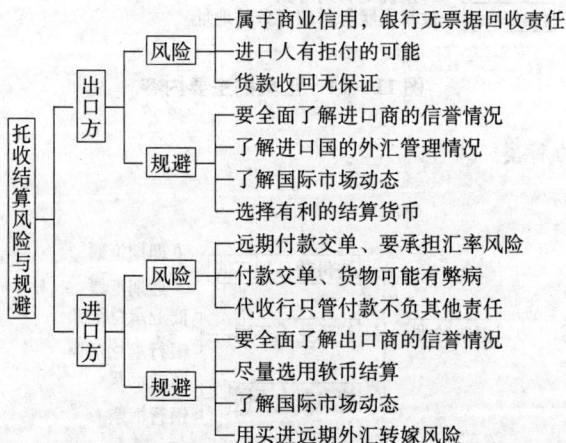

图 11 – 18　托收结算风险与规避

（三）托收结算程序

见图 11 – 19。

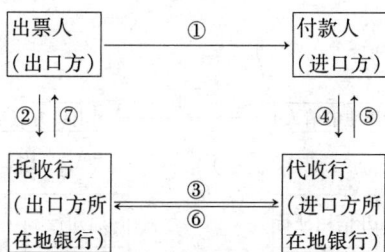

图 11 - 19　托收结算程序

图示说明：

①进出口双方签订贸易合同，采用即期交单支付结算，并按期发运货物。

②出口方发货后，开出汇票连同单据委托银行代收货款。

③托收行将汇票及单据寄交代收行，并说明托收书上各项指示。

④代收行收到单据及汇票，向进口方作出付款提示。

⑤进口方付清货款、赎取全套单据。

⑥代收行电告（邮寄）托收行，款已收妥并转账。

⑦托收行将货款交出口方。

五、信用证结算方式

信用证是进口银行根据进口商的申请，开给出口商的一种保证付款的文件。信用证告知出口商只要按信用证规定的条件，开具不超过规定金额的汇票，提供与信用证条款相符的单据，其指定的议付行则为汇票付款人保证付款。

（一）信用证的基本内容

见图 11 - 20。

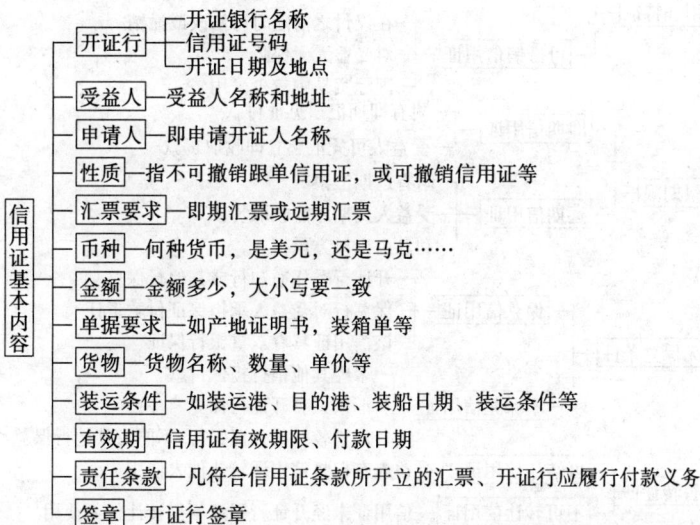

图 11 - 20　信用证的基本内容

（二）信用证结算程序

见图 11 - 21。

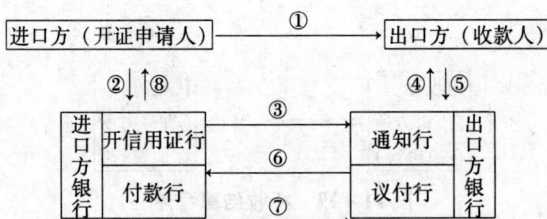

图 11 - 21　信用证结算程序

图示说明：

①进出口双方在贸易合同中规定使用信用证。

②进口方向当地银行提出申请证。

③开证行同意后根据申请书要求向出口方收款人开出信用证，并寄交出口方所在地分行或代理行。

④代理行核对无误后，将信用证转给出口方。

⑤出口方核对无误，按信用证规定装运货物、备齐各项单据、开出汇票，送请当地议付行议付，议付行审核无误，把货款付给出口方。

⑥议付行将汇票和发运货单据寄开证行结算。

⑦开证行核对无误后，付款给议付行。

⑧开证行通知进口方付款赎单提货。

（三）信用证的种类

见图 11 - 22。

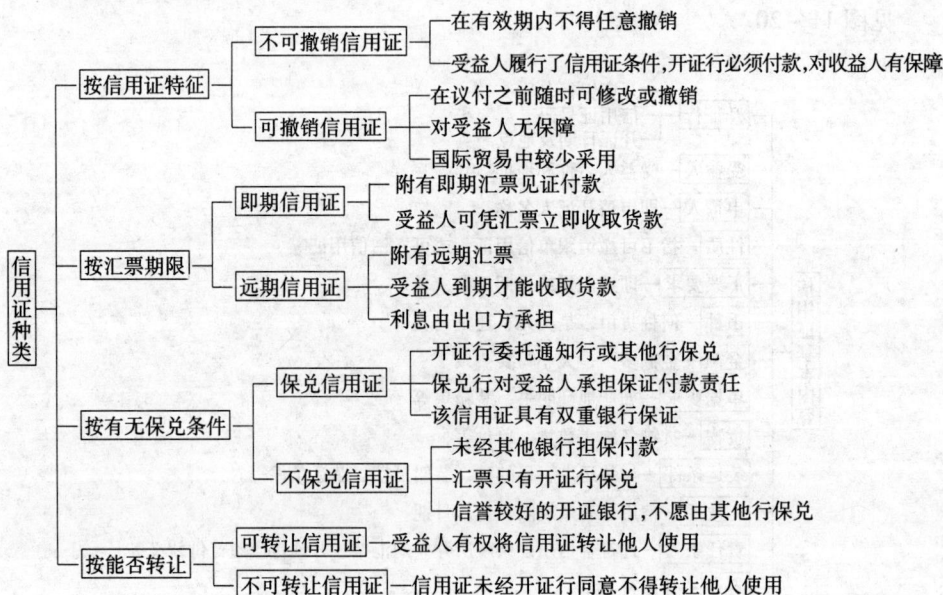

图 11 - 22　信用证种类

（四）信用证作用

见图 11－23。

作用
- 对出口方——有了开证行的付款诺言，对安全收款有保障，可以解决对进口方资信不了解情况
- 对进口方——可通过信用证条款，促使出口人履行合同规定，可以解决资金及不信用的问题

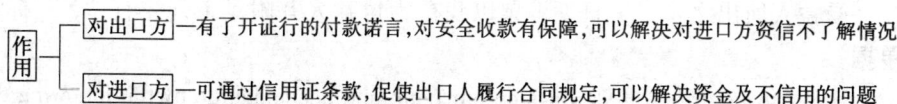

图 11－23　信用证作用

（五）信用证格式及内容

［案例］大华信托储蓄商业银行香港分行

通知行编号
日期 ××年×月×日

DAI HUA TRUST, SAVINGS AND COMMERCIAL BANK, LTD

INCORPOPRATED IN CHINA

HONG KONG BRANCH

致　　　　信开　OENED BY MAIL　　　日期

To Bank of China, Shanghai　　　　　Date 10th Nov. 1998

迳启者　兹开立不可撤销商业信用证　第 2174596

Dear Sirs,

We hereby open Our Irrevocable Commercial Letter of Gredit No. 2174596

受益人

in favour of China National Chemicals I/E Corp. Shanghai Branch

开证人　　　　　　　　汇票金额不得超过

for account of　　　　　up to an aggregate amount of Far East

Scientific Go. , Hong Kong · HK $ 43300. 00

金额大写

(Say Hong Kong Dollars Forty Three Thousand and Three Hundred Only)

按％装运下列出口货物之发票金额计算：

for 100% of the invoice relative to the shipmemt of：

Sulpharic Acid 2000Bottles @ HK $ 21. 65

2500ml

As Per Contract No. 88GE－70

自你地　　运至香港　　　价格为

from your port ____ to Hong Kong ____ GIF Hong Kong

受益人所出之　　　日期汇票以我行为付款人并附具下列注有"X"标记之单据

Drafts to be drawn at _90_ days on our bank and accomdanide by the following documents, marked "X"

☒签署发票一式二份

Signed Commercial Invoice in duplicate

☒保险单或保险凭证按发票金额增加____%保妥下列各险：

Insurance Policy ou Gertificate for full invcice value plus 10% conering：

□全损险/基本险/综合险及战争险

TLO/WA/All Risks and War Risks

☒陆上运输险/综合险及破碎险

Onerland Transportation Risks/All Risks and Breakage

□全套洁净"已装运"海运提单做成我行抬头

Full set of clean "On Board" Ocean Bills of Lading made out to our order

注明运费付讫通知开证人

marked freight prepaid notify accountee

☒全套运输行所出货物承运收据做成我行抬头注明运费付讫通知开证人

Full set of Forwarding Agents, Gargo Receipt made out to our order marked freight prepaid notify accountee

□邮包收据载明邮包以我行为收件人并注本证号数及开证人户名

Rarcel Post Receipt showing parcles addressed to our Bank a/c accountee and marked with this L/C Number

□其他单据

Other Documents

□产地证明书

Gertiflcate of Origin

□明细毛重单

Detailed Weight List

□装箱单

Packing List

准许/禁止分批装运

Partial shipments are pernitted/prohibited

准许/禁止转运

Transhipment is premitted/prohibied

装运日期不得迟于 　　　　1999 年 9 月 10 日

Sipments must be effected not later than 9th Jan. 1999

本证有效期内不得撤销，其有效期在你地＿＿＿限至为止。

This L/C is irrevocable and valid in your port ＿＿＿ until 9th Jan. 1999 inclusive.

凡凭本证明发出之汇票必须载明本证号数及开立日期

Draft（s）so drawn mrst be inscribde with the number and date of this L/C

其他条款：Other Conditions：

根据本信用证并按其所列条款开具的汇票向我行提示并交出本证规定之单据者，我行同意对共出票人背书人及善意持有履行承兑付款责任。

We hereby agree nith the drawers, cndorscrs and bonafide holders of draft（s）drawn under and in compliance with the terms of this cerdit that such draft（s）shall be _duly_ honoured on due presentation and delivery of documents as herein specified.

议付银行注意：凭本证议付汇票及单据请直接寄至我行。

Instruction to Negotiating Bank：The draft（s）and documdnts take up under this credit are to be forwaded direct to us by you.

偿付办法：

For Reimbursenment：

人民币汇票，请凭我行承兑通知书于到期日借记我册。

☒Draft in RMB ￥：Please debit our account upon maturty as indicated in our Advice of Acceptance.

港币汇票：我行于到期日期划收你册。

☐Draft in HK ＄：We shall credit your account upon maturity.

本证根据国际商会 1974 年修订之第 290 号

小册跟单信用证统一规则办理。

This credit is srbject to the Uniform Gustoms and Practice for Documentary credits （1974 Revision）, International Chamber of Commerce puplication No. 200：

Your faithfully,

大华信托储蓄商业银行香港分行

For Dar Hua Trust, Savings and

Commercial Bank, LTD.

Hong Kong Branch

正本 ORIGINAL

第四节 外币交易的核算

一、外币交易含义

《小企业会计准则》指出：外币交易，是指小企业以外币计价或者结算的交易。

小企业的外币交易包括：买入或者卖出以外币计价的商品或者劳务、借入或者借出外币资金和其他以外币计价或者结算的交易。小企业发生外币交易应当采用交易发生日（即期）汇率将外币折算为记账本位币金额。

二、外币交易核算的要点

见图 11 - 24。

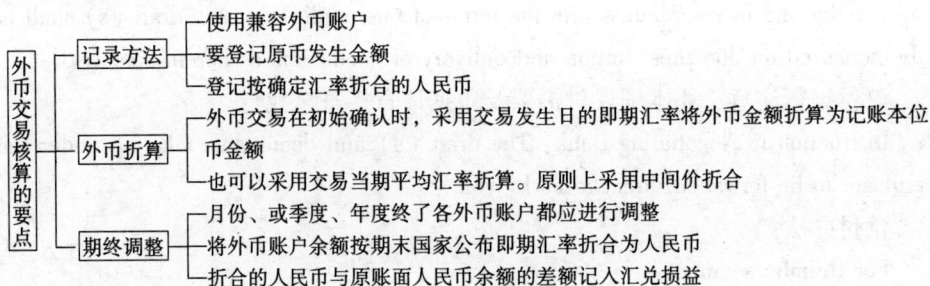

图 11 - 24 外币交易核算要点

三、外币交易的会计处理方法

见图 11 - 25。

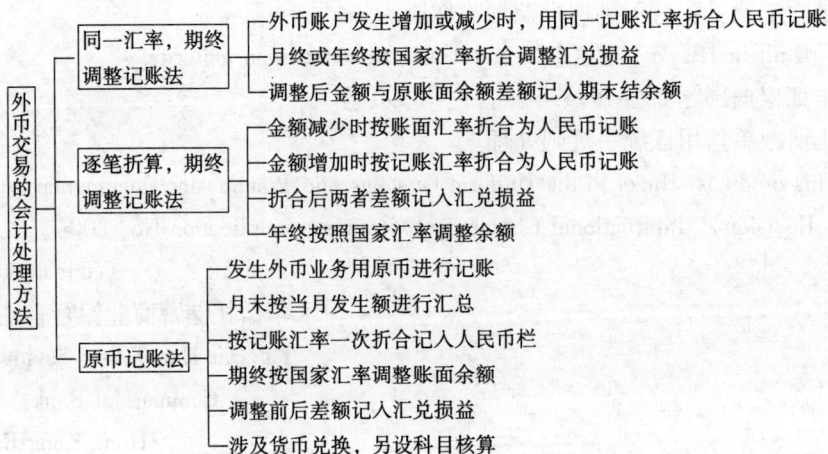

图 11 - 25 外币交易的会计处理方法

四、逐笔折算期终调整核算举例

见图 11 - 26。

```
                  ┌ 期初 ┌─ 银行存款——美元户 $50 ¥430，英镑户 &200 ¥2596
                  │ 余额 ├─ 应收账款——A 公司 $1000 ¥8600，应付账款——B 公司 $2000 ¥17200
                  │      └─ 未考虑增值税因素
                  │ 取得 ┌─ 销售产品 10000 美元，折合人民币 86000 元。
                  │ 外汇 └─ 分录 ┌─ 借：银行存款——美元户    $10000 ¥86000
                  │             └─ 贷：主营业务收入              ¥86000
                  │ 购买
                  │ 材料 ── 用 3000 美元购买材料，已入库。即期汇率 1：8.6
                  │
                  │ 分录 ┌─ 借：原材料                        ¥25800
                  │      └─ 贷：银行存款——美元户        $3000 ¥25800
                  │ 购置
                  │ 设备 ── 用 2000 美元购机器一台交付使用，即期汇率 1：8.6
                  │
                  │ 分录 ┌─ 借：固定资产                      ¥17200
                  │      └─ 贷：银行存款——美元户        $2000 ¥17200
                  │ 偿还
                  │ 债务 ── 用 1000 美元归还欠 B 公司货款，即期汇率 1：8.6
                  │
                  │ 分录 ┌─ 借：应付账款——B 公司          $1000 ¥8600
                  │      └─ 贷：银行存款——美元户        $1000 ¥8600
 核算            ─┤ 收回
 实例              │ 债权 ── 收到 A 公司所欠货款 500 美元存入银行，即期汇率 1：8.6
                  │
                  │ 分录 ┌─ 借：银行存款——美元户          $500 ¥4300
                  │      └─ 贷：应收账款——A 公司          $500 ¥4300
                  │       ┌─ 用 100 英镑兑换美元，当日英镑买价 12.93 元，美元卖价 8.62 元
                  │ 货币 ─┤ 兑换公式 ┌─ ①英镑兑换人民币 = 100 × 12.93 = 1293 （元）
                  │ 兑换  │          └─ ②人民币兑换美元 = 1293 ÷ 8.62 = 150 （美元）
                  │       └─ 按当日汇率（1：8.6）折合人民币记账
                  │          分录 ┌─ 借：银行存款——美元户    $150 ¥1290
                  │               │    财务费用                    ¥8
                  │               └─ 贷：银行存款——英镑户    £ 100 ¥1298
```

账户	银行存款 （美元户）	银行存款 （英镑户）	应收账款 （A 公司）	应付账款 （B 公司）
原币	4700	100	500	1000
人民币	40420	1298	4300	8600
期末汇率	8.70	13.00	8.70	8.70
合人民币	40890	1300	4350	8700
调整金额	+470	+2	+50	+100

```
   ┌ 期末 ── 期末公布国家外汇牌价：美元 8.70 元，英镑 13 元，根据余额调节表计算结果，调整
   │ 调整     如下：
   │
   │        分录 ┌─ 借：银行存款——美元户         ¥470
   │            │    银行存款——英镑户          ¥2
   │            │    应收账款——A 公司          ¥50
   │            └─ 贷：应付账款——B 公司         ¥100
   │                 财务费用——汇兑损益        ¥422
```

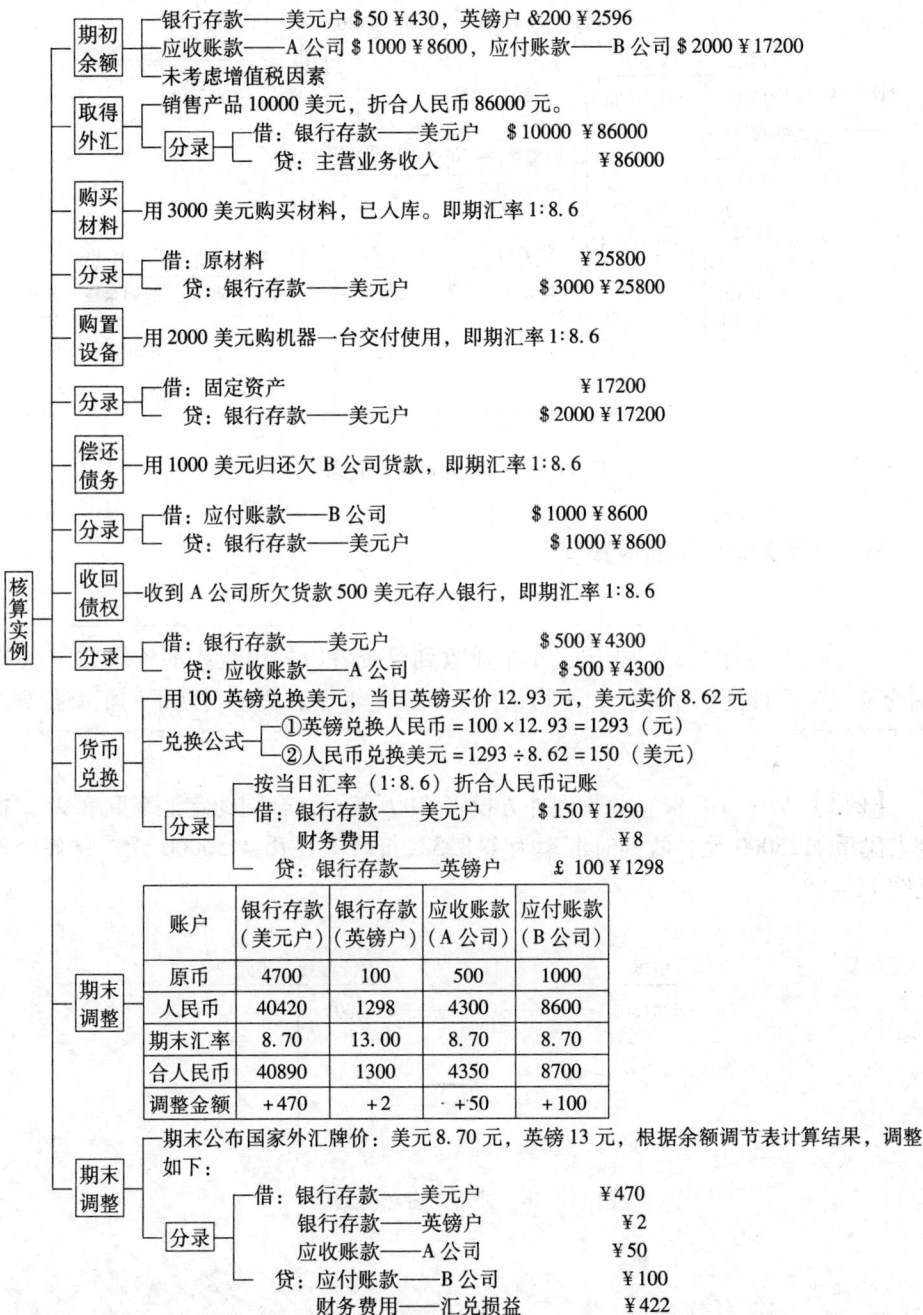

图 11 - 26 外汇核算实例

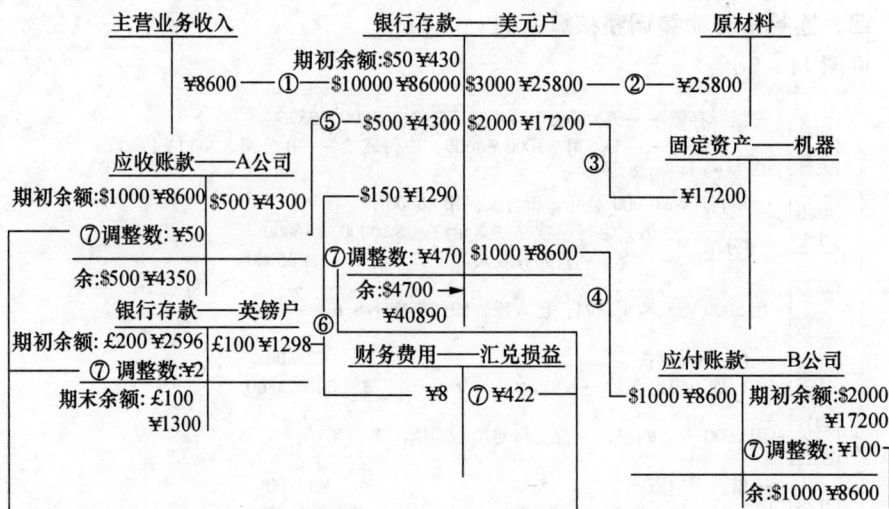

图 11 - 27　各外币账户记录

五、外币入资业务的核算

> 《小企业会计准则》指出：小企业收到投资者以外币投入的资本，应当采用交易发生日即期汇率折算，不得采用合同约定汇率和交易当期平均汇率折算。

【例.1】某中外合资企业收到外方投资 50 万美元，合同约定汇率 1: 8.25，折合人民币 4125000 元，收到时汇率为 1: 8.3。折合人民币 4150000 元。财务处理见图 11 - 28。

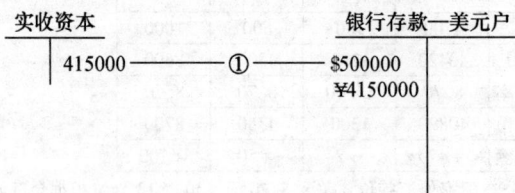

图 11 - 28　外币入资账务处理

第五节　外币报表折算

在编制合并会计报表时，凡子公司提供的以外币表示的报表，必须将其折算为人民币表示的会计报表，然后再编制合并会计报表。以正确反映企业财务状况和经营结果。

一、关于合并报表折算的有关规定

《小企业会计准则》规定：小企业在资产负债表日，应当按照下列规定对外币货币性项目和外币非货币性项目进行会计处理：

1. 外币货币性项目，采用资产负债表日的即期汇率折算。因资产负债表日即期汇率与初始确认时或者前一资产负债表日即期汇率不同而产生的汇兑差额，记入当期损益。

2. 以历史成本计量的外币非货币性项目，仍采用交易发生日的即期汇率折算，不改变其记账本位币金额。

前款所称货币性项目，是指小企业持有的货币资金和将以固定或可确定的金额收取的资产或者偿付的负债。货币性项目分为货币性资产和货币性负债。货币性资产包括：库存现金、银行存款、应收账款、其他应收款等；货币性负债包括：短期借款、应付账款、其他应付款、长期借款、长期应付款等。非货币性项目，是指货币性项目以外的项目。包括：存货、长期股权投资、固定资产、无形资产等。

3. 小企业对外币财务报表进行折算时，应当采用资产负债表日的即期汇率对外币资产负债表、利润表和现金流量表的所有项目进行折算。

二、外币会计报表折算实例

【例2】华昌公司有一境外子公司，以美元编制会计报表。期初汇率为1美元=8.2元人民币，期末（即资产负债表日）汇率为1美元=8.4元人民币，本年平均汇率为1美元=8.30元人民币。子公司收到投入资本时的历史汇率为1美元=8元人民币，该子公司上年外币报表中实收资本的数额为500万美元，折算为4000万元人民币，盈余公积的数额为50万美元，折算为405万元人民币，未分配利润的数额为120万美元折算为972万元人民币。根据《小企业会计准则》规定和上述资料，该子公司的外币会计报表及折算后的会计报表如表11-2、表11-3所示。

表 11 － 2　　　　　　　利润表及折算后的利润表与利润分配表

项目	美元数	折算汇率	人民币数
一、主营业务收入	2000	8.4	16800
减：主营业务成本	1500	8.4	12600
营业税金及附加	40	8.4	336
二、主营业务利润	460	8.4	3864
减：销售费用	60	8.4	504
管理费用	40	8.4	336
财务费用	10	8.4	84
三、营业利润	350	—	2940
加：投资收益	30	8.4	252
营业外收入	40	8.4	336
减：营业外支出	20	8.4	168
四、利润总额	400	—	3360
减：所得税	120	8.4	1008
五、净利润	280		2352
加：年初未分配利润	120		972
六、可供分配的利润	400	—	3324
减：提取盈余公积	70	8.4	588
分配利润	200	8.4	1680
七、未分配利润	130	—	1056

表 11 － 3　　　　　　　资产负债表及折算后的资产负债表

资产	美元	折算汇率	人民币	负债及所有者权益	美元	折算汇率	人民币
流动资产				流动负债			
货币资金	90	8.4	756	短期借款	35	8.4	294
应收账款	190	8.4	1596	应付账款	285	8.4	2394
存货	240	8.4	2016	应付股利	200	8.4	1680
其他流动资产	150	8.4	1260				
				长期负债			
长期投资				长期借款	140	8.4	1176
长期投资	120	8.4	1008				
				其他长期负债	90	8.4	756
固定资产							
固定资产原价	650	8.4	5460	所有者权益			

续表

资产	美元	折算汇率	人民币	负债及所有者权益	美元	折算汇率	人民币
减：累计折旧	100	8.4	840	实收资本	500	8.0	4000
固定资产净值	550	8.4	4620	资本公积	0	—	0
在建工程	80	8.4	672	盈余公积	120	—	993
				未分配利润	130	—	1056
无形资产及其他							
无形资产	50	8.4	420	外币报表折算差额		—	251
其他资产	30	8.4	252				
合计	1500	—	12600	合计	1500		12600

第十二章　财务报表编制与所得税申报

第一节　财务报表的构成及编制要求

一、财务报表含义及构成

财务报表，是指对小企业财务状况、经营成果和现金流量的结构性表述。小企业的财务报表至少应当包括：资产负债表、利润表、现金流量表和附注。小企业财务报表应当按月编报，年终经调整后再做出决算报告。

二、财务报表的作用

从总体看，财务报表能集中、概括说明企业经济活动的总体面貌，为企业管理者、企业的投资者、债权人以及政府有关方面提供必要的财务信息。具体作用见图12-1。

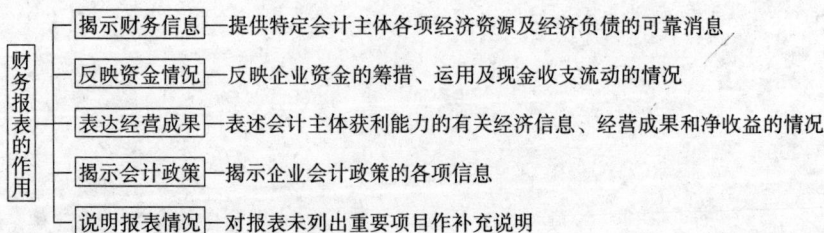

财务报表的作用
- 揭示财务信息——提供特定会计主体各项经济资源及经济负债的可靠消息
- 反映资金情况——反映企业资金的筹措、运用及现金收支流动的情况
- 表达经营成果——表述会计主体获利能力的有关经济信息、经营成果和净收益的情况
- 揭示会计政策——揭示企业会计政策的各项信息
- 说明报表情况——对报表未列出重要项目作补充说明

图 12-1　财务报表的作用

三、财务报表编制要求

《会计基础工作规范》第四节规定：各单位必须按照国家统一会计制度的规定，定期编制财务报表。财务报表应当根据登记完整、核对无误的会计账簿记录和其他有关资料编制，做到数字真实、计算准确、内容完整、说明清楚。

任何人不得篡改或者授意、指使、强令他人篡改财务报表的有关数字。

会计报表之间、会计报表各项目之间，凡有对应关系到的数字，应当相互一致。本期会计报表与上期会计报表之间有关的数字应当相互衔接。如果不同会计年度会计报表中各项目的内容和核算方法有变更的，应当在年度会计报表中加以说明。

各单位应当按照国家规定的期限对外报送财务报告。对外报表的财务报告应当依次编定页码，加具封面，装订成册，加盖公章。

单位领导人对财务报告的合法性、真实性负法律责任。

如果发现对外报送的财务报表有错误，应当及时办理更正手续。除更正本单位留存的财务报告外，应同时通知接受财务报告的单位更正。错误较多的，应当重新编报。

四、风险提示

1. 编制财务报表违反会计法规和会计准则、制度的规定，可能导致企业承受法律责任和声誉受损。

2. 提供虚假财务报表，误导财务报表使用者，造成决策失误，干扰市场秩序，可能导致经济责任。

3. 不能有效地利用财务报表，对经营中存在的问题难以发现，可能导致经营风险和财务风险失控，影响企业的经营效率和效果。

第二节　资产负债表及其编制

一、资产负债表及其作用

资产负债表又称财务状况表，是反映企业某一特定日期财务状况的报表。它是根据有关账户期末余额按照"资产＝负债＋所有者权益"基本公式，根据一定的分类标准和一定的顺序，把企业一定日期的资产、负债和所有者权益项目予以适当排列编制而成，所以也称为时点表或静态表。其作用见图 12－2。

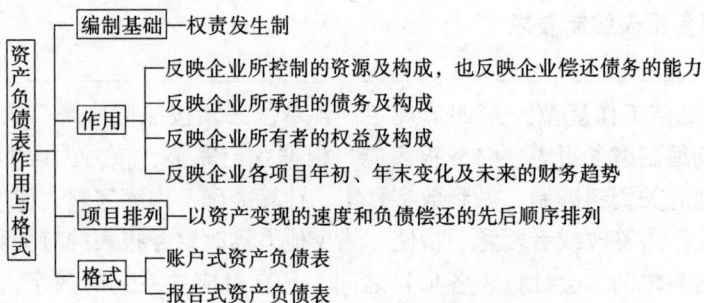

图 12 – 2　资产负债表作用与格式

《小企业会计准则》规定企业应编报账户式资产负债表。它是将所有的资产项目按一定的顺序排列在报表的左方；将所有的负债项目排列在报表的右方上半部分；投资人权益项目排列在报表的右方下半部分。从结构上看，与"T"字账户类似，故称作"账户式资产负债表"。表左方的资产总计一定等于表右方的负债和所有者权益总计，所以又称资金平衡表，见表 12 – 1。

表 12 – 1　　　　　　　　账户式资产负债表

编制单位：　　　　　　　　　×年×月×日　　　　　　　　　单位：元

资　产			负债和所有者权益	
流动资产		×××	流动负债	×××
非流动资产	长期投资	×××	非流动负债	×××
	固定资产	×××	所有者权益	×××
	无形资产及其他资产	×××	其中：实权资本	×××
资产总计		×××	负债和所有者权益总计	×××

二、资产负债表编制方法

资产负债表是按项目进行列示，会计账簿是按科目进行分类记录。因此，如何将科目记录的数据转化为项目内容需要的数据，是编制资产负债表的关键。资产负债表各项目的填列方法是："年初数"根据上年资产负债表的期末数填列；如上年报表内容有调整，应填调整以后数；"期末数"是根据会计科目的期末结账后余额，通过分析"加、减"调整后数据填写。具体项目填制方法见表12 – 2。

表 12－2		资产负债表各项目填列方法
填列方法分类	科目类别	具体项目的填列方法
1. 根据总账科目余额直接填列的项目	资产类	应收票据、应收股利、应收利息、其他应收款、固定资产原价、累计折旧、短期投资、固定资产清理、工程物资、在建工程、长期股权投资、开发支出、长期待摊费用
	负债类	短期借款、应付票据、其他应付款、应付职工薪酬、应交税费（如借方余额填入"其他流动资产"）、应付利润、应付利息、长期借款、长期应付款
	所有者权益类	实收资本、资本公积、盈余公积
2. 根据总账科目余额相加减后填列的项目	资产类	货币资金：根据现金、银行存款、其他货币资金科目期末余额相加后填列 短期投资：根据短期投资期末余额和一年内到期的长期债券投资相加后填列 其他应收款：根据该科目期末余额减相关坏账准备后余额填列 存货：根据材料采购、在途物资、原材料、周转材料、材料成本差异、库存商品、商品进销差价、委托加工物资、委托代销商品、生产成本、消耗性生产物资、工程施工、机械作业等科目的借方余额相加后填列 生产性生物资产：根据生产性生物资产科目余额减去生产性生物资产累计折旧科目余额后的金额填列 长期债权投资：根据长期债权投资科目余额减去一年内到期债券投资后余额填列 无形资产：根据无形资产的期末余额减去累计摊销科目期末余额后的余额填列
	所有者权益类	未分配利润：根据"本年利润"科目和"利润分配"科目的余额相加后填列，贷方余额为未分配利润，借方余额为未弥补亏损，以"－"号在本项目反映
3. 根据有关明细账科目余额填列的项目	资产类	应收账款：根据各明细账户借方余额填入应收账款，如有贷方余额应当在预收账款项目反映 预付账款：根据预付账款明细户借方余额填列，如为贷方余额，应当填入应付账款项目 其他流动资产：根据有关科目期末余额相加减后填列 其他非流动资产：根据有关科目期末余额相加后填列。可根据待处理财产损溢明细科目余额填列
	负债类	应付账款：根据各明细账户贷方余额填列。明细科目如有借方余额应当在预付账款项目反映 预收账款：根据预收账款各明细账户贷方余额填列。如有借方余额应当在应收账款项示。超过 1 年以上的预收账款的贷方余额应当在其他非流动负债列示

续表

填列方法分类	科目类别	具体项目的填列方法
3. 根据有关明细账科目余额填列的项目	负债类	长期借款：长期借款、长期应付款账户中如有 1 年内到期的，应提出填入其他流动负债，其余部分填入有关项目 其他流动负债：根据相关科目余额相加后填列 其他非流动负债：根据有关科目余额相加后填列 递延收益：根据期末余额填列，1 年内部分填入其他流动负债

三、资产负债表编制列示

【例1】北京公司 2011 年 12 月 31 日科目汇总表如表 12 - 3 所示。

表 12 - 3　　　　　　　　　　　　科目汇总表

单位：元

总账科目	明细科目	借方余额	贷方余额	总账斜目	明细科目	借方余额	贷方余额
库存现金		1500		短期借款			33000
银行存款		8500		应付账款			5000
短期投资		8000			A 厂		3500
应收账款		11500			B 厂	2500	
	甲公司	5000			C 厂		4000
	乙公司		1000	预收账款			500
	丙公司	7500			A 公司		2000
预付账款		2350			B 公司	1500	
	甲企业	2500		其他应付款			4500
	乙企业		150	应付职工薪酬			17350
其他应收款		1500		应交税费			30000
原材料		13000		应付利润			11500
生产成本		4000		长期借款			15000
库存商品		10000		其中：一年内到期			5000
长期股权投资		100000		实收资本			140000
固定资产		296000		盈余公积			11040
累计折旧			106000	利润分配	未分配利润		84960
研发支出		500					
长期待摊费用		1500					
待处理财产损溢		500					

以上余额表数据根据《小企业会计准则》规定、编制北京公司的资产负债表，如表12-4所示。

表12-4　　　　　　　　　　　　资产负债表

会小企01表

编制单位：北京公司　　　　　20×2年12月31日　　　　　　　　　　　单位：元

资　产	行次	期末余额	年初余额	负债和所有者权益	行次	期末余额	年初余额
流动资产：				流动负债：			
货币资金	1	10000		短期借款	31	33000	
短期投资	2	8000		应付票据	32	0	
应收票据	3	0		应付账款	33	7650	
应收账款	4	14000		预收账款	34	3000	
预付账款	5	5000		应付职工薪酬	35	17350	
应收股利	6	0		应交税费	36	30000	
应收利息	7	0		应付利息	37	0	
其他应收款	8	1500		应付利润	38	11500	
存货	9	27000		其他应付款	39	4500	
其中：原材料	10	13000		其他流动负债	40	5000	
在产品	11	4000		流动负债合计	41	112000	
库存商品	12	8000		非流动负债：			
周转材料	13	2000		长期借款	42	10000	
其他流动资产	14	500		长期应付款	43	0	
流动资产合计	15	66000		递延收益	44	0	
非流动资产：				其他非流动负债	45	0	
长期债券投资	16			非流动负债合计	46	10000	
长期股权投资	17	100000		负债合计	47	122000	
固定资产原价	18	296000					
减：累计折旧	19	106000					
固定资产账面价值	20	190000					
在建工程	21	0					
工程物资	22	0					
固定资产清理	23	0					
生产性生物资产	24	0		所有者权益（或股东权益）：			

续表

资　产	行次	期末余额	年初余额	负债和所有者权益	行次	期末余额	年初余额
无形资产	25	0		实收资本（或股本）	48	140000	
开发支出	26	500		资本公积	49	0	
长期待摊费用	27	1500		盈余公积	50	11040	
其他非流动资产	28	0		未分配利润	51	84960	
非流动资产合计	29	292000		所有者权益（或股东权益）合计	52	236000	
资产总计	30	358000		负债和所有者权益（或股东权益）总计	53	358000	

注：小企业（中外合作经营）根据合同规定在合作期间归还投资者的投资，应在"实收资本（或股本）"项目下增加"减：已归还投资"项目单独列示。

第三节　利润表及其编制

一、利润表及其作用

利润表是反映小企业在一定会计期间经营成果的报表。它是根据有关账户本期发生额按照"收入－费用＝利润"公式，依据构成利润的各个项目分类分项，由主到次适当排列编制而成，费用应当按照功能分类，分为营业成本、营业税金及附加、销售费用、管理费用和财务费用等。由于它反映的是某一会计期间的情况，所以又称为期间报表或动态报表（见图12－3）。

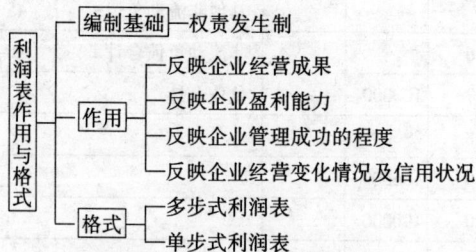

图 12－3　利润表作用与格式

《小企业会计准则》规定，企业应编报多步式利润表。它是通过多步计算以求得当期利润总额及净利润的报表，通常分为以下几步（以工业企业为例）（见图12－4。）

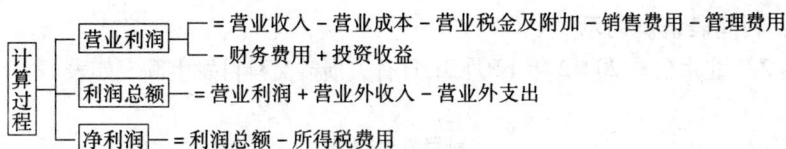

$$营业利润 = 营业收入 - 营业成本 - 营业税金及附加 - 销售费用 - 管理费用 - 财务费用 + 投资收益$$

$$利润总额 = 营业利润 + 营业外收入 - 营业外支出$$

$$净利润 = 利润总额 - 所得税费用$$

图 12 – 4 多步式利润表结构及计算过程

二、利润表编制方法

利润表中各项目的数据都是根据相关科目的本期实际发生数经分析计算后填列的。年报中的上年数是根据上年度的利润表"本年累计数"填写。"本月金额"反映的是本月实际发生额,年终"本月金额"改为"上年金额",填列上年实际发生额,利润表各项目的填列方法见表 12 – 5。

表 12 – 5   利润表各项目填列方法

项目	依据科目	填制要求和说明
营业收入	"主营业务收入"和"其他业务收入"	按"主营业务收入"、"其他业务收入"科目贷方发生额填列,如借方记录有销售退回,销售折扣等,应抵减本期的销售收入,按其销售收入净额填列本项目
营业成本	"主营业务成本""其他业务成本"科目	按"主营业务成本"和"其他业务成本"科目借方发生额填列,如贷方记录有销售退回等事项,应抵减借方发生额,按已销产品的实际成本填列本项目
营业税金及附加	"营业税金及附加"科目	按借方实际发生额分析填列。其中:各项税费的发生额,应根据明细账户及发生额分析填列
销售费用管理费用财务费用	"销售费用"科目、"管理费用"科目、"财务费用"科目	"销售费用"按科目借方发生额分析填列。其中明细项目根据明细账发生额填列 "管理费用"按科目借方发生额分析填列。其中明细项目根据明细账发生额填列 "财务费用"按借贷方相抵后净额填列。如为贷方余额用"–"号表示
投资收益	"投资收益"科目	按发生额分析填列,如为投资损失,应以"–"号填列
营业外收入营业外支出	"营业外收入"、"营业外支出"科目	按发生额分析填列。其中明细项目应根据明细账发生额填列
利润总额	"本年利润"科目	该项目经计算所得。应根据该科目通过计算所得,如为亏损以"–"号在该项目内填列
所得税费用	"所得税"科目	根据该科目发生额分析填列
营业利润、利润总额、净利润		是通过计算后填列的。"利润总额""净利润"项目如为亏损以"–"号填列

三、利润表编制列示

【例2】北京公司20×2年12月31日有关损益类科目发生额表如表12-6所示。

表12-6　　　　　　　　　　　科目发生额表

单位：元

科目名称	借方发生额	借方明细科目	贷方发生额
主营业务收入			1250000
其他业务收入			50000
主营业务成本	750000		
其他业务成本	30000		
营业税金及附加	22000		
销售费用	26000		
其中：广告费		7000	
宣传费		4000	
商品维修费		6000	
管理费用	107100		
其中：业务招待费		12000	
研发费用		52000	
财务费用	3100		
其中：利息费用		3500	
利息收入			400
投资收益			31500
营业外收入			12000
营业外支出	25200		
其中：坏账损失		24000	
税收滞纳金		1200	
所得税费用	91762.50		

根据科目发生额表，编制利润表（见表12-7）。

表 12 - 7　　　　　　　　　　　　利润表

会小企02表

编制单位：北京公司　　　　　　2×××年12月　　　　　　单位：元

项目	行次	本年累计金额	本月金额
一、营业收入	1	1250000	
减：营业成本	2	750000	
营业税金及附加	3	22000	
其中：消费税	4		
营业税	5		
城市维护建设税	6	15400	
资源税	7		
土地增值税	8		
城镇土地使用税、房产税、车船税、印花税	9	100	
教育费附加、矿产资源补偿费、排污费	10	6500	
销售费用	11	26000	
其中：商品维修费	12	6000	
广告费和业务宣传费	13	11000	
管理费用	14	107100	
其中：开办费	15	0	
业务招待费	16	12000	
研发费用	17	52000	
财务费用	18	3100	
其中：利息费用（收入以"-"号填列）	19	-400	
加：投资收益（损失以"-"号填列）	20	31500	
二、营业利润（亏损以"-"号填列）	21	373300	
加：营业外收入	22	12000	
其中：政府补助	23	0	
减：营业外支出	24	25200	
其中：坏账损失	25	24000	
无法收回的长期债券投资损失	26		
无法收回的长期股权投资损失	27		
自然灾害等不可抗力因素造成的损失	28		
税收罚款及滞纳金	29	1200	
三、利润总额（亏损总额以"-"号填列）	30	360100	
减：所得税费用	31	91762.50	
四、净利润（净亏损以"-"号填列）	32	268337.50	

所得税费用 =［360100 + 1200 +（12000 - 1250000×0.5%）］×25% = 91762.50（元）

第四节　现金流量表及其编制

一、现金流量表含义及其作用

现金流量表是反映小企业一定会计期间现金流入和流出情况的报表。现金流量表的内容及编制方法见图 12 – 5。

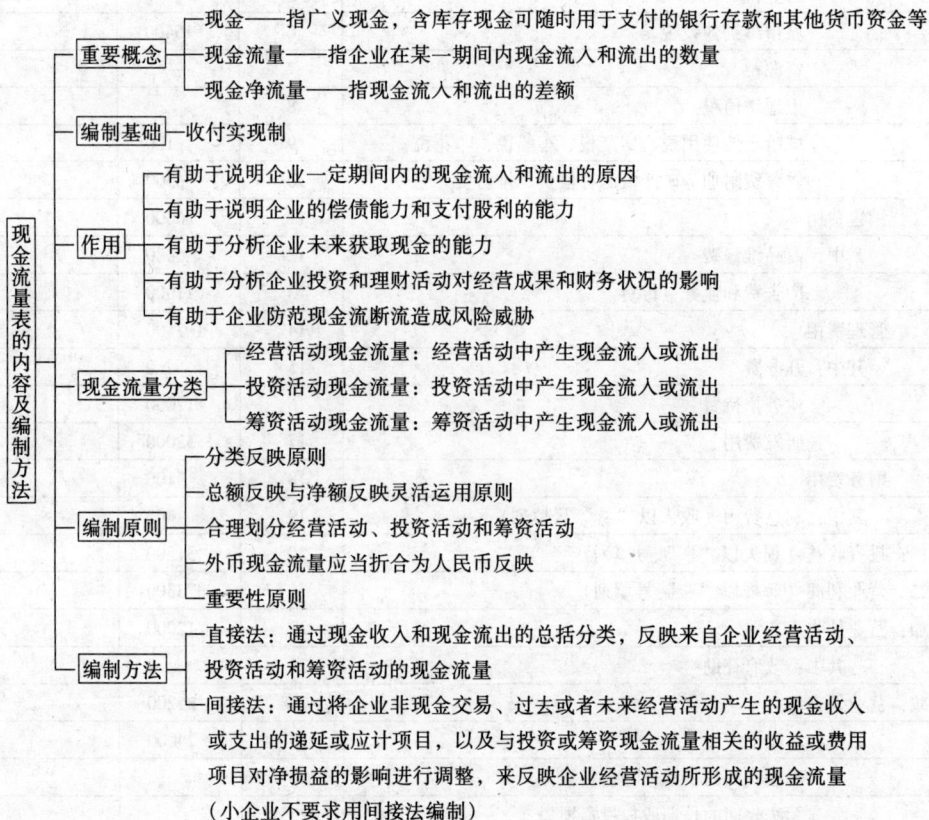

```
现                 ┌─重要概念┬─现金——指广义现金，含库存现金可随时用于支付的银行存款和其他货币资金等
金                 │        ├─现金流量——指企业在某一期间内现金流入和流出的数量
流                 │        └─现金净流量——指现金流入和流出的差额
量                 ├─编制基础─收付实现制
表                 │        ┌─有助于说明企业一定期间内的现金流入和流出的原因
的                 │        ├─有助于说明企业的偿债能力和支付股利的能力
内                 ├─作用   ├─有助于分析企业未来获取现金的能力
容                 │        ├─有助于分析企业投资和理财活动对经营成果和财务状况的影响
及                 │        └─有助于企业防范现金流断流造成风险威胁
编                 │             ┌─经营活动现金流量：经营活动中产生现金流入或流出
制                 ├─现金流量分类─┼─投资活动现金流量：投资活动中产生现金流入或流出
方                 │             └─筹资活动现金流量：筹资活动中产生现金流入或流出
法                 │        ┌─分类反映原则
                   │        ├─总额反映与净额反映灵活运用原则
                   ├─编制原则├─合理划分经营活动、投资活动和筹资活动
                   │        ├─外币现金流量应当折合为人民币反映
                   │        └─重要性原则
                   │        ┌─直接法：通过现金收入和现金流出的总括分类，反映来自企业经营活动、
                   │        │  投资活动和筹资活动的现金流量
                   └─编制方法┤─间接法：通过将企业非现金交易、过去或者未来经营活动产生的现金收入
                            │  或支出的递延或应计项目，以及与投资或筹资现金流量相关的收益或费用
                            └  项目对净损益的影响进行调整，来反映企业经营活动所形成的现金流量
                               （小企业不要求用间接法编制）
```

图 12 – 5　现金流量表的内容及编制方法

二、现金流量表与其他报表的关系

见图 12 – 6。

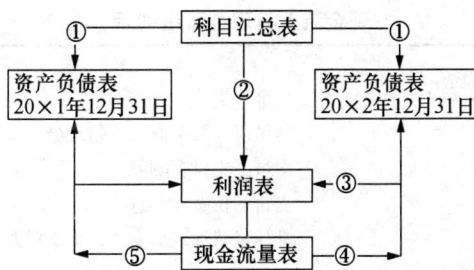

图 12 - 6 财务报表之间的关系

图示说明:

①将科目汇总表中资产、负债、所有者权益类账户期初、期末余额、根据编表的要求,填入"资产负债表"。

②将科目汇总表中收入、费用、损益类账户本期发生额,根据编表的要求,填入"利润表"。

③资产负债表中本年利润与利润表中净利润应当一致。

④现金流量表,应根据资产负债表各项目期初期末余额,利润表各项目本期发生额及相关科目发生额分析填列。

⑤现金流量中"现金及现金等价物净增加额",现金的期初余额、期末余额,应根据资产负债表"货币资金"期末、期初余额及其差额填列。

三、现金流量表编制说明

(一) 现金流量表的目的

国际上从 1987 年才要求企业编制现金流量表,《小企业会计制度》规定:小企业也可以根据需要编制现金流量表。《小企业会计准则》规定,小企业应当按月编制现金流量表。可见现金流量表在财务报表中的地位与作用逐步提高。

现金流量表的目的不是简单地告诉您报告期内现金增加了多少、减少了多少、还有多少现金,而是要说明引起现金增加与减少的动因是什么。即现金的增加是从哪里来的,现金的减少又流向何处。有的企业从利润表看实现了很多利润,但实际上又没有钱还债。赚的钱到哪里去了?现金流量表就是向报表使用者报告企业在一定时期的现金是从何而来,而又流向何处。

(二) 影响现金流量的活动

引发企业现金流量的主要活动领域是经营活动和财务活动。前者主要涉及赚取收入和发生费用的日常经营活动;后者主要涉及从哪里取得资金(筹资活动)和怎样使用资金(投资活动)。现金流量表同时还揭示了经营活动和财务活动的业绩。以下(见表 12 - 8)用典型的经营活动、投资活动和筹资活动,说明对现金流量表的影响。

表 12 –8   现金流入与现金流出列示

（1）经营活动对现金流的影响	
现金流入	现金流出
销售商品收入现金	向供应商购买商品支付现金
收到的利息和股利	向员工支付薪酬
收回的应收账款	支付的税费和利息
其他经营性现金收入	其他经营性现金支出，如支付办公费、交通费等
（2）投资活动对现金流的影响	
现金流入	现金流出
销售不动产与设备	购买不动产与设备
长期债券和股票的出售	购买长期债券和股票
贷款的收回	贷款支出
（3）筹资活动对现金流的影响	
现金流入	现金流出
向银行等借款	归还借款
发行债券	支付股利及利息
发行股票	偿还债券款

（三）现金流量表编制实例

现金流量表是比较难编的一张表，为便于读者更好理解和掌握其编制的方法，现以实例形式由浅入深加以说明：

【例3】北京公司期初资产负债表如表 12 –9 所示。

表 12 –9   资产负债表

资产期初余额：		负债及所有者权益期初余额：	
现金及银行存款	8000 元	应付账款	400 元
库存商品	800 元	实收资本	4000 元
		未分配利润	4400 元
合　计	8800 元	合计	8800 元

20 ×2 年发生下列交易事项：

（1）销售商品收入	70000 元
（2）用现金购买商品	6400 元
（3）支付员工薪酬	20000 元
（4）交纳税费	4000 元
（5）购买计算机设备	6000 元

（6）支付房租　　　　　　　　　　　　　　　　　　　9000 元
（7）支付办公费用　　　　　　　　　　　　　　　　　7000 元
（8）计提折旧费用　　　　　　　　　　　　　　　　　2000 元
（9）支付股东现金股利　　　　　　　　　　　　　　23200 元
（10）结转销售商品成本及费用，结转本月利润　　　　22000 元

根据以上业务事项，编制会计分录、过账（从略），根据各账户余额及发生额编制科目汇总表如表 12－10 所示。

表 12－10　　　　　　　　　　　　　　科目汇总表

单位：元

编号	科目及细目	期初余额		本期发生额		期末余额	
		借方	贷方	借方	贷方	借方	贷方
	很行存款	8000		70000	75600	2400	
	库存商品	800		6400	6000	1200	
	固定资产			6000		6000	
	累计折旧				2000		2000
	应付账款		400				400
	应付职工薪酬			20000	20000		
	实收资本		4000				4000
	未分配利润		4400	23200	22000		3200
	本年利润			70000	70000		
	主营业务收入			70000	70000		
	主营业务成本			6000	6000		
	营业税金及附加			4000	4000		
	管理费用			38000	38000		
	其中：职工薪酬			20000	20000		
	房　租			9000	9000		
	办公费			7000	7000		
	折旧费			2000	2000		
	合　计	8800	8800	313600	313600	9600	9600

1）根据科目汇总表编制资产负债表，见表 12-11。

表 12-11   资产负债表

单位：元

项目	资产		项目	负债及所有者权益	
	20×1 年	20×2 年		20×1 年	20×2 年
货币资金	8000	2400	应付账款	400	400
存货	800	1200	实收资本	4000	4000
固定资产原值	0	6000	未分配利润	4400	3200
累计折旧	0	-2000			
资产合计	8800	7600	负债及所有者权益合计	8800	7600

2）根据科目汇总表编制利润表，见表 12-12。

表 12-12   利润表

单位：元

项目	本期发生额
主营业务收入	70000
主营业务成本	6000
营业税金及附加	4000
管理费用	38000
所得税费用	0
净得润	22000

3）根据资产负债表、利润表及有关信息编制现金流量表。

根据北京公司发生的业务活动，经营活动领域引起现金流入的是销售商品收入 70000 元，引起现金流出的有购买商品 6400 元、支付职工薪酬 20000 元、支付税费 4000 元、支付房租 9000 元、支付办公费 7000 元，计提折旧费 2000 元。折旧费是一项经营费用，它的多少直接影响利润增减。但是它不影响现金的支出。所以不列入现金流量表；财务活动领域里的投资活动，本期没有发生引起现金流入的业务事项，但发生了购买计算机设备支出现金 6000 元；筹资活动没有发生现金流入事项，但发生了支付现金分红 23200 元。将这些影响现金流量的交易事项，列入表内就形成了现金流量表，见表 12-13。

表 12 – 13　　　　　　　　　现金流量表

单位：元

项　　目	金　　额
一、经营活动产生的现金流量：	
销售商品、提供劳务收到的现金	70000
购买材料、商品支付的现金	(6400)
支付的职工薪酬	(20000)
支付的税费	(4000)
支付的与经营活动有关的现金	(16000)
经营活动产生的现金流量净额	23600
二、投资活动产生的现金流量：	
收回投资	0
购置固定资产及其他非流动资产	(6000)
投资活动产生的现金流量净额	(6000)
三、筹资活动产生的现金流量：	
取得借款收到的现金	0
分配利润支付的现金	(23200)
筹资活动产生的现金流量净额	(23200)
四、现金净增加额	(5600)
加：期初现金余额	8000
五、期末现金余额	2400

从以上数据看出，企业盈利水平很高（31.4%），经营活动现金流量净额为23600元，而现金却出现了入不抵出，期末与期初相比现金减少了5600元。减少的现金又流向何处？去处有两项，一是购买计算机设备支付6000元，二是支付股东分红23200元。

由此看出，企业有盈利不一定有现金，同样企业有现金也不等于有盈利。因此，企业既要编报利润表，又要编报现金流量表，才能全面反映企业的盈亏情况及现金流量状况，这两项内容对经营者来说是极其重要的信息。

（四）经营活动产生现金流量的计算方法

通过银行存款等账户的复核与分析，就可以相对简单地归纳出筹资活动和投资活动产生的现金流量。但是经营活动比较复杂，其现金流量的计算也更加复杂。如何计算？常用的方法有直接法和间接法。《小企业会计准则》要求小企业用直接法计算编报。

直接法就是用经营性现金（指广义的，下同）收入减去经营性的现金支出，得出报告期现金流量净增加额或净减少额。以上例题采用的就是直接法。间接法则是通过对利润表中"按权责发生制计算的净利润"进行调整，然后得出现金收入与支出的情况。

在直接计算法下，计算经营活动对现金流量的影响时，需要按照相关的资产和负债账户的变动数来调整利润表上的金额。即为得到实际的现金支出数和收入数，对按照权责发生制计算出的每一项收入和费用金额，需要——进行调整；相反，间接法虽然也要考虑相关资产和负债账户的变动情况，但它是利用这些变动额将净利润直接调整为现金等价物，而不是对组成净利润的每一项收入和费用项目进行逐项调整。两者各有优、缺点，间接法便于计算，但不能说明产生现金流量的具体业务事项是哪些；而直接法则可将影响现金流入及流出的因素反映出来。仍以北京公司为例，两种方法计算对比，如表 12 – 14。

表 12 – 14　　　　　　　　　直接法与间接法计算比较

单位：元

直接法		间接法	
收到销售货款	70000	净利润	22000
支付购货款	（6400）	加：折旧费	2000
支付职工薪酬	（20000）	减：存货增加额	（400）
支付税费	（4000）		
支付与经营有关房租办公费	（16000）		
经营活动现金净流量	23600	经营活动现金净流量	23600

为了正确反映企业的现金流量，应对企业的业务活动进行分析，从总体看不外乎三种情况：一是使现金流量增加事项。二是使现金流量减少事项。三是业务事项不影响现金变动情况。现将常见业务事项列表如表 12 – 15。

表 12 – 15　　　　　　　　　交易对现金流量影响的分析

交易的类型	影响现金变动的情况
1. 经营活动：	
现金销售商品及提供劳务	+
赊销商品及提供劳务	0

交易的类型	影响现金变动的情况
收到股利和利息	+
收回应收账款（现金）	+
收回应收账款（收到商业汇票）	0
确认销货成本	0
用现金购买材料和商品	−
购进材料和商品未付款	0
用支票支付购进材料的债务	−
应付未付经营费用	0
现金支付经营费用	−
应付未付的税费	0
支付税款	
应计利息	0
支付进项税	−
用现金预付业务费	
摊销预付费用	0
计提折旧与摊销	0
2. 投资活动：	
用现金购入机器设备	−
借款购入运输汽车	0
出售厂房收入	+
购入非现金等价物证券	−
出售长期投资（收到现金）	+
发放贷款	
3. 筹资活动：	
增加长期和短期借款	+
偿还长期和短期负债	−
收入股东增加的资本金	+
支付股利	−
股东会决议分红10万元	0
将长期借款转为短期借款	0
……	

上述交易活动与现金的关系很明显、很简单，也容易理解，但不太清楚的是这些交易事项到底属于经营活动、投资活动还是筹资活动。如《小企业会计准则》将借款利息列入筹资活动，而国外列为经营活动。

现金流量表与利润表，都是反映公司当期的资金变动情况，那为什么同时编制两张表呢？其关键在于两者提供的信息不同。利润表说明公司的经营活动如何使所有者权益增加或者减少，它是根据权责发生制将收入与费用进行配比计算出盈亏，对经营活动的计量及效果评价非常有价值；而现金流量表是对现金的变动进行解释，其重点是反映经营活动产生的现金流量及其动因。

四、用直接法编制现金流量表

【例4】北京公司财务报表情况如下：

（1）现金流量表说明了现金变动的原因，首先计算出现金的变动净额。以北京公司为例：

20×1年12月31日现金余额	50000元
20×2年12月31日现金余额	32000元
现金净减少额	18000元

（2）北京公司资产负债表、利润表及现金流量表资料如表12-16和表12-17所示。

表12-16　　　　　　　　　　　资产负债表　　　　　　　　　　单位：元

资产			负债及所有者权益		
项目	20×1年末	20×2年末	项目	20×1年末	20×2年末
流动资产			流动负债		
现金及银行存款	50000	32000	应付账款	12000	148000
应收账款	50000	90000	应付职工薪酬	8000	50000
存货	120000	200000	流动负债合计	20000	198000
流动资产合计	220000	322000	长期借款	10000	250000
固定资产原值	660000	1162000	所有者权益	630000	834000
减：累计折旧	(220000)	(202000)			
固定资产净值	440000	9609000			
资产总计	660000	1282000	负债及所有者权益	660000	1282000

表 12-17　　　　　　　　　北京公司利润表

单位：元

项目	金额
营业收入	400000
减：营业成本	200000
营业税费	2000
管理费用：	
薪酬费用	72000
折旧费用	34000
办公费用	6000
成本与费用合计	314000
利润总额	86000
减：所得税费用	40000
净利润	46000

（3）根据资产负债表、利润表及其他信息（如科目汇总表）编制现金流量表。

1）运用资产负债表数据编制现金流量表。

它是通过资产负债表等式（即会计等式）原理，来推导引起现金变动的原因。会计等式的变换形式如下：

资产＝负债＋所有者权益

现金＋非现金资产＝负债＋所有者权益

现金＝负债＋所有者权益－非现金资产

为使上式保持平衡，现金的任何变动（Δ）都必然伴随着等式右边的一个或多个项目的变动（Δ），即：

现金变动额（Δ）＝负债变动额（Δ）＋所有者权益（收入－费用）变动额（Δ）－非现金资产变动额（Δ）

即：现金的变动额＝所有非现金账户的变动额

或，现金项目所发生的变动＝导致其变动的原因（所有非现金账户的变动额）

现金流量表强调非现金账户的变动情况，以此说明报告期内现金水平的升降情况及其原因。因此等式右边账户的主要变动，就是现金流量表中引起现金项目变动的原因所在，而等式左边计量是现金的变动额。

现金流量表中所反映的交易事项，通常是将期间的同类交易事项合并在一起填列的。如产品销售收入、收回应收账款、确认销售产品成本、交纳的税费、赊购的商品、偿付供应商货款、支付的办公费用等。而有些是一次性的，如固定资产折旧、无形资产摊销、购买设备、支付职工的薪酬等。但上述情况与企业所处行业及经营性质不同而有所不同，如零售与批发，商业与制造业等都有所区别。根据以上情况，现将北京公司的会计记录，运用会计等式（资产＝负债＋所有者权益），分析追踪资产负债表与现金流量表的关系。见表 12 - 18。

表 12 - 18　　　　资产、负债、所有者权益及非现金资产变动关系表

单位：千元

项目	现金（Δ）	= 负债（Δ）	+ 所有者权益（Δ）（收入—费用）	- 非现金资产（Δ）
一、经营活动				
（一）涉及现金变动				
1. 赊销商品营业收入			+400	-（+400）
2. 收回应收销货款	+360 =			-（-360）
3. 销售商品成本			-200	-（-200）
4. 赊购商品及材料		+280		-（+280）
5. 购买商品或劳务支付现金	-144 =	-144		
6. 职工薪酬（应付未付部分）		+72	-72	
7. 支付职工薪酬	-30 =	-30		
8. 支付办公费用	-6 =		-6	
9. 支付各种税金	-42 =		-42	
经营活动产生的现金流量净额	138			
（二）不涉及现金变动				
10. 折旧费用			-34	-（-34）
将利润小计			+46	
二、投资活动				
11. 取得机器设备	-574 =			-（+574）
12. 处置固定资产	+20			-（-20）
三、筹资活动				
13. 取得长期借款	+240 =	+240		
14. 投入资本金	+196		+196	
15. 支付分红	-38		-38	
变动净额：	-18	+518	+204	-（+640）

从表 12 - 18 中可以看出北京公司第一大部分是经营活动产生的现金流量，也可称作经营活动提供现金，它主要来自销售产品或提供劳务。如北京公司经营活动的现金流入为 36 万元，购货等经营性现金流出 22.2 万元。用经营活动的收入减去经营活动支出，现金流量净流入额 13.8 万元。相反，如为负数，即为经营活动的入不抵出的差额。

2）根据利润表数据计算现金流量额。

通过资产负债项目的变动和其他信息，可以了解引起现金变动的典型原因

等，从而编制现金流量表。如从客户中收到现金 36 万元，就是其他信息。但是通过利润表项目及其他信息也可计算出收到客户的现金流量。

仍以北京公司为例，销售产品和提供劳务收到的现金等，可以计算如下：

表 12 –19　　　　　　销售产品、提供劳务收到的现金

单位：元

营业收入	400000	或者：	
+ 期初应收账款	50000	营业收入	400000
应收账款总计	450000	+ 应收账款期末比期初减少〔或增加〕	（40000）
– 期末应收账款	90000	销售商品提供劳务收到的现金	360000
销售商品提供劳务收到的现金	360000		

其他有些项目也可采用此法。又如本期购买原材料、商品和接收劳务支付的现金。

表 12 –20　　　　购买原材料、商品和接收劳务支付的现金　　　单位：元

期末存货	200000	期初应付账款	12000
+ 营业成本	200000	+ 本期赊购商品	280000
应有存货	400000	应付账款总额	292000
– 期初存货	120000	– 期末应付账款	148000
本期购入的存货	280000	购买商品接收劳务支付现金	144000

可将存货与应付账款变动对现金的影响合并表示如下：

表 12 –21　　　　　　　存货与应付账款变动　　　　　　单位：元

购买商品接受劳务计算：		支付给职工薪酬计算：	
营业收入	200000	期初应付职工薪酬	8000
存货增加（减少）额	80000	+ 职工薪酬费用	72000
应收账款减少（增加）额	136000	– 期末应付职工薪酬	50000
购买商品接收劳务支付现金	144000	支付的职工薪酬	30000

注意，支付税金和办公费，期初期末都为 0，故其发生额是用现金支付。

根据以上分析推导的过程可以得出以下结论（见图 12 –7）。

资产部分相关项目:加期初余额,减期末余额

利润表金额　　　　　　　　　　　　　　　现金流量金额

负债部分相关项目:加期末余额,减期初余额

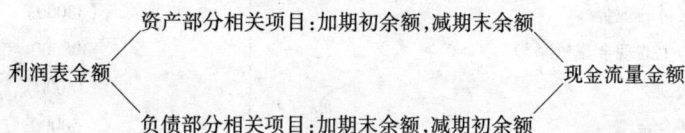

图 12 –7　利润表与现金流量表关系

3）根据相关科目的发生额直接计算投资活动和筹资活动产生现金流量。

引起企业现金流量变动的因素除了经营活动因素以外，就是投资活动和筹资活动，这两项活动主要涉及3类账户，即：

现金增加（现金流入）←负债或股东权益增加、非现金资产的减少。

现金减少（现金流出）←负债或股东权益减少、非现金资产的增加。

在小企业中这类活动发生较少，每月可通过分析银行存款及相关科目的变动情况来填写。如银行借款、购置固定资产、对外投资、偿还银行借款等。根据以上分析北京公司现金流量表编制如下：见表12-22。

表12-22 北京公司现金流量表

编制单位：北京公司　　　　　20×2年年度　　　　　单位：千元

项目	金额
一、经营活动产生的现金流量：	
销售产成品、商品、提供劳务收到的现金	360000
收到其他与经营活动有关的现金	0
购买原材料、商品、接收劳务支付的现金	(144000)
支付的职工薪酬	(30000)
支付的税费	(42000)
支付其他与经营活动有关的现金	(6000)
经营活动产生的现金流量净额	13800
二、投资活动产生的现金流量：	
收回短期投资、长期债券投资和长期股权投资收到的现金	0
取得投资收益收到的现金	0
处置固定资产、无形资产和其他非流动资产收回的现金净额	20000
短期投资、长期债券投资和长期股权投资支付的现金	
购建固定资产、无形资产和其他非流动资产支付的现金	(574000)
投资活动产生的现金流量净额	(554000)
三、筹资活动产生的现金流量：	
取得借款收到的现金	240000
吸收投资者投资收到的现金	196000
偿还借款本金支付的现金	
偿还借款利息支付的现金	0
分配利润支付的现金	(38000)
筹资活动产生的现金流量净额	398000
四、现金净增加额	(18000)
加：期初现金余额	50000
五、期末现金余额	32000

从表 12 - 22 中可以看出，由于现金支出比流入的金额多，使现金减少 18000 元。但现金减少的原因是什么呢？当年的经营活动虽然使现金增加了 138000 元，但扩张经营所需要的现金远远超出了这一数值。为使公司能购买价值 574000 元的机器设备，公司通过借债和吸收资本筹集了 398000 元现金。值得注意的是公司的应收账款和存货在此期间的增加额也非常大，但流动资产的增加远远抵不过流动负债的增加。

最重要的是，这一例子说明一个公司是如何既拥有巨额净利润，又存在巨额的现金不足。为什么呢？因为拥有巨额的净利润，是按"权责发生制"计算出来的；而存在现金不足的情形，是由于大量使用了现金。可见，尽管许多成长中的公司报告中的净利润剧增，但它们仍然面临着严重的现金补缺问题，甚至可能出现由于现金不足使企业破产。

根据以下原理介绍，小企业现金流量表的编制方法可参考表 12 - 23。

表 12 - 23　　　　　　　　现金流量表的主要内容及填列方法

项目	相关的会计科目	填列的方法及其公式
1. 经营活动产生的现金流量 （1）销售产成品、商品、提供劳务收到的现金	主营业务收入 其他业务收入 应收账款 应收票据 预收账款 应交税费（销项税）	主营业务收入（扣除销售退回及折让） ①＋其他业务收入 ②＋增值税销项税 ③＋应收账款、应收票据的期初余额－期末余额 ④＋预收账款的期末余额－期初余额 ⑤＋收回以前年度核销的坏账 ⑥－应收账款意外减少。如实际发生的坏账损失、债务重组以货抵账、非货币交易中应收账款的换出等
（2）收到其他与经·营活动有关的现金	营业外收入 其他应收款 其他应付款	营业外收入（扣除处理固定资产收入的现金） ①＋其他应收款（期初余额－期末余额） ②＋其他应付款（期末余额－期初余额）
（3）购买原材料、商品、接收劳务支付的现金	主营业务成本 其他业务成本 存货 应付账款 应付票据 应付账款 应交税费	主营业务成本 ①＋其他业务成本 ②＋本期进项税发生额 ③＋存货（期末金额－期初金额） ④＋预付账款（期末金额－期初金额） ⑤＋应付账款、应付票据（期初金额－期末金额） ⑥＋存货的意外减少包括：盘亏、以存货对外投资、对外捐赠等 ⑦＋存货的意外增加包括：固定资产折旧计入制造费用部分、用于职工薪酬、接收存货投入及赠、债务重组中以货抵债、非货币交易以换入存货 ⑧－应付项目意外减少：包括：无法支付应付账款、以非货币资产偿还债务

续表

项目	相关的会计科目	填列的方法及其公式
（4）支付职工薪酬	应付职工薪酬	①本项目包括实际支付的，在职的非在建工程人员的"薪酬"以及其他有关费用（包括五险一金及困难补助等） ②实际支付，在职在建工程人员的"薪酬及其他有关费用"（包括五险一金及困难补助等）应反映在投资活动购建固定资产、无形资产和其他长期资产支付的现金 ③企业实际支付的"离退休人员"的各项费用，反映在"支付的其他与经营活动有关的现金"项目中
（5）支付的税费	应交税费	①应交税费的借方发生额（扣除增值税部分） ②扣除消费税、营业税、城建税、教育费附加返还部分
（6）支付其他与经营活动有关的现金	营业外收入 其他应付款 管理费用 销售费用 财务费用 待摊费用	①营业支出中扣除固定资产损失、实物捐赠支出 ②其他应付款（期初 – 期末余额） ③管理费用（扣除职工薪酬、折旧与摊销等） ④销售费用（扣除职工薪酬、折旧与摊销费用等） ⑤财务费用中支付其他费用 ⑥待摊费用（期末借方余额 – 期初借方余额） ⑦预提费用（期末贷方余额 – 期初贷方余额）
2.投资活动产生现金流量		
（1）收回短期投资、长期债券投资和长期股权投资的现金	短期投资 投资收益 长期债券投资 长期股权投资	①"短期投资"贷方发生额收到的现金 ②"投资收益"中收回投资而取得收益 ③"长期股权中投资"贷方发生额 ④"长期债务投资"贷方发生额
（2）取得投资收益而取得现金	投资收益 应收股利 应收利息	①"投资收益"的贷方发生额 ②"应收股利"期初借方余额 – 期末借方余额 ③"应收股利"期初借方余额 – 期末借方余额
（3）处置固定资产、无形资产和其他非流动资产收回的现金净额	无形资产固定资产清理	①"固定资产清理"收到现金 – 支付清理费用 ②"处置无形资产"收到的现金 ③"其他非流动资产"中，收到现金额
（4）短期投资、长期债券投资、长期股权投资支付的现金	短期投资 长期债券投资 长期股权投资	①"短期投资"所支付的现金 ②"长期债务投资"所支付的现金 ③"长期股权投资"所支付的现金

续表

项目	相关的会计科目	填列的方法及其公式
（5）购建固定资产、无形资产和其他非流动资产	固定资产 无形资产 在造工程	①购置固定资产所支付的现金 ②购置无形资产所支付的现金 ③购置其他长期资产支付的现金
3. 筹资活动产生现金流量		
（1）取得借款发行债券收到的现金	短期借款 长期借款	①取得短期借款或发行债券收到的现金 ②取得长期借款收到的现金
（2）吸收投资者投资收到的现金	实收资本 资本公积	①"实收资本"（或股本）收到的现金 ②"资本公积"中收到投入的现金
（3）偿还借款本金支付现金	短期借款 长期借款	①"短期借款"偿还借款支付的现金 ②"长期借款"本期偿还借款支付的现金
（4）偿还借款利息支付现金	应付利息 财务费用	①"应付利息"本期偿还利息支付的现金 ②"财务费用"支付利息所支付的现金
（5）分配利润支付的现金	应付利润	①"应付利润"本期利润分配支付的现金

设置编制现金流量表所需要的辅助账，是编制现金流量表的一个途径。现介绍如下，供参考。见表 12 - 24。

表 12 - 24

项目	凭证编号	现金或银行存款			销售商品提供劳务收到的现金	收到的其他与经营活动有关的现金	购买原材料、商品、接受劳务支付的现金	支付职工薪酬	支付的税费	支付的其他与经营活动有关的现金	现金之间的转换		往来结构	
		借	贷	余							借	贷	借	贷
	A	B	C	D	E	F	G	H	I	J	R	S	T	U
1														
2														
3														
4														
5														

（1）特点

1）数字准确。此账可以直接与现金日记账、银行存款日记账和其他货币资金账户金额相核对。

2）取数方便。辅助账的横栏名称与现金流量表各项目名称一致，编表时可以直接将辅助账的各栏目合计数抄入现金流量表对应的栏目中。

3）可以直接利用计算机中 Windows 下的 Excel，使记账更加简单和准确。

（2）格式

辅助账采用了多栏式，其横栏 E——U 栏是对 A 栏和 B 栏金额按项目的分解，其纵栏可按"现金"和"银行存款"科目的凭证编号顺序填写。

1）B~D 栏与现金日记账、银行存款日记账上期余额，本期发生额和本期余额一致，以便核对。

2）E~J 栏与现金流量表中主表项目的名称和内容一致，其合计数可直接列到现金流量表对应的项目中。

3）R、S 栏"现金之间结转"是考虑到现金与银行存款、其他货币资金之间结转而设计的，因为这些项目的结转不影响现金流量的变化，但影响现金等日记账的金额，所以单独列示。

4）T、U 栏"往来结转"记录和反映两个内容：一是代客户收取或支付的现金；二是两级核算时上一级核算单位与下一级核算单位的现金往来款项，例如上一级核算单位代收代付或代收款后扣下管理费用等款项结转给下一级核算单位的款项。因为，上一级核算单位收到下一级的款项时，并不清楚此款在下一级核算单位列到现金流量表的哪一项目，如果擅自列到本级核算单位所编现金流量表的某一项目中，则可能与下一级所出的现金流量表的金额重复。

（3）公式

将 D1 栏填写上期的"现金"或"银行存款"会计科目的余额，再取出原已编制好的记账凭证，对凡是涉及"现金"和"银行存款"科目的发生额的内容进行判断，填入辅助账中的相应栏目。

如果利用计算机中 Windows 下的 Excel，可在表格中设定公式：

1）第一项第一行不设公式。

D2 = D1 − B2 − C2；D3、D4⋯⋯按 D2 类推。

B2 = E2 + F2；B3、B4⋯⋯按 B2 类推。

C2 = C2 + H2 + L2 + J2 + S2 + U2；C3、C4⋯⋯按 C2 类推。

（注：因文字表格编制的限制：附表只列示了与经营活动有关的收入支出，省略了其他项目，因此 Q 栏（其他略）不在公式中列示）

假设本账页共5行，B5 = B2 + B3 + B4；C5、E5⋯⋯按 B5 类推，D5 空置不填公式。

2）第二页账的第一空行也设定公式，将第一页的最后一行的金额承接下来（例如第二页 E1 的公式是 Sheet1！E5），D1 则按第一页的 D4 的金额承接，实现账页金额的自动结转。第三及以后的账页也如此衔接。

第五节 报表附注的内容及编报

附注是财务报表的重要组成部分。小企业应当按照《小企业会计准则》规定披露。附注信息主要包括下列内容:

1. 遵循《小企业会计准则》的声明。

从 2012 年起执行财政部颁布《小企业会计准则》,关于 2011 年末执行《小企业会计制度》期间,计提坏账准备 35000 元,存货减值准备 2300 元。这些准备金已转回,恢复了历史成本,其余项目完全按《小企业会计准则》规定执行。真实、完整地反映了财务状况、经营成果和现金流量等信息。

2. 短期投资、应收账款、存货、固定资产项目的说明。

(1) 短期投资的披露格式见表 12 - 25。

表 12 - 25　　　　　　　　短期投资的披露格式

单位:元

项目	期末账面余额	期末市价	期末账面余额与市价的差额
1. 股票	6800	5600	- 1200
2. 债券	500	500	0
3. 基金	600	550	- 50
4. 股票	100	120	+ 20
合　计	8000	6770	- 1230

(2) 应收账款按账龄结构披露的格式见表 12 - 26。

表 12 - 26　　　　　　　　应收账款按账龄结构披露的格式

单位:元

账龄结构	期末账面余额	年初账面余额
1 年以内 (含 1 年)	2900	13800
1 年至 2 年 (含 2 年)	1300	4210
2 年至 3 年 (含 3 年)	1600	1500
3 年以上	8200	8900
合　计	14000	28410

(3) 存货的披露格式见表 12 - 27。

表 12 - 27　　　　　　　　存货的披露格式

单位:元

存货种类	期末账面余额	期末市价	期末账面余额与市价的差额
1. 原材料	13000	13120	+ 120
2. 在产品	4000	4000	0

续表

存货种类	期末账面余额	期末市价	期末账面余额与市价的差额
3. 库存商品	8000	7800	−200
4. 周转材料	2000	2000	0
5. 消耗性生物资产			
……			
合 计	27000	26920	−80

（4）固定资产的披露格式见表 12 − 28。

表 12 − 28　　　　　　　　　　固定资产的披露格式

单位：元

项目	原价	累计折旧	期末账面价值
1. 房屋、建筑物			
2. 机器	22000	8360	13640
3. 机械	140000	64200	75800
4. 运输工具	100000	19000	81000
5. 设备			
6. 器具	28000	13300	14700
7. 工具	6000	1140	4860
……			
合 计	296000	106000	190000

3. 应付职工薪酬、应交税费项目的说明。

（1）应付职工薪酬的披露格式见表 12 − 29。

表 12 − 29　　　　　　　　　　应付职工薪酬明细表

编制单位：　　　　　　　　　××××年＿＿×＿月　　　　　　　　会小企 01 表附表 1

单位：元

项目	期末账面余额	年初账面余额
1. 职工工资	10060	21400
2. 奖金、津贴和补贴	3600	5200

续表

项目	期末账面余额	年初账面余额
3. 职工福利费		
4. 社会保险费	2400	3500
5. 住房公积金	1290	13000
6. 工会经费		
7. 职工教育经费		
8. 非货币性福利		
9. 辞退福利		
10. 其他		
合　计	17350	43100

（2）应交税费的披露格式见表12－30。

表 12－30　　　　　　　　应交税费明细表

会小企 01 表附表 2

编制单位：　　　　　　××××年 12 月　　　　　　单位：元

项　目	期末账面余额	年初账面余额
1. 增值税	21307	8700
2. 消费税		
3. 营业税	860	500
4. 城市维护建设税		
5. 企业所得税	6662.50	23400
6. 资源税		
7. 土地增值税		
8. 城镇土地使用税		
9. 房产税		
10. 车船税	360	
11. 教育费附加		
12. 矿产资源补偿费		
13. 排污费		
14. 代扣代缴的个人所得税	810.50	6200
……		
合　计	30000	38800

4. 利润分配的说明（见表 12 –31）。

表 12 –31 利润分配表

会小企 01 表附表 3

编制单位： ××××年度 单位：元

项目	行次	本年金额	上年金额
一、净利润	1	268337.50	286000
加：年初未分配利润	2	480806.00	323406
其他转入	3		
二、可供分配的利润	4	749143.50	609406
减：提取法定盈余公积	5	26834.00	28600
提取任意盈余公积	6		
提取职工奖励及福利基金	7		
提取储备基金*	8		
提取企业发展基金*	9		
利润归还投资**	10		
三、可供投资者分配的利润	11	722309.50	580806
减：应付利润	12	11500.00	100000
四、未分配利润	13	710809.50	480806

注：＊提取职工奖励及福利基金、提取储备基金、提取企业发展基金，仅适用于小企业（外商投资）按照相关法律规定提取的 3 项基金。＊＊利润归还投资项目仅适用于小企业（中外合作经营），根据合同规定在合作期间归还投资者的投资。

5. 用于对外担保的资产名称、账面余额及形成的原因；未决诉讼、未决仲裁以及对外提供担保所涉及的金额。

6. 发生严重亏损的，应当披露持续经营的计划、未来经营的方案。

7. 对已在资产负债表和利润表中列示项目与企业所得税法规定存在差异的纳税调整过程。

参见《中华人民共和国企业所得税年度纳税申报表》（本书略）。

8. 其他需要说明的事项。

第六节　企业所得税年度纳税调整表

企业所得税纳税调整项目明细见表12-32。

表12-32　　　　　　　　　　纳税调整项目明细表

填报时间：　　　　　　　　××年12月31日　　　金额单位：元（列至角分）

行次		项　目	账载金额	税收金额	调整金额	调减金额
			1	2	3	4
	1	一、收入类调整项目	*	*		
	2	1. 视同销售收入（填写附表一）	*	*		*
#	3	2. 接受捐赠收入	*			*
	4	3. 不符合税收规定的销售折扣和折让				*
*	5	4. 未按权责发生制原则确认的收入				*
*	6	5. 按权益法核算长期股权投资对初始投资成本调整确认收益	*	*	*	
	7	6. 按权益法核算的长期股权投资持有期间的投资损益	*	*		
*	8	7. 特殊重组				
*	9	8. 一般重组				
*	10	9. 公允价值变动净收益（填写附表七）	*	*		
	11	10. 确认为递延收益的政府补助				
	12	11. 境外应税所得（填写附表六）	*	*	*	
	13	12. 不允许扣除的境外投资损失	*	*		*
	14	13. 不征税收入（填写附表一〔3〕）	*	*	*	
	15	14. 免税收入（填写附表五）	*	*	*	
	16	15. 减计收入（填写附表五）	*	*	*	
	17	16. 减、免项目所得（填写附表五）	*	*	*	
	18	17. 抵扣应纳税所得额（填写附表五）	*	*	*	
	19	18. 其他				
	20	二、扣除类调整项目	*	*		
	21	1. 视同销售成本（填写附表二）	*	*	*	

续表

行次	项　目	账载 金额	税收 金额	调整 金额	调减 金额
		1	2	3	4
22	2. 工资薪金支出				
23	3. 职工福利费支出				
24	4. 职工教育经费支出				
25	5. 工会经费支出				
26	6. 业务招待费支出				*
27	7. 广告费和业务宣传费支出（填写附表八）	*	*		
28	8. 捐赠支出				*
29	9. 利息支出				
30	10. 住房公积金				*
31	11. 罚金、罚款和被没收财物的损失		*		*
32	12. 税收滞纳金		*		*
33	13. 赞助支出		*		*
34	14. 各类基本社会保障性缴款				
35	15. 补充养老保险、补充医疗保险				
36	16. 与未实现融资收益相关在当期确认的财务费用				
37	17. 与取得收入无关的支出		*		*
38	18. 不征税收入用于支出所形成的费用		*		*
39	19. 加计扣除（填写附表五）	*	*	*	
40	20. 其他				
41	三、资产类调整项目	*	*		
42	1. 财产损失				
43	2. 固定资产折旧（填写附表九）	*	*		
44	3. 生产性生物资产折旧（填写附表九）	*	*		
45	4. 长期待摊费用的摊销（填写附表九）	*	*		
46	5. 无形资产摊销（填写附表九）	*	*		
47	6. 投资转让、处置所得（填写附表十一）	*	*		
48	7. 油气勘探投资（填写附表九）				
49	8. 油气开发投资（填写附表九）				
50	9. 其他				

续表

行次	项　目	账载金额	税收金额	调整金额	调减金额
		1	2	3	4
51	四、准备金调整项目（填写附表十）	*	*		
52	五、房地产企业预售收入计算的预计利润	*	*		
53	六、特别纳税调整应税所得	*	*		*
54	七、其他	*	*		
55	合　　计	*	*		

经办人（签章）：　　　　法定代表人（签章）：

注：①标有＊的行次为执行新会计准则的企业填列。②没有标注的行次，无论执行何种会计核算办法，有差异就填报相应行次，填＊号不可填列。③有二级附表的项目只填调增、调减金额，账载金额、税收金额不再填写。

企业应交纳的企业所得税，应在会计利润总额的基础上，加上纳税调增额，减去纳税调减额，即为应纳税所得额，再乘以所得税率，即为应交纳的企业所得税。

第七节　与所得税计算有关的几个问题

在企业所得税汇算清缴过程中经常遇到有关费用列支问题。现将常见一些问题归纳如下，供参考：

一、关于工资薪金合理性问题

工资薪金是企业日常经营中的一项常规性费用支出，根据《中华人民共和国企业所得税法实施条例》（以下简称《实施条例》）的规定，对企业发生的合理的工资薪金支出，准予在税前扣除。这里所称的工资薪金，是指企业每一纳税年度支付给在本企业任职或者受雇的员工的所有现金形式或者非现金形式的劳动报酬，包括基本工资、奖金、津贴、补贴、年终加薪、加班工资，以及与员工任职或者受雇有关的其他支出。

除上述规定外，随后出台的《国家税务总局关于企业工资薪金及职工福利费扣除问题的通知》（国税函〔2009〕3号）进一步解释称，《实施条例》第三十四条所称的"合理工资薪金"，是指企业按照股东大会、董事会、薪酬委员会或相关管理机构制订的工资薪金制度规定实际发放给员工的工资薪金。税务机关在对工资薪金进行合理性确认时，应按以下原则掌握：①企业制订了较为规范的员工工资薪金制度。②企业所制订的工资薪金制度符合行业及地区水平。③企业在一定时期所发放的工资薪金是相对固定的，工资薪金的调整是有序进行的。④企业对实际发放的工资薪金，已依法履行了代扣代缴个人所得税义务。⑤有关工资薪金的安排，不以减少或逃避税款为目的。

新税法实施后，对于个人工资薪金所得判定的一个重要变化就是以"是否合理"为标准。而国税函〔2009〕3号文是税务机关判断工资薪金列支是否合理的一个重要依据。因此，企业可按照上述文件精神，准确把握"合理工资薪金"的内涵，逐一进行自我排查比对，发现问题，尽早解决。特别是对于一些分支机构较多、业务复杂、人员较多，构成也比较复杂的大型的集团公司，企业的财税人员应严格审查相关列支问题，重点排查企业是否超出规定范围为员工交纳基本养老保险费、基本医疗保险费、失业保险费和住房公积金等。

为了帮助企业更好地把握工资薪金方面的风险问题，以下四方面是企业容易忽视的与工资薪金有关的费用列支问题。

（一）各种保险的列支

准确把握允许税前扣除的社会保险费支出，可以从六个方面来理解：第一，扣除的对象包括基本社会保险费（具体包括基本医疗保险费、基本养老保险费、失业保险费、工伤保险费、生育保险费）、补充养老保险费和住房公积金。第二，其扣除范围和标准以国务院有关主管部门或者省级人民政府的规定为依据，超出该范围和标准的部分不得在税前扣除。第三，准予在税前扣除的补充养老保险费和补充医疗保险费，限于在国务院财政、税务主管部门规定的标准和范围内，超过部分不允许扣除。这里需要注意的是，按照最近财政部、国家税务总局公布的《关于补充养老保险费、补充医疗保险费有关企业所得税政策问题的通知》（财税〔2009〕27号）的规定，自2008年1月1日起，企业根据国家有关政策规定，为在本企业任职或者受雇的全体员工支付的补充养老保险费、补充医疗保险费，分别在不超过职工工资总额5%标准内的部分，在计算应纳税所得额时准予扣除，超过的部分，不予扣除。第四，企业按照国家有关规定为特殊工种职工支付的法定人身安全保险费，例如企业为从事高空危险作业的职工购买意外伤害保险，允许税前扣除。第五，规定之外的商业保险支出不能税前扣除。这一点需要企业特别注意，因为现在不少效益好的企业都为员工购买了各类商业保险，按照《企业所得税法实施条例》第三十六条的规定，除企业依照国家有关规定为特殊工种职工支付的其他人身安全保险费和国务院、税务主管部门规定可以扣除的其他商业保险外，企业为职工支付的商业保险费，不得扣除。第六，企业按规定支付的财产保险费，准予扣除。同时要注意，企业参加商业保险后，发生保险事故时，根据合同约定所获得的赔款，在计算应纳税所得额时，应抵扣相应财产损失。

（二）住房公积金的列支

目前，我国存在一些效益不好的企业经常拖欠职工的住房公积金，一些效益较好的单位则有意将一些应税福利，如将各类补贴、津贴打入"住房公积金"账户，并借此进行逃避税收的情况。对此，财政部、国家税务总局《关于基本养老保险费、基本医疗保险费、失业保险费、住房公积金有关个人所得税政策的通知》（财税〔2006〕10号），《住房公积金管理条例》、《建设部、财政部、中国人民银行关于住房公积金管理若干具体问题的指导意见》（建金管〔2005〕5号）等文件规定，单位和个人分别在不超过职工本人上一年度月平均工资12%的幅度内，实际缴存的住房公积金，允许在个人应纳税所得额中扣除。同时，对高收入行业及个人的缴存基数，被限制为不超过当地职工社会平均工资的3倍。企业要特别注意不要超标列支。

（三）私车公用补贴的列支

为了节约经营成本，不少企业存在租用员工车辆办公的情况。对此，国家并未作出明确规定，但一般来说，私车公用是比照《国家税务总局关于企事业单位公务用车制度改革后相关费用税前扣除问题的批复》（国税函〔2007〕305号）的规定来执行。该文件规定，企事业单位公务用车制度改革后，在规定的标准内，为员工报销的油料费、过路费、停车费、洗车费、修理费、保险费等相关费用，以及以现金或实物形式发放的交通补贴，均属于企事业单位的工资薪金支出，应一律记入企事业单位的工资总额，按照现行的计税工资标准进行税前扣除。因此，企业因使用私人车辆而以现金、报销等形式向私人车主支付的相关费用，均应视为个人取得的公务用车补贴收入，企业应依法代扣代缴个人所得税。如果是本企业职工的，按照"工资、薪金所得"项目计征个人所得税；如果是非企业人员的，则按照"劳务报酬所得"计征个人所得税。如企业不履行代扣代缴义务，企业最高可被处以3倍的罚款。

但需要指出的是，目前不少地方也出台了相关的规定，企业如果有类似问题，应及时和当地主管税务部门进行沟通。比如，《北京市地方税务局关于明确若干企业所得税业务政策问题的通知》（京地税企〔2003〕646号）第三条就规定，对纳税人因工作需要租用个人汽车，按照租赁合同或协议支付的租金，在取得真实、合法、有效凭证的基础上，允许税前扣除；对在租赁期内汽车使用所发生的汽油费、过路过桥费和停车费，在取得真实、合法、有效凭证的基础上，允许税前扣除。其他应由个人负担的汽车费用，如车辆保险费、维修费等，不得在企业所得税税前扣除。

（四）差旅费的列支

《企业所得税法》对成本费用支出作了原则性规定，但并未对差旅费的开支范围、开支标准进行具体规定。虽然没出台文件，但并不意味着企业就可以从中投机。因为与其他费用一样，税务机关在掌握税前扣除的问题上，依然是实质重于形式。也就是说，税务机关核查企业的差旅费时，都会要求提供相关的证明资料和合法凭证，否则，是不会允许在税前扣除的。差旅费的证明材料主要应包括：出差人员姓名、地点、时间、任务、支付凭证等。

此外，差旅费的个税问题也需要引起注意。按照《财政部国家税务总局关于个人所得税工资薪金所得减除费用标准有关政策问题的通知》（财税［2005］183 号）第二条的规定："工资、薪金所得应根据国家税法统一规定，严格按照'工资、薪金、奖金、年终加薪、劳动分红、津贴、补贴以及与任职或者受雇有关的其他所得'的政策口径掌握执行。除国家统一规定减免税项目外。工资、薪金所得范围内的全部收入，应一律照章征税。"

关于差旅费的开支标准，新的《企业财务通则》也无具体规定，各地的标准也不尽相同。但是，都必须有真实合法的票据，非个别性质的支出，并且在当地规定的标准以内，才允许在税前扣除。

最后，提醒企业不要存在侥幸心理，把"问题账"继续做下去。因为，为了达到强化个人所得税的征收管理和规范工资薪金支出的税前扣除的双重目的，国家税务总局出台了《国家税务总局关于加强个人工资薪金所得与企业的工资费用支出比对问题的通知》（国税函［2009］259 号）。该文件的实质就是要加强对个人工资薪金的监管。此外，国家税务总局在《国家税务总局关于加强税种征管促进堵漏增收的若干意见》（国税发［2009］85 号）中也特别要求：国税局、地税局要加强协作，对企业所得税申报表中的工资薪金支出总额和已代扣代缴个人所得税工资薪金所得总额进行比对。对二者差异较大的，地税局要进行实地核查或检查，对应扣未扣税款的，应依法处理。比对范围不得低于企业所得税汇算清缴总产数的 10%。

有人问，我公司是小私营企业，招聘有几名农民工（已签合同）未买社保和医保，他们发生的医疗费用是否可以进职工福利报销？另：公司已购买社保和医保的职工发生的医疗费用是否也可以进职工福利报销？（公司未成立工会，未交工会会费。）

回答：职工福利制度是指企业职工在职期间应在卫生保健、房租价格补贴、生活困难补助、集体福利设施，以及不列入工资发放范围的各项物价补贴等方面享受的待遇和权益，这是根据国家规定，为满足企业职工的共同需要和特殊需要而建立的制度。以前我国的职工福利费财务制度规定企业按照工资总额的 14% 计提。而 2006 年 12 月 4 日财政部颁布的新《企业财务通则》2007 年 1 月 1 日起在国有及国有控股企业（金融企业除外）执行，其他企业参照执行。企业不再按照工资总额的 14% 计提职工福利费，企业实际发生的职工福利费据实列支。具体的职工福利费的开支范围有哪些，以及新旧准则又如何衔接呢？

二、关于职工福利费问题

（一）职工福利费开支范围

根据国税函〔2009〕3 号文的规定，企业职工福利费开支范围主要包括以下内容：

1. 尚未实行分离办社会职能的企业，其内设福利部门所发生的设备、设施和人员费用，包括职工食堂、职工浴室、理发室、医务所、托儿所、疗养院等集体福利部门的设备、设施及维修保养费用和福利部门工作人员的工资薪金、社会保险费、住房公积金、劳务费等。

2. 为职工卫生保健、生活、住房、交通等所发放的各项补贴和非货币性福利，包括企业向职工发放的因公外地就医费用、未实行医疗统筹企业的职工医疗费用、职工供养直系亲属医疗补贴、供暖费补贴、职工防暑降温费、职工困难补贴、救济费、职工食堂经费补贴，职工交通补贴、职工误餐补贴等。

3. 按照其他规定发生的其他职工福利费，包括丧葬补助费、抚恤费、安家费、探亲假路费、独生子女费等。根据新《企业财务通则》规定：原来应当由职工福利费开支的基本医疗保险、补充医疗保险、补充养老保险等内容，应直接列入成本（费用），不再通过职工福利费核算。

与职工薪金相近费用不能在工资薪金支出范围内，主要有：为职工交纳的养老、失业等基本社会保障款、劳动保护费、职工调动工作的安家费和差旅费、独生子女补贴、离退休人员的支出等。

根据《企业财务通则》第四十六条规定，下列应由个人承担的有关支出，企业不得作为职工福利费开支：①娱乐、健身、旅游、招待、购物、馈赠等支出。②购买商业保险、证券、股权、收藏品等支出。③个人行为导致的罚款、赔偿等支出。④购买住房，支付物业管理费等支出。⑤应由个人承担的其他支出。

（二）职工福利费账务处理

1. 职工福利费财务制度改革的衔接处理。新的《企业财务通则》实施后，企业不再按照工资总额 14% 计提职工福利费，2007 年已经计提的职工福利费应当予以冲回。截至 2006 年 12 月 31 日，应付福利费账面余额，余额为结余的，继续按照原有规定使用，待结余使用完毕后，再按照修订后的《企业财务通则》执行。

2. 企业如果改制或改建，则应将应付福利费余额转增资本公积，如有赤字，转入年初未分配利润，由此造成年初未分配利润出现负数的，依次以任意公积金和法定公积金弥补，仍不足以弥补的，以当年及以后年度实现的净利润弥补。

3. 首次执行新《企业会计准则》的企业，职工福利费首次执行日企业的职工福利费余额，应当全部转入"应付职工薪酬——职工福利"。首次执行日后第一个会计期间，按照《企业会计准则第 9 号——职工薪酬》规定，根据企业实际情况和职工福利计划确认"应付职工薪酬——职工福利"，该项金额与原转入的"应付职工薪酬——职工福利"之间的差额调整管理费用。

4. 职工福利费日常账务处理。如果企业的基础工作以及预算管理较好，可将职工福利费计划列入年度预算，按照全年福利费支出总额与工资总额的比例按月计提。没有年度职工福利计划的单位，可以比照历史数据，如前三年企业职工福利费占工资总额的加权平均来确定，预提时借记有关成本费用类科目，贷记"应付职工薪酬——应付福利费"。实际发生后，借记"应付职工薪酬——应付福利费"，贷记"库存现金"、"银行存款"等科目。年末，如果"应付职工薪酬——应付福利费"有余额，则按照前面的各受益对象占企业全年工资总额的比例，对余额进行结转，借记或贷记有关成本费用类科目，贷记或借记"应付职工薪酬——应付福利费"，结转后"应付职工薪酬——应付福利费"应没有余额。

新《企业所得税法》规定，企业发生的职工福利费支出，不超过工资薪金总额的 14% 总额的部分，准予税前扣除。另国税函［2008］264 号文中规定，2008 年及以后年度发生的职工福利费，应先冲减以前年度累计计提但尚未实际使用的职工福利费余额，不足部分按新企业所得税法规定扣除。企业以前年度累计计提但尚未实际使用的职工福利费余额已在税前扣除，属于职工权益，如果改变用途的，应调整增加应纳税所得额。

三、其他应注意几个问题

（一）跨年度报销的一些费用能否列支

根据《中华人民共和国企业所得税法实施条例》（国务院令［2007］512 号）第九条规定，企业应纳税所得额的计算，以权责发生制为原则，属于当期的收入和费用，不论款项是否收付，均作为当期的收入和费用；不属于当期的收入和费用，即使款项已经在当期收付，均不作为当期的收入和费用。本条例和国务院财政、税务主管部门另有规定的除外。

实务中经常会涉及跨期费用的处理，通常对于跨月不跨年的费用，财税部门的监管相对较松，但对于跨年费用往往口径较紧，企业在汇算清缴时应该将跨年费用作适当调整，使其符合权责发生制原则。

（二）员工报销没有发票该如何处理

根据《关于加强企业所得税管理若干问题的意见》（国税发［2005］50 号）明确规定，企业超出税前扣除范围、超过税前扣除标准或者不能提供真实、合法、有效凭据的支出，一律不得税前扣除。

（三）公司员工的电话费发票是否可以报销入账

关于通信费的税前扣除。从 2008 年 1 月 1 日开始，企业根据其自身的相关规定发放的与取得应纳税收入有关的办公通信补贴，计入职工工资薪金，按工资薪金税前扣除的规定处理。票据为个人名抬头的个人通信费支出不允许在企业所得税税前扣除。

（四）国外票据是否可作为报销凭证

根据《中华人民共和国发票管理办法》第三十四条的规定，单位和个人从境外取得的与纳税有关的发票或者凭证，税务机关在纳税审查时有疑义的，可以要求其提供境外公证机构或者注册会计师的确认证明，经税务机关审核认可后，方可作为记账核算的凭证。

（五）员工报销过路费是否计缴个人所得税

《国家税务总局关于个人所得税有关政策问题的通知》（国税发〔1999〕58号）第二条规定："关于个人取得公务交通、通信补贴收入征税问题、个人因公务用车和通信制度改革而取得的公务用车、通信补贴收入，扣除一定标准的公务费用后，按照'工资、薪金'所得项目计征个人所得税。按月发放的，并入当月'工资、薪金'所得计征个人所得税；不按月发放的，分解到所属月份并与该月份'工资、薪金'所得合并后计征个人所得税。公务费用的扣除标准，由省级地方税务局根据纳税人公务交通、通信费用的实际发生情况调查测算，报经省级人民政府批准后确定，并报国家税务总局备案。"

（六）报销的旅游费是否交纳个人所得税

按照财政部、国家税务总局《关于企业以免费旅游方式提供对营销人员个人奖励有关个人所得税政策的通知》（财税〔2004〕11 号）规定，企业和单位对营销业绩突出人员以培训班、研讨会、工作考察等名义组织旅游活动，通过免收差旅费、旅游费对个人实行的营销业绩奖励（包括实物、有价证券等），应根据所发生费用全额计入营销人员应税所得，依法征收个人所得税，并由提供上述费用的企业和单位代扣代缴。

附录一

小企业会计准则

第一章 总则

第一条 为了规范小企业会计确认、计量和报告行为，促进小企业可持续发展，发挥小企业在国民经济和社会发展中的重要作用，根据《中华人民共和国会计法》及其他有关法律和法规，制定本准则。

第二条 本准则适用于在中华人民共和国境内依法设立的、符合《中小企业划型标准规定》所规定的小型企业标准的企业。

下列三类小企业除外：

（一）股票或债券在市场上公开交易的小企业。

（二）金融机构或其他具有金融性质的小企业。

（三）企业集团内的母公司和子公司。

前款所称企业集团、母公司和子公司的定义与《企业会计准则》的规定相同。

第三条 符合本准则第二条规定的小企业，可以执行本准则，也可以执行《企业会计准则》。

（一）执行本准则的小企业，发生的交易或者事项本准则未作规范的，可以参照《企业会计准则》中的相关规定进行处理。

（二）执行《企业会计准则》的小企业，不得在执行《企业会计准则》的同时，选择执行本准则的相关规定。

（三）执行本准则的小企业公开发行股票或债券的，应当转为执行《企业会计准则》；因经营规模或企业性质变化导致不符合本准则第二条规定而成为大中型企业或金融企业的，应当从次年1月1日起转为执行《企业会计准则》。

（四）已执行《企业会计准则》的上市公司、大中型企业和小企业，不得转为执行本准则。

第四条　执行本准则的小企业转为执行《企业会计准则》时，应当按照《企业会计准则第 38 号——首次执行企业会计准则》等相关规定进行会计处理。

第二章　资产

第五条　资产，是指小企业过去的交易或者事项形成的、由小企业拥有或者控制的、预期会给小企业带来经济利益的资源。

小企业的资产按照流动性，可分为流动资产和非流动资产。

第六条　小企业的资产应当按照成本计量，不计提资产减值准备。

第一节　流动资产

第七条　小企业的流动资产，是指预计在 1 年内（含 1 年，下同）或超过 1 年的一个正常营业周期内变现、出售或耗用的资产。

小企业的流动资产包括：货币资金、短期投资、应收及预付款项、存货等。

第八条　短期投资，是指小企业购入的能随时变现并且持有时间不准备超过 1 年（含 1 年，下同）的投资，如小企业以赚取差价为目的从二级市场购入的股票、债券、基金等。

短期投资应当按照以下规定进行会计处理：

（一）以支付现金取得的短期投资，应当按照购买价款和相关税费作为成本进行计量。

实际支付价款中包含的已宣告但尚未发放的现金股利或已到付息期但尚未领取的债券利息，应当单独确认为应收股利或应收利息，不记入短期投资的成本。

（二）在短期投资持有期间，被投资单位宣告分派的现金股利或在债务人应付利息日按照分期付息、一次还本债券投资的票面利率计算的利息收入，应当记入投资收益。

（三）出售短期投资，出售价款扣除其账面余额、相关税费后的净额，应当记入投资收益。

第九条　应收及预付款项，是指小企业在日常生产经营活动中发生的各项债权。包括：应收票据、应收账款、应收股利、应收利息、其他应收款等应收款项和预付账款。

应收及预付款项应当按照发生额入账。

第十条　小企业应收及预付款项符合下列条件之一的，减除可收回的金额后确认的无法收回的应收及预付款项，作为坏账损失：

（一）债务人依法宣告破产、关闭、解散、被撤销，或者被依法注销、吊销营业执照，其清算财产不足清偿的。

（二）债务人死亡，或者依法被宣告失踪、死亡，其财产或者遗产不足清偿的。

（三）债务人逾期 3 年以上未清偿，且有确凿证据证明已无力清偿债务的。

（四）与债务人达成债务重组协议或法院批准破产重整计划后，无法追偿的。

（五）因自然灾害、战争等不可抗力导致无法收回的。

（六）国务院财政、税务主管部门规定的其他条件。

应收及预付款项的坏账损失应当于实际发生时记入营业外支出，同时冲减应收及预付款项。

第十一条 存货，是指小企业在日常生产经营过程中持有以备出售的产成品或商品、处在生产过程中的在产品、将在生产过程或提供劳务过程中耗用的材料和物料等，以及小企业（农、林、牧、渔业）为出售而持有的、或在将来收获为农产品的消耗性生物资产。

小企业的存货包括：原材料、在产品、半成品、产成品、商品、周转材料、委托加工物资、消耗性生物资产等。

（一）原材料，是指小企业在生产过程中经加工改变其形态或性质并构成产品主要实体的各种原料及主要材料、辅助材料、外购半成品（外购件）、修理用备件（备品备件）、包装材料、燃料等。

（二）在产品，是指小企业正在制造尚未完工的产品。包括：正在各个生产工序加工的产品，以及已加工完毕但尚未检验或已检验但尚未办理入库手续的产品。

（三）半成品，是指小企业经过一定生产过程并已检验合格交付于成品仓库保管，但尚未制造完工成为产成品，仍需进一步加工的中间产品。

（四）产成品，是指小企业已经完成全部生产过程并已验收入库，符合标准规格和技术条件，可以按照合同规定的条件送交订货单位，或者可以作为商品对外销售的产品。

（五）商品，是指小企业（批发业、零售业）外购或委托加工完成并已验收入库用于销售的各种商品。

（六）周转材料，是指小企业能够多次使用、逐渐转移其价值但仍保持原有形态且不确认为固定资产的材料。包括：包装物、低值易耗品、小企业（建筑业）的钢模板、木模板、脚手架等。

（七）委托加工物资，是指小企业委托外单位加工的各种材料、商品等物资。

（八）消耗性生物资产，是指小企业（农、林、牧、渔业）生长中的大田作物、蔬菜、用材林以及存栏待售的牲畜等。

第十二条　小企业取得的存货，应当按照成本进行计量。

（一）外购存货的成本包括：购买价款、相关税费、运输费、装卸费、保险费以及在外购存货过程发生的其他直接费用，但不含按照税法规定可以抵扣的增值税进项税额。

（二）通过进一步加工取得存货的成本包括：直接材料、直接人工以及按照一定方法分配的制造费用。

经过 1 年以上的制造才能达到预定可销售状态的存货发生的借款费用，也记入存货的成本。

前款所称借款费用，是指小企业因借款而发生的利息及其他相关成本。包括：借款利息、辅助费用以及因外币借款而发生的汇兑差额等。

（三）投资者投入存货的成本，应当按照评估价值确定。

（四）提供劳务的成本包括：与劳务提供直接相关的人工费、材料费和应分摊的间接费用。

（五）自行栽培、营造、繁殖或养殖的消耗性生物资产的成本，应当按照下列规定确定：

1. 自行栽培的大田作物和蔬菜的成本包括：在收获前耗用的种子、肥料、农药等材料费、人工费和应分摊的间接费用。

2. 自行营造的林木类消耗性生物资产的成本包括：郁闭前发生的造林费、抚育费、营林设施费、良种试验费、调查设计费和应分摊的间接费用。

3. 自行繁殖的育肥畜的成本包括：出售前发生的饲料费、人工费和应分摊的间接费用。

4. 水产养殖的动物和植物的成本包括：在出售或入库前耗用的苗种、饲料、肥料等材料费、人工费和应分摊的间接费用。

（六）盘盈存货的成本，应当按照同类或类似存货的市场价格或评估价值确定。

第十三条　小企业应当采用先进先出法、加权平均法或者个别计价法确定发出存货的实际成本。计价方法一经选用，不得随意变更。

对于性质和用途相似的存货，应当采用相同的成本计算方法确定发出存货的成本。

对于不能替代使用的存货、为特定项目专门购入或制造的存货以及提供的劳务，采用个别计价法确定发出存货的成本。

对于周转材料，采用一次转销法进行会计处理，在领用时按其成本记入生产成本或当期损益；金额较大的周转材料，也可以采用分次摊销法进行会计处理。

出租或出借周转材料，不需要结转其成本，但应当进行备查登记。

对于已售存货，应当将其成本结转为营业成本。

第十四条 小企业应当根据生产特点和成本管理的要求，选择适合于本企业的成本核算对象、成本项目和成本计算方法。

小企业发生的各项生产费用，应当按照成本核算对象和成本项目分别归集。

（一）属于材料费、人工费等直接费用，直接记入基本生产成本和辅助生产成本。

（二）属于辅助生产车间为生产产品提供的动力等直接费用，可以先作为辅助生产成本进行归集，然后按照合理的方法分配记入基本生产成本；也可以直接记入所生产产品发生的生产成本。

（三）其他间接费用应当作为制造费用进行归集，月度终了，再按一定的分配标准，分别记入有关产品的成本。

第十五条 存货发生毁损，处置收入、可收回的责任人赔偿和保险赔款，扣除其成本、相关税费后的净额，应当记入营业外支出或营业外收入。

盘盈存货实现的收益应当记入营业外收入。

盘亏存货发生的损失应当记入营业外支出。

第二节 长期投资

第十六条 小企业的非流动资产，是指流动资产以外的资产。

小企业的非流动资产包括：长期债券投资、长期股权投资、固定资产、生产性生物资产、无形资产、长期待摊费用等。

第十七条 长期债券投资，是指小企业准备长期（在1年以上，下同）持有的债券投资。

第十八条 长期债券投资应当按照购买价款和相关税费作为成本进行计量。

实际支付价款中包含的已到付息期但尚未领取的债券利息，应当单独确认为应收利息，不记入长期债券投资的成本。

第十九条 长期债券投资在持有期间发生的应收利息应当确认为投资收益。

（一）分期付息、一次还本的长期债券投资，在债务人应付利息日按照票面利率计算的应收未收利息收入应当确认为应收利息，不增加长期债券投资的账面余额。

（二）一次还本付息的长期债券投资，在债务人应付利息日按照票面利率计算的应收未收利息收入应当增加长期债券投资的账面余额。

（三）债券的折价或者溢价在债券存续期间内于确认相关债券利息收入时采用直线法进行摊销。

第二十条 长期债券投资到期，小企业收回长期债券投资，应当冲减其账面余额。

处置长期债券投资，处置价款扣除其账面余额、相关税费后的净额，应当记入投资收益。

第二十一条 小企业长期债券投资符合本准则第十条所列条件之一的，减除可收回的金额后确认的无法收回的长期债券投资，作为长期债券投资损失。

长期债券投资损失应当于实际发生时记入营业外支出，同时冲减长期债券投资账面余额。

第二十二条 长期股权投资，是指小企业准备长期持有的权益性投资。

第二十三条 长期股权投资应当按照成本进行计量。

（一）以支付现金取得的长期股权投资，应当按照购买价款和相关税费作为成本进行计量。

实际支付价款中包含的已宣告但尚未发放的现金股利，应当单独确认为应收股利，不记入长期股权投资的成本。

（二）通过非货币性资产交换取得的长期股权投资，应当按照换出非货币性资产的评估价值和相关税费作为成本进行计量。

第二十四条 长期股权投资应当采用成本法进行会计处理。

在长期股权投资持有期间，被投资单位宣告分派的现金股利或利润，应当按照应分得的金额确认为投资收益。

第二十五条 处置长期股权投资，处置价款扣除其成本、相关税费后的净额，应当记入投资收益。

第二十六条 小企业长期股权投资符合下列条件之一的，减除可收回的金额后确认的无法收回的长期股权投资，作为长期股权投资损失：

（一）被投资单位依法宣告破产、关闭、解散、被撤销，或者被依法注销、吊销营业执照的。

（二）被投资单位财务状况严重恶化，累计发生巨额亏损，已连续停止经营3年以上，且无重新恢复经营改组计划的。

（三）对被投资单位不具有控制权，投资期限届满或者投资期限已超过10年，且被投资单位因连续3年经营亏损导致资不抵债的。

（四）被投资单位财务状况严重恶化，累计发生巨额亏损，已完成清算或清算期超过3年以上的。

（五）国务院财政、税务主管部门规定的其他条件。

长期股权投资损失应当于实际发生时记入营业外支出，同时冲减长期股权投资账面余额。

第三节　固定资产和生产性生物资产

第二十七条　固定资产，是指小企业为生产产品、提供劳务、出租或经营管理而持有的，使用寿命超过 1 年的有形资产。

小企业的固定资产包括：房屋、建筑物、机器、机械、运输工具、设备、器具、工具等。

第二十八条　固定资产应当按照成本进行计量。

（一）外购固定资产的成本包括：购买价款、相关税费、运输费、装卸费、保险费、安装费等，但不含按照税法规定可以抵扣的增值税进项税额。

以一笔款项购入多项没有单独标价的固定资产，应当按照各项固定资产或类似资产的市场价格或评估价值比例对总成本进行分配，分别确定各项固定资产的成本。

（二）自行建造固定资产的成本，由建造该项资产在竣工决算前发生的支出（含相关的借款费用）构成。

小企业在建工程在试运转过程中形成的产品、副产品或试车收入冲减在建工程成本。

（三）投资者投入固定资产的成本，应当按照评估价值和相关税费确定。

（四）融资租入的固定资产的成本，应当按照租赁合同约定的付款总额和在签订租赁合同过程中发生的相关税费等确定。

（五）盘盈固定资产的成本，应当按照同类或者类似固定资产的市场价格或评估价值，扣除按照该项固定资产新旧程度估计的折旧后的余额确定。

第二十九条　小企业应当对所有固定资产计提折旧，但已提足折旧仍继续使用的固定资产和单独计价入账的土地不得计提折旧。

固定资产的折旧费应当根据固定资产的受益对象记入相关资产成本或者当期损益。

前款所称折旧，是指在固定资产使用寿命内，按照确定的方法对应计折旧额进行系统分摊。应计折旧额，是指应当计提折旧的固定资产的原价（成本）扣除其预计净残值后的金额。预计净残值，是指固定资产预计使用寿命已满，小企业从该项固定资产处置中获得的扣除预计处置费用后的净额。已提足折旧，是指已经提足该项固定资产的应计折旧额。

第三十条　小企业应当按照年限平均法（即直线法，下同）计提折旧。小企业的固定资产由于技术进步等原因，确需加速折旧的，可以采用双倍余额递减法和年数总和法。

　　小企业应当根据固定资产的性质和使用情况，并考虑税法的规定，合理确定固定资产的使用寿命和预计净残值。

　　固定资产的折旧方法、使用寿命、预计净残值一经确定，不得随意变更。

　　第三十一条　小企业应当按月计提折旧，当月增加的固定资产，当月不计提折旧，从下月起计提折旧；当月减少的固定资产，当月仍计提折旧，从下月起不计提折旧。

　　第三十二条　固定资产的日常修理费，应当在发生时根据固定资产的受益对象记入相关资产成本或者当期损益。

　　第三十三条　固定资产的改建支出，应当记入固定资产的成本，但已提足折旧的固定资产和经营租入的固定资产发生的改建支出应当记入长期待摊费用。

　　前款所称固定资产的改建支出，是指改变房屋或者建筑物结构、延长使用年限等发生的支出。

　　第三十四条　处置固定资产，处置收入扣除其账面价值、相关税费和清理费用后的净额，应当记入营业外收入或营业外支出。

　　前款所称固定资产的账面价值，是指固定资产原价（成本）扣减累计折旧后的金额。

　　盘亏固定资产发生的损失应当记入营业外支出。

　　第三十五条　生产性生物资产，是指小企业（农、林、牧、渔业）为生产农产品、提供劳务或出租等目的而持有的生物资产。包括：经济林、薪炭林、产畜和役畜等。

　　第三十六条　生产性生物资产应当按照成本进行计量。

　　（一）外购的生产性生物资产的成本，应当按照购买价款和相关税费确定。

　　（二）自行营造或繁殖的生产性生物资产的成本，应当按照下列规定确定：

　　1. 自行营造的林木类生产性生物资产的成本包括：达到预定生产经营目的前发生的造林费、抚育费、营林设施费、良种试验费、调查设计费和应分摊的间接费用等必要支出。

　　2. 自行繁殖的产畜和役畜的成本包括：达到预定生产经营目的前发生的饲料费、人工费和应分摊的间接费用等必要支出。

　　前款所称达到预定生产经营目的，是指生产性生物资产进入正常生产期，可以多年连续稳定产出农产品、提供劳务或出租。

　　第三十七条　生产性生物资产应当按照年限平均法计提折旧。

　　小企业（农、林、牧、渔业）应当根据生产性生物资产的性质和使用情况，并考虑税法的规定，合理确定生产性生物资产的使用寿命和预计净残值。

　　生产性生物资产的折旧方法、使用寿命、预计净残值一经确定，不得随意变更。

小企业（农、林、牧、渔业）应当自生产性生物资产投入使用月份的下月起按月计提折旧；停止使用的生产性生物资产，应当自停止使用月份的下月起停止计提折旧。

第四节　无形资产

第三十八条　无形资产，是指小企业为生产产品、提供劳务、出租或经营管理而持有的、没有实物形态的可辨认非货币性资产。

小企业的无形资产包括：土地使用权、专利权、商标权、著作权、非专利技术等。

自行开发建造厂房等建筑物，相关的土地使用权与建筑物应当分别进行处理。外购土地及建筑物支付的价款应当在建筑物与土地使用权之间按照合理的方法进行分配；难以合理分配的，应当全部作为固定资产。

第三十九条　无形资产应当按照成本进行计量。

（一）外购无形资产的成本包括：购买价款、相关税费和相关的其他支出（含相关的借款费用）。

（二）投资者投入的无形资产的成本，应当按照评估价值和相关税费确定。

（三）自行开发的无形资产的成本，由符合资本化条件后至达到预定用途前发生的支出（含相关的借款费用）构成。

第四十条　小企业自行开发无形资产发生的支出，同时满足下列条件的，才能确认为无形资产：

（一）完成该无形资产以使其能够使用或出售在技术上具有可行性。

（二）具有完成该无形资产并使用或出售的意图。

（三）能够证明运用该无形资产生产的产品存在市场或无形资产自身存在市场，无形资产将在内部使用的，应当证明其有用性。

（四）有足够的技术、财务资源和其他资源支持，以完成该无形资产的开发，并有能力使用或出售该无形资产。

（五）归属于该无形资产开发阶段的支出能够可靠地计量。

第四十一条　无形资产应当在其使用寿命内采用年限平均法进行摊销，根据其受益对象记入相关资产成本或者当期损益。

无形资产的摊销期自其可供使用时开始至停止使用或出售时止。有关法律规定或合同约定了使用年限的，可以按照规定或约定的使用年限分期摊销。

小企业不能可靠估计无形资产使用寿命的，摊销期不得低于10年。

第四十二条　处置无形资产，处置收入扣除其账面价值、相关税费等后的净额，应当记入营业外收入或营业外支出。

前款所称无形资产的账面价值，是指无形资产的成本扣减累计摊销后的金额。

<h3 align="center">第五节　长期待摊费用</h3>

第四十三条　小企业的长期待摊费用包括：已提足折旧的固定资产的改建支出、经营租入固定资产的改建支出、固定资产的大修理支出和其他长期待摊费用等。

前款所称固定资产的大修理支出，是指同时符合下列条件的支出：

（一）修理支出达到取得固定资产时的计税基础50%以上；

（二）修理后固定资产的使用寿命延长2年以上。

第四十四条　长期待摊费用应当在其摊销期限内采用年限平均法进行摊销。根据其受益对象记入相关资产的成本或者管理费用，并冲减长期待摊费用。

（一）已提足折旧的固定资产的改建支出，按照固定资产预计尚可使用年限分期摊销。

（二）经营租入固定资产的改建支出，按照合同约定的剩余租赁期限分期摊销。

（三）固定资产的大修理支出，按照固定资产尚可使用年限分期摊销。

（四）其他长期待摊费用，自支出发生月份的下月起分期摊销，摊销期不得低于3年。

<h1 align="center">第三章　负债</h1>

第四十五条　负债。是指小企业过去的交易或者事项形成的，预期会导致经济利益流出小企业的现时义务。

小企业的负债按照其流动性，可分为流动负债和非流动负债。

<h3 align="center">第一节　流动负债</h3>

第四十六条　小企业的流动负债，是指预计在1年内或者超过1年的一个正常营业周期内清偿的债务。

小企业的流动负债包括：短期借款、应付及预收款项、应付职工薪酬、应交税费、应付利息等。

第四十七条　各项流动负债应当按照其实际发生额入账。

小企业确实无法偿付的应付款项，应当记入营业外收入。

第四十八条　短期借款应当按照借款本金和借款合同利率在应付利息日计提利息费用，记入财务费用。

第四十九条　应付职工薪酬，是指小企业为获得职工提供的服务而应付给职工的各种形式的报酬以及其他相关支出。

小企业的职工薪酬包括：

（一）职工工资、奖金、津贴和补贴。

（二）职工福利费。

（三）医疗保险费、养老保险费、失业保险费、工伤保险费和生育保险费等社会保险费。

（四）住房公积金。

（五）工会经费和职工教育经费。

（六）非货币性福利。

（七）因解除与职工的劳动关系给予的补偿。

（八）其他与获得职工提供的服务相关的支出等。

第五十条　小企业应当在职工为其提供服务的会计期间，将应付的职工薪酬确认为负债，并根据职工提供服务的受益对象，分别对下列情况进行会计处理：

（一）应由生产产品、提供劳务负担的职工薪酬，记入产品成本或劳务成本。

（二）应由在建工程、无形资产开发项目负担的职工薪酬，记入固定资产成本或无形资产成本。

（三）其他职工薪酬（含因解除与职工的劳动关系给予的补偿），记入当期损益。

第二节　非流动负债

第五十一条　小企业的非流动负债，是指流动负债以外的负债。

小企业的非流动负债包括：长期借款、长期应付款等。

第五十二条　非流动负债应当按照其实际发生额入账。

长期借款应当按照借款本金和借款合同利率在应付利息日计提利息费用，记入相关资产成本或财务费用。

第四章　所有者权益

第五十三条　所有者权益，是指小企业资产扣除负债后由所有者享有的剩余权益。

小企业的所有者权益包括：实收资本（或股本，下同）、资本公积、盈余公积和未分配利润。

第五十四条　实收资本，是指投资者按照合同协议约定或相关规定投入到小企业、构成小企业注册资本的部分。

（一）小企业收到投资者以现金或非货币性资产投入的资本，应当按照其在本企业注册资本中所占的份额记入实收资本，超出的部分，应当记入资本公积。

（二）投资者根据有关规定对小企业进行增资或减资，小企业应当增加或减少实收资本。

第五十五条　资本公积，是指小企业收到的投资者出资额超过其在注册资本或股本中所占份额的部分。

小企业用资本公积转增资本，应当冲减资本公积。小企业的资本公积不得用于弥补亏损。

第五十六条　盈余公积，是指小企业按照法律规定在税后利润中提取的法定公积金和任意公积金。

小企业用盈余公积弥补亏损或者转增资本，应当冲减盈余公积。小企业的盈余公积还可以用于扩大生产经营。

第五十七条　未分配利润，是指小企业实现的净利润，经过弥补亏损、提取法定公积金和任意公积金、向投资者分配利润后，留存在本企业的、历年结存的利润。

第五章　收入

第五十八条　收入，是指小企业在日常生产经营活动中形成的、会导致所有者权益增加、与所有者投入资本无关的经济利益的总流入。包括：销售商品收入和提供劳务收入。

第五十九条　销售商品收入，是指小企业销售商品（或产成品、材料，下同）取得的收入。

通常，小企业应当在发出商品且收到货款或取得收款权利时，确认销售商品收入。

（一）销售商品采用托收承付方式的，在办妥托收手续时确认收入。

（二）销售商品采取预收款方式的，在发出商品时确认收入。

（三）销售商品采用分期收款方式的，在合同约定的收款日期确认收入。

（四）销售商品需要安装和检验的，在购买方接受商品以及安装和检验完毕时确认收入。安装程序比较简单的，可在发出商品时确认收入。

（五）销售商品采用支付手续费方式委托代销的，在收到代销清单时确认收入。

（六）销售商品以旧换新的，销售的商品作为商品销售处理，回收的商品作为购进商品处理。

（七）采取产品分成方式取得的收入，在分得产品之日按照产品的市场价格或评估价值确定销售商品收入金额。

第六十条 小企业应当按照从购买方已收或应收的合同或协议价款，确定销售商品收入金额。

销售商品涉及现金折扣的，应当按照扣除现金折扣前的金额确定销售商品收入金额。现金折扣应当在实际发生时，记入当期损益。

销售商品涉及商业折扣的，应当按照扣除商业折扣后的金额确定销售商品收入金额。

前款所称现金折扣，是指债权人为鼓励债务人在规定的期限内付款而向债务人提供的债务扣除。商业折扣，是指小企业为促进商品销售而在商品标价上给予的价格扣除。

第六十一条 小企业已经确认销售商品收入的售出商品发生的销售退回（不论属于本年度还是属于以前年度的销售），应当在发生时冲减当期销售商品收入。

小企业已经确认销售商品收入的售出商品发生的销售折让，应当在发生时冲减当期销售商品收入。

前款所称销售退回，是指小企业售出的商品由于质量、品种不符合要求等原因发生的退货。销售折让，是指小企业因售出商品的质量不合格等原因而在售价上给予的减让。

第六十二条 小企业提供劳务的收入，是指小企业从事建筑安装、修理修配、交通运输、仓储租赁、邮电通信、咨询经纪、文化体育、科学研究、技术服务、教育培训、餐饮住宿、中介代理、卫生保健、社区服务、旅游、娱乐、加工以及其他劳务服务活动取得的收入。

第六十三条 同一会计年度内开始并完成的劳务，应当在提供劳务交易完成且收到款项或取得收款权利时，确认提供劳务收入。提供劳务收入的金额为从接收劳务方已收或应收的合同或协议价款。

　　劳务的开始和完成分属不同会计年度的，应当按照完工进度确认提供劳务收入。年度资产负债表日，按照提供劳务收入总额乘以完工进度扣除以前会计年度累计已确认提供劳务收入后的金额，确认本年度的提供劳务收入；同时，按照估计的提供劳务成本总额乘以完工进度扣除以前会计年度累计已确认营业成本后的金额，结转本年度营业成本。

　　第六十四条　小企业与其他企业签订的合同或协议包含销售商品和提供劳务时，销售商品部分和提供劳务部分能够区分且能够单独计量的，应当将销售商品的部分作为销售商品处理，将提供劳务的部分作为提供劳务处理。

　　销售商品部分和提供劳务部分不能够区分，或虽能区分但不能够单独计量的，应当作为销售商品处理。

第六章　费用

　　第六十五条　费用，是指小企业在日常生产经营活动中发生的、会导致所有者权益减少、与向所有者分配利润无关的经济利益的总流出。

　　小企业的费用包括：营业成本、营业税金及附加、销售费用、管理费用、财务费用等。

　　（一）营业成本，是指小企业所销售商品的成本和所提供劳务的成本。

　　（二）营业税金及附加，是指小企业开展日常生产经营活动应负担的消费税、营业税、城市维护建设税、资源税、土地增值税、城镇土地使用税、房产税、车船税、印花税和教育费附加、矿产资源补偿费、排污费等。

　　（三）销售费用，是指小企业在销售商品或提供劳务过程中发生的各种费用。包括：销售人员的职工薪酬、商品维修费、运输费、装卸费、包装费、保险费、广告费、业务宣传费、展览费等费用。

　　小企业（批发业、零售业）在购买商品过程中发生的费用（包括：运输费、装卸费、包装费、保险费、运输途中的合理损耗和入库前的挑选整理费等）也构成销售费用。

　　（四）管理费用，是指小企业为组织和管理生产经营发生的其他费用。包括：小企业在筹建期间内发生的开办费、行政管理部门发生的费用（包括：固定资产折旧费、修理费、办公费、水电费、差旅费、管理人员的职工薪酬等）、业务招待费、研究费用、技术转让费、相关长期待摊费用摊销、财产保险费、聘请中介机构费、咨询费（含顾问费）、诉讼费等费用。

　　（五）财务费用，是指小企业为筹集生产经营所需资金发生的筹资费用。包括：利息费用（减去利息收入）、汇兑损失、银行相关手续费、小企业给予的现金折扣（减享受的现金折扣）等费用。

第六十六条 通常，小企业的费用应当在发生时按照其发生额记入当期损益。

小企业销售商品收入和提供劳务收入已予确认的，应当将已销售商品和已提供劳务的成本作为营业成本结转至当期损益。

第七章 利润及利润分配

第六十七条 利润，是指小企业在一定会计期间的经营成果。包括：营业利润、利润总额和净利润。

（一）营业利润，是指营业收入减去营业成本、营业税金及附加、销售费用、管理费用、财务费用，加上投资收益（或减去投资损失）后的金额。

前款所称营业收入，是指小企业销售商品和提供劳务实现的收入总额。投资收益，由小企业股权投资取得的现金股利（或利润）、债券投资取得的利息收入和处置股权投资和债券投资取得的处置价款扣除成本或账面余额、相关税费后的净额三部分构成。

（二）利润总额，是指营业利润加上营业外收入，减去营业外支出后的金额。

（三）净利润，是指利润总额减去所得税费用后的净额。

第六十八条 营业外收入，是指小企业非日常生产经营活动形成的、应当记入当期损益、会导致所有者权益增加、与所有者投入资本无关的经济利益的净流入。

小企业的营业外收入包括：非流动资产处置净收益、政府补助、捐赠收益、盘盈收益、汇兑收益、出租包装物和商品的租金收入、逾期未退包装物押金收益、确实无法偿付的应付款项、已作坏账损失处理后又收回的应收款项、违约金收益等。

通常，小企业的营业外收入应当在实现时按照其实现金额记入当期损益。

第六十九条 政府补助，是指小企业从政府无偿取得货币性资产或非货币性资产，但不含政府作为小企业所有者投入的资本。

（一）小企业收到与资产相关的政府补助，应当确认为递延收益，并在相关资产的使用寿命内平均分配，记入营业外收入。

收到的其他政府补助，用于补偿本企业以后期间的相关费用或亏损的，确认为递延收益，并在确认相关费用或发生亏损的期间，记入营业外收入；用于补偿本企业已发生的相关费用或亏损的，直接记入营业外收入。

（二）政府补助为货币性资产的，应当按照收到的金额计量。

政府补助为非货币性资产的，政府提供了有关凭据的，应当按照凭据上标明的金额计量；政府没有提供有关凭据的，应当按照同类或类似资产的市场价格或评估价值计量。

（三）小企业按照规定实行企业所得税、增值税、消费税、营业税等先征后返的，应当在实际收到返还的企业所得税、增值税（不含出口退税）、消费税、营业税时，记入营业外收入。

第七十条　营业外支出，是指小企业非日常生产经营活动发生的、应当记入当期损益、会导致所有者权益减少、与向所有者分配利润无关的经济利益的净流出。

小企业的营业外支出包括：存货的盘亏、毁损、报废损失，非流动资产处置净损失，坏账损失，无法收回的长期债券投资损失，无法收回的长期股权投资损失，自然灾害等不可抗力因素造成的损失、税收滞纳金、罚金、罚款、被没收财物的损失、捐赠支出、赞助支出等。

通常，小企业的营业外支出应当在发生时按照其发生额记入当期损益。

第七十一条　小企业应当按照企业所得税法规定计算的当期应纳税额，确认所得税费用。

小企业应当在利润总额的基础上，按照企业所得税法规定进行纳税调整，计算出当期应纳税所得额，按照应纳税所得额与适用所得税税率为基础计算确定当期应纳税额。

第七十二条　小企业以当年净利润弥补以前年度亏损等剩余的税后利润，可用于向投资者进行分配。

小企业（公司制）在分配当年税后利润时，应当按照公司法的规定提取法定公积金和任意公积金。

第八章　外币业务

第七十三条　小企业的外币业务由外币交易和外币财务报表折算构成。

第七十四条　外币交易，是指小企业以外币计价或者结算的交易。

小企业的外币交易包括：买入或者卖出以外币计价的商品或者劳务、借入或者借出外币资金和其他以外币计价或者结算的交易。

前款所称外币，是指小企业记账本位币以外的货币。记账本位币，是指小企业经营所处的主要经济环境中的货币。

第七十五条　小企业应当选择人民币作为记账本位币。业务收支以人民币以外的货币为主的小企业，可以选定其中一种货币作为记账本位币，但编报的财务报表应当折算为人民币财务报表。

小企业记账本位币一经确定，不得随意变更，但小企业经营所处的主要经济环境发生重大变化除外。

小企业因经营所处的主要经济环境发生重大变化，确需变更记账本位币的，应当采用变更当日的即期汇率将所有项目折算为变更后的记账本位币。

前款所称即期汇率，是指中国人民银行公布的当日人民币外汇牌价的中间价。

第七十六条　小企业对于发生的外币交易，应当将外币金额折算为记账本位币金额。

外币交易在初始确认时，采用交易发生日的即期汇率将外币金额折算为记账本位币金额；也可以采用交易当期平均汇率折算。

小企业收到投资者以外币投入的资本，应当采用交易发生日即期汇率折算，不得采用合同约定汇率和交易当期平均汇率折算。

第七十七条　小企业在资产负债表日，应当按照下列规定对外币货币性项目和外币非货币性项目进行会计处理：

（一）外币货币性项目，采用资产负债表日的即期汇率折算。因资产负债表日即期汇率与初始确认时或者前一资产负债表日即期汇率不同而产生的汇兑差额，记入当期损益。

（二）以历史成本计量的外币非货币性项目，仍采用交易发生日的即期汇率折算，不改变其记账本位币金额。

前款所称货币性项目，是指小企业持有的货币资金和将以固定或可确定的金额收取的资产或者偿付的负债。货币性项目分为货币性资产和货币性负债。货币性资产包括：库存现金、银行存款、应收账款、其他应收款等；货币性负债包括：短期借款、应付账款、其他应付款、长期借款、长期应付款等。非货币性项目，是指货币性项目以外的项目。包括：存货、长期股权投资、固定资产、无形资产等。

第七十八条　小企业对外币财务报表进行折算时，应当采用资产负债表日的即期汇率对外币资产负债表、利润表和现金流量表的所有项目进行折算。

第九章　财务报表

第七十九条　财务报表，是指对小企业财务状况、经营成果和现金流量的结构性表述。小企业的财务报表至少应当包括下列组成部分：

（一）资产负债表；

（二）利润表；

（三）现金流量表；

（四）附注。

第八十条　资产负债表，是指反映小企业在某一特定日期的财务状况的报表。

（一）资产负债表中的资产类至少应当单独列示反映下列信息的项目：

1. 货币资金；

2. 应付及预收款项；

3. 存货；

4. 长期债券投资；

5. 长期股权投资；

6. 固定资产；

7. 生产性生物资产；

8. 无形资产；

9. 长期待摊费用。

（二）资产负债表中的负债类至少应当单独列示反映下列信息的项目：

1. 短期借款；

2. 应付及预收款项；

3. 应付职工薪酬；

4. 应交税费；

5. 应付利息；

6. 长期借款；

7. 长期应付款。

（三）资产负债表中的所有者权益类至少应当单独列示反映下列信息的项目：

1. 实收资本；

2. 资本公积；

3. 盈余公积；

4. 未分配利润。

（四）资产负债表中的资产类应当包括流动资产和非流动资产的合计项目；负债类应当包括流动负债、非流动负债和负债的合计项目；所有者权益类应当包括所有者权益的合计项目。

资产负债表应当列示资产总计项目，负债和所有者权益总计项目。

第八十一条　利润表，是指反映小企业在一定会计期间的经营成果的报表。

费用应当按照功能分类，分为营业成本、营业税金及附加、销售费用、管理费用和财务费用等。

利润表至少应当单独列示反映下列信息的项目：

（一）营业收入；

（二）营业成本；

（三）营业税金及附加；

（四）销售费用；

（五）管理费用；

（六）财务费用；

（七）所得税费用；

（八）净利润。

第八十二条 现金流量表，是指反映小企业在一定会计期间现金流入和流出情况的报表。

现金流量表应当分别按照经营活动、投资活动和筹资活动列报现金流量。现金流量应当分别按照现金流入和现金流出总额列报。

前款所称现金，是指小企业的库存现金以及可以随时用于支付的存款和其他货币资金。

第八十三条 经营活动，是指小企业投资活动和筹资活动以外的所有交易和事项。

小企业经营活动产生的现金流量应当单独列示反映下列信息的项目：

（一）销售产成品、商品。提供劳务收到的现金；

（二）购买原材料、商品。接受劳务支付的现金；

（三）支付的职工薪酬；

（四）支付的税费。

第八十四条 投资活动，是指小企业固定资产、无形资产、其他非流动资产的购建和短期投资、长期债券投资、长期股权投资及其处置活动。

小企业投资活动产生的现金流量应当单独列示反映下列信息的项目：

（一）收回短期投资、长期债券投资和长期股权投资收到的现金；

（二）取得投资收益收到的现金；

（三）处置固定资产、无形资产和其他非流动资产收回的现金净额；

（四）短期投资、长期债券投资和长期股权投资支付的现金；

（五）购建固定资产、无形资产和其他非流动资产支付的现金。

第八十五条 筹资活动，是指导致小企业资本及债务规模和构成发生变化的活动。

小企业筹资活动产生的现金流量应当单独列示反映下列信息的项目：

（一）取得借款收到的现金；

（二）吸收投资者投资收到的现金；

（三）偿还借款本金支付的现金；

（四）偿还借款利息支付的现金；

（五）分配利润支付的现金。

第八十六条　附注，是指对在资产负债表、利润表和现金流量表等报表中列示项目的文字描述或明细资料，以及对未能在这些报表中列示项目的说明等。

附注应当按照下列顺序披露：

（一）遵循《小企业会计准则》的声明。

（二）短期投资、应收账款、存货、固定资产项目的说明。

（三）应付职工薪酬、应交税费项目的说明。

（四）利润分配的说明。

（五）用于对外担保的资产名称、账面余额及形成的原因；未决诉讼、未决仲裁以及对外提供担保所涉及的金额。

（六）发生严重亏损的，应当披露持续经营的计划、未来经营的方案。

（七）对已在资产负债表和利润表中列示项目与企业所得税法规定存在差异的纳税调整过程。

（八）其他需要在附注中说明的事项。

第八十七条　小企业应当根据实际发生的交易和事项，按照本准则的规定进行确认和计量，在此基础上按月或者按季编制财务报表。

第八十八条　小企业对会计政策变更、会计估计变更和会计差错更正应当采用未来适用法进行会计处理。

前款所称会计政策，是指小企业在会计确认、计量和报告中所采用的原则、基础和会计处理方法。会计估计变更，是指由于资产和负债的当前状况及预期经济利益和义务发生了变化，从而对资产或负债的账面价值或者资产的定期消耗金额进行调整。前期差错包括：计算错误、应用会计政策错误、应用会计估计错误等。未来适用法，是指将变更后的会计政策和会计估计应用于变更日及以后发生的交易或者事项，或者在会计差错发生或发现的当期更正差错的方法。

第十章　附　则

第八十九条　符合《中小企业划型标准》所规定的微型企业标准的企业参照执行本准则。

第九十条　本准则自 2013 年 1 月 1 日起施行。财政部 2004 年发布的《小企业会计制度》（财会［2004］2 号）同时废止。

附录二

企业产品成本核算制度
（征求意见稿）

第一章　总则

第一条　为了加强企业产品成本核算，提高企业产品成本管理水平，促进企业和经济社会的可持续发展，根据《中华人民共和国会计法》、企业会计准则等规定制定本制度。

第二条　本制度适用于上市公司和非上市大中型企业，包括工业、农业、商业、建筑业、房地产业、交通运输业、通信业、软件业、餐饮旅游业和其他行业的企业。本制度不适用于金融业企业。

其中，工业是指制造业、采矿业、电力燃气及水的生产和供应业等行业；农业是指农、林、牧、渔业；商业是指批发业和零售业；交通运输业是指交通运输、仓储和邮政业；其他行业是指以上行业和金融业以外的行业。

第三条　产品是指企业日常生产经营活动中持有以备出售的产成品、商品或提供的劳务。

产品成本是指企业为取得产品而发生的各种支出，不包括期间费用。期间费用是指销售费用、管理费用、财务费用、资产减值损失和公允价值变动损失。

第四条　企业应当充分利用现代信息技术加强产品成本核算各项基础工作。

第五条　企业应当根据受益原则正确区分产品成本和期间费用。

第六条　企业应当根据产品生产过程的特点、生产经营组织的类型、产品种类的繁简和成本管理的要求，确定产品成本核算方法。

企业产品成本核算的程序和方法一经确定，不得随意变动。

第七条　企业应当按月编制产品成本报表，全面反映企业生产支出、成本计划执行情况以及产品成本及其变动情况等。

第二章 产品成本构成范围

第八条 企业在取得产品过程中发生的能按受益原则认定的支出，应当记入产品成本。

第九条 工业企业的产品成本包括采购成本、加工成本和其他成本。

（一）采购成本包括产品生产过程中实际消耗的各种原材料、辅助材料、备品配件、外购半成品、周转材料等从采购到入库前发生的全部支出。

（二）加工成本包括直接人工和制造费用。

直接人工是指直接从事产品生产的人员的职工薪酬。

制造费用是指企业为生产产品而发生的各项间接费用，包括以下支出：

1. 生产部门发生的机物料消耗。

2. 生产部门管理人员的职工薪酬。

3. 产品生产用固定资产或生产场地的折旧费、租赁费等。

4. 生产部门的办公费、水电费等。

5. 季节性和修理期间的停工损失。

6. 产品生产用的自行开发或外购的无形资产摊销。

7. 与产品生产直接相关的税金。

8. 有关资源的使用费。

9. 弃置费用和排污费等有关环境保护和生态恢复支出。

10. 为购进或生产产品发生的符合资本化条件的借款费用。

11. 应分期记入产品成本的技术转让费，包括许可证费、设计费，以及为制造引进产品而支付的职工技术培训费。

12. 企业按照规定可以记入产品成本的测试手段等支出。

（三）其他成本，是指除采购成本、加工成本以外的，使产品达到预定可销售状态所发生的其他支出。

第十条 高危行业企业按照国家法律法规的规定计提的安全生产费，应当按照受益原则记入产品成本或期间费用。

第十一条 农业企业在生产经营过程中消耗的种子和种苗、饲料、肥料、农药、燃料和动力、修理用材料和零件、原材料、其他材料等材料支出，以及从事农业生产人员的职工薪酬、农业机械作业费、畜力作业费、运输费、灌溉费、固定资产折旧费、租赁费、保养修理费等支出，应当记入产品成本。

第十二条 商业企业在采购商品过程中发生的采购价款、进口关税和其他税费、运杂费、装卸费、保险费、仓储费、合理损耗以及其他可归属于采购的进货费，应当记入产品成本。

商业企业进货费金额较小的，可以在发生时直接记入期间费用。

第十三条 建筑业企业在生产经营过程中消耗的各种主要材料、结构件、机械配件、其他材料、周转材料、燃料、动力、低值易耗品和运输、装卸、整理、保管等开支、因项目分包产生的支出，以及施工人员的职工薪酬、为组织和管理工程施工所发生的支出应当记入产品成本。为订立建造承包合同而发生的差旅费、投标费等，能够单独区分和可靠计量的，应当记入产品成本。

建筑业企业在生产经营过程中为有关建设项目建造临时设施发生的支出，应当按月摊销记入产品成本。

第十四条 房地产企业在生产经营过程中发生的土地征用及拆迁补偿、勘察、测绘、规划、设计、可行性研究、筹建、场地通平、建筑安装工程、基础设施费、公共配套设施、工程监理费、造价审核费、结算审核费、工程保险费、符合资本化条件的借款费用等支出，应当记入产品成本。

房地产企业自行进行基础设施、建筑安装等工程建设的，应当比照建筑业企业将有关支出记入产品成本。

第十五条 交通运输企业在生产营运过程中发生的货物费、中转费、港口费、起降及停机费、过路过桥费、运输人员伙食费、速遣及滞期费、各类事故损失及善后费用、车船使用税、检疫检验费、淡水费、安全救生消防费、劳动保护费、护航支出等，以及直接从事生产营运人员的职工薪酬、运输、装卸、整理、堆存等各项支出，应当记入产品成本。

第十六条 通信企业在生产营运过程中发生的材料费、直接从事生产营运人员的职工薪酬、固定资产折旧、无形资产摊销、网间结算支出、码号资源占用费、频率占用费等支出，应当记入产品成本。

第十七条 软件企业在生产营运过程中发生的直接从事生产营运人员的职工薪酬、固定资产折旧、试验检验费、外购软件与服务费、自行开发无形资产摊销等支出，应当记入产品成本。

第十八条 餐饮、旅游企业在生产营运过程中发生的材料费、直接从事生产营运人员的职工薪酬、固定资产折旧、无形资产摊销、代收房费、餐费、交通费、文娱费、行李托运费、票务费、陪同费、劳务费、宣传费、保险费等支出，应当记入产品成本。

第十九条 其他行业企业应当比照工业企业确定产品成本核算范围。

第三章 产品成本核算对象

第二十条 企业应当根据生产经营特点和产品成本管理的要求，确定成本核算对象，归集生产费用，计算产品的生产成本。

第二十一条 工业企业确定产品成本核算对象可以采用的方法有品种法、分批法和分步法等。

（一）大量大批单步骤生产产品或管理上不要求提供有关生产步骤成本信息的，可以按照产品品种确定成本核算对象。

（二）小批单件生产产品的，可以按照每批或每件产品确定成本核算对象。

（三）多步骤连续加工产品且管理上要求提供有关生产步骤成本信息的，可以按照每种产品及各生产步骤确定成本核算对象。

企业生产经营兼有分批、分步制造等特征的，可以混合采用以上方法确定成本核算对象。产品规格繁多的，可将产品结构、耗用原材料和工艺过程基本相同的各种产品，适当合并作为成本核算对象。

第二十二条 农业企业可以按照生物资产的品种、成长期、批别、种植（养殖）面积、与农业生活相关的劳务作业等确定成本核算对象。

第二十三条 商业企业可以按照商品的品种、批次、订单等确定成本核算对象。

第二十四条 建筑业企业可以按照订立的单项合同确定成本核算对象。单项合同包括建造多项资产的，企业应按照企业会计准则规定的合同分立原则，确定建造合同的成本核算对象。为建造一项或数项资产而签订一组合同的，按合同合并的原则，确定建造合同的成本核算对象。

第二十五条 房地产业企业可以按照开发项目、开发期数等确定成本核算对象。

第二十六条 交通运输企业以运输工具从事货物、旅客运输的，可以按照航线、航次、单船/机确定成本核算对象；从事货物等装卸业务的，可以按照货物、成本责任部门、作业场所等确定成本核算对象；从事仓储、堆存、港务管理业务的，可以按照码头、仓库、堆场、油罐、筒仓、货棚或主要货物种类、成本责任部门等确定成本核算对象。

第二十七条 通信企业可以按照通信网络、通信业务、网络元素、作业流程等确定成本核算对象。

第二十八条 软件企业科研设计与软件开发等人工成本占比重较高的，可以按照科研课题、承接的单项合同项目、开发项目、技术服务客户等确定成本核算对象。合同项目规模较大、开发期较长的，可以分段确定成本核算对象。

第二十九条 餐饮、旅游企业可以按照服务对象、餐饮或服务的品种等确定成本核算对象。

第三十条 其他行业企业应当比照工业企业确定产品成本核算对象。

第四章　产品成本核算项目

第三十一条　企业根据生产经营特点和产品成本管理要求，利用现代信息技术，可以按照成本支出的经济性质设置成本项目；也可以按照成本支出的经济用途或成本性态设置成本项目。

第三十二条　工业企业按照成本支出的经济性质，可以设置原材料、燃料和动力、职工薪酬、折旧和摊销、其他等成本项目。

原材料，是指构成产品实体的原料、主要材料以及有助于产品形成的辅助材料。

燃料和动力，是指直接用于产品生产的外购的燃料和动力。

职工薪酬，是指直接参加产品生产的人员，以及企业生产部门为生产产品（提供劳务）而发生的管理人员的职工薪酬。

折旧和摊销，是指直接用于生产的固定资产计提的折旧和无形资产摊销。

其他，是指未能归入以上项目的停工损失、废品损失、环境成本等支出。

第三十三条　农业企业按照成本支出的经济性质，可以设置直接材料费、直接人工费、机械作业费、其他直接费、制造费用等成本项目。

直接材料，是指种植业生产中耗用的自产或外购的种子、种苗、饲料、肥料、农药、燃料和动力、原材料以及其他材料等；养殖业生产中直接用于养殖生产的苗种、饲料、肥料、燃料、动力、畜禽医药费等。

直接人工，是指直接从事农业生产人员的职工薪酬。

机械作业费，是指种植业生产过程中农用机械进行耕耙、播种、施肥、除草、喷药、收割、脱粒等机械作业所发生的支出。

其他直接费，是指除直接材料费、直接人工费和机械作业费以外的其他直接费用。

制造费用，是指应摊销、分配记入成本核算对象的间接生产费用。

第三十四条　商业企业按照成本支出的经济用途，可以设置进货成本、相关税费、采购费等成本项目。

进货成本，是指商品的采购价款。

相关税费包括购买商品发生的进口关税、资源税和不能抵扣的增值税等。

采购费包括运输费、装卸费、保险费、整理费以及其他可归属于商品采购成本的支出。

第三十五条　建筑业企业按照成本支出的经济用途，可以设置人工费、材料费、机械使用费、其他直接费和间接费等成本项目。施工企业将部分工程分包的，还可以设置分包成本项目。

人工费，是指按照国家规定支付给施工过程中直接从事建筑安装工程施工的工人以及在施工现场直接为工程制作构件和运料、配料等工人的基本工资、工资性津贴、奖金等。

材料费，是指在施工过程中所耗用的、构成工程实体的材料、结构件和有助于工程形成的其他材料以及周转材料的摊销费和租赁费等。

机械使用费，是指施工过程中使用自有施工机械所发生的机械使用费，使用外单位施工机械的租赁费，以及按照规定支付的施工机械进出场费等。

其他直接费，是指施工过程中发生的材料二次搬运费、临时设施摊销费、生产工具用具使用费、检验试验费、工程定位复测费、工程点交费、场地清理费等。

间接费，是指企业各施工单位为组织和管理工程施工所发生的支出。

分包成本，是指支付给分包单位的工程价款。

第三十六条 房地产企业按照成本支出的经济用途，可以设置土地取得成本、前期工程费、建筑安装工程费、基础设施建设费、公共配套设施费、开发间接费等成本项目。

土地取得成本，是指为取得土地开发使用权（或开发权）而发生的各项费用，包括土地买价或出让金、契税、大市政配套费、耕地占用税、土地使用费、土地闲置费、土地变更用途和超面积补交的地价及相关税费、拆迁补偿支出、安置及动迁支出、回迁房建造支出、农作物补偿费、危房补偿费等。

前期工程费，是指项目开发前期发生的水文地质勘察、测绘、规划、设计、可行性研究、咨询论证费、筹建、场地通平、政府许可规费、招标代理费、临时设施费等前期支出。

建筑安装工程费，是指开发项目开发过程中发生的各项主体建筑的建筑工程费、安装工程费及精装修费。

基础设施建设费，是指开发项目在开发过程中发生的道路、供水、供电、供气、供暖、排污、排洪、消防、通信、照明、有线电视、宽带网络、智能化等社区管网工程费和环境卫生、园林绿化等园林、景观环境工程费。

公共配套设施费，是指开发项目内发生的、独立的、非营利性的且产权属于全体业主的，或无偿赠与地方政府、政府公共事业单位的公共配套设施支出。

开发间接费，指企业为直接组织和管理开发项目所发生的，且不能将其直接归属于成本核算对象的工程监理费、结算审核费、资本化条件的借款费用等。为业主代扣代缴部分的公共维修基金不得计入产品成本。

房地产企业自行进行基础设施、建筑安装等工程建设的，可以比照建筑业企业设置有关成本项目。

第三十七条 交通运输企业按照成本支出的经济用途和成本性态，可以设置营运费用、运输工具固定费用与非营运期间的费用等成本项目。

营运费用，是指企业在货物或旅客运输、装卸、堆存过程中发生的营运支出，包括货物费、港口费、起降及停机费、中转费、过桥过路费，燃料和动力、航次租船费等。

运输工具固定费用，是指运输工具的固定支出和共同支出等，包括折旧、船舶/飞机租赁费、备件配件、保险费、修理费、船员/机组薪酬、船舶/机组伙食费等。

非营运期间费用，是指受不可抗力制约或行业惯例等原因暂停营运期间发生的有关支出。

第三十八条 通信企业按照成本支出的经济性质，可以设置职工薪酬、折旧费、修理费、能源费、装移机工料费、码号资源占用费、频率占用费、信息源采集费、网间结算支出、无形资产摊销、软件维护费、低值易耗品摊销、租赁费等成本项目。

第三十九条 软件企业按照成本支出的经济性质，可以设置人工费、材料费、差旅费、折旧费、修理费、试验检验费、测试设备租赁费、外购软件与服务、自行开发无形资产摊销等成本项目。

第四十条 餐饮企业按照成本支出的经济性质，可以设置人工费、材料费和间接费用。

第四十一条 旅游企业按照成本支出的经济性质，可以设置代收房费、餐费、交通费、文娱费、行李托运费、票务费、陪同费、劳务费、宣传费、保险费等成本项目。

第四十二条 其他行业企业应当比照工业企业确定成本项目。

第五章 产品成本归集、分配和结转

第四十三条 企业有关成本项目的支出，能确定由某一成本核算对象负担的，应当直接记入产品成本；由几个成本核算对象共同负担的，应当选择合理的分配标准，在有关的成本核算对象之间进行分配后记入产品成本。

企业也可以按照经营特点和产品成本管理要求，以成本中心或责任中心为单位归集有关成本项目的支出，选择合理的分配标准在有关的成本核算对象之间进行分配后记入产品成本。

企业应当按照权责发生制的原则，根据产品的生产特点和管理要求结转成本。

第四十四条 工业企业直接用于产品生产的原材料、有助于产品形成的主要材料和辅助材料、外购半成品等，应当直接记入成本核算对象的生产成本，或者选择合理的分配标准进行分配后记入。

第四十五条 工业企业外购燃料和动力的，应当根据实际耗用数量或者合理的分配标准对燃料和动力支出进行分配。对于生产部门直接使用的燃料和动力，直接记入生产成本；生产部门间接使用的燃料和动力，记入制造费用。

第四十六条 工业企业发生的职工薪酬，能够直接归属于成本核算对象的，应当直接记入该成本核算对象生产成本；不能直接归属于成本核算对象的，应当选择合理的分配标准分配后记入生产成本；企业各生产部门管理人员以及其他不直接参加产品生产的员工的职工薪酬，应当记入制造费用。

第四十七条 工业企业辅助生产部门为生产部门提供劳务和产品而发生的费用，应当参照生产成本项目归集，并按照合理的分配标准分配后记入各成本核算对象的生产成本。

辅助生产部门之间互相提供的劳务、作业成本，应当采用合理的方法，进行交互分配。相互提供劳务、作业不多的，可以不进行交互分配，直接分配给辅助生产部门以外的受益单位。

第四十八条 工业企业各生产部门为生产产品或提供服务而发生的非直接生产人员的职工薪酬、折旧费、水电费、租赁费、环境保护费、试验检验费等各项间接支出，应当记入制造费用。

第四十九条 工业企业发生的制造费用，应当按照合理的分配标准按月分配记入各成本核算对象的生产成本。

企业可以采取的分配标准包括机器工时法、人工工时法、计划分配率等。季节性生产企业可以按照全年停工月份制造费用计划数同全年商品产品的计划产量比例，确定制造费用的计划分配率，根据制造费用分配率和开工月份的实际产量，计算开工月份应负担停工月份的制造费用，连同开工月份发生的制造费用，一并记入产品的生产成本。年度终了，全年停工月份制造费用的实际发生额与分配额的差额，除了为明年开工生产作准备的留待明年分配外，其余调整当年的产品生产成本。

第五十条 工业企业可以根据自身经营管理特点和条件，利用现代信息技术，采用作业成本法对不能直接归属于成本核算对象的成本进行归集和分配。

第五十一条 工业企业应当根据生产经营特点和联产品的工艺要求，选择系数分配法、实物量分配法、相对销售价格分配法等合理的方法分配联合生产成本。

第五十二条 工业企业发出材料成本，可以根据实物流转方式、管理要求、实物性质等实际情况，采用先进先出法、加权平均法、个别计价法等方法计算。

　　第五十三条　工业企业采用计划成本或定额成本进行材料日常核算的，月终必须将耗用材料的计划成本或定额成本调整为实际成本。材料的实际成本与计划成本（定额成本）的差异，应当按照材料类别或品种分别计算当月实际差异率。材料的类别由企业根据本企业的具体情况和管理要求自行确定，材料成本差异必须按月分摊。

　　第五十四条　工业企业应当按照权责发生制的原则，根据产品的生产特点和管理要求结转成本。可以选择原材料消耗量、约当产量法、定额比例法、原材料扣除法、完工百分比法等方法，恰当地确定完工产品和在产品的实际成本，并将完工入库产品的产品成本结转至库存产品科目；不存在在产品或其数量、金额不重要的，可以不计算在产品成本。

　　第五十五条　工业企业产成品和在产品的成本核算，除季节性生产企业外，应当以月为成本计算期。

　　第五十六条　农业企业应当比照工业企业对产品成本进行归集、分配和结转。

　　第五十七条　商业企业发生的进货成本、相关税金直接记入成本核算对象成本。

　　第五十八条　商业企业发生的采购费，可以结合经营管理特点，按照存销比例、营业收入比例等方法分摊记入成本核算对象成本。

　　第五十九条　商业企业可以根据实物流转方式、管理要求、实物性质等实际情况，采用先进先出法、加权平均法、个别计价法、毛利率法等方法结转产品成本。

　　第六十条　建筑业企业可以按照经营特点和产品成本管理要求，以成本中心或责任中心为单位归集有关成本项目的支出，选择合理的分配标准分配记入成本核算对象成本。

　　第六十一条　建筑业企业应当按照《企业会计准则第 15 号——建造合同》的规定结转产品成本。合同结果能够可靠估计的，应当采用完工百分比法确定和结转当期提供服务的成本；合同结果不能可靠估计的，应当直接结转已经发生的成本。

　　第六十二条　房地产企业发生的有关成本项目支出，由某一成本核算对象负担的，应当直接记入成本核算对象成本；由几个成本核算对象共同负担的，应当选择占地面积比例、预算造价比例等合理的分配标准分配后记入成本核算对象成本。

　　第六十三条　餐饮、旅游企业发生的有关成本项目支出，由某一成本核算对

象负担的，应当直接记入成本核算对象成本；由几个成本核算对象共同负担的，应当选择人工工时法等合理的分配标准分配后记入成本核算对象成本。

第六十四条 交通运输企业发生的营运费用，应当按照成本核算对象归集。

交通运输企业发生的运输工具固定费用，能确定由某一成本核算对象负担的，应当直接记入该成本核算对象的成本；由多个成本核算对象共同负担的，应当制定符合经营特点的、科学合理的分配标准（如营运时间）分配记入各成本核算对象的成本。

交通运输企业发生的非营运期间费用，比照工业季节性生产企业处理。

第六十五条 通信、软件等企业，可以根据经营特点和条件，利用现代信息技术，采用作业成本法对产品成本进行归集和分配。

第六十六条 其他行业企业应当比照工业企业对产品成本进行归集、分配和结转。

第六章　附　则

第六十七条 小企业参照执行本制度。

第六十八条 本制度自20××年1月1日起施行。